लोकतंत्र, राजनीति
और
धर्म

लोकतंत्र, राजनीति और धर्म

ए. सूर्य प्रकाश

www.prabhatbooks.com

प्रकाशक

प्रभात पेपरबैक्स

प्रभात प्रकाशन प्रा. लि. का उपक्रम

4/19 आसफ अली रोड, नई दिल्ली–110002

फोन : 23289777 • हेल्पलाइन नं. : 7827007777

इ–मेल : prabhatbooks@gmail.com ❖ वेब ठिकाना : www.prabhatbooks.com

संस्करण

प्रथम, 2022

मूल्य

चार सौ रुपए

मुद्रक

आर–टेक ऑफसेट प्रिंटर्स, दिल्ली

★

LOKTANTRA, RAJNEETI AUR DHARMA
by Shri A. Surya Prakash

Published by **PRABHAT PAPERBACKS**
An imprint of Prabhat Prakashan Pvt. Ltd.
4/19 Asaf Ali Road, New Delhi-110002

ISBN 978-93-5521-160-6

₹ 400.00

प्रस्तावना

मीडिया से मेरा परिचय 50 वर्ष पूर्व हुआ था, जब एक प्रशिक्षु के रूप में मैंने बेंगलुरु में 'इंडियन एक्सप्रेस' के साथ काम करना शुरू किया था। मैं जब इस आधी सदी को पीछे पलटकर देखता हूँ। तो जून 1975 में इंदिरा गांधी की ओर से लागू की गई खौफनाक इमरजेंसी की यादें ताजा हो जाती हैं। इस फैसले से तत्कालीन प्रधानमंत्री ने एक जीवंत लोकतंत्र को तानाशाही शासन में बदल दिया था और संसद, न्यायपालिका तथा मीडिया समेत सारे संस्थानों के अधिकारों को कुचल दिया था।

मेरी पत्रकारिता और राजनीति को इमरजेंसी ने क्यों ढाला, इसके कई कारण हैं। उनमें से एक है—इंदिरा सरकार का 'द इंडियन एक्सप्रेस' समेत अनेक समाचार-पत्रों पर प्रकाशन से पूर्व की सेंसरशिप लागू करना और कर्नाटक के पुलिस महानिदेशक (आई.जी.पी.) को राज्य का चीफ सेंसर नियुक्त करना। इसके फलस्वरूप संपादकीय, स्तंभों और खबरों समेत सभी संपादकीय लेखों को मंजूरी के लिए उनके दफ्तर भेजना पड़ता था। आई.जी.पी. के पास मदद के लिए सूचना विभाग के अधिकारियों और पुलिसवालों की लंबी-चौड़ी टीम थी। वे सरकार की आलोचना करनेवाले वाक्यों को हटा दिया करते थे। और केवल उन्हीं बातों को प्रकाशित करने भेजते थे, जिन्हें चीफ सेंसर की मंजूरी मिलती थी। दूसरे शब्दों में, एक वर्दीवाला ही सही अर्थों में हमारा संपादक बन गया था। उस समय की सरकार ने मीडियाकर्मियों को जितना जलील किया, उसे भुला पाना संभव नहीं है।

इस अनुभव का मेरी 'राजनीति' पर गहरा प्रभाव है। 'राजनीति' से मेरा मतलब है—वह सियासी दिशा, जिसे मैंने अपने लेखों के लिए अपनाया है। कोई पाठक अगर उनमें से किसी एक बात को देखे, जो सभी में मिलती है, तो वह होगी भारतीय संविधान के बुनियादी मूल्यों और लोकतांत्रिक जीवनशैली के प्रति मेरी गहरी आस्था तथा ऐसी किसी भी बात या कदम से मेरा विरोध, जिससे भारत की एकता व अखंडता कमजोर होती है।

मेरा मत है कि भारत दुनिया का सबसे जीवंत लोकतंत्र और उसके साथ ही यह दुनिया का सबसे विविध समाज वाला देश भी है। चाहे धर्म हो, जातीयता या भाषा (पिछली भाषा जनगणना के अनुसार भारतीय लोग 120 से अधिक भाषाएँ और 170 बोलियाँ बोलते हैं), दुनिया में ऐसा कोई देश नहीं, जहाँ हमारे जितनी विविधता हो। सच तो यह है कि इतनी विवधता के बीच एकता की अवधारणा को कहीं भी देखा या सुना नहीं गया है। इतिहास गवाह है कि महज शिया-सुन्नी या प्रोटेस्टेंट-कैथौलिक मतभेद से ही देशों के टुकड़े हो गए। मगर भारत के 130 करोड़ नागरिकों ने यह साबित किया है कि 'अनेकता में एकता' सिर्फ एक नारा नहीं, बल्कि जीता-जागता मत है, मजहब है।

यह संविधान के कारण संभव हुआ है, जो एक उदार, लोकतांत्रिक और धर्मनिरपेक्ष माहौल की गारंटी देता है। निश्चित रूप से यह एक असाधारण दस्तावेज है, जो हम सभी को इतने रास्ते उपलब्ध कराता है कि समय-समय पर हमारा आक्रोश ठंडा पड़ता रहता है। ऊँची आवाज में बहस से किसी अन्य देश को भ्रम हो सकता है, मगर भारतीयों के लिए शोर-गुल वाली ऐसी बहस स्वाभाविक सी बात है।

भारत जब आजाद हुआ, तब पश्चिम के नेताओं और विद्वानों को शक था कि भारत एक लोकतांत्रिक देश रह पाएगा। उन्हें लगता था कि सामाजिक, आर्थिक और राजनीतिक विविधता इस देश को धराशायी कर देगी। आज भी वे हमारी खिल्ली उड़ा सकते हैं कि हमने अपने संविधान में 104 बार संशोधन किया है, लेकिन हमें इससे परेशान होने की जरूरत नहीं है। हम अपना शासन चलाना और अपना हित अच्छी तरह जानते हैं। दूसरों की सलाह पर चलने का युग बीत चुका है। बरसों पहले महात्मा गांधी ने इनसानों की ओर से बनाए गए दस्तावेजों की खूबियाँ गिनाई थीं, और कहा था कि उनकी एक अच्छी बात यह थी कि उनमें संशोधन किए जा सकते थे।

अमेरिकी राजनेता थॉमस जेफरसन ने भी पते की बात कही थी, जो जरूरत पड़ने पर किए जानेवाले संवैधानिक संशोधनों को सही ठहराती है। उन्होंने कहा था, "हमें हर पीढ़ी को एक अलग देश के रूप में देखना चाहिए, जिसमें बहुमत की इच्छा का अधिकार उन्हें बाँधे रखता है, मगर आनेवाली पीढ़ी पर कोई बंधन नहीं होता…"

एक और बात, जो सामने आ सकती है, वह है अंग्रेजी शिक्षा पानेवाले कुलीनों की ओर लगातार भारत की सभ्यता की महानता को नकारने और बहुसंख्यकों की तौहीन करने को लेकर मेरा कड़ा विरोध; जिन लोगों ने उस समय लोकतांत्रिक जीवनशैली को सहर्ष रूप से अपनाया, जब उन लोगों ने देश का बँटवारा कर दिया, जो धर्मशासित देश में विश्वास रखते थे। साथ ही उस एकतरफा व्यवहार के प्रति विरोध भी, जिससे छद्म-निरपेक्षता की बू आती है, जिसे नेहरूवादियों के सत्ता में रहने के दौरान देखा गया था। मैं मानता हूँ कि एक समान संहिता सभी नागरिकों पर लागू होनी चाहिए। मैं यह

भी कहूँगा कि सभी को समानता और बुनियादी आजादी देनेवाले प्रत्येक लोकतांत्रिक देश के नागरिकों को यह स्वीकार करना चाहिए कि उन्हें ऐसी आजादी इस कारण मिली है, क्योंकि यह बहुमत की इच्छा है। उन लोगों का दुर्भाग्य है, जो धर्मशासित और निरंकुश देशों में पैदा हुए, वे इस बात को समझते हैं।

मैं जब बीते पाँच दशकों पर मंथन करता हूँ, तो उस भरोसे और विश्वास को अवश्य स्वीकार करता हूँ, जो मेरे माता-पिता पार्वतम्मा व ए.एन. अनंतरमैया ने उस समय मुझमें दिखाया था, जब मैंने पत्रकारिता जगत् में कदम रखा था; एक ऐसा पेशा, जिसके बारे में वे कुछ नहीं जानते थे। सच कहूँ तो मेरे पिता पत्रकारों के बारे में बस इतना जानते थे कि वे (अधिकांशतया) कई बुराइयों वाले, अहंकारी और आम तौर पर नशे में चूर रहनेवाले लोग होते हैं। उन्होंने सुना था कि एक पत्रकार वह होता है, जिसे 'प्रति कॉम, प्रति इंच या शायद उसी हिसाब से' पैसा दिया जाता है। इसके बावजूद उन्हें मेरी क्षमता पर कोई शक नहीं था कि मैं इस भूलभुलैया से अपना रास्ता निकाल लूँगा और स्थिरता एवं गरिमा की स्थिति तक पहुँच जाऊँगा।

इस लंबे सफर में ऐसे कई लोग हैं, जो मेरे लिए मायने रखते हैं। उनमें से कुछ हैं—बेंगलुरु के पत्रकार और पारिवारिक मित्र, एस.के. शेषाद्री, जिन्होंने मुझे पहली नौकरी दिलाई। वी. एन. सुब्बा राव, 'द इंडियन एक्सप्रेस' के चीफ रिपोर्टर, जिन्होंने मुझे पहला मौका दिया। अरुण शौरी, जो उस समय 'द इंडियन एक्सप्रेस' के एग्जीक्यूटिव एडिटर थे, जो मुझे देश की राजधानी में लेकर आए और अपने पेशेवर लक्ष्यों को हासिल करने का मुझे पूरा मौका दिया। एस. गुरुमूर्ति, जो मित्र, दार्शनिक और मार्गदर्शक साबित हुए। उनका सुझाव मेरे बाद के पेशवर सफर के लिए अनमोल साबित हुआ। चंदन मित्रा, जिन्होंने 'द पायनियर' में मुझे संपादकीय के कार्य में वह ऊँचाई दी, जो कुछ ही लोग देना चाहते थे। निरंतर उत्साहवर्धन और सहयोग के लिए मैं रामोजी ग्रुप के चेयरमैन रोमोजी राव का आभारी हूँ। अपनी पत्नी पुष्पा गिरिमाजी का भी आभारी हूँ, जो लोकहित की अपनी असाधारण पत्रकारिता को आगे बढ़ाने के साथ ही लगातार मेरी बहुमूल्य साथी और वोल्टेज स्टेबलाइजर बनी रहीं।

मैं श्री संजय गुप्ता, एडिटर-इन-चीफ और सी.ई.ओ., दैनिक जागरण का धन्यवाद करता हूँ जिन्होंने 25 वर्षों से भी अधिक समय तक मुझे अपने विचारों को व्यक्त करने के लिए सबसे बड़ा मंच दिया। मैं श्री संजय गुप्ता और दैनिक जागरण के एसोसिएट एडिटर, श्री राजीव सचान का धन्यवाद करता हूँ जिन्होंने दैनिक जागरण में प्रकाशित मेरे स्तंभों का उपयोग इस पुस्तक में करने की अनुमति प्रदान की।

—ए. सूर्य प्रकाश

अनुक्रम

हमारा लोकतंत्र

सबसे पहले राष्ट्र

ढोंगी सेक्यूलरवाद

देश बड़ा या परिवार

हमारी न्यायपालिका

आपातकाल

आतंकवाद का राक्षस

संविधान की मर्यादा

भूल सुधार के इंतजार में देश

सुप्रीम कोर्ट के पाँच जजों की संवैधानिक पीठ ने तीन तलाक की संवैधानिक वैधता को चुनौती देनेवाली याचिकाओं पर सुनवाई पूरी कर ली है। अब समूचा देश अदालती फैसले का इंतजार कर रहा है। तीन तलाक के खिलाफ देश में मुसलिम महिलाएँ लंबे समय से आंदोलनरत हैं। मामले शीर्ष अदालत में जाने और देश के मौजूदा माहौल को देखते हुए अरसे के बाद यह उम्मीद जगी है कि मुसलिम महिलाएँ भी अन्य धर्मों के नागरिकों की तरह ही संविधान प्रदत्त न्याय और समानता के अधिकार पाने लगेंगी। ऐसी उम्मीद जगने के कई कारण हैं। पहला, दमनकारी सामाजिक परिवेश में रहने के बावजूद हजारों मुसलिम महिलाएँ तीन तलाक के विरोध में खुलकर सामने आ रही हैं और इकतरफा तलाक की इस कुप्रथा को खत्म करने की माँग कर रही हैं। दूसरा, पूर्व की कांग्रेस सरकार से इतर मोदी सरकार ने संवैधानिक मूल्यों को बहाल करने के लिए दृढ़ता दिखाई है। कांग्रेस सरकारों ने पर्सनल लॉ के मामले में संविधान की सर्वोच्चता का दावा करने की इच्छाशक्ति ही नहीं दिखाई थी। इसके उलट मोदी सरकार ने न्यायालय के समक्ष यह कहा कि लैंगिक समानता एवं महिलाओं के सम्मान से समझौता नहीं किया जा सकता और इससे आँखें फेरना संवैधानिक मूल्यों की अवहेलना करने के समान है। उसने यह सवाल भी खड़ा किया कि क्या एक सेक्युलर लोकतांत्रिक संविधान में महिलाओं को मिले बराबरी और गरिमापूर्ण जीवन जीने के अधिकार को सिर्फ इस आधार पर खारिज किया जा सकता है कि कुछ धार्मिक मान्यताएँ इसकी इजाजत नहीं देतीं? हालाँकि पर्सनल कानून विविधता से संरक्षण के उद्देश्य को पूरा करते हैं, लेकिन क्या इसके चलते वे लैंगिक न्याय जैसे अति महत्त्वपूर्ण संवैधानिक लक्ष्य को नजरअंदाज कर सकते हैं?

तीसरा, देश का मिजाज इस पुरातन व्यवस्था के खिलाफ है। देश आज तीन तलाक से मुक्ति चाहता है और संविधान में निहित आजादी को हासिल कर उसका जश्न मनाना चाहता है। देश मोबाइल क्रांति की ओर बढ़ रहा है। सोशल मीडिया का लगातार विस्तार

हो रहा है। इन दोनों ने मिलकर सूचना क्रांति को हवा दे दी है, जिस पर पुरुषप्रधान समाज अंकुश नहीं लगा सकता। इसके साथ ही आज मुसलिम महिलाओं सहित अन्य धर्मों की महिलाओं में भी साक्षरता का स्तर लगातार बढ़ रहा है। इस सबसे मिलकर देश में ऐसा वातावरण बन रहा है, जिसमें अतीत की कुछ भयावह गलतियों में सुधार की संभावना प्रबल हो गई है। दरअसल संविधान निर्माताओं द्वारा संविधान में दी गई कुछ रियायतों और पिछले सत्तर सालों के दौरान चुनावी राजनीति की बाध्यताओं के चलते ही इतने लंबे अरसे तक मुसलिम पर्सनल लॉ के अपमानजनक एवं असंवैधानिक प्रावधानों को कानून के रूप में मान्यता मिलती रही तथा उसे संविधान प्रदत्त लैंगिक समानता, कानून के समक्ष बराबरी व गरिमापूर्ण जीवन जीने के अधिकार की अवहेलना करने की अनुमति दी जाती रही। पिछले सत्तर सालों के दौरान यह समस्या इसलिए और विकराल हो गई, क्योंकि अल्पसंख्यक अधिकारों और धार्मिक अधिकारों को कभी संविधान की कसौटी पर नहीं कसा गया। इसमें अस्पष्टता रखी गई। इसके बीज 1946 में ही पड़ गए थे। विभाजन के आठ महीने पहले संविधान सभा ने अविभाजित भारत के लिए एक लोकतांत्रिक संविधान के निर्माण का काम आरंभ कर दिया था। मुसलिम लीग ने हिंदुओं और मुसलिमों के लिए पृथक् निर्वाचक मंडल बनाकर चुनाव कराने की माँग की। उसकी माँग पर संविधान सभा कुछ विचार करती, उससे पहले ही विभाजन एक कड़वी हकीकत के रूप में देश के सामने आकर खड़ा हो गया। मुसलिम लीग के अधिकांश नेता उसी पाकिस्तान में चले गए, जिसकी वे माँग कर रहे थे, लेकिन उनमें से कई यहीं भारत में रह गए। इसके बाद भारतीय संविधान सभा ने जब दोबारा अपना काम शुरू किया, तब कांग्रेस के नेताओं को लोकतांत्रिक संविधान लिखने जा रहे उसके सदस्यों से कुछ बुद्धिमत्ता दिखाए जाने की उम्मीद थी, लेकिन वे तब स्तब्ध रह गए, जब तमिलनाडु के एक सदस्य पोकर साहब ने माँग की कि केंद्रीय और प्रांतीय विधानसभाओं के चुनाव पृथक् निर्वाचक मंडल के आधार पर होने चाहिए। उन्होंने तर्क दिया कि गैर-मुसलिम नागरिक मुसलिम समुदाय की आकांक्षाओं को नहीं समझ सकते। ऐसे में मुसलिमों के लिए एक अलग निर्वाचन क्षेत्र बने।

सरदार पटेल और गोविंद बल्लभ पंत जैसे नेताओं को सहसा अपने कानों पर विश्वास नहीं हुआ कि पाकिस्तान बनने के महज दो हफ्ते बाद ही पृथक् निर्वाचक क्षेत्र की नई माँग हो रही थी! वे उनकी बातों को सुनकर चकित हो गए। पटेल खड़े हुए और बोले, ''इस अभागे देश में यदि बँटवारे के बाद भी पृथक् निर्वाचक मंडल की माँग को बरकरार रखा गया तो यह देश का दुर्भाग्य होगा। फिर तो यह देश रहने योग्य नहीं रह जाएगा।'' अन्य सदस्यों ने भी पटेल की बातों से सहमति जताई और पृथक् निर्वाचन मंडल का माँग को दरकिनार कर दिया, लेकिन वे लोग ऐसी दृढ़ता समान नागरिक संहिता

के संबंध में नहीं दिखा सके। इसका सारा श्रेय मुसलिम नेताओं को जाता है, जिन्होंने आखिर तक अपना कठोर रुख-रवैया बनाए रखा था। लिहाजा समान नागरिक संहिता के विचार को ठंडे बस्ते में डाल दिया गया। बाद में संविधान निर्माताओं ने इसे राज्यों के नीति निदेशक तत्त्वों में शामिल कर लिया। हालाँकि मुसलिम सदस्यों ने इसका भी विरोध किया, लेकिन डॉ. आंबेडकर ने इस पर झुकने से इनकार कर दिया। उन्होंने कहा कि राज्य को विवाह और उत्तराधिकार के मामलों में कानून बनाने का अधिकार होगा। यदि समान नागरिक संहिता वजूद में आ गई होती तो आज सभी पर्सनल लॉ संविधान की मूल भावना की छत्रच्छाया में होते। ऐसा नहीं हुआ और उलटे एक गड़बड़ी यह हुई कि आजादी मिलने के दशक भर के भीतर ही प्रतिस्पर्धी चुनावी राजनीति ने देश में मुसलिम तुष्टीकरण की नींव डाल दी। कांग्रेस पार्टी को नेहरू काल से ही इसमें महारत हासिल रही है और वह मुसलिमों को एक वोटबैंक के रूप में देखती रही है। वह इस बात का संकेत देकर मुल्लाओं की लगातार खुशामद करती रही कि उनके पर्सनल लॉ से कभी छेड़छाड़ नहीं की जाएगी और इस प्रकार समान नागरिक संहिता महज एक काल्पनिक मुद्दा बनकर रह गया। बाद में दूसरी राजनैतिक पार्टियाँ भी इस खेल का हिस्सा बन गईं और मुसलिम तुष्टीकरण की राजनीति में एक-दूसरे से होड़ करने लगीं।

वर्ष 1963 में जब तत्कालीन केंद्र सरकार ने इसलामिक देशों में मुसलिम पर्सनल लॉ में किए गए बदलावों का परीक्षण करने के लिए एक समिति गठित करनी चाही तो मुसलिम धर्मगुरुओं की ओर से उसे भारी विरोध का सामना करना पड़ा। लिहाजा उसे मजबूरन अपने कदम वापस खींचने पड़े। कालांतर में उन्होंने इंदिरा गांधी पर कॉमन एडॉप्शन लॉ (गोद लेने संबंधी साझा कानून) नहीं लाने के लिए दबाव बनाया। शाहबानो मामले में सुप्रीम कोर्ट के उस फैसले को संसद में कानून बनाकर निष्प्रभावी करने के लिए राजीव गांधी को बाध्य किया गया, जिसने मुश्किल में फँसी एक मुसलिम महिला को राहत दी थी। अब देश में एक बार फिर वैसी ही परिस्थितियाँ पैदा हो गई हैं। ऐसे में सबकी नजरें सुप्रीम कोर्ट पर टिकी हैं। तीन तलाक पर उसका फैसला एक नजीर बन सकता है।

□

राष्ट्रपति शासन की कसौटी

[उम्मीद है कि बोम्मई मामले के बाद के दौर में लोकतंत्र की सर्वश्रेष्ठ परंपराओं को स्थापित करने में जो प्रगति हुई है, उसे मजबूत किया जाएगा।]

यद्यपि अनुच्छेद 356 के मनमाने प्रयोग का दौर बोम्मई केस में सुप्रीम कोर्ट के महत्त्वपूर्ण फैसले के बाद से बीत चुका है, लेकिन इस तथ्य को कोई नकार नहीं सकता है कि राजनीतिक कपट ऐसे हालात पैदा कर सकता है, जिसका कोई कानून निर्माता अथवा न्यायाधीश अनुमान भी न लगा सके। हालिया मामला अरुणाचल प्रदेश का है, जहाँ केंद्र सरकार को कुछ समय के लिए राष्ट्रपति शासन लगाना पड़ा। यद्यपि इस मामले में सुप्रीम कोर्ट ने यथास्थिति अपने आदेश को वापस लेकर नई सरकार के गठन की राह खोल दी है, लेकिन इस महत्त्वपूर्ण प्रकरण पर ध्यान देने की जरूरत है। दिसंबर के अंत में कांग्रेस पार्टी के अंदर एक अजीब तरह का विभाजन देखने को मिला, जिसके बाद राज्य केंद्र के शासन के अधीन आ गया। वहाँ का नाटकीय घटनाक्रम कुछ इस प्रकार रहा कि बागी विधायकों ने सरकार को बाहर का रास्ता दिखाने के लिए विधानसभा की बैठक बुलाने की माँग की, सरकार ने उनकी माँगों पर कोई जल्दबाजी नहीं दिखाई, राज्यपाल ने राज्य सरकार को नजरअंदाज कर सीधे विधानसभा की बैठक बुलाई, विधानसभा अध्यक्ष ने मुख्यमंत्री की सहमति पाकर 14 बागी विधायकों को अयोग्य घोषित कर दिया और विधानसभा परिसर में ताला जड़ दिया। कांग्रेस के बागी विधायकों ने विपक्षी भारतीय जनता पार्टी के विधायकों और कुछ निर्दलीय विधायकों के साथ मिलकर कम्युनिटी हॉल में विधानसभा की बैठक बुला ली और अध्यक्ष के खिलाफ महाभियोग प्रस्ताव पारित कर दिया। बाद में उन्होंने एक स्थानीय होटल में बैठक की और मुख्यमंत्री को बरखास्त कर दिया और एक बागी कांग्रेसी विधायक को नए मुख्यमंत्री के रूप में चुन लिया।

इन सारे घटनाक्रमों की विस्तृत जानकारी राज्यपाल ने केंद्र सरकार को भेजी और

सूचित किया कि राज्य में संवैधानिक संकट पैदा हो गया है। फलस्वरूप केंद्र सरकार ने राज्य में राष्ट्रपति शासन लगाने का फैसला किया और विधानसभा को निलंबित अवस्था में रखा गया। फिर यह मुद्दा सुप्रीम कोर्ट की संवैधानिक बेंच के समक्ष पहुँच गया, जिसने 14 बागी विधायकों को अयोग्य ठहराए जाने पर स्टे लगाने के गुवाहाटी उच्च न्यायालय के फैसले से संतुष्टि व्यक्त की और इस पूरे मामले में यथास्थिति बनाए रखने के अपने आदेश को वापस ले लिया। दरअसल सुप्रीम कोर्ट की नौ जजों की बेंच ने 1994 में बोम्मई केस में दिए गए फैसले में केंद्र की ओर से अनुच्छेद 356 के दुरुपयोग की बात का जिक्र किया था। उस केस में अदालत ने निम्न बातें कही थीं—एक, राष्ट्रपति द्वारा अनुच्छेद 356 (1) के तहत किसी राज्य में राष्ट्रपति शासन लगाने की घोषणा की वैधता न्यायिक समीक्षा के दायरे में है, अदालत इसकी जाँच कर सकती है कि क्या राष्ट्रपति शासन लगाने की कोई ठोस वजह थी या क्या वह वजह प्रासंगिक थी या क्या इसके लिए सत्ता का दुरुपयोग किया गया? यदि प्रथम दृष्ट्या राष्ट्रपति शासन की घोषणा को चुनौती योग्य पाया जाता है तो केंद्र सरकार पर यह साबित करने की जिम्मेदारी होगी कि उसके पास अपने फैसले के संदर्भ में प्रासंगिक और ठोस तथ्य मौजूद थे।

दो, अनुच्छेद 74 (2) उन तथ्यों की जाँच-परख करने की राह में बाधक नहीं है, जिसके आधार पर राष्ट्रपति किसी राज्य में राष्ट्रपति शासन लगाने की घोषणा करने के लिए स्वयं संतुष्ट हुए थे। तीन, जब तक संसद के दोनों सदन राष्ट्रपति शासन की घोषणा को मंजूरी न दे दें, तब तक अनुच्छेद 356 के खंड-1 के उपखंड (अ), (ब) और (स) के तहत राष्ट्रपति को यह अधिकार नहीं होगा कि वे अपनी शक्तियों का उपयोग कर कोई अपरिवर्तनीय काररवाई करें। इसी कारण से जब तक संसद के दोनों सदन राष्ट्रपति शासन की घोषणा को मंजूरी नहीं दे देते, तब तक राष्ट्रपति राज्यपाल द्वारा विधानसभा भंग करने के कदम को वाजिब नहीं ठहरा सकते। चार, यदि राष्ट्रपति शासन लगाने की घोषणा को अवैध-अनुचित पाया जाता है, तब संसद के दोनों सदनों की मंजूरी का कोई मतलब नहीं रह जाएगा। उसके बाद मामला कोर्ट के अधिकार क्षेत्र में चला जाएगा। कोर्ट को अधिकार होगा कि वह राज्य में राष्ट्रपति शासन की घोषणा के पूर्व की स्थिति को बहाल करे। पाँच, अदालत के पास राष्ट्रपति शासन की घोषणा और वैधता को दी गई चुनौती के अप्रासंगिक होने और न्यायिक समीक्षा के व्यर्थ चले जाने से रोकने के लिए मामले की सुनवाई के दौरान राज्य में नए चुनाव पर रोक लगाने के लिए अंतरिम निषेधाज्ञा लागू करने का अधिकार होगा। छह, यथास्थिति बहाल करने के दौरान यह कोर्ट के अधिकार क्षेत्र में होगा कि वह राहत की सीमा सुनिश्चित करे। सात, सेक्युलरिज्म संविधान की मूल संरचना का हिस्सा है। यदि किसी राज्य सरकार के आचरण से संविधान में निहित सेक्युलरिज्म की भावना चोटिल होती है तो यह विधिवत् रूप से माना जाएगा कि राज्य

सरकार संविधान के प्रावधानों के अनुसार नहीं चल सकती है।

राष्ट्रपति शासन की वैधता को परखने की यही इस देश की सबसे बड़ी कसौटी है, कानून है। अनुच्छेद 74 (2) जो कि राष्ट्रपति को दी गई सलाह की न्यायिक परीक्षण से रक्षा करता है, का अरुणाचल के मामले में आंशिक रूप से उल्लंघन किया गया। बोम्बई फैसले में कहा गया है कि अनुच्छेद 74 (2) उन तथ्यों की जाँच-परख करने की राह में बाधक नहीं है, जिसके आधार पर राष्ट्रपति इसकी घोषणा करने के लिए स्वयं संतुष्ट हुए थे। जहाँ तक राज्यपाल के आचरण का सवाल है तो उनकी तरफ से यह कहा जा सकता है कि उन्होंने राजभवन में विधायकों की परेड करने का आदेश नहीं दिया, जैसा कि बोम्मई केस के पहले के दौर में होता था। दरअसल, वे विधानसभा में सरकार के आँकड़े का शीघ्र परीक्षण चाहते थे, लेकिन क्या वे विधानसभा की बैठक बिना कैबिनेट की सलाह के बुला सकते थे और क्या विधानसभा एक कम्युनिटी हॉल में बैठ सकती है? राज्यपाल के आचरण की भी करीब से समीक्षा होगी। हमें इन सभी मुद्दों पर सुप्रीम कोर्ट के अंतिम फैसले का इंतजार करना चाहिए और उम्मीद करनी चाहिए कि बोम्मई मामले के बा८ के दौर में संवैधानिक कानून और लोकतंत्र की सर्वश्रेष्ठ परंपराओं को स्थापित करने में जो प्रगति हुई है, उसे और मजबूत किया जाएगा, ताकि राजनीतिक शरारत और दुर्भावना को पराजित किया जा सके।

□

अध्यादेश की मजबूरी

[देश में शासन व्यवस्था संचालन की अपनी जिम्मेदारियों को पूरा करने के लिए अध्यादेश आवश्यक थे। सवाल यह है कि ऐसे में किसे दोष दे सकते हैं?]

नरेंद्र मोदी सरकार इन दिनों आर्थिक सुधार को गति देने के लिए अध्यादेशों का सहारा लेने और संसद में गतिरोध से पार पाने के लिए आलोचना के घेरे में है। कांग्रेस पार्टी समेत कुछ अन्य विपक्षी दल सरकार पर अध्यादेश राज थोपने का आरोप लगा रहे हैं और इस बारे में संवैधानिक प्रावधानों के उपयोग को लेकर सवाल खड़े कर रहे हैं। इस बारे में राष्ट्रपति प्रणव मुखर्जी ने भी अपनी चिंता जाहिर की है। अनुच्छेद 123 (1) ऐसे किसी भी समय में जब संसद के दोनों सदन नहीं चल रहे हों, राष्ट्रपति को अध्यादेश लागू करने की शक्ति देता है, बशर्ते राष्ट्रपति को लगे कि परिस्थिति विशेष में ऐसा करना जरूरी है। अनुच्छेद 123 (2) कहता है कि एक अध्यादेश में अनिवार्य रूप से वही शक्ति और प्रभाव होता है, जो कि संसद द्वारा पारित की गई विधि का होता है। हालाँकि कोई भी अध्यादेश संसद की काररवाई पुन: शुरू होने पर दोनों सदनों द्वारा छह सप्ताह की समय-सीमा में पारित करना आवश्यक होता है। यदि दोनों ही सदन इसे खारिज करने के पक्ष में मतदान करते हैं अथवा राष्ट्रपति द्वारा इसे वापस ले लिया जाता है तो अध्यादेश खत्म हो जाता है। दूसरे शब्दों में कहें तो यदि संसद काररवाई शुरू होने के बाद छह सप्ताह की समय-सीमा में स्थापित किए गए अध्यादेश को पारित नहीं करती है तो अध्यादेश का अस्तित्व स्वत: ही खत्म हो जाएगा। इसी तरह के प्रावधान अनुच्छेद 213 में दिए गए हैं, जो राज्यपाल को शक्ति प्रदान करता है। अनुच्छेद 123 केंद्रीय मंत्रिमंडल को विधायी शक्ति प्रदान करता है। यह शक्ति संसद के माध्यम से सरकार को संविधान में प्रदान की गई है। इस शक्ति के माध्यम से संसद किसी मामले में तत्काल काररवाई अथवा हस्तक्षेप के लिए कदम उठा सकती है। दूसरे शब्दों में कहें

तो संसद बाद में मंत्रिमंडल के निर्णय की पुष्टि करे या नहीं अथवा अध्यादेश के स्थान पर विधेयक पारित करे, सभी स्थितियों में अध्यादेश अपने जीवित कार्यकाल में वह शक्ति और प्रभाव रखता है, जैसा कि संसद से पारित किए गए अन्य कानून रखते हैं। दूसरे शब्दों में यदि संसद अध्यादेश को अस्वीकार भी कर देती है अथवा इसके स्थान पर नए विधेयक को पारित करने में विफल रहती है, तो भी इस समयावधि में सरकार द्वारा उठाए गए सभी कदम संवैधानिक रूप में मान्य और स्वीकार होंगे।

भारतीय गणतंत्र के जन्म के समय से ही केंद्र में सत्तासीन रहीं सभी सरकारों ने अपने एजेंडे को आगे बढ़ाने के लिए अनुच्छेद 123 का उदारतापूर्वक उपयोग किया है। इस मुद्दे पर मुखर आवाज उठानेवाली कांग्रेस अध्यक्ष सोनिया गांधी भी इसमें पीछे नहीं रही हैं। उन्होंने हाल के दिनों में बयान दिया कि अध्यादेश के माध्यम से मोदी सरकार लोकतांत्रिक संस्थाओं का अवमूल्यन कर रही है। कांग्रेस पार्टी आज भले ही अध्यादेशों की आलोचना कर रही है और इसे कमतर बता रही है, लेकिन इसमें वह कभी भी पीछे नहीं रही है। इसके लिए संविधान के अस्तित्व में आने के बाद लोकसभा सचिवालय में रखे गए दस्तावेजों में अध्यादेशों के इतिहास को देखा जा सकता है। इसके क्रमवार विवरण से हमें तत्कालीन केंद्र सरकारों का रवैया पता चलता है कि किस तरह हमारे गणतंत्र के शुरुआती 46 वर्षों में इसका उपयोग किया गया और सरकार ने अध्यादेशों का सहारा लिया।

यह भी आश्चर्यजनक प्रतीत होता है कि जिस दिन संविधान अस्तित्व में आया, उसी दिन 26 जनवरी, 1950 को जवाहरलाल नेहरू सरकार ने तीन अध्यादेशों की घोषणा की। ये अध्यादेश क्रमशः संसदीय (अयोग्यता निवारण) अध्यादेश-1950, हाईकोर्ट (सील अथवा मुहर) अध्यादेश-1950 और न्यायिक कमिश्नरी कोर्ट (हाईकोर्ट के रूप में घोषणा) अध्यादेश-1950 थे। इसी तरह गणतंत्र के पहले वर्ष में ही सरकार ने कुल 21 अध्यादेशों की घोषणा की। वास्तविकता में नेहरू के कार्यकाल में 26 जनवरी 1950 से लेकर उनकी मृत्यु के समय मई 1964 तक कुल 101 अध्यादेशों की घोषणा की गई। इसी तरह 15 अगस्त, 1947 से लेकर 26 जनवरी, 1950 के बीच 100 से अधिक अध्यादेश लाए गए। ऐसा तब था, जबकि नेहरू ने आजादी से पूर्व खुद को अध्यादेशों के खिलाफ बताया था, लेकिन आजादी के बाद उनका रुख बदल गया। इसके बाद इंदिरा गांधी के प्रधानमंत्रित्वकाल में 208 अध्यादेश लाए गए। राजीव गांधी ने भी 37 अध्यादेशों की घोषणा की। कांग्रेस के अन्य प्रधानमंत्रियों में पी.वी. नरसिंह राव ने राष्ट्रपति के पास 108 अध्यादेशों को संस्तुति के लिए भेजा। यदि इन सभी को जोड़ दिया जाए तो 26 जनवरी, 1950 से 1996 के अंत तक 500 अध्यादेशों की घोषणा हुई और अकेले कांग्रेस पार्टी के खाते में 454 अध्यादेश आते हैं। अध्यादेशों की मुखालफत

करने के लिए कांग्रेस पार्टी कभी भी मुखर नहीं रही। इस प्रकार कांग्रेस इस मुद्दे पर दोहरा रवैया नहीं अपना सकती। इसमें कहीं कोई दो राय नहीं कि वर्तमान चुनी हुई सरकार को राज्यसभा में गतिरोध की स्थिति का सतत रूप से सामना करना पड़ा है। राष्ट्रपति और राज्यपाल द्वारा घोषित किए जानेवाले अध्यादेश के मुद्दे पर सुप्रीम कोर्ट में याचिकाएँ दाखिल की गईं। इस संदर्भ में सर्वोच्च अदालत ने भी अध्यादेश के प्रभावी रहने के समय सरकार द्वारा लिये गए निर्णयों की वैधता को बरकरार रखा। इसी प्रकार शक्तियों के पृथक्करण को लेकर उठाए गए प्रश्नों के संदर्भों में सुप्रीम कोर्ट ने एमलैड्स, यानी सांसद स्थानीय क्षेत्र विकास निधि के संदर्भ में दी गई चुनौती की सुनवाई करते हुए कहा कि संविधान कार्यों के परस्पर दोहराव को प्रतिबंधित नहीं करता और यह विधायी कार्यों को निष्पादित करनेवाले लोगों अथवा सांसदों और विधायकों को इस मामले में अवसर प्रदान करती है, जो कि कार्यपालिका द्वारा निर्धारित है। इस संदर्भ में अदालत ने कहा कि संविधान कार्यों के दोहराव को प्रतिबंधित नहीं करता और संसदीय लोकतंत्र में कुछ दोहरावों की स्वीकृति है। यह कहा जाता है कि शक्तियों का पृथक्करण संविधान की अनिवार्य विशेषता है, लेकिन आधुनिक शासन व्यवस्था में कठोर पृथक्करण न तो संभव है और न ही अपेक्षित।

पिछले 30 सालों में हमारे लोकतंत्र का सबसे बड़ा विरोधाभास यही रहा कि किसी भी जनादेश प्राप्त सरकार का संसद के ऊपरी सदन में बहुमत नहीं रहा। राज्यों में क्षेत्रीय पार्टियों के मजबूत उभार के कारण दोनों प्रमुख राष्ट्रीय पार्टियों के पास राज्यों में विधायकों की इतनी संख्या नहीं रही कि वे राज्यसभा में बहुमत हासिल कर सकें। इसके परिणामस्वरूप गठबंधन के सहारे लोकसभा में बहुमत पानेवाली सरकारें राज्यसभा में कमजोर बनी रहीं। इस कारण जनादेश के प्रति अनिच्छा के चलते विपक्ष के साथ सरकार का टकराव बढ़ा और सरकार को संसद की संयुक्त बैठक बुलाने के लिए विवश होना पड़ा। देश में शासन व्यवस्था संचालन की अपनी जिम्मेदारियों को पूरा करने के लिए यह आवश्यक था। सवाल यही है कि ऐसे में किसे दोष दे सकते हैं ?

□

विलक्षण न्यायप्रियता

[महान् जज जस्टिस खन्ना को सच्ची श्रद्धांजलि यह होगी कि हम नागरिकों के जीवन और व्यक्तिगत आजादी के अधिकार की रक्षा के लिए उनके साहसिक प्रयास को हमेशा याद रखें।]

जस्टिस एच.आर. खन्ना के निधन की खबर से उस बलिदान की यादें फिर से ताजा हो गईं, जो संवैधानिक मूल्यों और नागरिकों के लोकतांत्रिक अधिकारों की रक्षा के लिए इस न्यायाधीश को करना पड़ा। जस्टिस खन्ना इंदिरा गांधी द्वारा थोपे गए आपातकाल के खिलाफ भारतीय नागरिकों द्वारा लड़े गए दूसरे स्वाधीनता संग्राम के महानतम योद्धाओं में से एक थे। संवैधानिक कानून के विद्यार्थी अच्छी तरह जानते होंगे कि इस महान् जज की दी जानेवाली सच्ची श्रद्धांजलि यह होगी कि हम नागरिकों के जीवन और व्यक्तिगत आजादी के अधिकार की रक्षा के लिए की गई उनकी साहसिक पहल को हमेशा याद रखें। उच्चतम न्यायालय में उनके साथी जजों ने बहुमत से दिए गए निर्णय में इस अधिकार को सरकारी कृपा के बदले छीन लिया था। इस मामले में उच्चतम न्यायालय को यह तय करना था कि आपातकाल के दौरान क्या कोई नागरिक संविधान की धारा 21 के तहत अपने अधिकारों की रक्षा के लिए अदालत का दरवाजा खटखटा सकता है? उनके चार साथी जजों ने कहा—''नहीं।'' जस्टिस एच.आर. खन्ना ने इससे असहमति जताते हुए कहा, ''भारत का संविधान और कानून जीवन और व्यक्तिगत आजादी को कार्यपालक की असीम शक्तियों की दया के भरोसे नहीं छोड़ता।''

वैसे तो मौलिक अधिकारों से संबद्ध संविधान का तीसरा अध्याय पूरा ही महत्त्वपूर्ण है, किंतु धारा 21 तो इसमें भी खास है। यह धारा कहती है कि किसी भी व्यक्ति को उसके जीवन और व्यक्तिगत आजादी से वंचित नहीं किया जा सकता, जब तक कि यह कानून द्वारा स्थापित प्रक्रियाओं के अनुरूप न हो। यह इस प्रकार का संवैधानिक प्रावधान है, जो लोकतंत्र और तानाशाही, कानून का शासन और जंगल राज के बीच का

अंतर रेखांकित करता है। मौलिक अधिकार की इतनी महत्ता है कि जिस भी देश के संविधान में ऐसा प्रावधान न हो, वह सही अर्थों में लोकतांत्रिक होने का दावा नहीं कर सकता। आपातकाल थोपने के बाद इंदिरा गांधी ने सबसे पहले राष्ट्रपति से उस आदेश पर मुहर लगवाई, जिसके तहत तमाम मौलिक अधिकार, जिनमें जीवन और व्यक्तिगत स्वतंत्रता का अधिकार भी शामिल है, स्थगित कर दिए गए थे। इस दौरान सरकार द्वारा जेल में डाले गए लोगों ने उच्च न्यायालय में चुनौती दी कि धारा 21 को स्थगित नहीं किया जा सकता। लालकृष्ण आडवाणी और मधु दंडवते जैसे अनेक राजनेता याचिका दायर करनेवालों में से थे। नौ उच्च न्यायालयों ने सरकार की दलील को निरस्त कर दिया। इसी दौरान उच्चतम न्यायालय ने ऐसे तमाम मामले अपने सुपुर्द करने का निर्देश दिया। उच्चतम न्यायालय की पाँच सदस्यीय पीठ, जिसमें मुख्य न्यायाधीश ए.एन. रे, न्यायाधीश एच.आर. खन्ना, एम.एच. बेग, वाई.वी. चंद्रचूड़ और पी.एन. भगवती शामिल थे, ने मामले की सुनवाई की। सुनवाई के दौरान अटार्नी जनरल नीरन डे ने दावा किया कि जब तक आपातकाल लागू है, तब तक कोई नागरिक जीवन और व्यक्तिगत स्वतंत्रता के लिए न्यायालय का दरवाजा नहीं खटखटा सकता। कोई भी लोकतंत्रवादी ऐसी दलील सुनकर भौचक्का रह जाता, लेकिन ज्यादातर जजों ने अटार्नी जनरल की बात बड़ी शांति से सुनी।

जस्टिस खन्ना ने अपनी आत्मकथा में लिखा है कि उन्होंने पाया कि उनके कुछ साथी, जो मानवाधिकार और नागरिक स्वतंत्रता की बड़ी-बड़ी बातें किया करते थे, ऐसे चुपचाप बैठे थे, जैसे उनका मुँह सी दिया गया हो। जस्टिस खन्ना ने अटार्नी जनरल से टकरा पाने का मन बना लिया था। उन्होंने अटार्नी जनरल से पूछा कि अगर कोई पुलिस अफसर व्यक्तिगत दुश्मनी में किसी व्यक्ति को मार डाले तो आपके विचार में क्या इसका कोई निराकरण है? अटार्नी जनरल ने जवाब दिया कि जब तक आपातकाल लागू रहेगा, इस प्रकार के मामले का कोई निराकरण नहीं है। नीरन डे ने आगे कहा, "यह आपकी अंतरात्मा को कचोट सकता है, मेरी भी अंतरात्मा को कचोट सकता है, किंतु मैं अपने निष्कर्ष के प्रति दृढ हूँ।" यद्यपि इसने अटार्नी जनरल की अंतरात्मा को कचोटा, किंतु पीठ के अधिकांश सदस्यों पर कोई फर्क नहीं पड़ा। जस्टिस खन्ना को छोड़कर शेष चारों जजों ने सरकार की दलील को स्वीकार कर लिया कि उसे जीवन और व्यक्तिगत स्वतंत्रता को स्थगित रखने का अधिकार है। जस्टिस खन्ना ने सरकार की दलील खारिज करते हुए कहा कि इस मामले ने जीवन, स्वतंत्रता और विधि के शासन पर असर डालनेवाले अनेक सवाल उठाए हैं। उन्होंने यह साहसिक कदम यह जानते हुए भी उठाया कि इसके क्या दुष्परिणाम निकल सकते हैं? यह फैसला अप्रैल 1976 में उस समय आया, जब मुख्य न्यायाधीश रे को नौ माह बाद रिटायर होना था और उसके

बाद सबसे वरिष्ठ होने के नाते जस्टिस खन्ना को मुख्य न्यायाधीश पद पर नियुक्त होना था, किंतु जस्टिस खन्ना भलीभाँति जानते थे कि कांग्रेस को तो समर्पित जज चाहिए।

उनके सामने अतीत का उदाहरण मौजूद था, जब 24 अप्रैल, 1973 को केशवानंद भारती मामले में फैसला आने के तुरंत बाद जस्टिस हेगड़े, शैलात और ग्रोवर को पीछे खिसका दिया गया था। इस मामले पर निर्णय देनेवाली पीठ में भी जस्टिस खन्ना शामिल थे और संविधान के मूल ढाँचे का मशहूर सिद्धांत प्रतिपादित करने में पूरी पीठ के साथ-साथ उनकी भी अहम भूमिका थी। इस मामले में भी जस्टिस खन्ना ने सरकार की नाराजगी मोल ले ली। दुष्परिणाम अनुमान के मुताबिक ही रहे। जनवरी 1977 में सरकार ने जस्टिस बेग को मुख्य न्यायाधीश नियुक्त कर दिया। जस्टिस खन्ना ने राष्ट्रपति को अपना इस्तीफा भेज दिया, किंतु बेग की तैनाती से काफी पहले ही कांग्रेस ने जस्टिस खन्ना को जता दिया था कि यह सरकार को पसंद नहीं है। सरकारी आयोजनों में उन्हें शामिल होने का न्योता देना बंद कर दिया गया था और कांग्रेसी मंत्री और अधिकारी उनसे कन्नी काटने लगे थे। जस्टिस खन्ना ने बड़ी मर्यादा के साथ यह अपमान झेला। उन्हें तब कुछ सांत्वना मिली, जब सरकार में शामिल कुछ लोगों ने उनके कदम के लिए उनकी सराहना की। सबसे बड़ी विडंबना तो यह थी कि जो अटार्नी जनरल यह दलील दे रहे थे कि आपातकाल के दौरान नागरिकों को जीवन का अधिकार नहीं मिलेगा, वही एक पार्टी के दौरान उन्हें एक तरफ ले गए और कहा, ''जज, मैं आपकी तारीफ करता हूँ और बधाई देता हूँ कि आपने इतना महान् फैसला दिया।''

मशहूर पुस्तक 'लोकतांत्रिक संविधान की कार्यविधि भारतीय अनुभव' में ग्रैनविल आस्टिन ने लिखा है कि अटार्नी जनरल को यह डर सता रहा था कि अगर वे आपातकाल और संवैधानिक संशोधनों के खिलाफ जाते हैं तो उन्हें और विदेश में जन्मी उनकी पत्नी को प्रताड़ित किया जा सकता है। उनके मित्रों ने भी इनके तनाव और इसके चलते उनके द्वारा बहुत अधिक धूम्रपान करने का संज्ञान ले लिया था। लोकतंत्र और संवैधानिक सिद्धांतों के लिए जस्टिस खन्ना का बलिदान इस बात से जाहिर होता है कि जस्टिस बेग के बाद अन्य दो जज जस्टिस चंद्रचूड़ और जस्टिस भगवती भी उच्चतम न्यायालय के मुख्य न्यायाधीश बने। जस्टिस खन्ना का बलिदान व्यर्थ नहीं जाएगा, अगर हम उनकी न्यायप्रियता की कहानी नई पीढ़ी तक पहुँचाएँ। एक योद्धा के रूप में उनके गुण समाज के विभिन्न क्षेत्रों के लोगों को इस बात के लिए प्रेरित करेंगे कि जब-जब लोकतंत्र और कानून एवं व्यवस्था पर खतरा मँडराएगा, वे दिलेरी से उसका सामना करें।

□

असाधारण आत्म-निरीक्षण

[यह संयोग ही है कि दोनों जजों ने शक्ति के विभाजन से संबंधित मोटेक्वी के सिद्धांत की ओर न केवल संकेत किया, बल्कि इसे अपने तर्क का आधार भी बनाया।]

न्यायिक सक्रियता पर जारी बहस का कुछ भी परिणाम निकला हो, इससे कोई इनकार नहीं कर सकता कि न्यायाधीश ए.के. माथुर और मार्कंडेय काटजू ने हाल में दिए गए अपने एक निर्देश से शक्ति विभाजन के सदियों पुराने सिद्धांत में फिर से हवा भर दी है। इस फैसले में दो सदस्यीय पीठ ने न्यायपालिका द्वारा लक्ष्मण रेखा लाँघने को आड़े हाथों लेते हुए जजों को जवाबदेही बढ़ाने पर बहस छेड़ी है। यह फैसला बिल्कुल उपयुक्त समय पर आया है। संवैधानिक सिद्धांत का प्रतिपादन करने के अलावा यह फैसला इसलिए भी हमेशा याद रखा जाएगा कि जजों ने इतने संवेदनशील मुद्दे को कितनी शालीनता से उठाया। आत्म-निरीक्षण करते हुए उन्होंने कहा कि जज कार्यपालक और शासकों के रूप में कार्य कर रहे हैं, जो पूरी तरह असंवैधानिक है। न्यायाधीशों का विचार था कि न्यायिक सक्रियता न्यायिक दुस्साहस नहीं बननी चाहिए। जजों को अपनी सीमा का ज्ञान होना चाहिए और उन्हें सरकार चलाने की कोशिश नहीं करनी चाहिए।

इस तथ्य को ध्यान में रखते हुए कि हमारे जज आलोचना को लेकर काफी संवेदनशील होते हैं, इससे अच्छा कुछ और नहीं हो सकता कि सुप्रीम कोर्ट के दो मौजूदा न्यायाधीशों ने इस प्रकार की आत्म-आलोचनात्मक टिप्पणियाँ की हैं। अनेक नागरिक और संभवत: अधिकांश जनप्रतिनिधि दो सदस्यीय पीठ द्वारा जताई गई चिंताओं से सहमत होंगे, भले ही वे इसे सार्वजनिक करने से परहेज करें। गौर करनेवाला बिंदु यह है कि दोनों जजों ने अपना निर्णय देते हुए विधायिका, कार्यपालिका और न्यायपालिका के बीच शक्ति के बँटवारे से संबंधित चार्ल्स डि मोंटेक्वी द्वारा 1748 में उद्घोषित सिद्धांत को याद किया। इस फ्रांसीसी राजनीतिक दार्शनिक ने अपनी ऐतिहासिक रचना 'द स्पिरिट ऑफ

लॉज' में जो सिद्धांत प्रतिपादित किए, वे आधुनिक संविधानों का मूलाधार हैं। उन्होंने अमेरिका के संविधान निर्माताओं को प्रभावित किया है। इसके अलावा औपनिवेशिक काल के उपरांत तैयार किए गए संविधानों में भी उनके सिद्धांतों को समाहित किया गया है। इनमें भारत का संविधान भी शामिल है। पुरातन होने के बावजूद ये सिद्धांत आज भी लोकतंत्र की मूल अवधारणा बने हुए हैं। लोकतांत्रिक संतुलन कायम रखने में इसके महत्त्व को देखते हुए जजों ने इसके अध्याय 11 को उद्धृत किया, जो संविधान के अनुरूप राजनीतिक स्वतंत्रता स्थापित करनेवाले कानूनों के संबंध में है। मोंटेक्वी ने इस अध्याय में लिखा है, "जब विधायिका और कार्यपालिका की शक्तियाँ एक ही व्यक्ति या मजिस्ट्रेटों के निकाय के हाथों में आ जाती हैं तो स्वतंत्रता का हनन सुनिश्चित है। इस बात की आशंका बनी रहती है कि वह शासक या निकाय दमनकारी कानून बनाकर उन्हें दमनकारी तरीके से लागू कर सकता है।" इसके बाद वे जो कहते हैं, वह और भी प्रासंगिक है, "अगर विधायिका या कार्यपालिका से न्यायिक शक्तियों को अलग नहीं किया जाता है तो स्वतंत्रता नहीं रहेगी। अगर इसे विधायिका के साथ संबद्ध कर दिया जाता है तो व्यक्ति की आत्मा और स्वतंत्रता मनमाने और एकपक्षीय नियंत्रण का शिकार हो जाएगी। तब विधि निर्माता ही जज बन जाएँगे। अगर इसे कार्यपालिका के हाथों में सौंप दिया जाता है तो जज (कार्यपालक) हिंसक और दमनात्मक व्यवहार करेंगे।" वे निष्कर्ष निकालते हैं, "अगर एक ही व्यक्ति या निकाय को ये तीनों शक्तियाँ यानी कानून बनाना, इसको क्रियान्वित करना और इसके अनुरूप प्रशासन चलाना, सौंप दी गई तो सब बरबाद हो जाएगा।"

वास्तव में यह एक संयोग ही कहा जाएगा कि उच्चतम न्यायालय द्वारा यह फैसला दिए जाने से तीन दिन पहले ही संसद में विधायिका, कार्यपालिका और न्यायपालिका के बीच सौहार्दपूर्ण संबंध कायम करने तथा एक-दूसरे के कार्यक्षेत्र में दखलंदाजी न करने को लेकर बहस हुई थी। बहस में भाग लेनेवाले अनेक सांसदों ने शक्तियों के विभाजन के सिद्धांत की आवश्यकता रेखांकित की थी। उन्होंने तीनों अंगों में सत्यनिष्ठा, आत्म-अनुशासन और शुद्धीकरण की जरूरत पर भी जोर दिया। हैरानी की बात नहीं है कि गर्व के भाव से सांसदों ने उस प्रसंग की ओर भी संकेत किया, जब सवाल के बदले धन लेने के मामले के बाद संसद को न्यायाधिकरण में तबदील कर दिया गया था। जिन सांसदों को सवाल के बदले घूस लेते हुए पाया गया था, उन्हें बरखास्त कर दिया गया। संसद ने सदस्यों के आचरण के संबंध में ऐसी ही दृढता और पारदर्शिता तब दिखाई थी, जब 1951 में प्रोविजनल संसद के सदस्य एच.जी. मुद्गल को दंडित किया था। उन्होंने बांबे बुलियन एसोसिएशन की मदद करने के लिए फीस ली थी। इसके बाद दोनों सदनों ने नैतिकता के सवाल को पीछे धकेल दिया, जिससे संसद की साख पर बड़ा आघात लगा।

पिछले वर्ष संसद ने अनेक दागी सांसदों से कड़ाई से निपटकर लोगों की नजरों में अपना सम्मान बढ़ाया। इसलिए यह स्वाभाविक ही था कि बहस के दौरान संसद सदस्यों ने न्यायिक सक्रियता को लेकर ऊँचे स्वर में अपने विचार व्यक्त किए। बहस की शुरुआत करनेवाले गुरुदास दासगुप्ता और अनेक अन्य सांसद न्यायपालिका की अतिरिक्त सक्रियता से नाराज थे। उनका तर्क था कि जजों को किसी नीति की वैधता का परीक्षण करने का तो अधिकार है, लेकिन उसका औचित्य देखने या वजन तौलने का अधिकार नहीं है। न्यायाधीश माथुर और काटजू इस विचार से सहमत नजर आते हैं। उन्होंने अमेरिकी जज हूगो ब्लैक का हवाला दिया, "जज खूबसूरत और हितकारी विचारों की तलाश में भटकता हुआ कोई गुमराह शासक नहीं है।" लोकसभा की विशेषाधिकार समिति के अध्यक्ष वी. किशोरचंद देव का मानना है कि न्यायिक निरंकुशता किसी सभ्य समाज का सबसे भयानक उत्पीड़न है। दो जजों ने पूर्व मुख्य न्यायाधीश ए.एस. आनंद का हवाला देते हुए कहा कि न्यायिक सक्रियता न्यायिक दुस्साहस नहीं बननी चाहिए। उन्होंने चेताया कि अगर न्यायपालिका चार्ल्स डि मोंटेक्वी के सिद्धांत पर अमल नहीं करती तो परेशानी पैदा हो जाएगी। यह केवल संयोग ही है कि दोनों जजों ने न केवल मोंटेक्वी के सिद्धांतों की ओर संकेत किया, बल्कि फैसले में इसे अपने तर्क का केंद्रीय आधार भी बनाया। किशोरचंद्र देव ने जब उत्तर प्रदेश और झारखंड में न्यायपालिका के विधायिका के क्षेत्र में सीधे-सीधे अतिक्रमण की बात कही तो उनके शब्दों में वजन था। इन दोनों राज्यों में विधानसभाओं की पूरी कारवाई न्यायपालिका ने सभापति के माध्यम से चलवाई।

दोनों जज उनकी बात से पूरी तरह सहमत दिखाई देते हैं। उन्होंने कहा भी कि 1998 में उत्तर प्रदेश विधानसभा में जगदंबिका पाल मामला और 2005 में झारखंड का मामला शक्तियों के विभाजन की संवैधानिक प्रक्रिया से भटकाव का उदाहरण है। कई दशकों से शक्तियों के विभाजन जैसे संवेदनशील मुद्दे पर संसद और उच्च न्यायपालिका के सदस्यों के बीच मतैक्य नहीं रहा है। दोनों संस्थाओं में केशवानंद भारती मामले के बाद दूरी बढ़ गई। इस मामले में सुप्रीम कोर्ट ने आधारभूत ढाँचे का सिद्धांत घोषित किया और संसद पर संविधान में संशोधन करने के संबंध में कई बंदिशें लगा दीं। न्यायमूर्ति माथुर और न्यायमूर्ति काटजू ने संवैधानिक आधारों की ओर लौटने के लिए दरवाजे खोल दिए हैं, किंतु संवैधानिक संतुलन की पुनर्स्थापना इस पर निर्भर करेगी कि उच्चतम न्यायालय में अन्य जज इस फैसले पर क्या रुख अपनाते हैं?

□

दोहरी क्षतिवाला गोरखधंधा

[कुछ लोगों ने प्रधानमंत्री के बयान की इस रूप में व्याख्या की है कि इससे गोहत्या करनेवालों को तो बल मिला है, लेकिन गोरक्षकों का मनोबल गिरा है। यह पूरी तरह से निराधार है।]

प्रधानमंत्री नरेंद्र मोदी द्वारा गोरक्षकों को कड़ी चेतावनी और गोरक्षा के नाम पर समाज विरोधी कार्य करनेवालों से राज्य सरकारों को कठोरता से निपटने की सलाह का इससे उपयुक्त समय और कोई नहीं हो सकता। इसमें कोई शक नहीं कि गोरक्षा के नाम पर कुछ राज्यों में हुई हिंसक घटनाओं ने देश की सहिष्णु राष्ट्र की छवि को मलिन करने का काम किया है। अपने हालिया भाषण में प्रधानमंत्री ने कहा कि उन्हें समाज की एकता के दुश्मनों के प्रति बहुत ही गुस्सा आता है, जिन्होंने गोरक्षा को एक धंधा बना लिया है। प्रधानमंत्री ने राज्य सरकारों से नकली गोरक्षकों की पहचान करने और उनके खिलाफ कड़ी काररवाई करने का आग्रह किया। भारतीय राष्ट्र-राज्य के प्रति अपनी जिम्मेदारियों को निभाते हुए मोदी ने पूरी तरह स्पष्ट किया कि वे देश की एकता और अखंडता की रक्षा करने के लिए प्रतिबद्ध हैं।

प्रधानमंत्री नरेंद्र मोदी का बयान गुजरात में कुछ असामाजिक तत्त्वों द्वारा चार दलितों को कथित रूप से गाय की खाल उतारने के आरोप में कार से बाँधकर बुरी तरह पीटने की घटना के मद्देनजर आया है। ऐसी ही एक घटना लखनऊ में सामने आई। पीड़ित नगर निगम के अस्थायी कर्मचारी थे। उन्हें मरे हुए जानवरों के शवों को हटाने और मरी हुई गायों की खाल उतारने के लिए नियुक्त किया गया था। हैरानी की बात है कि मोदी की चेतावनी के बाद भी आंध्र प्रदेश के अमलापुरम में इसी तरह की घटना की खबर आई। वहाँ कथित गोरक्षकों ने एक मृत गाय की खाल उतारने पर दो दलित भाइयों की पेड़ से बाँधकर पिटाई की। गोहत्या का जितना बड़ा विरोध महात्मा गांधी ने किया था, उतना किसी दूसरे भारतीय ने नहीं किया है। इसके बावजूद उन्होंने गोहत्या

को रोकने के लिए हिंसा का सहारा नहीं लिया। उन्हें लगता था कि दुनिया में यह विचार जाना चाहिए कि गोहत्या पाप है। उन्होंने कभी यह नहीं सोचा कि इस काम के विरोध के नाम पर किसी की जान भी ली जा सकती है। गांधीजी ने 1921 में यंग इंडिया में लिखा था कि मैं एक गाय की रक्षा के लिए एक मनुष्य की जान नहीं लूँगा। इसी प्रकार एक मनुष्य को, भले ही उसकी जान कितनी भी बहुमूल्य क्यों न हो, बचाने के लिए एक गाय की हत्या नहीं करूँगा। हमें आज गांधीजी के विचार को जरूर ध्यान में रखना चाहिए, क्योंकि कुछ दिग्भ्रमित लोग सोचते हैं कि वे हिंसा के जरिए गाय की रक्षा कर सकते हैं। हिंसा के जरिए कभी भी इस समस्या का समाधान नहीं निकला और आगे भी नहीं निकलेगा। गोहत्या रोकने का एक ही तरीका है कि ऐसे लोगों को समझाया-बुझाया जाए। लोकतांत्रिक तरीके से समस्याओं को दूर करने का गांधीजी का यही मूल मंत्र था। भारतीयों को न सिर्फ दुनिया के सबसे बड़े और जीवंत लोकतंत्र, बल्कि गांधीजी की धरती का नागरिक होने का गौरव मिला है और उन्हें गोहत्या के संदर्भ में गांधीजी के विचार को कभी नहीं भूलना चाहिए।

जहाँ तक इस विषय में कानून होने की बात है तो इसकी शुरुआत संविधान के नीति-निर्देशक सिद्धांतों के अनुच्छेद 48 से होती है। यह कहता है, "राज्य को कृषि और पशुपालन के आयोजन को आधुनिक और वैज्ञानिक तरीके से करने का प्रयास करना चाहिए। उसे खासकर नस्लों को सुधारने और संरक्षित करने तथा गाय, बछड़ों और दूसरे दुधारू पशुओं की हत्या पर रोक लगानी चाहिए।" यह अनुच्छेद भारतीय शासन को गोहत्या की रोकथाम के लिए कदम उठाने का अधिकार देता है, लेकिन इस संबंध में कानून बनाने का अधिकार संविधान ने राज्यों को दे रखा है। सातवीं अनुसूची में राज्य सूची में बिंदु 15 राज्यों को पशुधन के संरक्षण, सुरक्षा और सुधार तथा पशुओं को बीमारियों से बचाने के लिए कानून बनाने का अधिकार देता है। अधिकतर राज्यों ने इस अधिकार का उपयोग कर गोहत्या के खिलाफ कानून बनाया है। सैद्धांतिक रूप से सुप्रीम कोर्ट ने गोहत्या की रोकथाम पर अनुच्छेद 48 में जारी दिशा-निर्देश को जारी रखा है। 2005 में शीर्ष अदालत की सात जजों की बेंच ने गुजरात के उस कानून की वैधता बहाल रखी, जिसमें बछड़ों और बैलों की हत्या पर पूर्ण प्रतिबंध लगाया गया था। उसके बाद के साल में भी सुप्रीम कोर्ट की दो जजों की बेंच ने एक बार फिर मवेशियों की हत्या की रोकथाम के लिए विभिन्न राज्य के कानूनों की वैधता बरकरार रखी।

बहरहाल दो राष्ट्रीय पार्टियों द्वारा शासित अधिकतर राज्यों ने गोहत्या के खिलाफ कानून बनाए हैं और सुप्रीम कोर्ट ने भी संविधान के नीति-निर्देशक सिद्धांतों के उद्देश्यों की पूर्ति के लिए इन्हें बहाल रखा है, लेकिन कुछ शरारती लोग चोरी-छिपे समस्या को नासूर बनाने का काम कर रहे हैं। छद्म धर्मनिरपेक्षतावादियों और धर्मनिरपेक्षता का

चोला धारण किए कट्टरपंथियों, जो कि सामाजिक सौहार्द और अनुच्छेद 48 के अमल से कहीं ज्यादा महत्त्वपूर्ण गोमांस खाने को अपना मौलिक अधिकार समझते हैं, ने कुछ राजनीतिक दलों और सामाजिक संगठनों को इन कानूनों के खिलाफ मुँह खोलने और इनका उपहास उड़ाने का अवसर दिया है। सवाल यह है कि गोहत्या के मुद्दे को जब 1947 में ही सुलझा लिया गया था तो फिर यह अब भी क्यों जब-तब सिर उठा रहा है और सामाजिक सौहार्द के लिए खतरा बन रहा है ?

जब से प्रधानमंत्री ने सार्वजनिक चेतावनी दी है, तब से वे भी कुछ लोगों के निशाने पर हैं। कुछ लोगों ने उनके बयान की इस रूप में व्याख्या की है कि इससे गोहत्या करनेवालों को तो बल मिला है, लेकिन गोरक्षकों का मनोबल गिरा है। यह पूरी तरह से निराधार है। हाल के दिनों में मृत गायों की ढुलाई और उनकी खाल उतारने संबंधी कई खबरें आईं। दरअसल पंचायतों और नगर निगम के अधिकारी कॉलोनियों और अहातों से मृत गायों को हटाने और जानवरों की खाल उतारने के लिए लोगों को नियुक्त करते हैं। मृत गायों को ठिकाने लगाने के लिए ऐसे लोगों को गौशाला की भी जरूरत है। यह काम करनेवाले अधिकतर लोग दलित समुदाय से आते हैं। दुर्भाग्य की बात है कि उन्हें सिर्फ अपना काम करने के लिए निर्ममता से मारा-पीटा जाता रहा है। यह बहुत ही घिनौना व्यवहार है। जो लोग देश के नागरिकों के साथ ऐसा दुर्व्यवहार करते हैं, उनके खिलाफ राज्यों को कड़ाई से पेश आने की जरूरत है।

यह भी एक तथ्य है कि स्वयंभू गोरक्षक गोहत्या के खिलाफ एक राष्ट्रीय सहमति बनाने की राह में अवरोध पैदा कर रहे हैं। उनका आचरण कुछ लोगों को गोरक्षा कानून का विरोध करने और गाय के प्रति हिंदुओं की श्रद्धा का मजाक उड़ाने का अवसर दे रहा है। इस प्रकरण से बुद्धिजीवियों के एक वर्ग को हिंदू धर्म को कोसने और गोहत्या की बहस से फिर से आरंभ करने का मौका मिल गया है। इसे सिर उठाने से पहले ही जल्द-से-जल्द बंद कराया जाना चाहिए। गोरक्षक उनके हाथों में खेल रहे हैं और इस कारण से भी कथित गोरक्षकों को मनमानी से रोका जाना चाहिए।

□

अल्पसंख्यकों का निर्धारण

[उच्चतम न्यायालय के स्पष्ट फैसले के बाद भी पंजाब सरकार यह दावा कर रही है कि राज्य में सिख अल्पसंख्यक हैं, जबकि वहाँ सिखों की आबादी 59.9 प्रतिशत है।]

पंजाब और हरियाणा उच्च न्यायालय के इस फैसले कि पंजाब में सिख अल्पसंख्यक नहीं हैं, को चुनौती देने के पंजाब सरकार के फैसले के गंभीर नतीजे होंगे। पंजाब सरकार का यह कदम भारत में हिंदुओं के संवैधानिक अधिकार पर नई बहस छेड़ेगा। इससे यह सवाल भी उठेगा कि क्या देश के विभिन्न क्षेत्रों में अल्पसंख्यकों के मुद्दे पर भारत सरकार समतामूलक नजरिया अपनाएगी? उच्च न्यायालय के आदेश पर राज्य सरकार की प्रतिक्रिया और सिख समुदाय द्वारा मचाई जानेवाली हाय-तौबा समझ से परे है, क्योंकि अक्तूबर 2002 में टी.एम.ए. पाई फाउंडेशन मामले में उच्चतम न्यायालय किसी पंथ के अल्पसंख्यक या बहुसंख्यक होने के संदर्भ में मापदंडों का निर्धारण स्पष्ट रूप से कर चुका है। उस महत्त्वपूर्ण फैसले में 11 जजों की पीठ में से दस ने फैसले के निष्कर्षों पर सहमति जताई। न्यायाधीशों की पीठ ने घोषणा की कि संविधान के अनुच्छेद 30 के अंतर्गत नागरिकों का कोई समूह भाषायी या पंथिक आधार पर अल्पसंख्यक है या नहीं, इसका निर्णय पूरे भारत के आधार पर नहीं, बल्कि राज्य विशेष की स्थिति के अनुसार होगा। उच्चतम न्यायालय की ग्यारह जजों की पीठ के इस फैसले के बाद भी पंजाब सरकार यह दावा कर रही है कि सिख अल्पसंख्यक हैं, जबकि पंजाब में सिखों की आबादी 59.9 प्रतिशत है।

उच्च न्यायालय के आदेश पर पंजाब सरकार की प्रतिक्रिया एक और उदाहरण है कि वोट बैंक राजनीति में किसी प्रकार पंथनिरपेक्ष सिद्धांतों को तिलांजलि दी जाती है, संवैधानिक संतुलन को अस्थिर किया जाता है और यहाँ तक कि उच्चतम न्यायालय द्वारा प्रतिपादित कानून की अनदेखी की जाती है। देश के जनसांख्यिकीय रुझानों के पक्षधर

लोग आपत्ति जता रहे हैं कि अगर पंजाब को इस साफ-साफ धोखे का मौका दिया जाता है तो फिर अन्य राज्य भी इसी प्रकार के छल की उम्मीद करेंगे और इस प्रकार हिंदुओं के बुनियादी अधिकार लूट लिये जाएँगे। सत्तारूढ़ गठबंधन के कुछ राजनेताओं के कहने पर जनगणना अधिकारियों द्वारा 2001 की जनगणना के आँकड़ों का कपटपूर्ण विश्लेषण किए जाने के बावजूद आँकड़े अपनी कहानी खुद ही बयान कर रहे हैं। पंथों से संबंधित कुछ सच्चाइयाँ सामने आई हैं। पिछले 30 वर्षों में हिंदुओं की आबादी का प्रतिशत गिरा है। अब हिंदू पाँच राज्यों और एक केंद्र शासित प्रदेश में अल्पसंख्यक हैं। जम्मू-कश्मीर में हिंदुओं का प्रतिशत 29.6 है। पंजाब में 36.9, नागालैंड में 7.7, मिजोरम में 3.6 और मेघालय में 13.3 फीसदी आबादी ही हिंदुओं की है। लक्षद्वीप में हिंदुओं की आबादी मात्र 3.7 फीसदी ही है। इनके अलावा दो अन्य राज्यों, अरुणाचल प्रदेश और मणिपुर में हिदुओं की संख्या तेजी से कम होती जा रही है। उदाहरण के लिए, 20 साल पहले मणिपुर में 60.04 प्रतिशत हिंदू थे, जबकि अब उनकी संख्या गिरकर कुल 46 फीसदी रह गई है। अरुणाचल प्रदेश में हिंदुओं की संख्या 34.6 प्रतिशत है। इन राज्यों में से कुछ में मतांतरण वे. कारण अभूतपूर्व जनसांखियकीय परिवर्तन हुए हैं। उदाहरण के लिए, 1981 से 2001 के बीच नागालैंड में हिंदुओं की आबादी 14.36 से घटकर 7.7 प्रतिशत रह गई, जबकि ईसाइयों की आबादी 80.21 से उछलकर 90 फीसदी पर पहुँच गई।

यह विस्मयकारी है कि उच्चतम न्यायालय द्वारा टी.एम.ए. पाई फाउंडेशन मामले में दिए गए स्पष्ट फैसले के बावजूद पंजाब सरकार एक आधारहीन दलील को आगे बढ़ाने में लगी है। सुप्रीम कोर्ट के तत्कालीन मुख्य न्यायाधीश किरपाल तथा पाँच उच्च न्यायाधीश—जस्टिस पटनायक, राजेंद्र बाबू, बालाकृष्णन, वेंकटराम रेड्डी और पसायत ने इस मामले में बहुसंख्यक विचार का प्रतिपादन इस प्रकार किया था, ''अनुच्छेद 30 (1) के शुरुआती शब्दों से ही यह स्पष्ट है कि पंथिक और भाषायी अल्पसंख्यकों का स्तर एक ही है। भारत भाषायी राज्यों में बँटा है और इन राज्यों का निर्धारण उस क्षेत्र के बहुसंख्यक लोगों की भाषा के आधार पर हुआ है। चूँकि अनुच्छेद 30 के अनुसार राज्य भाषायी अल्पसंख्यक तय करने की एक इकाई है और चूँकि पंथिक अल्पसंख्यक भी उसी पायदान पर हैं, इसलिए राज्य ही ऐसी इकाई होंगे, जिनके संबंध में अल्पसंख्यकों या बहुसंख्यकों का निश्चय किया जाएगा।'' इसके अतिरिक्त संसद जरूर 42वें संशोधन के बाद शिक्षा के संदर्भ में कानून का निर्माण कर सकती है। सुप्रीम कोर्ट ने यह भी कहा कि अनुच्छेद 30 के उद्देश्य के अनुसार अल्पसंख्यक कौन हैं, इसका निर्धारण सत्ता में बैठे लोगों द्वारा अपने-अपने हिसाब से अलग-अलग तरीके से नहीं किया जा सकता। न्यायालय ने फैसला सुनाया कि अल्पसंख्यकों के निर्धारण के उद्देश्य से राज्य ही इकाई होगी, न कि पूरा भारत। इन छह जजों द्वारा बहुसंख्यकों के बारे में प्रतिपादित

किए गए विचार से शेष चार जज भी सहमत थे। केवल एक जज ने असहमति जताई। जस्टिस खरे ने कहा कि भाषायी या पंथिक आधार पर अल्पसंख्यकों के निर्धारण की केवल एक ही कसौटी हो सकती है। जस्टिस कादरी, वरैया और भान ने कहा कि वे फैसले के तर्क और निष्कर्ष से सहमत हैं।

टी.एम.ए. पाई फाउंडेशन मामले से पहले भी डी.ए.वी. कॉलेज के संबंध में दो मामलों में न्यायालय के सामने अल्पसंख्यकों की पहचान के लिए इकाई के निर्धारण का मुद्दा उठा था। इन मामलों में भी यही सवाल था कि क्या पंजाब में हिंदू धार्मिक अल्पसंख्यक हैं? दोनों मामलों में उच्चतम न्यायालय ने राज्य को ही इकाई माना था। उसने यह दलील नकार दी थी कि चूँकि हिंदू भारत में बहुसंख्यक हैं, इसलिए वे पंजाब में धार्मिक अल्पसंख्यक नहीं हो सकते। इस प्रकार उच्चतम न्यायालय की 11 सदस्यीय पीठ में से दस सदस्यों ने 2002 में साफ-साफ घोषणा कर दी थी कि भाषायी या पंथिक अल्पसंख्यकों के निर्धारण की इकाई राज्य ही होगा। पाँच साल पहले आए इस फैसले में न्यायालय ने इस खास सवाल का उत्तर चाहनेवालों की इच्छा पूरी कर दी थी कि क्या पंजाब में हिंदू अल्पसंख्यक समुदाय हैं? न्यायालय ने यह स्पष्ट करने में कोई कोताही नहीं बरती कि टी.एम.ए. पाई मामले से पहले दो मामलों में इस सवाल का उत्तर दिया जा चुका है कि धार्मिक अल्पसंख्यकों का निर्धारण राज्य विशेष की स्थिति के अनुसार होगा। बावजूद इसके पंजाब सरकार राज्य में सिखों के अल्पसंख्यक होने के मामले में इस तरह का व्यवहार कर रही है, जैसे टी.एम.ए. पाई मामला हमारे कानून का हिस्सा ही न हो।

चूँकि हमारे पास 2001 की जनगणना के आँकड़े उपलब्ध हैं, इसलिए उनके आधार पर हमें उन तमाम राज्यों और केंद्र शासित प्रदेशों, जहाँ हिंदू अल्पसंख्यक हैं, से यह सवाल करना चाहिए कि क्या वे भी पंजाब सरकार के अनर्गल और असंवैधानिक तर्क को मानेंगे या फिर उच्चतम न्यायालय द्वारा प्रतिपादित कानून का सम्मान करेंगे? मजहबी अल्पसंख्यकों के अधिकारों की रक्षा के संदर्भ में पंजाब सरकार का रवैया किसी को भी हैरान कर सकता है। सवाल यह है कि क्या इस देश में हिंदुओं को दोहरा आघात सहन करना होगा? एक तरफ तो जनसांख्यिकीय रूप से आबादी में उनका अनुपात कम होता जा रहा है और दूसरी तरफ उन्हें संवैधानिक अधिकारों से भी वंचित रखा जा रहा है। इससे यह सवाल भी उठता है कि क्या हिंदू संवैधानिक रूप से परित्यक्त हैं, जिन्हें उन बुनियादी अधिकारों को माँगने का भी अधिकार नहीं है, जो अन्य पंथों से जुड़े नागरिकों को हासिल हैं?

□

हमारी संसद

राज्यसभा की भूमिका

[अभी यह सदन जिस तरह से कामकाज कर रहा है, उसे देखते हुए क्या यह एक अच्छा विचार था कि एक ऐसा सदन जरूरी है, जो काररवाई में देरी करने का काम करे?

संविधान निर्माताओं ने कभी यह आशा नहीं की थी कि उच्च सदन कानून के निर्माण और गवर्नेंस की राह में बाधक बनेगा।]

राज्यसभा के मौजूदा द्विवार्षिक चुनाव के बाद भा.ज.पा. के नेतृत्ववाले राष्ट्रीय जनतांत्रिक गठबंधन (रा.ज.ग.) के सांसदों की संख्या बढ़ने की उम्मीद है, लेकिन वह सदन में बहुमत से कुछ दूर ही रहेगा। इसका अर्थ है कि रा.ज.ग. सरकार, जो कि 245 सदस्योंवाली सभा में बहुमत के आँकड़े में पचास सीट कम है, को प्रतिकूल विपक्ष की अवरोधक गतिविधियों का शिकार होना पड़ेगा और विरोधी संसद को बंधक बनाते रहेंगे। हालाँकि मोदी सरकार ऐसी पहली सरकार नहीं है, जिसको लोकसभा और राज्यसभा में भिन्न-भिन्न स्थितियों का शिकार होना पड़ा हो। जवाहरलाल नेहरू और लालबहादुर शास्त्री, जिन्हें अपने पूरे शासनकाल में संसद के उच्च सदन राज्यसभा में स्पष्ट बहुमत का लाभ मिला, को छोड़ दूसरी सरकारों को राज्यसभा में बहुमत के अभाव के कारण पैदा हुई दिक्कतों का सामना करना पड़ा।

हालाँकि सभी राजनीतिक पार्टियों में कांग्रेस ही एक ऐसा दल है, जिसे अपने कार्यकाल में अधिकांश समय में या तो स्वयं या सरकार में शामिल गठबंधन दलों के बल पर राज्यसभा में स्पष्ट बहुमत का लाभ मिला है। 1952 में दोनों सदनों के गठन के बाद कांग्रेस को राज्यसभा में पूर्ण बहुमत मिला। आरंभ में 216 सदस्योंवाली सभा में उसके पास 146 सदस्य थे। बाद में उसके बहुमत का आँकड़ा बढ़कर 186 हो गया। इंदिरा गांधी भी जब सत्ता में आईं, तब वे राज्यसभा में पूर्ण बहुमत के आँकड़े से काफी दूर थीं। उन्हें 1969 में कांग्रेस के विभाजन के बाद तीन साल तक बहुमत के अभाव

का सामना करना पड़ा। हालाँकि 1972 में विभिन्न राज्यों के विधानसभा चुनावों में उनकी पार्टी कई प्रदेशों में विपक्ष को हराने में सफल रही। परिणामस्वरूप राज्यसभा के द्विवार्षिक चुनावों में इंदिरा गांधी की कांग्रेस पार्टी अच्छी-खासी सीटें जीते में सफल रही, जिसके कारण उच्च सदन में भी कांग्रेस को बहुमत हासिल हो गया। 1984-89 के अपने कार्यकाल के अधिकांश समय तक राजीव गांधी की सरकार भी राज्यसभा में बहुमत में रही थी। भा.ज.पा. इतनी भाग्यशाली नहीं रही है। 1998-2004 में जब केंद्र में उसकी सरकार थी, तब राज्यसभा में उसके 45 सांसद थे और पूरे गठबंधन के सांसदों की संख्या करीब 80 थी। अटल बिहारी वाजपेयी की सरकार के अंतिम साल में राज्यसभा में राजग के सांसदों की संख्या बढ़कर करीब 90 हुई थी। नरेंद्र मोदी ने भी राज्यसभा में अपने 47 सांसदों के साथ कार्यकाल की शुरुआत की है। हालाँकि गठबंधन दलों के अन्य 30 सांसदों का उन्हें समर्थन प्राप्त है।

यह एक विचित्र स्थिति है, जब एक दल या गठबंधन लोकसभा चुनावों में निर्णायक बहुमत हासिल कर लेता है, लेकिन पाता है कि राज्यसभा में उसके अल्पमत में होने के कारण उसकी योजनाएँ अवरोध की भेंट चढ़ जाती हैं। संविधान सभा में चर्चाओं को देखें तो यह पूरी तरह स्पष्ट है कि संविधान निर्माताओं ने कभी यह आशा नहीं की थी कि उच्च सदन कानून के निर्माण और गवर्नेंस की राह में बाधक बनेगा। उन्होंने कल्पना भी नहीं की थी कि देश की राजनीति इस तरह खंडित हो जाएगी कि मुख्य पार्टियाँ हाशिए पर चली जाएँगी और दर्जनों क्षेत्रीय, धर्म और जाति-आधारित पार्टियाँ उभर आएँगी और उन पार्टियों की उच्च सदन में महत्त्वपूर्ण भूमिका हो जाएगी। 1952 में राज्यसभा में मान्यता प्राप्त सिर्फ छह पार्टियाँ थीं, जबकि आज उनकी संख्या बढ़कर 27 हो गई है। हालाँकि संविधान सभा के अधिकांश सदस्य संसद के इस दूसरे सदन के पक्ष में थे, क्योंकि उन्हें लगा कि विद्वानजनों का सदन लोकसभा के सदस्यों की तरह राजनीतिक तिकड़म में नहीं फँसेगा और कानून निर्माण के दौरान विधेयकों के प्रति निरपेक्ष भाव और आलोचनात्मक दृष्टिकोण रखेगा। यही वजह है कि उन्होंने कानून निर्माण में दोनों सदनों की बराबर भूमिका तय की। सिर्फ धन विधेयक के मामले में लोकसभा को राज्यसभा की तुलना में अधिक शक्ति दी गई। धन विधेयक के मामले में संविधान निर्माताओं ने स्पष्ट किया है कि राज्यसभा के सुझावों को मानना या न मानना पूरी तरह लोकसभा पर निर्भर करेगा। हालाँकि अन्य दूसरे विधेयकों के संबंध में यदि उच्च सदन ने असहमति व्यक्त की है तो उसे पारित कराने का एक ही तरीका है कि दोनों सदनों का संयुक्त सत्र बुलाकर उस पर चर्चा कराई जाए, लेकिन यह प्रावधान संविधान संशोधन विधेयक के लिए मान्य नहीं है।

इन प्रावधानों के जरिए संविधान निर्माताओं को लगा कि उन्होंने एक अच्छा संतुलन

कायम किया है। हालाँकि संविधान सभा में कुछ सदस्यों द्वारा उच्च सदन के विचार का कड़ा विरोध हुआ था। एक सदस्य मुहम्मद ताहिर ने कहा कि लोकतांत्रिक रूप से चुने हुए सदन के कामकाज में बाधा उत्पन्न करने के लिए उच्च सदन का विचार ब्रिटिश देन है। उन्होंने कहा कि निर्वाचित सदन के कामकाज की जाँच-परख करने का यह एक साम्राज्यवादी उपकरण होगा। प्रो. शिब्बनलाल सक्सेना तो और मुखर थे। उन्होंने कहा कि किसी भी देश के विकास में उच्च सदन ने मदद नहीं की है। इसने प्रगति की राह में हमेशा एक बाधा का काम किया है। यह एक अच्छा विचार नहीं है।

उच्च सदन के सबसे प्रमुख समर्थक एन. गोपालस्वामी आयंगर ने इस संबंध में प्रस्ताव प्रस्तुत किया था। आयंगर ने कहा कि उच्च सदन गरिमापूर्ण बहस सुनिश्चित करेगा और यह बिल को पारित करने में तब तक विलंब करेगा, जब तक उत्साह के भाव थम न जाएँ। उन्होंने कहा कि उच्च सदन के द्वारा हम काररवाई को लंबित करते हैं और इसमें अनुभवी लोग रहते हैं, जो अपने साथ इस सदन में अपना ज्ञान भी लाते हैं। हालाँकि इसके बाद भी प्रस्ताव को तैयार करनेवाली कमेटी में मौजूद वह और उनके सहयोगियों ने कुछ ऐसे प्रावधान किए, ताकि उच्च सदन या तो विधि निर्माण या फिर प्रशासन के काम में अवरोधक न बने। दूसरे शब्दों में, धन विधेयक को वीटो करने के अधिकार से उच्च सदन को वंचित कर संविधान निर्माताओं को लगा कि उन्होंने एक संतुलन कायम किया है और इस प्रकार उच्च सदन गवर्नेंस की राह में बाधक नहीं बनेगा, लेकिन अभी सदन की मौजूदा स्थिति पर नजर डालें। क्या इसमें सिर्फ अनुभवी लोग, विद्वान् पुरुषों और महिलाओं का ही समावेश है ? अभी यह सदन जिस तरह से कामकाज कर रहा है और खासकर जनता द्वारा निर्वाचित एक सरकार की इस शिकायत कि उच्च सदन विधेयकों को रोकने का काम कर रहा है, को देखते हुए क्या यह एक अच्छा विचार था कि एक ऐसा सदन जरूरी है, जो काररवाई में देरी करने का काम करे ? हाल के दिनों में राज्यसभा की काररवाई को देखकर अपने इस विचार के बारे में हमारे संविधान निर्माता क्या कहते ?

□

गतिरोधवाला विरोध

[चुनावों में जनता द्वारा ठुकरा दिए गए विपक्ष को गतिरोध पैदा करने के लिए अधिक अनुमति नहीं होनी चाहिए। अब इस दुश्चक्र को खत्म करने का समय आ चुका है। हमारे संविधान निर्माताओं ने ऐसी स्थिति की कल्पना नहीं की थी।]

भूमि अधिग्रहण विधेयक पारित होने की उम्मीदें बरकरार रखने के लिए मोदी सरकार के पास इसके अलावा अन्य कोई विकल्प नहीं था कि वह असाधारण कदम उठाते हुए राज्यसभा का सत्रावसान कराए और इससे जुड़े अध्यादेश को फिर से जारी करे। ऐसा इसलिए जरूरी है, क्योंकि पिछले 25 वर्षों से भारत की राष्ट्रीय राजनीति एक हास्यास्पद दौर से गुजर रही है। 1989 में राजीव गांधी की सरकार के बाद अन्य किसी भी राजनीतिक दल अथवा गठबंधन को केंद्र में अपने पूरे कार्यकाल के दौरान कभी भी संसद के उच्च सदन में पूर्ण बहुमत नहीं हासिल हो सका। इसके परिणामस्वरूप लोकसभा चुनावों में लोकप्रिय जनादेश हासिल करनेवाले दल अथवा गठबंधन अलग-थलग बने रहे और उन्हें राज्यसभा में काफी प्रतिकूल स्थितियों का सामना करना पड़ा।

नई सरकार को जो सबसे पहली बात परेशान करती है, वह यही कि उसके पास केवल एक सदन में बहुमत होता है और उसे कानून बनाने के लिए उच्च सदन में विपक्षी दलों का साथ लेने के लिए विवश होना पड़ता है। इस सच्चाई के मद्देनजर सरकारों को अपनी कमजोरी से पार पाने के लिए अन्य कई उपायों को अपनाना पड़ता है। कुछ लोग इसका लाभ उठाना चाहते हैं और इसके लिए वे राज्यसभा में सरकार को समर्थन के बदले में अपने राजनीतिक नेताओं अथवा दलों के लिए सी.बी.आई. जाँच से राहत पाने की उम्मीद रखते हैं। यह एक प्रचलित तौर-तरीका है, जिसे तमाम सरकारें पूर्व में अपनाती रही हैं और यह कभी तदर्थ रूप में तो कभी सत्र-दर-सत्र और कभी मामले-दर-मामले के आधार पर भी चलता रहा है। हालाँकि यह भी एक सच्चाई है कि किसी

अभियोग को वापस लेना उतना आसान नहीं होता। ऐसा इसलिए, क्योंकि आपराधिक न्याय की प्रक्रिया बहुत धीमी और पेचीदा होती है। इस संदर्भ में किसी सरकार के लिए यह अधिक आसान होता है कि वह संबंधित एजेंसी से आनेवाले वर्षों में इसे वापस लेने के लिए कहे। जब ऐसा कहा जाता है तो राहत पानेवाली संबंधित विपक्षी पार्टी सरकार द्वारा लाए जानेवाले विधायी कदमों के प्रति अनुकूल रवैया अपनाती है और सरकार के काम में बाधा न पड़े, यह सुनिश्चित करने के लिए मतदान के दौरान सदन से अनुपस्थित रहती है। संभव होने पर सरकार जाँचकर्ताओं और अभियोग पक्ष के वकील को प्रभावित करने की कोशिश करती है, ताकि फँसे हुए नेता को आंशिक अथवा स्थायी तौर पर राहत दिलाई जा सके। इस तरह का समर्थन सरकार के पूरे कार्यकाल के लिए भी दिया जा सकता है।

कभी-कभी सरकारें दूसरे सदन में विपक्षी दलों का समर्थन हासिल करने के लिए कुछ अन्य उपायों को भी अपनाती हैं और इसके तहत पार्टी के नेताओं को दिल्ली के लुटियंस इलाके में आलीशान बँगले मुहैया कराए जाते हैं, फिर भले ही वे इसके लिए जरूरी अर्हता नहीं रखते हों। इतना ही नहीं; संबंधित नेताओं के नजदीकी लोगों को सरकार में महत्त्वपूर्ण पदों पर बिठाया जाता है और आयकर विभाग अथवा प्रवर्तन निदेशालय की तरफ से चल रहे मामलों को धीमा रखा जाता है। ऐसा उन मामलों में किया जाता है, जिसमें संबंधित नेताओं की रुचि होती है अथवा वे सीधे तौर पर शामिल होते हैं। जब सभी प्रयास विफल हो जाते हैं, तब सरकार अंतिम ब्रह्मास्त्र का प्रयोग करती है और विधेयक को पारित कराने के लिए संसद के दोनों सदनों के संयुक्त सत्र को बुलाती है। इस दिशा में आगे बढ़ने के लिए प्रथम कदम के तौर पर राज्यसभा का सत्रावसान कराया जाता है, ताकि अध्यादेश को पुन: जारी किया जा सके और पूर्व में सरकारें ऐसा कर चुकी हैं। मोदी सरकार के समक्ष मौजूदा संकट कोई नई बात नहीं है।

पिछले ढाई दशक में केंद्र की सत्ता में आनेवाली सभी सरकारें संसद के ऊपरी सदन में अल्पमत में रही हैं और आनेवाली अड़चनों से निपटने के लिए विभिन्न उपायों का सहारा लेती रही हैं। इसके साथ-साथ प्रत्येक सरकार लोकसभा चुनाव में जीत दर्ज करने के बाद राज्यसभा में अपनी संख्या बढ़ाने के लिए भी प्रयास करती रही है। प्राय: ऐसी कोशिशें फायदेमंद होती हैं और पार्टी को राज्यों में भी बहुमत मिलता है। इस तरह राज्यसभा सदस्यों के चुनाव के लिए जरूरी निर्वाचन मंडल में सभी राज्यों में सत्तापक्ष के विधायकों की संख्या में इजाफा होता है और इस वजह से ऊपरी सदन में पार्टी की शक्ति बढ़नी शुरू हो जाती है। यदि देश के विभिन्न हिस्सों में व्यापक जनसमर्थन मिला तो चार से छह वर्षों में उच्च सदन में बहुमत हासिल हो जाता है और आगामी लोकसभा चुनाव में भी वापसी के आसार बढ़ जाते हैं। ऐसे में अपने दूसरे कार्यकाल में पार्टी दोनों

सदनों में बहुमत की स्थिति में हो सकती है, लेकिन यह एक लंबा रास्ता है। चुनाव इतिहास से पता चलता है कि यह एक श्रमसाध्य अभियान है, जो विफल भी हो सकता है। प्राय: सत्ता में रहनेवाली पार्टी अपने कार्यकाल के चौथे वर्ष में सरकार विरोधी लहर का शिकार हो जाती है और ज्यादातर मौकों पर अगले लोकसभा चुनावों में सत्ता से बाहर हो जाती है, हालाँकि राज्यसभा में उसकी संख्या बढ़ी हुई होती है। दूसरी तरफ लोकसभा चुनाव प्रदर्शन की तरह ही राज्य विधानसभा चुनावों में भी यह अपना समर्थन खोने लगती है। प्रथम परिदृश्य में पार्टी राज्यसभा में पूर्ण बहुमत अथवा इसके आस-पास होती है, लेकिन लोकसभा के चुनावों में वह मात खा चुकी होती है। ऐसे में विजेता पार्टी के समक्ष चुनौती खड़ी हो जाती है और उसकी ओर से फिर राज्यसभा में अपनी शक्ति बढ़ाने की कोशिश शुरू हो जाती है। पिछले तीन दशकों में दर्जनों की संख्या में क्षेत्रीय और जाति-आधारित पार्टियों का उभार हुआ है। ऐसे में राष्ट्रीय पार्टियों के सिकुड़ते जनाधार ने भी उन्हें संसद के दोनों सदनों में अधिक कमजोर बनाया है। हमारे संविधान निर्माताओं ने ऐसी स्थिति की कल्पना नहीं की थी। ऐसा इसलिए, क्योंकि संविधान बनाते समय राज्यों और संघीय स्तर पर कांग्रेस लगभग एकाधिकार की स्थिति में थी।

अब स्थिति बदल चुकी है और राज्यों के अधीर मतदाता जल्दी-जल्दी अपनी राजनीतिक निष्ठा बदल लेते हैं, जिस कारण प्राय: ही दोनों सदनों में राजनीतिक जटिलता देखने को मिलती है। इससे शासन संचालन में बड़ी बाधा पैदा हुई है। विपक्षी पार्टियाँ सत्ताधारी पार्टी के एजेंडे को लेकर गतिरोध पैदा करती हैं, जिससे शासकीय और प्रशासनिक विफलता की स्थिति पैदा हो जाती है। यह स्थिति ठीक नहीं है। चुनावों में जनता द्वारा ठुकरा दिए गए विपक्ष को गतिरोध पैदा करने के लिए अधिक अनुमति नहीं होनी चाहिए। अब इस दुश्चक्र को खत्म करने का समय आ चुका है। हमें यह याद रखने की जरूरत है कि जिस संविधान ने विपक्षी दलों को ये सारे खेल खेलने की अनुमति दी है, उसी ने गतिरोध तोड़ने के लिए उच्च सदन के सत्रावसान अथवा दानों सदनों की संयुक्त बैठक के भी इंतजाम किए हैं।

□

टुकड़े-टुकड़े हो बिखर चुकी मर्यादा

[चूँकि चुनाव करीब है, इसलिए सदस्यता गँवाने से बेफिक्र लोग दलबदल के लिए तैयार बैठे हैं। इस विश्वास मत का यह स्याह पक्ष है।]

विश्वास मत पर जितनी और जिस स्तर की बहस हम देख-सुन रहे हैं, उसकी कल्पना हमारे संविधान निर्माताओं ने नहीं की थी। इसीलिए हमारे संविधान में विश्वास मत जैसी कोई व्यवस्था उन्होंने नहीं की। संविधान में नौ कॉन्फिडेंस मोशन अर्थात् अविश्वास प्रस्ताव का ही प्रावधान रखा गया है। विश्वास प्रस्ताव की व्यवस्था संसदीय नियमों के अंतर्गत है, लेकिन पहली बार यह चर्चा में आया चौधरी चरण सिंह के समय, जब वर्ष 1979 में उन्हें संसद में अपना बहुमत साबित करने को कहा गया था। तब से इसने एक परंपरा का रूप अख्तियार कर लिया है।

आमतौर पर जब भी विपक्ष को किसी सरकार से कोई शिकायत होती है, वह उसके खिलाफ अविश्वास प्रस्ताव रखता है। हालाँकि यह हमारे संसदीय लोकतंत्र में विपक्ष को सरकार के समकक्ष एक मजबूत हथियार प्रदान करता है, लेकिन आजादी के बाद के शुरुआती वर्षों में इसका प्रयोग नहीं के बराबर हुआ। पहली और दूसरी लोकसभा अर्थात् 1952 से लेकर 1962 तक किसी ने भी नेहरू सरकार के खिलाफ अविश्वास प्रस्ताव पेश नहीं किया। ऐसा नहीं कि सारा विपक्ष नेहरू की नीतियों से खुश ही था। दरअसल वह शालीन राजनीति का दौर था और लोग नाहक सत्ता-शीर्ष पर कीचड़ उछालने से संकोच करते थे, साथ ही एक वजह यह भी थी कि अविश्वास प्रस्ताव रखने के लिए 50 सांसदों की जरूरत पड़ती है, तब उतने सांसद इकट्ठा कर पाना मुश्किल होता था, लेकिन जब वर्ष 1962 में भारत चीन से पराजित हो गया, तो 1963 में जे.बी. कृपलानी ने अविश्वास प्रस्ताव पेश किया। यह प्रस्ताव देश की सीमाओं की रक्षा कर पाने में प्रधानमंत्री नेहरू और रक्षा मंत्री कृष्ण मेनन की पूर्ण विफलता के खिलाफ रखा गया था। यह कहने की जरूरत नहीं कि पर्याप्त संख्या के अभाव में यह प्रस्ताव गिर गया।

हालाँकि बहस के दौरान सरकार के कामकाज पर अच्छी-खासी चर्चा हुई।

अब तक कुल 26 बार लोकसभा में विभिन्न प्रधानमंत्रियों के खिलाफ अविश्वास प्रस्ताव रखा गया, लेकिन सिर्फ एक प्रधानमंत्री की सरकार इस वजह से गिरी, 1979 में मोरारजी देसाई की।

जहाँ तक विश्वास प्रस्ताव का सवाल है, मोरारजी देसाई के तत्काल बाद सत्ता में आए चरण सिंह से इसकी शुरुआत हुई। तब से अब तक कुल 12 दफे इसको संसद के पटल पर रखा गया है। असल में, जब से किसी एक दल को पूर्ण बहुमत नहीं मिल रहा है या कोई सरकार किन्हीं कारणों से अल्पमत में आ जाती है, तब से ही इसकी जरूरत आन पड़ी है। संसद में सबसे बड़े दल के नेता को राष्ट्रपति सरकार बनाने का न्योता देते हैं और कहते हैं कि 15-20 दिन में बहुमत साबित करो। तभी विश्वास मत की जरूरत पड़ती है।

चूँकि हाल के वर्षों में पूर्ण बहुमत किसी दल को मिल ही नहीं रहा है, इसलिए विश्वास प्रस्ताव ज्यादा आ रहे हैं। अलबत्ता बारह में से पाँच बार विश्वास प्रस्ताव गिर गया अर्थात् सरकार को जाना पड़ा, जबकि सात बार वह जीत गई। हारनेवालों में चौधरी चरण सिंह के अलावा 1990 में विश्वनाथ प्रताप सिंह, 1996 में अटल बिहारी वाजपेयी की 13 दिन की सरकार, 1997 में एच.डी. देवेगौड़ा और 1999 में अटल बिहारी वाजपेयी की सरकार। इनमें से 1979 में चरण सिंह और 1996 में वाजपेयी को भी वोटिंग तक इंतजार नहीं करना पड़ा, उन्हें पता था कि गणित उनके खिलाफ है, इसलिए उन्होंने पहले ही इस्तीफा दे दिया, लेकिन बाकी प्रधानमंत्रियों को वोटिंग के बाद हारना पड़ा।

लेकिन नरसिंह राव के जमाने में रखे गए अविश्वास प्रस्तावों ने राजनीतिक हलकों में खासी चर्चा अर्जित की। उनके खिलाफ तीन बार अविश्वास प्रस्ताव रखे गए, लेकिन जुलाई 1993 में रखा गया प्रस्ताव झारखंड मुक्ति मोर्चा सांसदों को दी गई रिश्वत के कारण कुख्यात रहा। हरेक सांसद को एक-एक करोड़ रुपए दिए गए। बाद में, जब झामुगो रिश्वत कांड की जाँच हुई तो ये सारे सुबूत सामने आए, लेकिन सर्वोच्च न्यायालय ने इन सांसदों को छोड़ दिया। कारण संविधान का अनुच्छेद 105 (दो) था, जिसके मुताबिक संसद के भीतर सांसदों के द्वारा बोले गए शब्दों और कार्यों पर अदालत कुछ नहीं कर सकती। यह अनुच्छेद विधायिका को न्यायपालिका से ऊपर रखने के लिए बनाया गया था, लेकिन दुर्भाग्य देखिए कि उसका किस रूप में इस्तेमाल हुआ। विडंबना यह भी है कि आज यही अनुच्छेद और उस पर सर्वोच्च न्यायालय की टीका सांसदों के गलत कार्यों के लिए ढाल भी बनी हुई है। झामुगो सांसद रिश्वत कांड का उल्लेख इसलिए भी जरूरी है कि आज सांसदों की खरीद-फरोख्त का मामला फिर चर्चा में है। तब एक करोड़ रुपए की कीमत लगी थी, आज पचास करोड़ तक लग रही है। सांसद खुलेआम

बता रहे हैं कि उन्हें कितने रुपए ऑफर किए गए। संविधान के एक छोटे से नुक्ते का कैसा मखौल उड़ाया जा रहा है।

पिछले 15 वर्षों में हमारे राजनीतिक मूल्यों में जो ह्रास हुआ है, वह भी इस बार खुलकर सामने आया है। 22 साल पहले दल-बदलुओं पर नकेल कसने के लिए कानून बनाया गया, आयाराम-गयाराम से मुक्ति पाने के लिए, लेकिन लोगों ने उससे बच निकलने के लिए भी रास्ते खोज निकाले। छोटे दलों में एक-तिहाई सांसदों का बाहर निकलना मुश्किल नहीं है। जब कानून का सहारा लेकर धड़ाधड़ दलबदल होने लगा, तो इसमें संशोधन हुआ। अब कानून कड़ा है, पर बावजूद इसके धन की शक्ति के आगे सबकुछ फीका है। चूँकि चुनाव को साल भर भी नहीं रह गया है, इसलिए चाहे संसद सदस्यता जाती रहे, फिर भी लोग दलबदल के लिए तैयार बैठे हैं। संसद के कार्यकाल के अंतिम चरण में विश्वास मत का यह स्याह पक्ष है।

इसलिए सवाल यह भी है कि यदि 2-4 सौ करोड़ रुपए खर्च करके छह महीने के लिए सरकार बच भी जाती है, तो उसका क्या असर हमारे समाज पर पड़ेगा, यह कोई नहीं सोच रहा। सांसदों के शब्दों की कोई कीमत नहीं रह गई। पिछले हफ्ते वे भले ही परमाणु करार के पक्ष में थे, आज अचानक विरोध में दिखाई पड़ रहे हैं। राजनीतिक सिद्धांतों को जैसे दीमक चाट गई है। जिस देश में सरकार का भविष्य सट्टेबाज तय कर रहे हों, उस देश के नागरिकों का भविष्य कैसे सुरक्षित रह सकता है ? बातचीत पर आधारित।

□

जनप्रतिनिधियों की जिम्मेदारी

[आजादी के तुरंत बाद हमारे सांसद और विधायक अपने आपको जनता के सेवक के तौर पर देखते थे। अब वे खुद को मालिक समझते हैं।]

इस बार के स्वतंत्रता दिवस ने हमारे दिलों को तब गौरव से भर दिया, जब हमने उन उल्लेखनीय उपलब्धियों के बारे में सोचा, जो भारत ने चतुर्दिक आर्थिक विकास, औद्योगिकीकरण, खाद्यान्न उत्पादन, गरीबी उन्मूलन, साक्षरता व शिक्षा और मीडिया व सूचना प्रौद्योगिकी समेत विभिन्न मोर्चों पर हासिल की हैं। वैसे तो खुश होने के लिए बहुत कुछ है, लेकिन हुकूमत की खंडित प्रकृति, राजनीतिक टकराव और लोकतांत्रिक संस्थानों की निष्फलता से भारत के लोग गहरे संकट में हैं। यह सचमुच बड़े दुःख की बात है, क्योंकि 81 करोड़ चालीस लाख मतदाताओं वाले दुनिया के सबसे बड़े और सबसे जीवंत लोकतंत्र होने का हम दम भरते हैं। जैसे ही चुनाव समाप्त होते हैं, सब उलटा-पुलटा होने लगता है। नवीनतम उदाहरण संसद का मानसून सत्र है, जो बिना किसी कामकाज के 'समाप्त' हो गया।

हमारी अधिकांश लोकतांत्रिक संस्थाएँ पिछले 25 साल के दौरान कमजोर और नाकारा हुई हैं। यह गिरावट विभिन्न मोर्चों पर हुई है। संसद के दोनों सदनों और विधानसभाओं में हर साल बैठकों की संख्या में गिरावट आई है। आजादी के तुरंत बाद हमारे सांसद और विधायक अपने आपको जनता के सेवक के तौर पर देखते थे। अब वे खुद को मालिक समझते हैं। आजादी के बाद शुरुआती वर्षों में हमारे सांसद और विधायक कोई वेतन या भत्ता नहीं चाहते थे। वे अपने काम को समाजसेवा मानते थे। आज के वक्त सांसद और विधायक लगातार ज्यादा-से-ज्यादा सुविधाओं की माँग करते रहते हैं। कुछ राज्यों में तो वे तृप्त ही नहीं होते। वे दिन गए जब राजनेता धन के प्रदर्शन में संकोच करते थे। आज वे इसका सार्वजनिक प्रदर्शन करते हैं। पहले कभी-कभार ही घोटाले होते थे और दोषियों को सजा मिलती थी। अब घोटाले रोज

ही हो रहे हैं और किसी को सजा नहीं मिलती।

बात अपनी लोकतांत्रिक संस्थाओं की बैठकों से शुरू करें। आजादी के बाद के शुरुआती वर्षों में संसद और विधानसभाओं की बैठकें साल में 120 से 140 दिन तक के लिए हुआ करती थीं। हाल के वर्षों में संसद के दोनों सदन करीब 70 दिनों के लिए बैठे, जबकि राज्यों में स्थिति और दुःखदायी है। इतने कम दिनों में भी हाल यह है कि राजनीतिक झड़प रोज शुरू हो जाती है। हमारे प्रतिनिधियों के पास हमारा प्रतिनिधित्व करने का कोई अन्य मंच नहीं है। ऐसे में हमारा प्रतिनिधित्व कौन और कहाँ करेगा?

वेतन की बात करें। जब 1950 के दशक में लोकसभा में पहले सांसद वेतन विधेयक पर बहस हुई तो कई सांसदों ने इसका विरोध किया और कुछ ने तो यहाँ तक कहा कि अगर यह विधेयक सदन ने पारित भी कर दिया तो वे 300 रुपए का वेतन नहीं लेंगे। आज एक सांसद को वेतन और संसदीय क्षेत्र भत्ते के रूप में लगभग एक लाख रुपए और अपने कार्यालय के कामकाज के लिए अतिरिक्त राशि मिलती है, लेकिन वेतन से अधिक सांसदों और राज्यों में विधायकों को असाधारण किस्म के भत्ते मिलते हैं, जो उनके समकक्षों को और कहीं भी नहीं मिलते और फिर भी वे और अधिक की माँग करते रहते हैं। कभी-कभी तो वे विचित्र किस्म की माँग भी करने लगते हैं। उदाहरण के लिए, दो साल पहले 100 सांसदों ने लोकसभा अध्यक्ष को पत्र लिखा और माँग की कि उन्हें दिल्ली में अपनी कार पर लालबत्ती लगाने की अनुमति दी जाए। यही वह स्थिति है, जहाँ हम पश्चिमी लोकतंत्रों से भिन्न हैं। ब्रिटेन, अमेरिका और जर्मनी जैसे धनी देशों में सांसद खुद ही काफी समृद्ध होते हैं, लेकिन वे अपने धन और दरजे का प्रदर्शन नहीं करते। कई ब्रिटिश और जर्मन सांसद साइकिल पर संसद जाते हैं। अगर वे साइकिल से काम पर जाते हैं तो उन्हें प्रति मील की दर से छोटा सा भत्ता भी मिलता है। उन्हें व्यक्तिगत सुरक्षा का कोई भय नहीं होता। न वे इसकी चिंता करते हैं कि वे साइकिल पर जाएँगे तो लोग क्या कहेंगे। ब्रिटेन, जर्मनी, स्वीडन और नॉर्वे में कई सांसद और मंत्री अपने ऑफिस जाने-आने के लिए लोकल मेट्रो या बस का उपयोग करते हैं। कुछ देशों में तो प्रधानमंत्री भी अपने ऑफिस जाने-आने के लिए मेट्रो लेते हैं। भारत में सांसद बड़ी और महँगी कारों में संसद आते हैं, क्योंकि उन्हें लगता है कि वे अपने धन का प्रदर्शन नहीं करेंगे तो उन्हें अपने मतदाताओं का आदर हासिल नहीं हो पाएगा।

नैतिक गिरावट भी किसी को नजर आ सकती है। 1950 के दशक में भ्रष्टाचार का एकमात्र प्रमुख मामला मुद्‍गल कांड ही था, जिसमें एक सांसद शामिल थे, हालाँकि इसमें कुछ मंत्रियों के नाम भी थे। मुद्‍गल पर बांबे सर्राफा व्यापारी संघ से संसद में उनका मामला उठाने के लिए पैसे लेने का आरोप था। इसके लिए उन्होंने 2700 रुपए

अग्रिम लिये थे। इस पर प्रधानमंत्री जवाहरलाल नेहरू ने उन्हें संसद से निष्कासित करने का प्रस्ताव रखा था। दस साल पहले एक ऐसा ही कांड संसद में हुआ था। दिसंबर 2005 में एक स्टिंग ऑपरेशन ने ऐसे 11 सांसदों को पकड़ा था, जो रुपए लेकर सवाल पूछने को तैयार थे। एक सांसद ने 30 हजार रुपए 'शुल्क' की माँग की थी, जबकि दूसरे ने कीमत ज्यादा लगाई और इसके लिए एक लाख दस हजार रुपए लिये। संसदीय जाँच के बाद सभी को निष्कासित कर दिया गया।

इसके बाद दूसरे स्टिंग ऑपरेशन में दूसरे चार सांसद पकड़े गए। ये सांसद स्थानीय क्षेत्र विकास योजना (एम.पी. लैड) के अंतर्गत काम के आवंटन में अनुचित तरीका अख्तियार करने के आरोप में संसद द्वारा प्रताड़ित किए गए, लेकिन सबसे अधिक दुर्भाग्यपूर्ण घटना तो वह थी, जब कुछ साल पहले मानव तस्करी रैकेट में दिल्ली पुलिस ने एक सांसद को गिरफ्तार किया। गुजरात के इस सांसद ने पंजाब की एक महिला को अपनी पत्नी बताया। इस झूठ के आधार पर उसके लिए पासपोर्ट हासिल किया। पैसे लेकर उसके साथ कनाडा गया और अकेले लौट आया। महिला वहाँ अवैध प्रवासी हो गई। यह मामला हमारी राजनीतिक व्यवस्था, हमारी संस्थाओं के क्षरण और हमारे प्रतिनिधियों के एक वर्ग द्वारा विशेषाधिकारों के गंभीर दुरुपयोग के बारे में बहुत कुछ बताता है। मानदंड लागू करने में राजनीतिक दलों और संसदीय संस्थाओं की हीलाहवाली या अक्षमता ने लोकतांत्रिक संस्थाओं की छवि को नुकसान पहुँचाया है।

सांसदों के खिलाफ शिकायतों की सूची लंबी है। उन पर अपने सरकारी आवास के एक हिस्से को किराए पर देने, घरेलू गैस कनेक्शन कूपन को 'बेचने' और यहाँ तक कि हमारी रेलगाड़ियों के प्रथम श्रेणी वातानुकूलित डिब्बों में अपने रिश्तेदारों और दोस्तों को कम खरचे में घुमाने तक के आरोप हैं। यह सब जरूर खत्म किया जाना चाहिए, तब ही 15 अगस्त मनाना सार्थक होगा।

□

संकट में संसदीय सम्मान

[हमारे जनप्रतिनिधियों को यह सिखाया ही जाना चाहिए कि उन्हें जो विशिष्ट अधिकार मिले हैं, उनका क्या मतलब है या उनकी क्या मर्यादाएँ हैं?]

पिछले दिनों कुछ सांसदों और विधायकों से संबंधित मानव तस्करी का जो मामला प्रकाश में आया, वह निश्चित रूप से लोकतांत्रिक जगत् में संसदीय गरिमा को कलंकित करनेवाले अनेकानेक प्रकरणों में सबसे अधिक गंभीर है। हम पहले भी कुछ सांसदों के बारे में यह सुन चुके हैं कि उन्होंने संसद में सवाल पूछने के लिए रिश्वतखोरी की तो ऐसे सांसद भी हैं, जिन्होंने व्यावसायिक घरानों से धन बटोरा। ध्यान रहे कि ब्रिटिश हाउस ऑफ कामन्स में लगभग एक दशक पहले तीन सदस्यों को सवाल पूछने के बदले धन लेते पकड़ा गया था, जबकि भारत में तो यह अपराध करते 11 सांसदों का पकड़े जाना अभी हाल की ही बात है। इसी तरह सांसदों के फर्जी यात्रा बिलों का भुगतान प्राप्त करने के मामले भी सामने आए हैं, लेकिन सांसदों द्वारा कूटनीतिक पासपोर्ट पर लोगों को अवैध ढंग से विदेश ले जाने का मामला तो एकदम नया है। इस प्रकरण ने भारत में संसदीय प्रतिष्ठा को जो आघात पहुँचाया, उसकी भरपाई नहीं हो सकती।

हमारे सांसदों को भारतीय रेलवे में वातानुकूलित प्रथम श्रेणी दरजे में नि:शुल्क यात्रा करने की सुविधा मिलती है। इसके अतिरिक्त उन्हें संसद के सत्रों में भाग लेने के लिए मिलनेवाले एयर टिकटों के अलावा देश के भीतर सफर करने के लिए 32 एयर टिकट अलग से मिलते हैं। बावजूद इसके सांसदों के परिजन ट्रेनों में बिना टिकट सफर करते मिल जाते हैं। ऐसे उदाहरण भी हैं, जब सांसदों और उनके साथ सफर करनेवालों ने वास्तविक टिकटधारियों को उनकी सीट पर कब्जा करने से रोकने पर धमकाया या उनके साथ मारपीट की। ऐसी घटनाएँ अब आम बात हो गई हैं, लेकिन विडंबना यह है कि हमने सांसदों को अपने अधिकारों का दुरुपयोग करने पर संसद द्वारा उन्हें दंडित

करते नहीं सुना। जनप्रतिधियों के खिलाफ शिकायतों की सूची दिन–प्रतिदिन बढ़ती जा रही है। इन स्थितियों में क्या संसद के दोनों सदनों के पीठासीन अधिकारियों तथा सभी राज्यों में विधानसभा अध्यक्षों को अपने सदस्यों को संसदीय गरिमा का मतलब समझाने की कोशिश नहीं करनी चाहिए? उन्हें यह बताया ही जाना चाहिए कि सांसदों और विधायकों को कतिपय विशेषाधिकार क्यों दिए गए हैं और उनके इस्तेमाल की मर्यादाएँ क्या हैं? संसदीय काररवाई और नियमों की व्याख्या करनेवाले एम.एन. कौल और एस.एल. शकधर ने विशेषाधिकारों को स्पष्ट किया है। वे यह रेखांकित करते हैं कि विशेषाधिकार का उद्‍देश्य संसद की स्वतंत्रता, अधिकारिता और गरिमा सुनिश्चित करने के लिए है। विशेषाधिकार का अर्थ संसद के दोनों सदनों, उनकी समितियों तथा उनके सदस्यों को हासिल अधिकारों और रक्षा से है। सांसदों और विधायकों को विशेषाधिकार इसलिए दिए गए हैं, ताकि वे अपना कार्य बिना किसी अवरोध के कर सकें। हालाँकि संसदीय विशेशाधिकार को इतने व्यापक पैमाने पर विकृत किया गया है कि कुछ जनप्रतिनिधि यह सोचने लगे हैं कि वे अनैतिक और यहाँ तक कि आपराधिक कृत्य कर सकते हैं। इन ।वकृतियों ने अधिकारियों के व्यवहार पर भी विपरीत प्रभाव डाला है।

विशेषाधिकार समिति के समक्ष पेशी का भय इतना अधिक बढ़ गया है कि सरकारी अधिकारी प्राय: जनप्रतिनिधियों के अनैतिक या आपराधिक कृत्यों के खिलाफ अपने दायित्वों के निर्वहन से पीछे हट जाते हैं। उदाहरण के लिए, एक इमीग्रेशन अधिकारी का यह प्राथमिक दायित्व है कि वह यह देखे कि उसके सामने खड़ा व्यक्ति वही है, जिसका चित्र पासपोर्ट पर लगा है। दुनिया भर के इमीग्रेशन अधिकारियों को इतना अच्छा प्रशिक्षण दिया जाता है कि वे एक झटके में गड़बड़ी पकड़ सकते हैं। संबंधित व्यक्ति और पासपोर्ट पर अंकित चित्र में मेल न होने पर अधिकारी पहचान के लिए कुछ और दस्तावेजों की माँग करते हैं या विस्तृत जाँच के लिए यात्री को अलग कर लेते हैं। कोई भी नया–से–नया अधिकारी गुजराती और पंजाबी व्यक्ति में आसानी से अंतर कर लेगा। बावजूद इसके विशेषाधिकार संपन्न सांसदों का भय इतना है कि अंतरराष्ट्रीय एयरपोर्ट के इमीग्रेशन काउंटर पर मौजूद अधिकारी एक सांसद की कथित पत्नी और बच्चे के पासपोर्ट की जाँच की हिम्मत नहीं दिखा पाते। कुछ अधिकारी तो यहाँ तक मानते हैं कि सांसद कानून से ऊपर हैं। कोई आश्चर्य नहीं कि कतिपय अधिकारी खुद सांसदों और उनके परिजनों को वी.आई.पी. लाउंज ले जाते हों और उनके पासपोर्ट लेकर स्वयं औपचारिकताएँ पूरी करते हों। ऐसे में क्या यह अपेक्षित है कि वे संबंधित व्यक्ति या उसके पासपोर्ट पर अंकित चित्र से मिलान कर सकेंगे?

मानव तस्करी का मामला वास्तव में बहुत चिंताजनक है। जो तथ्य सामने आए हैं, उनसे साफ पता चलता है कि संसद अपने सदस्यों के बीच अनुशासन स्थापित करने में

कितनी ढीली-ढाली है। यदि संसद विशेषाधिकार का उल्लंघन करनेवाले सदस्यों को यथासंभव दंडित करती रहती तो हमें आज यह दिन नहीं देखना पड़ता। अब संसद को साहस दिखाना होगा। हमारे जन प्रतिनिधियों को यह सिखाया ही जाना चाहिए कि उन्हें जो विशिष्ट अधिकार मिले हैं, उनका मतलब क्या है या उनकी क्या मर्यादाएँ हैं। संसद आम जनता के मन में फिर से अपने लिए सम्मान तब तक नहीं जगा सकती, जब तक कि वह अपने सदस्यों द्वारा अधिकारों के दुरुपयोग के मामले में हाथ-पर-हाथ धरे बैठे रहेगी। उसे यह समझना होगा कि जब सांसद अपने विशेषाधिकारों का दुरुपयोग करते हैं या किसी आपराधिक कृत्य में लिप्त होते हैं, तब वे लोकतंत्र को ही संकट में डाल देते हैं। सांसदों की इस बुराई को समाप्त करने के लिए यह जरूरी है कि पीठासीन अधिकारियों को सभी दलों का सहयोग मिले। ध्यान सांसदों के विशेषाधिकार से अधिक संसदीय नैतिकता और मूल्यों पर होना चाहिए। इसकी शुरुआत विशेषाधिकारों को संहिताबद्ध करने से की जा सकती है। आचार-संहिता के अभाव में कुछ सांसदों के लिए संसदीय विशेषाधिकार आपराधिक आचरण का पर्याय बन गए हैं।

संसद के दोनों सदनों में नैतिकता संबंधी समितियाँ हैं, लेकिन इतना ही पर्याप्त नहीं। हमें इन समितियों से जवाबदेही की माँग करनी चाहिए। आखिर इन समितियों ने अब तक किया क्या है? क्या दोनों सदनों की नैतिकता से संबंधित समितियाँ यह बता सकती हैं कि उन्होंने सदस्यों पर किस तरह आचार-संहिता के नियम लागू किए? उचित यह होगा कि ये समितियाँ उन सांसदों के खिलाफ लोगों को शिकायतें करने के लिए सार्वजनिक नोटिस जारी करें, जो अपने पद और अधिकारों का दुरुपयोग करते हैं। इससे भी ज्यादा जरूरी यह है कि समितियाँ शिकायतकर्ता को ही निशाना न बनाएँ। लोगों को सांसदों के अनैतिक आचरण की शिकायत करने के लिए नैतिकता संबंधी समितियों के पास जाने के लिए उत्साहित करने का संसद में साहस होना चाहिए। जब ऐसा होगा, तब पीठासीन अधिकारियों के पास सदस्यों के आचरण से संबंधित सूचनाओं की कमी नहीं होगी और वे अनुशासनहीन सांसदों के खिलाफ काररवाई कर सकेंगे। तब शायद बिना टिकट पकड़े जानेवाले सांसद आगे चलकर मानव-तस्करी में लिप्त नहीं हो सकेंगे।

□

बदसलूकी का विशेषाधिकार

एयर इंडिया के एक वरिष्ठ अधिकारी के साथ शिवसेना सांसद रवींद्र गायकवाड़ का दुर्व्यवहार और उसके बाद टेलीविजन चैनलों पर 25 बार चप्पल मारने की शर्मनाक स्वीकारोक्ति ने समूचे देश के अंतर्मन को झकझोरकर रख दिया। इस मसले पर ज्यादातर सांसदों की चुप्पी और गायकवाड़ के खिलाफ बोलने की अनिच्छा भी चिंतित करनेवाली है। इससे भी चिंता की बात यह है कि गायकवाड़ के समर्थक सामने आने लगे हैं। शिवेसना के कई अन्य सांसदों ने उनके पक्ष में बोलना शुरू कर दिया है। इस वाकये ने 'अनुशासनहीन सांसदों को अनुशासित करने और उनके लिए आचार संहिता बनाने में संसद की अनिच्छा' के मुख्य मुद्दे को फिर से केंद्र में ला दिया है। 1951 में अस्थायी संसद में मुदगल मामले की जाँच से जुड़ी समिति के एक सदस्य ने सांसदों के लिए आचार संहिता तैयार की थी। फिर 1993 में लोकसभा अध्यक्ष शिवराज पाटिल के प्रयासों से संसद के दोनों सदनों में आचार समितियों की स्थापना के रूप में नई कोशिश की गई, मगर सांसदों के व्यवहार की निगरानी की दिशा में कुछ खास नहीं हुआ। हमारे सांसद जहाँ अपने विशेषाधिकारों को लेकर खासे आग्रही हैं, वहीं संसद आचार संहिता को लागू कराने और दुर्व्यवहार पर दंडित करने में नाकाम है। अतीत में अगर ऐसी बदसलूकी पर सख्ती से निपटा गया होता तो गायकवाड़ प्रकरण घटित ही नहीं होता। हमारे सांसदों को भारतीय रेल के वातानुकूलित, यानी ए.सी. प्रथम श्रेणी में मुफ्त सफर करने की सहूलियत हासिल है। देश में यात्रा के लिए उन्हें मुफ्त 32 हवाईटिकट भी मिलते हैं। इसके अलावा संसद-सत्र के दौरान अपने संसदीय क्षेत्र से हवाई यात्रा की सुविधा भी उन्हें निशुल्क प्राप्त है, फिर भी तमाम ऐसे मामले देखने को मिलते हैं, जहाँ सांसदों के परिवार बेटिकट यात्रा करते हुए पकड़े जाते हैं। ऐसे वाकये भी देखने को मिले हैं, जहाँ सांसदों और उनके समर्थकों ने अपने टिकट पर सफर करनेवाले मुसाफिरों को तब बुरी तरह धमकाया, जब वे उनकी आरक्षित सीट पर जबरन कब्जा करने पर आमादा हो गए। यह मामले असामान्य नहीं है, लेकिन हमने

कभी नहीं सुना कि अपने विशेषाधिकारों का इस तरह बेजा इस्तेमाल कर दुर्व्यवहार करनेवाले सांसदों को कभी सजा भी मिली हो।

एक पुरानी मिसाल देखें, जो दरशाती है कि सांसद किस तरह बरताव करते हैं और उनकी बदसुलूकी पर संसद किस प्रकार प्रतिक्रिया देती है। 28 फरवरी, 1992 का वाकया है। एक आई.ए.एस. अधिकारी सपरिवार नई दिल्ली-कलकत्ता राजधानी एक्सप्रेस के ए.सी. प्रथम श्रेणी के डिब्बे में यात्रा कर रहे थे। गोमोह और धनबाद स्टेशनों से बिहार के दो सांसद रेलगाड़ी में दाखिल हुए। पहले सांसद अपने तीन साथियों के साथ गोमोह स्टेशन पर चढ़े। उनमें से दो उनके अंगरक्षक थे और एक अन्य वरदीधारी सुरक्षाकर्मी। सांसद ने असल यात्री से अपनी आरक्षित सीट खाली करने के लिए कहा। जब यात्री ने ऐसा करने से इनकार किया तो सांसद के अंगरक्षकों ने उनकी बुरी तरह से पिटाई की और रिवॉल्वर तानकर गोली से उड़ाने की धमकी दी। उस मुसाफिर और उनके परिवार की प्रताड़ना वहीं खत्म नहीं हुई। धनबाद स्टेशन से एक और सांसद ट्रेन में सवार हुए। उनके दस हथियारबंद समर्थकों ने उस मुसाफिर को धमकाया। यहाँ तक कि उन्हें बाहर फेंकने तक की कोशिश की। मीडिया में इस मामले की खूब चर्चा हुई, लेकिन उन दबंग सांसदों पर संसद ने कोई दंडात्मक काररवाई नहीं की।

हमारे जनप्रतिनिधियों के खिलाफ शिकायतों का अंबार लगातार बढ़ता ही जा रहा है। सांसदों-विधायकों के खराब बरताव की एक बड़ी वजह 'विशेषाधिकारों' को लेकर गलत समझ और अपनी कुछ ज्यादा ही अहमियत समझना है। संसद के दोनों सदनों और विधानसभाओं में पीठासीन अधिकारियों को जनप्रतिनिधियों को उनके विशेषाधिकारों का अर्थ समझाना चाहिए और यह भी बताना चाहिए कि उन्हें ये विशेषाधिकार क्यों प्रदान किए गए हैं। संसदीय प्रक्रिया और नियमों की बुनियादी विषयवस्तु के लेखक एम.एन. कौल और एस.एल. शकधर ने इस मसले को बेहद सारगर्भित तरीके से समझाया है। उनके हिसाब से विशेषाधिकारों का मकसद संसद की स्वतंत्रता, शक्ति और गरिमा की रक्षा करना है। विशेषाधिकार का आशय संसद के दोनों सदनों की समितियों और उसके सदस्यों को मिली छूट और अधिकारों से है। सांसदों और विधायकों को विशेषाधिकार इसलिए दिए गए हैं, ताकि वे बिना किसी दबाव या व्यवधान के अपने दायित्वों का उचित रूप से निर्वहन कर सकें। लेकिन इसका अर्थ यह नहीं है कि इससे उन्हें आपराधिक व्यवहार करने का अधिकार मिल जाता है या फिर वे ट्रेन और विमान में मुसाफिरों को डरा-धमका सकें। अतीत में ऐसे सांसदों के प्रति संसद खासी नरम रही है और इससे ही हालात बिगड़े हैं। एक और प्रसंग अगस्त 2010 का है। सांसद जसवंत सिंह विश्नोई दिल्ली से जोधपुर के बीच सफर कर रहे थे, लेकिन उनका ए.सी. प्रथम श्रेणी के टिकट का दर्जा घटाकर ए.सी. द्वितीय श्रेणी का

कर दिया गया और उनका टिकट उच्च न्यायालय के एक न्यायाधीश को आरक्षित कर दिया गया, जो वरीयता क्रम में उनसे ऊपर थे। इस पर सांसद ने इतना हंगामा मचाया कि लोकसभा की विशेषाधिकार समिति ने समूचे रेलवे बोर्ड को तलब कर लिया और सांसद के व्यवहार के पक्ष में 75 पन्नों की एक रिपोर्ट जमा कराई। इसी तरह दिसंबर 2011 में उत्तर प्रदेश और बिहार के 18 सांसदों ने रेल मंत्री से रेलवे में खराब खिदमत की शिकायत की, क्योंकि पटना-दिल्ली राजधानी एक्सप्रेस में उनका ए.सी. प्रथम श्रेणी का टिकट ए.सी. द्वितीय श्रेणी में कर दिया गया था।

कई बार सांसद अपनी मरजी के मुताबिक ट्रेन में सवार हो जाते हैं और उम्मीद करते हैं कि वैध यात्री उनके लिए अपनी जगह खाली कर चलते बनें। उक्त मामले में रेलवे अधिकारियों ने बताया कि प्रथम श्रेणी की 22 सीटों में केवल छह सीटें ही खाली थीं, जिन्हें सांसदों को दिया गया। शेष को द्वितीय श्रेणी ए.सी. में भेजा गया, लेकिन हमारे सांसदों को यह अपनी तौहीन लगी। बेबस रेलमंत्री ने संसद में इन सांसदों से माफी माँगी और रेलवे के एक वरिष्ठ अधिकारी का तबादला कर दिया। 1992 की उस घटना और सांसदों के निंदनीय व्यवहार पर वरिष्ठ पत्रकार निखिल चक्रवर्ती ने कुछ तीखे सवाल किए थे। उन्होंने लिखा था कि दुर्व्यवहार करनेवाले जनप्रतिनिधियों के खिलाफ उनकी पार्टी के अलावा लोकसभा अध्यक्ष ने क्या काररवाई की, जबकि वे उनकी करतूत से वाकिफ हैं कि सांसदों ने नागरिकों को कैसे आतंकित किया? इसके आधार पर तो इस सम्मानित सदन से उनका निलंबन हो जाना चाहिए। ऐसे लोगों को जब तक उचित सजा नहीं दी जाएगी, तब तक कलंकित करनेवाले ऐसे वाकये संस्थान की प्रतिष्ठा को धूमिल करते रहेंगे और अंततः वह अपना ओहदा गँवा देगा। अगर 25 साल पहले संसद ने सांसदों के विशेषाधिकारों की तुलना में उन्हें चुननेवाली जनता के अधिकारों पर गौर किया होता तो आज गायकवाड़ जैसे प्रकरण देखने को नहीं मिलते। तब बिहार के सांसदों ने संसद की गरिमा को तार-तार किया था। अब गायकवाड़ ने भी वही किया। आखिर संसद कब तक अपने सदस्यों को अनुशासित करने को लेकर बेपरवाह बनी रहेगी?

□

अवमानना कानून की विसंगति

कार्मिक, जन शिकायतें, कानून व न्याय संबंधी संसद की स्थायी समिति ने अदालतों का अवमानना अधिनियम, 1971 में प्रस्तावित संशोधन को लेकर अपनी रिपोर्ट हाल ही में सौंपी है। समिति के निष्कर्ष व सिफारिशें न केवल मीडिया के लिए स्वागत योग्य हैं, बल्कि उन सभी नागरिकों के लिए भी, जो यह महसूस करते हैं कि इस क्षेत्र में कानून को परिवर्तित किए जाने की आवश्यकता है। अवमानना के संदर्भ में वर्तमान समय कानून का जो स्वरूप है, वह निश्चित रूप से उन लोगों पर बुरी तरह भारी पड़नेवाला है, जिन पर यह आरोप होता है कि उन्होंने न्यायालय की अवमानना की। अवमानना के आरोप का सामना कर रहे लोगों के लिए अदालतें यह अनुमति नहीं देतीं कि वे अपनी रक्षा इस आधार पर कर सकें कि जो कुछ कहा गया या लिखा गया, वह सत्य पर आधारित था।

भारतीय अदालतों ने यह बार-बार दोहराया है कि अवमानना के मामलों में सत्य कोई रक्षण नहीं है। सरकार ने कानून में संशोधन के जरिए इस स्थिति को सुधारने की चेष्टा की है। संसदीय समिति ने न केवल इस संदर्भ में विधायी उपायों पर अपनी सहमति की मुहर लगा दी, बल्कि उसने विसंगति को समाप्त करने के लिए प्रस्तावित संशोधन में बदलावों का भी सुझाव दिया है। बिल को संशोधित करने का मुख्य उद्देश्य मूल अधिनियम के सेक्शन 13 में परिवर्तन करना है। संशोधन में कहा गया है कि कोई भी अदालत तब तक इस अधिनियम के तहत सजा नहीं सुना सकती, जब तक वह अवमानना की प्रकृति को लेकर संतुष्ट न हो जाए कि इससे न्याय की निर्धारित प्रक्रिया में पर्याप्त हस्तक्षेप होता है या हो सकता है, साथ ही अदालत अवमानना से संबंधित किसी काररवाई में वैध रक्षण के रूप में सत्य को न्यायसंगत सिद्ध करने की अनुमति प्रदान कर सकती है, बशर्ते इसे लेकर संतुष्टि हो कि यह जनहित में है और सत्य स्वीकार करने की याचना सदाशयी है। जैसा कि प्रस्तावित संशोधन से नजर आता है, सरकार सत्य को वैध रक्षण के रूप में स्वीकार करने पर लगे प्रतिबंध को हटाने की माँग पर अधूरे मन

से प्रयास करती हुई प्रतीत होती है। आखिर प्रस्तावित संशोधन के संदर्भ में कुछ और समझा भी कैसे जा सकता है, जो कहता है कि अदालत सत्य को वैध रक्षण के रूप में अनुमति दे सकती है, बशर्ते वह इस बात को लेकर संतुष्ट हो कि सत्य जनहित में है और इसकी सहायता लेने का अनुरोध सदाशयी है ?

अनेक कानूनविदों और मीडिया से जुड़े लोगों ने उन कमियों की ओर ध्यान आकृष्ट कराया है, जिनका समग्र प्रभाव संशोधन के वास्तविक उद्देश्य को पराजित करनेवाला है। हिचकिचाहट से भरे प्रारूप निर्माताओं में साहस के अभाव का परिणाम यह हुआ कि वे अपनी मूल अभिलाषा को कलमबद्ध नहीं कर सके। अंततः उन्होंने सत्य को 'किंतु' और 'परंतु' के आवरण के तले दफना दिया। लिहाजा सत्य को बचाने का दारोमदार संसद की स्थायी समिति पर आ गया। समिति की इस बात को लेकर सराहना करनी होगी कि उसने उन छिद्रों को भरने का यत्न किया। यह महसूस करते हुए कि भारत में अवमानना के मामलों में सत्य या तथ्यात्मक शुद्धता को रक्षण के रूप में स्वीकार नहीं किया गया, समिति ने संविधान समीक्षा के राष्ट्रीय आयोग (एन.सी.आर.ड्ब्ल्यू.सी.) के इस सुझाव का हवाला दिया कि इस लक्ष्य को हासिल करने के लिए संविधान के अनुच्छेद 19 (2) को संशोधित किया जाना चाहिए।

सुप्रीम कोर्ट के पूर्व मुख्य न्यायाधीश एम.एन. वेंकटचलैया की अध्यक्षतावाले इस आयोग का मत था, "अपने पक्ष को न्यायोचित ठहराने के लिए सत्य को आधार बनाने पर पूर्ण निषेध को अतार्किक प्रतिबंध की संज्ञा दी जानी चाहिए। निश्चित ही यह एक विडंबना ही होगी कि उच्च न्यायालयों और सुप्रीम कोर्ट में 'सत्यमेव जयते' और 'यथो धर्मा...' जैसी सूक्तियाँ अंकित होने के बावजूद अदालतें सत्य द्वारा अपने पक्ष को न्यायोचित ठहराए जाने के रूप में किए जानेवाले रक्षण को खारिज कर दें। आयोग का मत है कि इस क्षेत्र में कानून में समुचित बदलाव लाए जाने की आवश्यकता है।" समिति ने यह आशा व्यक्त की कि उच्चतर न्यायपालिका निष्पक्षता और तार्किकता के सिद्धांतों को कायम रखते हुए संशोधन के संदर्भ में यथोचित ध्यान देगी।

समिति ने यह भी कहा कि सरकार मौजूदा कानून के संदर्भ में अपने अनुभवों के आधार पर संविधान को संशोधित करने के संबंध में कदम उठा सकती है। इस बीच समिति ने प्रस्तावित संशोधन में कुछ बदलावों के भी सुझाव दिए हैं। इनमें सबसे महत्त्वपूर्ण है सेक्शन 13 (बी) में 'जन हित' के शब्दों को हटाया जाना। समिति के अनुसार यदि कथित अवमानना के मामले में संबंधित व्यक्ति को यह सिद्ध करना पड़े कि सत्य 'जन हित' में है तो यह उस पर बहुत अधिक पाबंदी लगाना होगा और इससे वस्तुतः प्रस्तावित कानून का उद्देश्य पराजित होगा। समिति के समक्ष आया एक अन्य महत्त्वपूर्ण विषय अवमानना के मामलों की सुनवाई कर रहे न्यायाधीशों के काम से

संबंधित है, जिनके खिलाफ आरोप लगाए गए हैं। गवाहों ने यह महसूस किया कि रक्षण के रूप में सत्य के प्रयोग की अनुमति देने का विचार तब अर्थहीन हो जाएगा, जब अवमानना के मामले की सुनवाई किसी अन्य न्यायाधीश द्वारा नहीं की गई। रक्षण के रूप में सत्य को अस्वीकार करना निश्चित ही एक पुरातन पद्धति है।

न्यायाधीशों ने खुद ही बहुधा कहा है कि सूर्य के प्रकाश की भाँति सत्य सर्वश्रेष्ठ रोगाणु (बुराई) नाशक है, हालाँकि अदालतों की अवमानना के मामलों में ऐसा नहीं है। सवाल यह है कि न्यायिक आचरण में ऐसा करने से क्यों बचा जाता है? उच्चतर न्यायपालिका को सांसदों के आचरण में स्वागत योग्य बदलाव पर ध्यान देने की आवश्यकता है। मौजूदा समय संसद के दोनों सदन अपनी काररवाई के टेलीविजन पर राजीव प्रसारण और नीति निर्धारक समिति की स्थापना के साथ देश के अन्य विधानमंडलों के समक्ष एक राह प्रस्तुत कर रहे हैं। यद्यपि एक संस्थान के रूप में संसद की अदालतों द्वारा आलोचना की जाती रही है, लेकिन यह भी सही है कि इन दिनों विशेषाधिकार हनन के मामले यदा-कदा ही देखने को मिलते हैं। सांसदों के मध्य बढ़ता सहिष्णुता का स्तर लोकतंत्र की मजबूती का प्रतीक है। इसमें संदेह नहीं कि सुप्रीम कोर्ट में बैठे विद्वान न्यायाधीशों ने गणतंत्र में आए बदलावों के अनुरूप उच्च न्यायपालिका की कार्यप्रणाली को परिवर्तित करने की चेष्टा की है, जिसे सीमित सफलता ही मिली है।

1974 में न्यायमूर्ति कृष्णा अय्यर ने स्वयं के लिए तथा न्यायमूर्ति पी.एन. भगवती ने वरदकांत मिश्रा बनाम रजिस्ट्रार ऑफ उड़ीसा हाईकोर्ट के मामले में लिखा था, ‘‘न्यायिक दर्शन में बदलाव से आलोचना करने के नागरिकों के अधिकार का आधार तो व्यापक होगा ही, न्यायिक शक्ति भी अधिक सामाजिक वैधता प्राप्त करेगी। हम कोई राजा नहीं, बल्कि एक गणराज्य के सामान्य नागरिक हैं। अवमानना की शक्ति के माध्यम से न्यायपालिका की आलोचना पर पूर्ण प्रतिबंध से न्यायिक प्रक्रिया में सुधार की बहस के अधिकार पर प्रहार होता है। बदलाव के लिए मुक्त संभाषण हमारे लोकतंत्र का मूल आधार है और आलोचना के जरिए बदलाव को रोकना लोकतांत्रिक शासन के मूल आधार को सख्त बनाने के समान है। न्यायिक तंत्र भी कोई अपवाद नहीं हैं।’’ स्पष्ट है कि अवमानना के कानून में बदलाव लंबे समय से प्रतीक्षित है। संसदीय समिति ने अपना काम कर दिया है। आशा की जानी चाहिए कि उच्चतर न्यायपालिका भी इस जरूरत के प्रति सहमत होगी और विद्वान न्यायाधीशों द्वारा व्यक्त किए गए अभिमत को क्रियान्वित करने की दिशा में आगे बढ़ेगी।

□

संसद की गरिमा पर आघात

यह वाकया है 1990 के शुरुआती दौर का, जब ब्रिटिश हाउस ऑफ कॉमन्स में हुई आलोचना से झल्लाए हैरोड्स समूह के मालिक अल फयाद ने मदद के लिए सांसदों का एक समर्थक गुट तैयार करने का फैसला किया। उन्हें आशंका थी कि उन पर हुए हमले के पीछे विरोधी व्यावसायिक समूह का हाथ है, इसीलिए वे चाहते थे कि नुकसान की भरपाई के लिए कुछ सांसद उनके पक्ष को सदन में रखें। उनके समर्थक सांसदों ने कहा कि जवाबी हमला करने के लिए कुछ किया जाना चाहिए, लेकिन इसकी कीमत उन्हें (अल फयाद को) 50,000 ब्रिटिश पौंड खर्च कर चुकानी होगी। अल फयाद ने पूछा, ''किसलिए''? एक समर्थक ने उत्तर दिया, ''जिस तरह आप टैक्सी का किराया चुकाते हैं, उसी तरह आपको सांसदों को कीमत देनी होगी।'' अल फयाद ने बाद में गार्जियन अखबार को बताया कि उन्हें विश्वास नहीं हुआ कि ब्रिटेन, जहाँ संसद की इतनी ख्याति है, में सांसदों को इस तरह रिश्वत देनी पड़ती है। वे इस सूचना से स्तब्ध तो थे, लेकिन उन्होंने अपनी योजना पर आगे बढ़ने का फैसला किया। उन्होंने संसद में अपनी ओर से सवाल पूछने के लिए दो सांसदों को दो हजार पौंड प्रति प्रश्न की दर पर खरीदा।

जुलाई 1994 में इस 'धन के बदले सवाल' स्कैंडल का 'द संडे टाइम्स' में खुलासा होने के कुछ माह बाद गार्जियन ने अल फयाद के साथ घटे घटनाक्रम को उजागर किया। इस समाचार-पत्र के एक रिपोर्टर ने एक बिजनेसमैन के रूप में हाउस ऑफ कॉमन्स के अमुक सांसदों से संपर्क किया और उन्हें अपनी ओर से सवाल पूछने के लिए धन की पेशकश की। हाउस ऑफ कॉमन्स के ये सम्मानित सदस्य एक हजार पौंड प्रति प्रश्न की घटी दर पर सवाल पूछने के लिए राजी हो गए। भारतीय सांसदों के विपरीत उन्होंने भुगतान चेक से ग्रहण किया। अपनी जेबें भरनेवाले दो सांसदों ने मंत्रियों के संसदीय निजी सचिव के रूप में अपनी नौकरी गँवा दी और उनका आचरण विशेषाधिकार समिति के सुपुर्द कर दिया गया। उनकी सदस्यता कुछ समय के लिए निलंबित भी हुई। दूसरी ओर अपनी चेक लौटा देनेवाले तीसरे सांसद को कड़ी चेतावनी के बाद छोड़ दिया गया। इन

खुलासों के बाद ब्रिटिश संसद ने नोलन समिति का गठन कर उससे सार्वजनिक जीवन के लिए मानक तय करने का आग्रह किया। समिति ने कहा, ''यदि सांसद किसी क्लाइंट की ओर से लॉबीइंग कर रही फर्मों को अपनी सेवाएँ देंगे तो संसद की गरिमा और उसके विशेषाधिकार को क्षति पहुँचेगी। इसे प्रतिबंधित किया जाना चाहिए।'' समिति ने कहा कि सांसदों के लिए आचार-संहिता तय की जानी चाहिए। इसने यह भी सिफारिश की कि मानक-मूल्यों को ऊँचा रखने के लिए एक संसदीय आयुक्त की नियुक्ति की जानी चाहिए, क्योंकि जनता को यह जानने की जरूरत है कि सांसदों के वित्तीय हितों को नियंत्रित करनेवाले नियमों को दृढतापूर्वक और निष्पक्षता से लागू किया जा रहा है। ब्रिटिश संसद ने इन सभी सुझावों को लागू कर दिया। मानकों के संदर्भ में पहला संसदीय आयुक्त नोलन रिपोर्ट आने के कुछ ही माह के भीतर नियुक्त कर दिया गया।

मैं इन घटनाओं का जिक्र उस उल्लेखनीय कार्य की ओर ध्यान आकृष्ट कराने के लिए कर रहा हूँ, जो ब्रिटिश मीडिया ने एक दशक पूर्व रिश्वत लेनेवाले सांसदों को जनता की निगाह में सामने लाकर किया था। ऐसा ही काम भारतीय मीडिया ने सांसदों की रिश्वतखोरी को उजागर करने के लिए किया, लेकिन अंतर यह है कि संडे टाइम्स के रिपोर्टर को इस खुलासे के लिए जासूसी कैमरे की जरूरत नहीं पड़ी थी, क्योंकि ब्रिटिश सांसदों ने चेक के जरिए रिश्वत स्वीकार कर ली थी। उस समय हाउस ऑफ कॉमन्स के ऊपर बदनामी का जो अँधेरा छा गया था, उसमें भी एक सुनहरी रेखा थी। संडे टाइम्स ने यह खबर भी दी थी कि सभी ब्रिटिश सांसद भ्रष्ट नहीं हैं। अखबार ने बीस सांसदों से संपर्क किया था, जिसमें दस-दस लेबर व कंजरवेटिव पार्टी के थे। अखबार के जाल में केवल तीन सांसद ही फँसे। अखबार ने यह निष्कर्ष व्यक्त किया कि संसदीय लोकतंत्र के लिए उत्साहजनक यह है कि केवल 15 प्रतिशत ब्रिटिश सांसद ही भ्रष्ट हैं। इस संदर्भ में भारतीय मीडिया का कार्य प्रशंसनीय तो है, लेकिन इन मामलों में कहीं अधिक पारदर्शिता की भी जरूरत है। भारतीय सांसदों की रिश्वतखोरी का खुलासा करनेवालों को संसद तथा आम जनता के समक्ष उन सांसदों की पूरी सूची रखनी चाहिए, जिनकी नैतिकता की परीक्षा ली गई। हमें यह पता लगना ही चाहिए कि वे किन राजनीतिक दलों से संबंधित थे और रिश्वत की पेशकश पर उन सभी की क्या प्रतिक्रिया थी? क्या हमारे सांसदों ने संसद में सवाल पूछने के लिए धन की माँग की या क्या वे रिश्वत लेने के प्रस्ताव पर मात्र अपना उत्तर दे रहे थे? सबसे अहम् सवाल यह है कि क्या उनमें से एक भी ऐसा था, जिसने धन लेने से मना कर दिया या इस स्टिंग ऑपरेशन में सफलता की दर सौ प्रतिशत थी? इन प्रश्नों के उत्तर हमें मिलने ही चाहिए, क्योंकि सवाल संसद की प्रतिष्ठा का है।

सांसदों का 'धन के बदले सवाल' स्कैंडल सभी भारतीयों के लिए शर्म का विषय है। संसदीय इतिहास के पिछले 55 वर्ष अवसर गँवाने के साथ-साथ सत्यनिष्ठा और

सार्वजनिक जीवन में ऊँचे आदर्शों के भी रहे हैं। 1951 में सांसद एच.जी. मुद्‌गल को तेजड़िया व्यापारियों का मामला उठाने के एवज में बांबे बुलियन एसोसिएशन से धन लेने के लिए आरोपित किया गया। मुद्‌गल ने 20,000 रुपए की माँग की थी, लेकिन मामला 5,000 रुपए में तय हुआ। एसोसिएशन ने उन्हें 2700 रुपए दिए, तभी मामले का भंडाफोड़ हो गया। सदन ने जाँच के लिए एक समिति गठित की, जिसने उन्हें दोषी पाया और इसी दौरान सदस्यों ने सांसदों के लिए आचार-संहिता तय की। जवाहरलाल नेहरू ने मुद्‌गल को सदन से बाहर कर दिया, लेकिन आचार-संहिता को लागू किए जाने के बारे में कुछ नहीं किया जा सका।

संसद 42 वर्ष बाद मानो उस समय जागी, जब तत्कालीन स्पीकर शिवराज पाटिल ने 1993 में एक आचार-संहिता वितरित कराई, लेकिन पीठासीन अधिकारियों ने इसे पूरे देश में एक साथ लागू करने की इच्छा नहीं व्यक्त की। 1996 के बाद संसद के दोनों सदनों ने नीति विषयक समिति गठित कर दी। इन समितियों ने कहा कि सांसदों को जनता के प्रति जवाबदेह होना चाहिए और जब भी सांसद अनीतिकर कार्यों में संलग्न पाए जाएँ तो लोगों के पास स्पीकर के समक्ष याचिका दायर करने का अधिकार हो। लोकसभा की नीति विषयक समिति ने आचार-संहिता को नियमों के रूप में लागू करने पर बल दिया। इसी के साथ यह सुझाव भी दिया गया कि हर सांसद के लिए उसकी संपत्तियों, जिम्मेदारियों और हितों से संबंधित एक रजिस्टर प्रणाली को आरंभ किया जाना चाहिए। इन सिफारिशों पर अभी तक काररवाई नहीं हो सकी है।

सांसदों के लिए नैतिक आदर्शों को तय करने के मामले में संसद ने पहले ही काफी देर कर दी है। विभिन्न राजनीतिक दलों के नेताओं ने भी सार्वजनिक जीवन में ऊँचे आदर्शों को लागू करने के मामले में संकल्पबद्धता का परिचय नहीं दिया। मुझे यह कहने में कतई संकोच नहीं कि वाम मोरचे को छोड़कर किसी भी पार्टी ने अपने सांसदों के लिए सत्यनिष्ठा लागू करने के प्रति दिलचस्पी नहीं दिखाई। मैं जानता हूँ कि कम्युनिस्ट दलों के धन जुटाने के अपने तरीके हैं, लेकिन वे अपने सांसदों और विधायकों को व्यक्तिगत लाभ के लिए अपने पद का दुरुपयोग करने की इजाजत नहीं देते। जो भी हो, इसमें संदेह नहीं कि यदि संसद ने जनता की निगाह में अपना सम्मान खो दिया तो उस विशेषाधिकार का कोई अर्थ नहीं रह जाएगा, जो हम अपने सांसदों को प्रदान करते हैं। लिहाजा अपनी गरिमा बनाए रखने के लिए संसद को आम जनता के प्रति अपनी जिम्मेदारी को समझना होगा और भ्रष्ट सांसदों को दंडित करना ही होगा। जनता की नजर में संसद की विश्वसनीयता बनाए रखने के लिए यदि कुछ सांसदों की सदस्यता छीननी भी पड़े तो यह फायदे का ही सौदा होगा।

□

अल्पमत की मनमानी

[अगर एक निर्वाचित सरकार को अपने वादों को पूरा करने के लिए विधायी कार्य करने की अनुपति नहीं दी जाएगी तो पूरी लोकतांत्रिक प्रक्रिया व्यर्थ हो जाएगी।]

संसद में कामकाज न होने के परंपरागत विलाप के साथ संसद के शीत सत्र का समापन हो गया। शीतकालीन सत्र में हुए नुकसान की भरपाई के लिए सरकार बजट सत्र को समय से पूर्व बुलाने पर विचार कर रही है। उसका इरादा महत्त्वपूर्ण विधेयकों पर विपक्ष को सहमत करने का है, लेकिन इसके आसार कम ही हैं कि उसकी यह कोशिश सफल हो सकेगी। पिछले दो सत्रों में दोनों सदनों में तरह-तरह के बहानेवाले राजनीतिक मुद्दों पर कई बार व्यवधान हुए, जिसकी वजह से मोदी सरकार उन मसलों पर विधायी कार्य को आगे नहीं बढ़ा सकी, जिसका उसने प्रस्ताव किया था। सरकार की लाचारी ने इस सवाल को फिर उठाया है कि संसद को बाधित करने के दुराग्रह पर उतारू विपक्ष क्या एक निर्वाचित सरकार की विधायी योजनाओं में बाधा पहुँचाकर 2014 के जनादेश को एक तरह से पलट सकता है ? हालाँकि देश के उच्चतम सदन के कामकाज में विफलता के उत्तरदायित्व को लेकर सरकार और विपक्षी दल एक-दूसरे पर आरोप लगाते रहे हैं, लेकिन इस बार क्या गड़बड़ी हुई, इसे लेकर संसदीय कार्यमंत्री वेंकैया नायडू का तर्क सच्चाई के ज्यादा निकट लगता है। उन्होंने कांग्रेस पर दोनों सदनों में काररवाई बाधित करने के लिए रोजाना नए-नए बहाने 'गढ़ने' का आरोप लगाया। कांग्रेस की व्यवधान पैदा करनेवाली इस तकनीक के कारण राज्यसभा का लगभग आधा समय व्यवधान और स्थगन में चला गया।

भारतीय जनता पार्टी उच्च सदन में अल्पमत में है और सदन में लगभग 70 सदस्योंवाली कांग्रेस अपनी इस संख्या का उपयोग सत्तारूढ़ भा.ज.पा. के विधायी एजेंडे को रोकने के लिए कर रही है। अधिक चिंताजनक उच्च सदन में प्रश्नकाल का

वस्तुतः समाप्त हो जाना है। संसद के कामकाज पर नजर रखने में अच्छा काम कर रही पी.आर.एस. लेजिस्लेटिव रिसर्च ने कहा है कि इस बार राज्यसभा में पूरे सत्र में प्रश्न काल सिर्फ 2.4 घंटे चला, जिसका मतलब है कि इसने अपने लिए आवंटित समय में सिर्फ 14 प्रतिशत काम किया। प्रश्न काल के न चलने से अधिक संसदीय प्रक्रिया की विफलता का और कोई प्रतीक नहीं हो सकता है। सरकार की जवाबदेही के लिहाज से प्रश्नकाल सर्वाधिक महत्त्वपूर्ण है और निगरानी के अपने उत्तरदायित्व को निभाने के लिहाज से संसद के लिए भी वह अहम् है। पिछले साठ साल में यह उन सांसदों के लिए सबसे प्रभावी समय रहा है, जो सरकार को अपने नियंत्रण में रखना चाहते हैं। यह सवाल उठाने और एक तरह से मंत्रियों से पूछताछ करने का इस तरह का अवसर देता है कि मंत्री मुद्दे समझने और अपने उत्तर तैयार करने में घंटों समय लगाते हैं। यही कारण है कि प्रश्नकाल मंत्रियों के लिए सबसे कठिन समय होता है। इसलिए जब विपक्ष मुद्दे उठाता है और प्रश्नकाल बाधित करता है तो सदन के सबसे खुश सदस्यों में केंद्रीय मंत्री होते हैं। व्यवधान पैदा करनेवाले सांसद जवाबदेही के विचार को भी नुकसान पहुँचा रहे हैं, क्योंकि इसके चलते दूसरे सदस्य, खासकर विपक्ष में बैठनेवाले सांसद सरकार के सामने सवाल रखने और जवाब माँगने का अधिकार गँवा देते हैं। यह देखना सचमुच दुर्भायपूर्ण है कि विपक्ष ने इतने महत्त्वपूर्ण संसदीय हथियार को बरबाद कर दिया, जो सरकार को रास्ते पर लाने के लिए था।

दूसरा उल्लेखनीय तथ्य संसद का बढ़ता खर्च है। पिछले छह दशकों में संसद के कामकाज पर खर्च असाधारण रूप से बढ़ा है। हाल के वर्षों में यह करीब दो करोड़ रुपए प्रतिदिन या 29 हजार रुपए प्रति घंटा हो गया। ये आँकड़े खर्च में भारी बढ़ोतरी को दिखाते हैं और इसलिए स्वाभाविक है कि लोग चाहते हैं कि संसद में कामकाज हो। अगर लोग धन का उपयोग होता न पाएँगे तो संसदीय व्यवस्था की प्रभावोत्पादकता पर सवाल उठने लगेंगे। अगर एक निर्वाचित सरकार को अपने चुनावी वादों को पूरा करने के लिए विधायी कार्य करने की अनुमति नहीं दी जाएगी तो पूरी लोकतांत्रिक प्रक्रिया व्यर्थ हो जाएगी। लोकतंत्र अनेकता और मतभिन्नता के लिए है। पिछले कुछ वर्षों में भारत की सामाजिक विविधता, राजनीतिक विविधता में बदल गई है और धर्म से लेकर क्षेत्र और जाति तक हितों के विस्तृत आयाम का प्रतिनिधित्व करनेवाले राजनीतिक दलों के बहुतायत में उदय का कारण बनी है। जो हाल बन रहा है, उससे लोग अपनी राजनीति में विविधता को शासन व्यवस्था में रुकावट के तौर पर देखने लगेंगे। यह स्थिति एकदलीय शासन के तर्क या अराजकता के रास्ते को बढ़ावा देगी। इसके अपने खतरे हैं। जवाहरलाल नेहरू से लेकर इंदिरा गांधी के वक्त तक भारत में एक तरह से एकदलीय शासन था। कांग्रेस पार्टी न सिर्फ केंद्र में सरकार में थी, बल्कि अधिकांश राज्यों में उसकी

ही सरकारें थीं। ऐसे समय में बहुमत की निरंकुशता से कभी-कभी चिंता होती थी। इस निरंकुशता ने दुर्भाग्यवश कुछ सबसे अधिक निर्दयी संविधान संशोधन किए, जिनमें से एक के तहत संसद के दोनों सदनों और राज्य विधानसभाओं में काररवाई चलाने और कानून बनाने के लिए कोरम की जरूरत ही समाप्त कर दी गई।

1989 में राजीव गांधी सरकार की हार के बाद से किसी सरकार के पास राज्यसभा में स्पष्ट बहुमत नहीं रहा। तब से केंद्र में गठबंधन सरकारें ही सत्ता में आईं, जिनमें से कुछ चुनाव पूर्व गठबंधन वाली सरकारें थीं और कुछ चुनाव बाद तालमेल पर आधारित। उन सभी को राज्यसभा में विपरीत स्थिति से निपटना पड़ा है। ऐसा इसलिए, क्योंकि उच्च सदन में अधिकतर सीटें उन चुनावों के जरिए भरी जाती हैं, जिसमें विधायक मतदाता होते हैं और संघीय स्तर पर शासन करने के लिए चुनी गई पार्टी का इस सदन में बहुमत हासिल करने के लिए राज्य विधानसभाओं में पर्याप्त समर्थन नहीं होता। दोनों सदनों के रंग-ढंग के बीच वह यह अंतर पिछले पच्चीस साल की एक राजनीतिक सच्चाई है, लेकिन इसने पहले कभी जनादेश को पटरी से नहीं उतारा। ऐसे में अब हमें अल्पमत की ओर से किए जा रहे उत्पीड़न को लेकर जरूर चिंता करनी चाहिए।

□

सबक सीखने से इनकार

[इस हताशापूर्ण दौर में स्पीकर यदि अपनी पार्टी के आलाकमान के हाथों की कठपुतली बन जाते तो लोकतंत्र के ताबूत में एक और कील ठुक जाती।]

मार्क्सवादी कम्युनिस्ट पार्टी के कट्टर विचारोंवाले नेता अपने फरमान का पालन न करनेवाले लोकसभा अध्यक्ष सोमनाथ चटर्जी के बारे में कैसी भी राय क्यों न बनाएँ, इससे इनकार नहीं किया जा सकता कि चटर्जी ने खुद को विट्ठलभाई पटेल और जी.वी. मावलंकर जैसे उन चमकते पूर्ववर्तियों की पंक्ति में खड़ा कर लिया है, जो अपने सिद्धांतों पर अडिग रहे और साथियों की धौंसपट्टी में नहीं आए। लोकतंत्र और संविधान को महत्त्व देनेवाले प्रत्येक नागरिक को सोमनाथ चटर्जी द्वारा 1 अगस्त को जारी किए गए चार पेज के विस्तृत बयान को जरूर पढ़ना चाहिए। इससे पता चलेगा कि हम लोकसभा के स्पीकर की स्वतंत्रता का हनन करने के कितना करीब पहुँच गए थे। यदि वे कामरेडों की धमकियों और उनकी राजनीतिक चालों का सामना न करते तो एक अहम् संवैधानिक पद की निष्पक्षता और गरिमा को क्षति पहुँचा बैठते। अस्पष्ट जनादेश, वोट बैंक की चिंता और नोटों की महिमा के इस हताशापूर्ण दौर में स्पीकर यदि अपनी पार्टी के आलाकमान के हाथों की कठपुतली बन जाते तो लोकतंत्र के ताबूत में एक और कील ठुक जाती।

सोमनाथ चटर्जी ने तभी अपने इरादे साफ कर दिए थे, जब उन्होंने मनमोहन सिंह सरकार से समर्थन वापसी के पत्र के साथ सांसदों की सूची में अपना नाम शामिल करने के मा.क.पा. के निर्णय पर ऐतराज जताया था। सोमनाथ चटर्जी ने मार्क्सवादियों को उस 'असाधारण' घटनाक्रम की याद दिलाई, जिसमें स्पीकर के रूप में उनका नाम प्रस्तावित करते समय 18 नामांकन पत्र भरे गए थे। इन्हें भरनेवालों में सत्ताधारी गठबंधन ही नहीं, बल्कि प्रमुख विपक्षी दल और उसके सहयोगी भी शामिल थे। दुर्भाग्य से न तो इन तथ्यों

ने और न ही स्पीकर की निष्पक्षता की परंपरा ने उन लोगों पर कोई प्रभाव छोड़ा, जो मा.क.पा. को चलाते हैं। इसलिए उन्होंने मान लिया कि सोमनाथ चटर्जी की प्राथमिक वफादारी पार्टी के प्रति होनी चाहिए, इसके अलावा कहीं नहीं। संभवतः उन्होंने स्पीकार के पद की संवैधानिक मान्यता को भी अपनी राजनीतिक विचारधारा के चश्मे से देखने की कोशिश की। सौभाग्य से सोमनाथ चटर्जी ने मा.क.पा. की इस कोशिश को चुनौती दी और अपने पूर्व कामरेडों को संवैधानिक धर्म के बुनियादी उसूल सिखाए। उन्होंने घोषणा की कि स्पीकर की किसी दल से संबद्धता नहीं होती और इसलिए 'कोई भी जिम्मदार व्यक्ति या अधिसत्ता' राष्ट्रपति को दी गई सूची में उनका नाम नहीं डाल सकती। उन्होंने कहा, ''पार्टी को यह महसूस करना चाहिए था कि एक स्पीकर होने के नाते मैं किसी दल का प्रतिनिधित्व नहीं करता, न ही स्पीकर के कार्यों के संबंध में पार्टी मुझे कोई निर्देश ही दे सकती है। मैं इस बात को पूरी जोरदारी के साथ दोहराना चाहता हूँ।''

यह कहना पर्याप्त होगा कि मा.क.पा. ने जो कुछ किया, वह किसी ऐसे व्यक्ति या संस्थान का ही कार्य हो सकता है, जिसने लोकतांत्रिक तौर-तरीके न सीखे हों। सोमनाथ चटर्जी ने अपनी पार्टी को चुनौती देकर एकदम सही किया। उनके समक्ष अनेक अनुकरणीय पूर्ववर्ती हैं, जो पद का सम्मान करते हुए नुकसान उठाने को मजबूर हुए। देश में विधायी सदनों के लिए मार्गदर्शक पुस्तक 'प्रैक्टिस ऐंड प्रोसीजर ऑफ पार्लियामेंट' के रचयिता एस.एल. शकधर और एम.एन. कौल ने पूर्व स्पीकरों द्वारा प्रतिपादित कुछ महत्त्वपूर्ण सिद्धांतों को लिपिबद्ध किया है। इस सूची में पहला नाम है केंद्रीय विधायी सभा के चुने हुए पहले स्पीकर विट्ठलभाई जे. पटेल का। यह विधायी सभा भारत की स्वतंत्रता की घोषणा तक कायम रही। वे स्वराज पार्टी के सदस्य थे। 1925 में स्पीकर के रूप में अपना चुनाव किए जाने पर उन्होंने अपनी पार्टी से नाता तोड़ दिया। अगली बार वे निर्दलीय के रूप में चुनाव में उतरे और उन्होंने इस पर जोर दिया कि स्पीकर का दलगत राजनीति से परे होना बेहद जरूरी है। उन्हें निर्विरोध चुन लिया गया और जनवरी 1927 में वह फिर से स्पीकर बन गए।

स्वतंत्र भारत के पहले स्पीकर जी.वी. मावलंकर ने एक अवसर पर कहा था कि हमारे राजनीतिक और संसदीय जीवन के वर्तमान हालात में भारतीय स्पीकर के लिए पूरी तरह अंग्रेज स्पीकर जैसा बनना आसान नहीं होगा, फिर भी उसे निश्चित तौर पर पार्टी मामलों और विवादों के झमेले में नहीं पड़ना चाहिए। दलगत राजनीति से स्पीकर को बिल्कुल अलग-थलग करने के लिए उन्होंने राजनीतिक दलों को सुझाव दिया कि एक स्वस्थ परंपरा कायम करते हुए सदन के स्पीकर को निर्विरोध चुना जाना चाहिए। इस परंपरा को कायम किए बिना स्पीकर को पूरी तरह गैर-राजनीतिक मानना विरोधाभासी संभावनाओं की अपेक्षा करने के समान होगा। स्पीकर की निष्पक्षता सुनिश्चित करने के

लिए पीठासीन अधिकारियों ने अनेक संगोष्ठियों में यथार्थवादी रुख अपनाया। इसकी शुरुआत 1951 में आयोजित एक संगोष्ठी से हुई। इसका यह प्रभाव हुआ कि 1957 में स्पीकर के रूप में किसी भी राजनीतिक दल ने अनंतसयनम आयंगर का विरोध नहीं किया। आयंगर ने कांग्रेस संसदीय दल से इस्तीफा देकर इस परंपरा का मान बढ़ाया। हालाँकि उन्होंने कांग्रेस की सदस्यता से इस्तीफा नहीं दिया था। बाद के वर्षों में चौथी लोकसभा के स्पीकर चुने जाने पर नीलम संजीव रेड्डी ने कांग्रेस से इस्तीफा दे दिया था। उनके उत्तराधिकारी जी.एस. ढिल्लन ने कांग्रेस संसदीय दल से उनके इस्तीफे की घोषणा की। यह बहस का मुद्दा हो सकता है कि सोमनाथ चटर्जी ने स्पीकर चुने जाने के बाद भी मा.क.पा. से संबंध विच्छेद नहीं किया, इसलिए स्पीकर पद के प्रति उनकी प्रतिबद्धता स्वराज पार्टी से संबंध तोड़नेवाले विट्ठलभाई पटेल के समान नहीं हो सकती। इस दलील में कुछ दम हो सकता है, किंतु इससे मा.क.पा. को स्पीकर को आँखें दिखाने का अधिकार नहीं मिल जाता। पूर्व में अनेक स्पीकरों ने अपनी पार्टी कांग्रेस से औपचारिक रूप से नाता नहीं तोड़ा था। इनमें जी.वी. मावलंकर, शिवराज पाटिल और पी. संगमा शामिल हैं, किंतु उनकी तरफदारी में यह कहा जा सकता है कि वे अपने शासनकाल में साफ तौर पर पार्टी के अनुशासन और पार्टी की अंदरूनी राजनीति से मुक्त रहे। उनके साथ व्यवहार में कांग्रेस ने भी संवैधानिक रूप से सही रुख अपनाया और ऐसा कोई काम नहीं किया, जिससे उनकी गरिमा पर आँच आती।

भविष्य में स्पीकर और उसकी पार्टी के बीच संबंध तनावपूर्ण होने से बचाने के लिए सोमनाथ चटर्जी ने सुझाव दिया कि स्पीकर को अस्थायी रूप से अपने पार्टी से इस्तीफा दे देना चाहिए। एक समय ठीक यही विट्ठलभाई पटेल ने किया था और मजे की बात है कि दलबदल विरोधी कानून में पीठासीन अधिकारियों को भी ऐसा ही करने के लिए प्रोत्साहित किया गया है। सोमनाथ चटर्जी के उत्तराधिकारी उनकी सलाह मान सकते हैं। हालाँकि तब तक इस बात से छुटकारा नहीं मिलेगा कि जो राजनेता लोकतांत्रिक तौर-तरीके अपनाने के आदी नहीं हैं और जो विचारधारा के कारण पूँजीवादी लोकतांत्रिक संस्थानों से नफरत करते हैं, वे संभवत: इन स्वस्थ परंपराओं का पालन नहीं कर सकते। जिस अंदाज में मा.क.पा. ने भारतीय संसद के पहले कम्युनिस्ट स्पीकर के साथ व्यवहार किया और प्रत्युत्तर में सोमनाथ चटर्जी ने अपने पूर्व कामरेडों को यह सीख दी कि जब तक वे लोकतांत्रिक मैदान में खेल रहे है, तब तक उन्हें इसके नियम-कायदे और संवैधानिक तौर-तरीकों का पालन करना होगा, उससे यह मुद्दा केंद्रीय भूमिका में आ गया है।

□

हमारा लोकतंत्र

चुनावों के दुश्चक्र में देश

[हर साल होनेवाले चुनावी मुकाबले केंद्र और राज्यों में सत्तारूढ़ दलों के विश्वास को डगमगाते हैं और साथ ही गवर्नेंस को भी।]

चुनावों का एक और दौर अब हमारे सामने है। चार राज्यों और एक केंद्रशासित प्रदेश—केरल, तमिलनाडु, पश्चिम बंगाल, असम और पुडुचेरी के चुनाव परिणाम के बाद दो प्रमुख राष्ट्रीय पार्टियों और प्रमुख क्षेत्रीय दलों के लिए इसके मायने निकालने का अंतहीन दौर आरंभ हो जाएगा। इस संबंध में खूब परिचर्चाएँ और विश्लेषण किए जाएँगे। अब यह पूरी तरह से स्थापित हो गया है कि मतदाता संसद और विधानसभा के चुनावों को अलग-अलग करके देखते हैं। इन चुनावों के मुद्‌दे भी प्राय: अलग-अलग होते हैं। इसके अलावा मतदाता वोट भी क्षेत्रीय और राष्ट्रीय स्तर पर कामकाज के आधार पर ही करते हैं। उदाहरण के लिए 2013 में कर्नाटक विधानसभा चुनाव में मतदाताओं ने भा.ज.पा. को सत्ता से बाहर कर दिया, लेकिन 2014 के लोकसभा चुनाव में उसे भारी जनसमर्थन दिया। इसका ठीक उलट दिल्ली और बिहार में हुआ, जहाँ मतदाताओं ने 2014 के आम चुनाव में पूरी तरह से नरेंद्र मोदी का साथ दिया और प्रधानमंत्री बनाया। लोकसभा चुनाव के बाद जब विधानसभा के चुनाव हुए तो मतदाताओं ने दिल्ली में अरविंद केजरीवाल और बिहार में नीतीश कुमार के हाथों सत्ता की बागडोर सौंप दी। एक तरह से विधानसभा चुनावों में राज्यों के मुद्‌दे महत्त्वपूर्ण साबित हुए।

इस तथ्य से कोई इनकार नहीं कर सकता कि हर साल होनेवाले चुनावी मुकाबले केंद्र में सत्तारूढ़ दल के विश्वास को कहीं-न-कहीं डगमगाने और गवर्नेंस को प्रभावित करने का काम करते हैं। यही राज्यों में सत्तारूढ़ क्षेत्रीय पार्टियों के बारे में भी सच है। मुख्यमंत्री को पाँच साल सरकार चलाने के लिए बहुमत मिला होता है, लेकिन यदि उसकी पार्टी अपने कार्यकाल के बीच में हुए लोकसभा चुनावों में खराब प्रदर्शन करती है (2014 के आम चुनाव में बिहार में नीतीश कुमार, उत्तर प्रदेश में अखिलेश यादव

और) खरी–खोटी सुनाने में पीछे नहीं हटते। इससे उन लोगों का एक तरह से तिरस्कार होता है, जिन्होंने केंद्र या राज्यों में सरकारें चुनी होती हैं।

चुनाव का दुश्चक्र गवर्नेंस को भी प्रभावित करता है, क्योंकि चुनाव आयोग द्वारा मतदान का कार्यक्रम जारी करने के साथ ही आदर्श आचार संहिता लागू हो जाती है। यह विकास कार्यों को एक तरह से ठप कर देती है। यह संहिता चुनाव परिणाम घोषित होने तक केंद्र और राज्य सरकारों को कोई नई योजना या कार्यक्रम शुरू करने से रोक देती है। परिणामस्वरूप उन राज्यों में प्रशासनिक गतिविधियों पर करीब–करीब तीन महीने तक रोक लग जाती है।

यदि मौजूदा चुनावी परिदृश्य पर नजर डालें तो पाएँगे कि भा.ज.पा., जो कि केंद्र में सत्तारूढ़ है, के लिए इन चुनावों में खोने के लिए कुछ नहीं है, क्योंकि इनमें से किसी भी राज्य में वह कभी भी सत्ता में नहीं रही। इसके बाद भी यदि पार्टी अच्छा प्रदर्शन नहीं करती है तो उसके विरोधी यह घोषित करने से नहीं चूकेंगे कि मोदी का जादू खत्म हो गया है। हर बार राज्यों के चुनाव होने के बाद केंद्र सरकार को इस तरह की आलोचनाओं की मार सहनी पड़ती है। चुनाव पूर्व सर्वेक्षणों की मानें तो भा.ज.पा. असम में अच्छी करती नजर आ रही है। वह कांग्रेस को सत्ता से बाहर करती दिख रही है। यदि ऐसा होता है तो वह पूर्वोत्तर भारत में भा.ज.पा. के लिए बहुत बड़ी सफलता होगी। हाल के वर्षों में भा.ज.पा. ने केरल और पश्चिम बंगाल में भी अपनी उपस्थिति दर्ज कराई है। दोनों राज्यों में उसके मत प्रतिशत बढ़े हैं। 2014 के लोकसभा चुनाव में पार्टी को क्रमश: 10.50 प्रतिशत और 17 प्रतिशत मत मिले थे। भा.ज.पा. के मुकाबले इन चुनावों में कांग्रेस का बहुत कुछ दाँव पर लगा है। दो बड़े राज्यों, केरल और असम में उसे अपनी सरकार बचाने की चुनौती है। दोनों राज्यों में उसकी तसवीर बहुत अच्छी नजर नहीं आ रही है।

जनमत सर्वेक्षणों के अनुसार केरल में वाम मोर्चा कांग्रेस की गठबंधन सरकार को झटका देते हुए नजर आ रहा है। केरल में आंतरिक कलह और घोटालों ने कांग्रेस को काफी नुकसान पहुँचाया है। उसके पास राष्ट्रीय स्तर पर भी ऐसा कोई विश्वसनीय नेता नहीं है, जो उसके खोए जनाधार को वापस दिला दे। यदि असम में कांग्रेस को हार मिलती है तो वह उसके लिए बहुत बड़ा झटका साबित होगी। इससे देश का राजनीतिक भूगोल बदल जाएगा। पश्चिम बंगाल भी राजनीति के लिहाज में महत्त्वपूर्ण राज्य है। ऐसा लगता है कि वहाँ कांग्रेस ने चुनाव आरंभ होने से पहले ही हार मान ली थी, क्योंकि वहाँ वह पचास साल से अपने मुखर विरोधी वाम मोर्चे के साथ अघोषित गठजोड़ करके चुनाव लड़ रही है। जो लोग आधी सदी से पश्चिम बंगाल की राजनीति पर नजर रखे हुए हैं, वे कभी सोच भी नहीं सकते थे कि अपने साझा प्रतिद्वंद्वी से लड़ने के लिए

कांग्रेस मार्क्सवादियों के साथ गठजोड़ करेगी। ऐसा इसलिए हुआ, क्योंकि मतदाताओं ने कांग्रेस और वाम दलों को 2014 के चुनाव में भारी झटका दिया था। कांग्रेस सिर्फ 9.69 फीसद मत और 42 में से चार सीटें हासिल कर पाई थी। वाम मोर्चा तो लगभग ध्वस्त हो गया था। हालाँकि उसे तीस फीसद मत मिले थे, लेकिन वह सिर्फ दो सीटें ही जीत सका। दूसरी तरफ भा.ज.पा. ने 17 फीसद मत और सीटें हासिल कर अपनी मजबूत उपस्थिति दर्ज कराई। तृणमूल कांग्रेस 40 फीसद मत और 34 सीटें हासिल कर विजेता बनकर उभरी। इन चुनाव परिणामों ने कांग्रेस और वाम मोर्चा, दोनों को सोचने पर मजबूर किया। उसी के फलस्वरूप राज्य में अपनी स्थिति मजबूत करने और तृणमूल कांग्रेस को कड़ी चुनौती देने के लिए दोनों ने अधिकांश सीटों पर चुनावी गठबंधन किया है। इसके पीछे वाम दलों की बाध्यता समझ में आती है, लेकिन यह दुःखद है कि कांग्रेस को भी बेमेल गठबंधन का सहारा लेना पड़ा है। दोनों का तर्क है कि वे राज्य में सेक्युलर ताने-बाने की रक्षा के लिए एकजुट हुए हैं। यदि ऐसा है तो फिर केरल में क्या है ? जहाँ दोनों चुनावी समर में आमने-सामने हैं।

तमिलनाड़ में द्रविड़ मुनेत्र कझगम (डी.एम.के.) के हाथों 1967 में झटका खाने के बाद से ही कांग्रेस सत्ता में आने की स्थिति में नहीं है। तभी से वह अपना वजूद कायम रखने के लिए एक-दूसरी द्रविड़ पार्टियों का सहारा लेती आ रही है। चुनाव परिणाम जो भी हों, यह समय हमें एक बार फिर चुनाव के दुश्चक्र से रू-ब-रू करा रहा है, जिसमें हम फँस गए हैं। इसके लिए इंदिरा गांधी दोषी हैं। 1971 से पूर्व आम चुनाव और राज्यों में विधानसभाओं के चुनाव साथ ही हो रहे थे, लेकिन उस वर्ष लोकसभा चुनाव कराकर उन्होंने यह कड़ी तोड़ दी। क्या हम यह कड़ी फिर से जोड़ सकते हैं ?

□

लोकतंत्र से दूर दल

[सरकार को विधि आयोग के सुझावों को लागू करने के लिए उचित कदम उठाने चाहिए। सिर्फ इसी से लोकतांत्रिक व्यवस्था की अंदरूनी कमी को दूर किया जा सकेगा।]

कई वर्षों से यह बात महसूस की जा रही है कि लोकतांत्रिक प्रक्रिया की सबसे बड़ी खामी राजनीतिक दलों की तेजी से बढ़ती संख्या और उन्हें सुचारु रूप से संचालित करने के लिए मूलभूत कानूनों का अभाव है। 81 करोड़, 40 लाख की भारी भरकम संख्यावाले मतदाताओं के साथ भारत दुनिया का सबसे बड़ा और जीवंत लोकतंत्र माना जाता है। यह आश्चर्यजनक भले लगे, लेकिन सच्चाई यही है कि कुछ अपवादों को छोड़कर राजनीतिक दलों में अंदरूनी लोकतंत्र शायद ही है। अधिकांश राजनीतिक दल निजी स्वामित्ववाली प्राइवेट लिमिटेड कंपनियों की तरह काम करते हैं, जिन पर संबंधित राजनीतिक परिवारों का कठोर नियंत्रण होता है। राजनीतिक दलों में आंतरिक लोकतंत्र की कमी लोकतांत्रिक भारत की सबसे बड़ी विडंबना है। इस संदर्भ में कई न्यायविदों, विचारकों और विभिन्न राष्ट्रीय आयोगों ने बार-बार राजनीतिक वर्गों का ध्यान इसे ठीक करने की तरफ दिलाया है, लेकिन क्षेत्रीय दलों के उभार और संसद के दोनों सदनों की संरचना पर इनके प्रभाव के कारण इस मोरचे पर बहुत कुछ नहीं किया जा सका है।

उदाहरण के तौर पर वर्ष 1999 में विधि आयोग ने दलों के नियमन और उनमें आंतरिक लोकतंत्र तथा चुनावी चंदे के लेन-देन में पारदर्शिता आदि को सुनिश्चित करने के लिए कानून बनाए जाने का सुझाव दिया था। विधि आयोग के मुताबिक इन मुद्दों से निपटने के लिए जनप्रतिनिधित्व कानून में अनिवार्य तौर पर संशोधन किया जाना चाहिए। आयोग ने इस बात को भी रेखांकित किया कि कोई भी राजनीतिक दल, जो आंतरिक तौर पर तानाशाहीवाला हो, यह बाहरी कामकाज के मामले में लोकतांत्रिक नहीं हो सकता। पूर्व प्रधान न्यायाधीश एम.एन. वेंकटचलैया के नेतृत्ववाले राष्ट्रीय संविधान

समीक्षा आयोग अथवा एन.सी.आर.ड्ब्ल्यू.सी. ने कहा था कि जब तक राजनीतिक दलों की व्यवस्था में सुधार नहीं होगा, तब तक वास्तविक चुनाव सुधार नहीं हो सकते और न ही इनका कोई मूल्य-महत्त्व होगा। इस आयोग ने यह भी कहा कि राजनीतिक दलों के नियमन और राष्ट्रीय तथा राज्यस्तरीय दलों के तौर पर उनके पंजीकरण तथा उनकी मान्यता समाप्त करने जैसे मुद्दों से निपटने के लिए व्यापक कानून बनाए जाने की जरूरत है। आयोग ने यह भी साफ किया कि राजनीतिक दलों को सुशासन का औजार होना चाहिए।

विधि आयोग ने अपनी 255वीं रिपोर्ट चुनाव सुधारों पर दी और इसमें जर्मनी, पुर्तगाल और स्पेन में राजनीतिक दलों को संचालित करनेवाले कानूनों का विश्लेषण किया। इसमें यह पाया गया कि जर्मनी में संविधान की धारा 21 राजनीतिक दलों के संचालन को लेकर है। इस धारा के मुताबिक राजनीतिक दलों को जनता के बीच राजनीतिक विचारधारा तैयार करने में भागीदारी करनी होगी, लेकिन उनका आंतरिक संगठन लोकतांत्रिक मूल्यों के अनुरूप होना चाहिए और उन्हें अपनी संपत्ति और अपनी आय के स्रोतों को सार्वजनिक करना चाहिए। इस धारा का दूसरा हिस्सा कहता है कि राजनीतिक दल अपने लक्ष्य की वजह से या अपने अनुयायियों के व्यवहार के कारण स्वतंत्र लोकतांत्रिक व्यवस्था को कमजोर करने या समाप्त करने की कोशिश करते हैं अथवा यदि जर्मनी के संघीय गणतंत्र की व्यवस्था को खतरे में डालते हैं तो वह असंवैधानिक होगा।

राजनीतिक दलों को संचालित करनेवाले कानूनों का विश्लेषण करते हुए विधि आयोग ने कहा कि जर्मनी अपने यहाँ दलों के संवैधानिक कार्यों और उन असंवैधानिक लक्ष्यों, जिन पर अमल नहीं किया गया है, दोनों को ही नियंत्रित करता है। संघीय न्यायालयों ने दो अवसरों पर पार्टियों को असंवैधानिक घोषित करने के लिए अपने अधिकार का इस्तेमाल किया है। इसने पहली बार 1952 में बनी नाजी सोशलिस्ट इंपीरियल पार्टी और दूसरी बार 1956 में जर्मन कम्युनिस्ट पार्टी पर रोक लगा दी थी। कोर्ट के मुताबिक राजनीतिक दलों के गठन में भागीदारी करनेवाले लोगों को संविधान के मूलभूत मूल्यों के मामले में निश्चित ही एकमत होना होगा।

पुर्तगाल में भी राजनीतिक दल संविधान से संचालित होते हैं। यहाँ संविधान उन दलों पर रोक लगाता है, जिनका क्षेत्रीय या धार्मिक लक्ष्य हो। यह दलों से आंतरिक लोकतंत्र की अपेक्षा करता है। यहाँ का संविधान कहता है कि सभी लोकतांत्रिक पार्टियाँ पारदर्शी संगठनात्मक तरीके और प्रबंधन तथा सभी सदस्यों की भागीदारी से संचालित होंगी। यहाँ भी न्यायालय उन राजनीतिक दलों को समाप्त कर सकते हैं, जो इन संवैधानिक सिद्धांतों का उल्लंघन करते हैं। विधि आयोग ने माना है कि जर्मनी और

पुर्तगाल से अलग स्पेन राजनीतिक दलों के लक्ष्यों और उनके इरादों पर नहीं, बल्कि सिर्फ उनके कामों पर निगाह रखता है। यहाँ का संविधान कहता है कि राजनीतिक दलों का गठन और उनकी गतिविधियाँ तब तक स्वतंत्र हैं, जब तक वे संविधान और कानून का आदर करते हैं। राजनीतिक पार्टियों से संबंधित कानून कहता है कि पार्टियों के प्रबंध निकाय के चुनाव गुप्त मतदान से और लोकतांत्रिक ढंग से होने चाहिए।

भारत के संविधान निर्माताओं ने राजनीतिक पार्टियों का संज्ञान नहीं लिया। उन्होंने निर्वाचन आयोग द्वारा चुनावों के निरीक्षण, निर्देशन और नियंत्रण के साथ संसद के दोनों सदनों और राज्यों में विधानमंडलों के गठन और इन विधायी इकाइयों में प्रवेश के लिए योग्यता और अयोग्यता सुनिश्चित करने की व्यवस्था निर्धारित की। उन्होंने राजनीतिक दलों को नियंत्रित करनेवाले संवैधानिक प्रावधान बनाने की जरूरत नहीं देखी। इसलिए राजनीतिक दलों पर नियंत्रण का प्रावधान सिर्फ जनप्रतिनिधित्व कानून की धारा में है, जो निर्वाचन आयोग को दलों के पंजीकरण का अधिकार देता है। किसी दल को अपने दलीय संविधान में सिर्फ यह बताने भर की जरूरत होती है कि वह भारत के संविधान में सच्ची श्रद्धा और निष्ठा रखेगा। बदले में निर्वाचन आयोग आवेदन करनेवाली पार्टी से अपने पार्टी संगठन, पदाधिकारियों के संबंध में सूचनाएँ देने को कहता है तथा यह भी कहता है कि उन्हें समयबद्ध ढंग से आंतरिक चुनाव कराने होंगे।

विधि आयोग ने अपने आकलन में पाया है कि ये प्रावधान निर्वाचन आयोग को राजनीतिक दलों में आंतरिक लोकतंत्र लागू करने का अधिकार नहीं देते, क्योंकि उनमें सजा देनेवाला कोई प्रावधान नहीं है। यही नहीं, इन मामलों में दखल देने का उसका अधिकार कांग्रेस (आई.) बनाम सामाजिक कल्याण संस्थान संबंधी मुकदमे में उच्चतम न्यायालय के निर्णय से कमजोर हो गया। इस मुकदमे में न्यायालय ने कहा कि जनप्रतिनिधित्व कानून के प्रावधान निर्वाचन आयोग को संविधान के उल्लंघन या पंजीकरण के समय दिए गए वचन के उल्लंघन के आधार पर किसी दल की मान्यता खत्म करने का अधिकार नहीं देते। विधि आयोग ने दलों को संचालित और आंतरिक लोकतंत्र को सुनिश्चित करनेवाले जनप्रतिनिधित्व कानून में कई संशोधनों की सिफारिश की है। ये अच्छे प्रस्ताव हैं और काफी समय से लंबित हैं। सरकार को इन्हें लागू करने के लिए उचित विधायी कदम उठाने चाहिए। सिर्फ ऐसा करने से हमारी लोकतांत्रिक व्यवस्था की अंदरूनी कमी को दूर किया जा सकेगा।

□

बदलाव की आधारशिला

भारतीय राजनीति में 1989 में गठबंधन युग की शुरुआत के बाद से ही आम शिकायत थी कि सरकार की नैया डाँवाँडोल हो गई है और इसके कारण देश अपने लक्ष्य पर ध्यान केंद्रित नहीं कर पा रहा है। दुनिया के दूसरे हिस्सों के साथ भारत के व्यवहार में यह अभिप्राय और भ्रम ज्यादा गहरा था। इससे अंतरराष्ट्रीय समुदाय को यह लगने लगा था कि भारत नेतृत्वहीन है। यह दारुण स्थिति 26 मई, 2014 को खत्म हो गई, जब जनता ने नरेंद्र मोदी के नेतृत्ववाले राजग को सत्ता में लाने के लिए वोट किया और इस गठबंधन की धुरी ने भा.ज.पा. को लोकसभा में स्पष्ट बहुमत दिया। कट्टर मोदी विरोधियों को छोड़कर, जिन लोगों ने पिछले 12 माह में इस प्रधानमंत्री को काम करते देखा है, उनमें से अधिकांश सहमत होंगे कि राष्ट्र ने ऐसा व्यक्तित्व पाया है, जो अग्रिम पंक्ति से नेतृत्व ही नहीं कर रहा, ऐसे करोड़ों देशवासियों को प्रेरित और प्रोत्साहित भी कर रहा है, जो भारत के आधुनिक तौर-तरीकों से निर्माण के अभियान में भागीदारी के लिए उत्सुक हैं।

तर्क दिया जा सकता है कि चुनावी वादों और उनके कार्यान्वयन के बीच काफी अंतर है। पिछले साल लोकसभा चुनाव के दौरान जिस तरह की महत्त्वाकांक्षाएँ पैदा हो गई थीं, राजग सरकार उन्हें पूरा करने में विफल रही है, लेकिन इस तथ्य से कोई इनकार नहीं कर सकता कि निराशा बीते दिनों की बात हो गई है और मोदी ने नेतृत्व के उस शून्य को भर दिया है, जिसको लेकर सभी चिंतित थे। एक राष्ट्रीय नेतृत्व के उदय और आशा के पुन:संचार को मैं इस राजनीतिक परिवर्तन का सबसे महत्त्वपूर्ण परिणाम कहूँगा, जिसका लोगों ने एक साल पहले स्वागत किया। इस केंद्रीय विचार से होनेवाली दूसरी उपलब्धियाँ भी हैं। पहला साल काफी उथल-पुथलवाला रहा। वर्षों पुरानी समस्याओं के समाधान के लिए राष्ट्रीय कार्यक्रमों का सिलसिला इस साल शुरू किया गया। इंफ्रास्ट्रक्चर विकास के लक्ष्य को ध्यान में रखकर कार्यक्रम आरंभ किए गए और संकट व आपदा प्रबंधन की जिम्मेदारी सीधे केंद्रीय मंत्रियों को दी गई। सबसे

महत्त्वपूर्ण बात यह है कि कहीं भ्रष्टाचार की जरा सी भी बू नहीं है।

मोदी प्रारंभ से ही विदेश मामलों पर खासा ध्यान दे रहे हैं। उन्होंने अपने शपथ ग्रहण समारोह में सार्क देशों के सभी नेताओं को आमंत्रित किया। तब से ही आधिकारिक दौरों और वैश्विक नेताओं के साथ बैठकों का दौर चल रहा है। अंतरराष्ट्रीय संबंधों को बेहतर करने की उनकी उत्सुकता इस तरह की है कि उन्होंने अपने कार्यकाल के पहले ही साल में 19 देशों की यात्रा कर डाली है। उनके कई मंत्रियों ने भी नए शासन प्रतिमान को अपना लिया है। इनमें सबसे अच्छा उदाहरण विदेश मंत्री सुषमा स्वराज का है। प्रवासी भारतीय और विदेश जानेवाले लोग सालों से भारतीय दूतावासों और राजनयिकों की असंवेदनशीलता को लेकर शिकायत करते रहे हैं। यह अब पुराने दिनों की बात हो गई है।

जब राजग सरकार आई थी, तब दूसरा सबसे चिंतावाला क्षेत्र अर्थव्यवस्था का था। घोटालों की शृंखला और शासन तंत्र के विफल हो जाने के कारण विदेशी निवेशक भारत में भरोसा खोने लगे थे। मोदी इस बात को किसी से भी ज्यादा बेहतर जानते हैं कि उनकी सरकार की सफलता या विफलता इस बात पर निर्भर करेगी कि देश की विकास दर निकट भविष्य में बढ़ती है या नहीं। इसलिए निवेश वातावरण बेहतर करने के प्रयास और वर्तमान अनुमानों से लगता है कि भारत की विकास दर निकट भविष्य में चीन को पीछे छोड़ते हुए नौ प्रतिशत के आँकड़े को छू लेगी। यही नहीं, भारत का विदेशी मुद्रा भंडार भी 350 अरब डॉलर के मजबूत स्तर पर पहुँच गया है। प्रधानमंत्री ने केंद्र सरकार और राज्यों के बीच रिश्ते बेहतर करने और सच्चे संघवाद को आगे ले जाने के लिए वास्तविक कदम उठाए हैं। उन्होंने चौदहवें वित्त आयोग की इस सिफारिश को तुरंत स्वीकार कर लिया है कि केंद्रीय करों में राज्यों की हिस्सेदारी 32 से बढ़ाकर 42 प्रतिशत कर दी जाए। वे कोयला और बिजली उत्पादन, रेलवे और हाइवे समेत तमाम इंफ्रास्ट्रक्चर विकास कार्यों पर नजर रख रहे हैं। लोकसभा के कामकाज में 117 प्रतिशत और राज्यसभा के कामकाज में 101 प्रतिशत की वृद्धि सरकार की चमत्कारिक उपलब्धि है। मोदी ने जिस तरह सरकार चलाई है, उसने उनके समर्थकों और आलोचकों, दोनों को चकरा दिया है। उनके आलोचक भ्रमित हैं, क्योंकि उन्होंने अपने पूर्ववर्ती द्वारा किए गए सभी कामों को तहस-नहस करने का लापरवाह रवैया नहीं अपनाया है, लेकिन जहाँ बदलाव की जरूरत थी, वहाँ इसकी शुरुआत कर दी गई है। शासन प्रणाली, राष्ट्रीय सुरक्षा और विदेश नीति में धीमेपन और भ्रमित नेहरूवादी तरीके को उन्होंने बदलना शुरू किया है।

आप मोदी सरकार का किस तरह आकलन करेंगे, इसका उतार इस बात पर निर्भर है कि आप राजनीतिक घेरे के किस ओर हैं। जो उनके साथ हैं, वे इस बात के कायल

हैं कि उन्होंने विशिष्ट रुतबे और साहस के जरिए विश्व पटल पर अपने आपको और भारत को किस तरह स्थापित किया है। उनके आलोचक चुटकुले गढ़ने और प्रचार में व्यस्त हैं। वे कहते हैं कि अपने कार्यकाल के दौरान डॉ. मनमोहन सिंह 'स्लीप मोड' में थे तो मोदी 'एयरप्लेन मोड' में हैं। आलोचक यह भी भूल जाते हैं कि यह टी–20 क्रिकेट मैच नहीं है। पूरे जनादेश के साथ आया प्रधानमंत्री पाँच दिनों के टेस्ट मैच खेलनेवाले कप्तान की तरह होता है। पहला साल पहले दिन के खेल की तरह है, जब चौथे या पाँचवें दिन में होनेवाले खेल के लिए पारी को तैयार

□

सार्थक सुधार का आधार

[अन्य सरकारी जाँच आयोगों के उलट प्रशासनिक सुधार आयोग ने इस पर ध्यान दिया है कि उसकी रिपोर्ट स्पष्ट हो और पढ़नेवालों को आसानी से समझ आए।]

वीरप्पा मोइली के नेतृत्ववाले दूसरे प्रशासकीय सुधार आयोग द्वारा अब तक सौंपी गई रिपोर्टों में 'शासन में नैतिकता' पर दी गई रिपोर्ट खासतौर पर उन सभी के मतलब की है, जो देश की राजनीति में नैतिक ढाँचे की वकालत करते हैं। सुप्रीम कोर्ट की ओर से जोर दिए जाने और चुनाव आयोग की सक्रियता के चलते हाल के वर्षों में उठाए गए लाभदायक कदमों का संज्ञान लेते हुए आयोग ने राजनीति के क्षेत्र में स्थायित्व एवं जवाबदेही को लेकर कई सिफारिशें की हैं। चुनाव में उम्मीदवारों के पिछले जीवन के खुलासे और चुनावी प्रक्रिया के कड़े पर्यवेक्षण जैसे उपायों को सही मानते हुए उसने सरकार की ओर से राजनीतिक दलों को आंशिक तौर पर वित्तीय मदद दिए जाने, जनप्रतिनिधित्व अधिनियम-1951 में संशोधन करने और घूसखोरी एवं अन्य गंभीर आपराधिक आरोपों का सामना कर रहे प्रत्याशियों को अयोग्य ठहराए जाने की बात सुझाई है। इसके साथ ही इसमें चुनाव आयुक्तों के चयन के लिए कोलेजियम नियुक्त करने और गठबंधन सरकारों को स्थायित्व प्रदान करने के लिए संविधान में संशोधन करने का भी सुझाव दिया गया है।

चार दशक पूर्व पहले प्रशासनिक आयोग ने जिस तरह प्रशासन से जुड़े सारे मामलों पर गौर किया था, ठीक वैसे ही दूसरे आयोग ने भी राजनीतिक प्रणाली की अच्छाइयों और कमजोरियों एवं सरकार पर इनके असर का ईमानदारी से गहन विश्लेषण किया है। सबसे महत्त्वपूर्ण बात यह है कि अन्य सरकारी जाँच आयोगों के बिल्कुल उलट, इस आयोग ने इस बात पर ध्यान दिया है कि उसकी रिपोर्ट स्पष्ट हो और पढ़नेवाले

को आसानी से समझ आए, साथ ही इसकी संक्षिप्त सिफारिशें ऐसी हैं कि सरकार के विभिन्न विभाग उनका भली-भाँति अनुपालन कर सकें। राजनीतिक दल-बदल से जुड़ी आयोग की सिफारिशें बहुत महत्त्वपूर्ण हैं। विधायकों को एक पार्टी से दूसरी पार्टी में जाने से रोकने के लिए किसी कानून के न होने के कारण साठ के दशक के मध्य में दल-बदल की समस्या ने कई राज्यों में विकराल रूप ले लिया था। चुनावों में कांग्रेस पार्टी को मिलनेवाले मतों का हिस्सा कम होने और क्षेत्रीय दलों के उभरने से राजनीतिक खरीद-फरोख्त रोज की बात हो गई। कोई राजनीतिक दल जब बहुमत से पीछे रह जाता था तो वह विरोधी दलों के विधायकों को खरीदने के प्रयास में जुट जाता था। केंद्र सरकार ने इस प्रथा को खत्म करने के लिए पहला बड़ा कदम दो दशक पूर्व तब उठाया, जब राजीव गांधी प्रधानमंत्री थे।

संसद ने संविधान में संशोधन किया और दल-बदल विरोधी कानून को दसवीं अनुसूची में शामिल किया। इस कानून ने किसी पार्टी के अकेले विधायक को दल-बदल करने से तो रोका, लेकिन इसने राजनीतिक दलों में टूट को वैधानिक बना दिया। इसके अनुसार किसी विधायिका में किसी पार्टी के एक-तिहाई सदस्य मूल पार्टी से टूटकर अलग दल बना सकते थे। इस कानून में राजनीतिक दलों के विलय को भी अनुमति दी गई, जिसके अनुसार यदि किसी दल के दो-तिहाई विधायक किसी दूसरे दल में जाने को तैयार हों तो उसका उस दल में विलय होना वैध कहा गया। इन प्रावधानों ने अकेले विधायकों के दल-बदल को तो रोक दिया, लेकिन यह राजनीतिक स्थायित्व नहीं दे सका, क्योंकि राजनीतिज्ञ कानून बनानेवालों से अधिक चालाक निकले। संसद ने इस कमी को संविधान के 91वें संशोधन को पास कर दूर किया। जुलाई 2004 में आए इन बदलावों ने राजनीतिक दलों में टूट को रोका, दल-बदल पर प्रतिबंध लगाया और दल-बदल करनेवालों को मंत्रालय या कोई अन्य महत्त्वपूर्ण राजनीतिक पद दिए जाने पर रोक लगाई।

91वें संशोधन में एक अन्य महत्त्वपूर्ण मुद्दे पर ध्यान दिया गया। इसमें केंद्र एवं राज्यों में मंत्रालय का आकार नियंत्रित करने को लेकर लंबे समय से की जा रही माँग पर गौर किया गया। गौरतलब है कि मंत्रालयों के आकार पर नियंत्रण की बात पहले प्रशासनिक सुधार आयोग ने 1960 में सुझाई थी। इस संशोधन ने राजनीतिक दलों में टूट पर तो रोक लगाई, लेकिन इसने गठबंधनों के अस्थायी होने के मुद्दे पर गौर नहीं किया, क्योंकि इस कानून ने गठबंधनों और राजनीतिक दलों में चुनाव पूर्व किए जानेवाले समझौतों पर विचार नहीं किया। दूसरे प्रशासनिक सुधार आयोग ने सुझाया है कि गठबंधनों की एकता को लेकर कुछ और किए जाने की जरूरत है। इसकी रिपोर्ट में कहा गया है कि गठबंधन सरकार की नीति को गंभीरता से तय किया जाना चाहिए।

अवसरवाद और सत्ता की भूख की प्राथमिकता के चलते न्यूनतम साझा कार्यक्रम में कही गई बातों पर ध्यान नहीं दिया जाता और इसीलिए गठबंधन बीच के रास्ते से हट जाता है।

प्रशासकीय सुधार आयोग के अनुसार, चुनावों के दौरान अवसरवाद के चलते गठबंधन किए जाने को कानूनी तौर पर रोका जाना चाहिए, यह रोक संवैधानिक संशोधन के जरिए लगाई जानी चाहिए यानी यदि साझा कार्यक्रमवाले गठबंधन की एक या दो पार्टियाँ, जिन्होंने चुनाव से पूर्व या सरकार बनाने के दौरान साझा कार्यक्रम तैयार किया था, वे यदि चुनाव के बाद किसी बाहरी पार्टी के साथ गठजोड़ करती हैं तो ऐसी पार्टी या पार्टियों के सदस्यों को फिर से जनादेश हासिल करना होगा। यह प्रस्ताव दल-बदल विरोधी कानून से आगे का है, क्योंकि इसमें गठबंधन सहयोगियों के किनारा करने का फैसला करने की स्थिति में गठबंधन के अस्थायी होने की बात को ध्यान में रखा गया है। आयोग के चेयरमैन वीरप्पा मोइली चूँकि कर्नाटक से हैं, अतः उन्हें यह सीधी जानकारी है कि अस्थायी गठबंधन किस प्रकार लोकतांत्रिक प्रक्रिया और सरकार के लिए खतरा बन सकते हैं।

कर्नाटक में पिछले विधानसभा चुनाव के बाद कांग्रेस ने सरकार बनाने के लिए जनता दल (एस) से गठजोड़ किया। 20 महीने बाद जनता दल (एस) ने अचानक गठजोड़ खत्म कर कांग्रेस की धुर विरोधी पार्टी भा.ज.पा. से अनैतिक गठजोड़ कर लिया। कांग्रेस ने भी असहज रहते हुए शरद पवार की राष्ट्रवादी कांग्रेस पार्टी के साथ महाराष्ट्र और केंद्र में गठजोड़ कर रखा है। संसद में मुख्य विपक्षी दल भा.ज.पा. खिसक रहे गठबंधन सहयोगियों को लेकर परेशान है। हालाँकि दो मुख्य वामपंथी दलों ने पश्चिम बंगाल, केरल और त्रिपुरा में बेहतर सैद्धांतिक, सुसंगत और व्यावहारिक गठबंधन करने में सफलता हासिल की है। वे राष्ट्रीय एवं क्षेत्रीय स्तर पर गठबंधन को स्थायित्व प्रदान करनेवाले तरीकों का विरोध नहीं करते। इसके मद्देनजर, सरकार यदि आयोग के प्रस्तावों को लागू करने का फैसला करती है, तो उसे बड़े दलों का सहयोग मिल सकता है।

राजनीति में नैतिकता को लेकर की गई प्रशासकीय सुधार आयोग की अन्य सिफारिशों को भी राजनीतिक दलों से ऊपर उठकर समर्थन मिल सकता है। आयोग का गठन और इसे दिए गए निर्देश सरकार की अच्छी नीयत की ओर इशारा करते हैं। अब जबकि आयोग ने अपनी रिपोर्टें सौंपना शुरू कर दिया है, इस नीयत को काररवाई में बदले जाने की जरूरत है। क्या मनमोहन सिंह और उनके साथी एक मिसाल के तौर पर उभरकर सामने आएँगे?

□

वाम दलों का गुप्त एजेंडा

[जिस तरह बेहतर उम्मीदवारों के नाम काटे गए, उससे यह संदेह होता है कि कम्युनिस्टों का कोई छिपा हुआ एजेंडा है।]

यह मौजूदा दौर की राजनीति की विडंबना ही है कि जो लोग कभी कार्ल मार्क्स के आगे कुछ सोच ही नहीं सकते थे, वे राष्ट्रपति पद के प्रत्याशी चयन समेत अधिकांश राजनीतिक मामलों में न केवल निर्णायक भूमिका में हैं, बल्कि सार्वजनिक जीवन में विशिष्ट स्थान बनानेवालों के सक्षम या अक्षम होने पर अपना निर्णय भी सुना रहे हैं। इन्होंने बिना किसी संकोच या झिझक के यह घोषित किया कि राष्ट्रपति चुनाव के प्रत्याशी के रूप में वे कर्ण सिंह को कोई अंक नहीं देते, यद्यपि दुनिया उन्हें विद्वान् राजनेता के रूप में जानती है और चार दशक लंबे अपने संसदीय अनुभव के दौरान वे केंद्रीय मंत्री, संयुक्त राष्ट्र में भारत के राजदूत, जवाहरलाल नेहरू विश्वविद्यालय के चांसलर, भारतीय सांस्कृतिक परिषद के अध्यक्ष, इंडो-फ्रेंच फोरम के सह-अध्यक्ष और ओरोविले फाउंडेशन के अध्यक्ष भी रह चुके हैं। इससे भी अधिक वह सार्वजनिक जीवन के कुछ सर्वाधिक विद्वान् पुरुषों में से एक हैं और उन्हें आसानी से हिंदू अध्यात्म के शिखर पुरुषों में गिना जा सकता है। वेद और उपनिषद् के संदर्भ में उनका ज्ञान उन्हें दार्शनिक राजनेता डॉ. राधाकृष्णन की श्रेणी में रखता है, जो हमारे दूसरे राष्ट्रपति थे। डॉ. कर्ण सिंह, शिवराज पाटिल और प्रणव मुखर्जी के ऊपर जिस तरह प्रतिभा पाटिल को राष्ट्रपति पद के लिए तरजीह दी गई, उसने निःसंदेह देश को निराश किया। प्रतिभा पाटिल की पृष्ठभूमि को लेकर लगभग एक माह तक उठे सवालों पर कांग्रेस और वामदलों के नेताओं के जवाब से शायद ही कोई सहमत हो। मनमोहन सिंह के पास इसका अवसर था कि वे राष्ट्रपति पद की उम्मीदवार की पृष्ठभूमि की बारीकी से पड़ताल करते, लेकिन उन्होंने अपनी जिम्मेदारी नहीं निभाई। हम सभी को निराश करनेवाले वे अकेले व्यक्ति नहीं हैं।

कुछ अन्य लोग भी हैं, जिन्होंने अपनी भूमिका के साथ न्याय नहीं किया। इनमें सबसे प्रथम हैं सं.प्र.ग. और कांग्रेस की अध्यक्ष सोनिया गांधी। सोनिया गांधी राष्ट्रपति पद के लिए सही प्रत्याशी चुन सकती थीं। उनके समक्ष अनेक ऐसे लोग थे, जिनके पास इस पद के लिए जरूरी राजनीतिक और प्रशासनिक अनुभव था। प्रणव मुखर्जी, कर्ण सिंह और शिवराज पाटिल इनमें शामिल हैं। इसके अतिरिक्त यदि वे अपने सहयोगी दलों की ओर निगाह डालतीं तो उन्हें सोमनाथ चटर्जी सरीखे संसदीय वेत्ता भी नजर आते। विडंबना है कि इन सभी नामों को दरकिनार कर सोनिया गांधी ने एक ऐसी शख्सियत को चुना, जिसकी सत्यनिष्ठा संदेह के घेरे में है। यह भूल इसलिए हुई, क्योंकि कुछ लोग अपनी संकीर्णता को किनारे नहीं कर सके। पूरा देश प्रतिभा पाटिल का नाम सामने आने से सकते में आ गया। ऐसा नहीं है कि सोनिया गाधी को प्रतिभा पाटिल की पृष्ठभूमि की जानकारी न थी, लेकिन उन्होंने इसका संज्ञान लेने से इनकार किया। उन्होंने पाटिल को ही चुना और प्रधानमंत्री समेत किसी भी अन्य व्यक्ति के पास इतना नैतिक बल नहीं था कि वह इस फैसले पर उँगली उठाता। राष्ट्रपति पद की प्रत्याशी के रूप में प्रतिभा पाटिल के चयन में भा.क.पा. के नेताओं समेत कुछ अन्य लोगों की भूमिका भी चर्चा के काबिल है। भा.क.पा. वह पार्टी है, जिसे 2004 के आम चुनाव में 1.38 प्रतिशत मत मिला था, लेकिन उसने अपनी राजनीतिक हैसियत से कहीं आगे जाकर प्रत्याशी चयन में अपने वीटो का इस्तेमाल किया। इस दल के दो नेताओं—ए.बी. बर्धन तथा डी. राजा ने राजनीतिक तंत्र को प्रभावित करने में कोई कसर नहीं छोड़ी। दरअसल इन दोनों नेताओं ने शिवराज पाटिल या डॉ. कर्ण सिंह की उम्मीदवारी पर न केवल अपनी सार्वजनिक आपत्ति व्यक्त करने में संकोच नहीं किया, बल्कि प्रतिभा पाटिल के पक्ष में लामबंदी करने में भी महत्त्वपूर्ण भूमिका अदा की।

भा.क.पा. नेताओं का यह आचरण इस तथ्य का उदाहरण है कि गठबंधन का धर्म कभी-कभी छोटी-से-छोटी पार्टियों को नीति और रणनीति निर्धारित करने की प्रक्रिया में किस कदर महत्त्वपूर्ण बना देता है। कांग्रेस पार्टी को निःसंदेह इस पर आत्मविश्लेषण करने की जरूरत है कि उसने किस तरह 1.38 प्रतिशत मत पानेवाली पार्टी को उसके सर्वश्रेष्ठ उम्मीदवारों को बाहर का रास्ता दिखाने का अवसर प्रदान कर दिया। एक बार जब प्रणव मुखर्जी और सोमनाथ चटर्जी कांग्रेस और वामपंथी दलों के आंतरिक संघर्ष की भेंट चढ़ गए तो जाहिर तौर पर मैदान और अधिक सिकुड़ गया। फिर केवल शिवराज पाटिल और कर्ण सिंह ही मुख्य दावेदार के रूप में बचे। शिवराज पाटिल इसलिए नहीं टिक सके, क्योंकि मा.क.पा. के 'विवेक' के अनुसार वे हलके कद के व्यक्ति हैं। यह सही है कि गृहमंत्री के रूप में वे कोई खास कार्य नहीं कर सके, लेकिन जब आतंकवाद पर सरकार की नीति ही नरमी की है, तब उन्हें अकेले दोषी कैसे ठहराया जा सकता है ?

प्रधानमंत्री तो सार्वजनिक रूप से यह ऐलान करते हैं कि संदिग्ध आतंकियों के परिजनों की चिंता में वे रात भर सो नहीं सके। विचित्र है कि शिवराज पाटिल और कर्ण सिंह सरीखे लोगों को दरकिनार कर वामपंथियों ने महिलाओं को बराबरी का अवसर देने के नाम पर एक विवादित नाम को आगे बढ़ाने का फैसला किया। बर्धन के अनुसार उनके सहयोगी डी. राजा प्रधानमंत्री से मिले और उनसे पूछा कि क्या कांग्रेस के पास ऐसी कोई महिला नहीं है, जो राष्ट्रपति बन सके? बर्धन का कहना है कि इस सुझाव से सूत्र ग्रहण करते हुए प्रधानमंत्री ने प्रतिभा पाटिल के नाम की सिफारिश की। सवाल यह है कि किसने डी. राजा को यह सलाह दी कि वे महिला उम्मीदवार के संदर्भ में प्रधानमंत्री को संकेत दें? दूसरी पार्टियों के नेताओं को इन सभी घटनाओं की तह तक जाना चाहिए। प्रत्याशियों की सूची में जिस तरह बेहतर उम्मीदवारों के नाम काटे गए, उससे यह संदेह होता है कि कम्युनिस्टों का कोई छिपा हुआ एजेंडा है। शायद यह एजेंडा है, हमारे तंत्र को अंदर से खोखला बना देने का।

□

राजनीतिक सुधार है लड़ाई का अगला मोर्चा

[अब समय आ गया है कि राजनीतिक दल और नेता देश के ईमानदार नागरिकों की भावनाओं और उनके गुस्से का आदर करें।]

प्रधानमंत्री नरेंद्र मोदी ने कहा है कि अब समय आ गया है कि सभी दल राजनीतिक चंदे में पारदर्शिता की बात करें। देखा जाए तो यह काले धन और भ्रष्टाचार के खिलाफ छेड़े गए उनके अभियान की तार्किक परिणति है। इस तरह वे देश के चुनाव आयोग के एक मजबूत सहयोगी बन गए हैं। दरअसल चुनाव आयोग भी राजनीतिक पार्टियों को मिलनेवाले चंदे में पारदर्शिता लाने के लिए कठोर कानून लाने की वकालत करता रहा है। इस संबंध में उसने हाल ही में जनप्रतिनिधित्व कानून में संशोधन करने का सुझाव दिया है। मुख्य चुनाव आयुक्त नसीम जैदी ने राजनीतिक दलों को मिलनेवाले गुप्त दान या चंदे से संबंधित कानून में भी भारी बदलाव करने की माँग की है। वर्तमान में किसी राजनीतिक पार्टी को इसके लिए बाध्य नहीं किया जा सकता है कि वह 20 हजार रुपए से कम दान देनेवाले सभी दानकर्ताओं के नाम सार्वजनिक करे। दुर्भाग्यवश इस प्रावधान का सभी राजनीतिक पार्टियों द्वारा दुरुपयोग किया गया है। अकसर पार्टियाँ अपने खातों में भारी मात्रा में नकदी जमा करती हैं और फिर बताती हैं कि यह कुल राशि उन्हें 20 हजार रुपए से कम मिले चंदे से हासिल हुई है। राजनीतिक पार्टियाँ दावा करती हैं कि उनके खातों में जमा करीब 80 प्रतिशत राशि उन्हें इसी रूप में मिली हुई है, जबकि सच्चाई है कि यह पैसा मुख्यत: काला धन होता है, जो कि अलग-अलग पार्टियों के खजाने में थोक दान के रूप में आता है। यह चंदा या तो उसके पारंपरिक समर्थकों या फिर उससे लाभ उठाने की मंशा रखनेवाले कुछ वर्गों या समूहों से मिला होता है। देखा जाए तो यह प्रावधान वास्तव में राजनीतिक भ्रष्टाचार का स्रोत बन गया है। लिहाजा आज

इसमें बदलाव करने की जरूरत है। चुनाव आयोग ने सुझाव दिया है कि गुप्त दान की अधिकतम सीमा को घटाकर दो हजार रुपए कर दिया जाना चाहिए। हालाँकि इससे भी पार्टियों को बच निकलने का रास्ता मिल सकता है। जैदी राजनीतिक दलों द्वारा खातों के संचालन और उनके ऑडिट के संबंध में भी कई नियम लाना चाहते हैं।

एक दूसरी चिंता भारत में राजनीतिक दलों की अधिकता है। अनुमान है कि अभी देश में 1900 से अधिक राजनीतिक पार्टियाँ हैं। राजनीतिक दलों में आई इस बढ़ोतरी की एक वजह आयकर कानून की यह धारा है, जिसके तहत उन्हें टैक्स देने से छूट मिली हुई है। चूँकि 20 हजार रुपए से कम के दान का स्रोत बताना बाध्यकारी नहीं है, लिहाजा राजनीतिक पार्टियाँ काले धन को खपाने की मशीन बनी हुई हैं। इस पर जल्द-से-जल्द से रोक लगाई जानी चाहिए।

एक दूसरा बड़ा मुद्दा उम्मीदवारों द्वारा चुनावों में भारी भरकम खर्च का है। पहले चुनाव अभियान चार हफ्तों तक चलता था और उम्मीदवार साइकिल जुलू निकालने, पोस्टर चिपकाने, दीवारों पर नारे लिखवाने आदि कामों पर पैसा खर्च करते थे। कुछ दशक पहले तक राज्य विधानसभा का चुनाव लड़ रहे एक गंभीर उम्मीदवार को अपने चुनाव अभियान पर कुछ लाख रुपए ही खर्च करने की जरूरत पड़ती थी, वहीं लोकसभा का चुनाव लड़ रहे उम्मीदवार को इससे थोड़ी ज्यादा राशि खर्च करनी पड़ती थी, लेकिन आज चुनावी खर्च की राशि के आँकड़े आसमान छू रहे हैं। हालाँकि चुनाव आयोग ने चुनावी खर्च की सीमा निर्धारित कर रखी है और यहाँ तक कि चुनाव अभियान की समय-सीमा को भी घटाकर 15 दिन कर दिया है। इसके बावजूद अधिकतर उम्मीदवार इसका उल्लंघन करते देखे जाते हैं। वे अपने चुनावी खर्चों के संबंध में भी आयोग को झूठी जानकारी देते हैं। दबी जुबान में ऐसा कहा जाता है कि आंध्र प्रदेश, उत्तर प्रदेश और बिहार जैसे राज्यों में लोकसभा चुनाव में जीतनेवाला एक उम्मीदवार अपने चुनाव अभियान पर दस करोड़ रुपए से ज्यादा की राशि खर्च करता है। जाहिर है, हर सीट पर दो या दो से अधिक गंभीर उम्मीदवार चुनाव लड़ रहे होते हैं। ऐसे में हर लोकसभा सीट पर चुनावी खर्च की राशि 30 करोड़ रुपए के पार चली जाती होगी। देश में लोकसभा सीटों की कुल संख्या 543 है। लिहाजा लोकसभा चुनावों में विभिन्न उम्मीदवारों के कुल खर्चों का सहज अंदाजा लगा सकते हैं। हमारी राजनीतिक व्यवस्था में दशकों से यह समस्या मौजूद है और यदि सरकार चुनाव में काले धन के प्रभाव को रोकना या खत्म करना चाहती है तो इसे दूर करने की नितांत आवश्यकता है। इसके लिए चुनाव आयोग ने चुनावी खर्च की सीमा लाँघने या अपने चुनावी खर्चों के बारे में गलत जानकारी देनेवालों को मिलनेवाली सजा बढ़ाने की माँग की है।

31 दिसंबर के अपने संबोधन में प्रधानमंत्री मोदी ने कहा था कि भ्रष्टाचार और काले

धन की जब भी बात आती है, तब राजनीतिक पार्टियों और नेताओं का नाम प्रमुखता से लिया जाता है। अब समय आ गया है कि राजनीतिक पार्टियाँ और नेता देश के ईमानदार नागरिकों की भावनाओं और उनके गुस्से का आदर करें। राजनीतिक दलों को स्वयं को सबसे पवित्र समझने की प्रवृत्ति त्यागनी चाहिए और एकजुट होकर राजनीति में पारदर्शिता लाने और इसे काले धन और भ्रष्टाचार से मुक्त करने की गंभीर कवायद करनी चाहिए। एक और मुद्‍दा, जिसका प्रधानमंत्री ने उल्लेख किया, वह है बार-बार होनेवाला चुनाव। काले धन की अर्थव्यवस्था को बढ़ाने और राजनीति को दूषित करने में इसका भी बड़ा हाथ है। आज देश चुनाव के दुश्चक्र में फँस गया है। देश में हर साल कहीं-न-कहीं चुनाव हो रहे हैं। इस दुश्चक्र को खत्म करने की जरूरत है। लोकसभा और विधानसभाओं के चुनाव जब एक ही साथ कराए जाएँगे तो अंतहीन चुनाव का चक्र टूटेगा, पार्टियों और उम्मीदवारों के चुनावी खर्चों पर रोक लगेगी और साथ ही प्रशासनिक व्यवस्था पर आनेवाला दबाव भी कम होगा। भारत 1952, 1957, 1962 और 1967 में लोकसभा व विभिन्न विधानसभाओं के लिए एक साथ हुए चुनावों का गवाह रहा है, लेकिन 1960 के दशक के अंत में कुछ गठबंधन सरकारें अपना पूरा कार्यकाल पूरा करने में असफल रहीं, जिससे यह दौर काफी उठा-पटकवाला रहा। इसके लिए प्रधानमंत्री इंदिरा गांधी को जिम्मेदार माना जाना चाहिए, जिन्होंने 1971 में तय समय से पहले ही लोकसभा चुनाव करा दिए। इसके बाद फिर कभी संसद और विधानसभा के चुनाव एक साथ नहीं हो सके। अगर विधानसभाओं और लोकसभा के चुनाव एक साथ होने लगें तो इससे चुनावी खर्चों में काफी कमी आएगी। इससे लोकसभा और विधानसभा चुनावों में उतरनेवाले प्रत्याशी अपने खर्च साझा कर सकेंगे और उन पर आर्थिक दबाव कम पड़ेगा।

कार्मिक, लोक सेवा, विधि और न्याय से संबंधित संसद की एक स्थायी समिति ने इस संदर्भ में अपने सुझाव दिए हैं। इस समिति ने एकीकृत तरीके से चुनाव कराने की सिफारिश की है। समिति की राय है कि बार-बार चुनाव होने से नीतियाँ प्रभावित होती हैं। सामान्य जनजीवन भी प्रभावित होता है और जरूरी सेवाओं में बाधा उत्पन्न होती है। स्थायी समिति के सुझावों पर राजनीतिक दलों को विचार करना चाहिए। अत्यंत गंभीरता से विचार-विमर्श करते हुए पाँच साल में सभी चुनाव एक साथ कराने के बारे में सोचे जाने की जरूरत है। मोदी ने राजनीतिक चंदे की व्यवस्था को चरणबद्ध तरीके से पारदर्शी बनाने का फैसला किया है, जिसका प्रस्ताव निर्वाचन आयोग ने तैयार किया है। उस पर आगे बढ़ने की जरूरत है। सरकार को इस संबंध में अपने प्रस्तावों से मुख्य राजनीतिक दलों को जरूरत अवगत कराना चाहिए। इसके बिना स्वच्छ भारत संभव नहीं है। जो इसका विरोध करेगा, उसका स्वत: पर्दाफाश हो जाएगा।

□

चुनावी चंदे पर एक सही शुरुआत

[देश को भ्रष्टाचार और काले धन के दलदल से बाहर निकालने के लिए उसके स्रोत, यानी बेनामी चुनावी चंदे पर तगड़ी चोट जरूरी है।]

बजट के जरिए केंद्र सरकार ने स्पष्ट किया कि वह चुनाव आयोग के इस सुझाव के अनुरूप व्यवस्था बनाने को तैयार है कि अज्ञात स्रोतों से चंदा लेने की अधिकतम सीमा घटकर 2,000 रुपए कर दी जाए। हालाँकि इस सीमा से बचने के लिए भी सियासी दल कोई-न-कोई तरकीब निकाल सकते हैं, लेकिन शुरुआत करने के दृष्टिकोण से यह भी ठीक है। इस शुरुआत की जरूरत इसलिए थी, क्योंकि एसोसिएशन ऑफ डेमोक्रेटिक राइट्स, यानी ए.डी.आर. और नेशनल इलेक्शन वॉच ने 2004-05 से 2014-15 के बीच भारत में राजनीतिक दलों को मिलनेवाले चंदे के स्रोतों का जो विस्तृत विश्लेषण किया है, वह चौंकानेवाला है। यह विश्लेषण तमाम ऐसे साक्ष्य पेश करता है, जिसके आधार पर राजनीतिक दलों के चंदे में पारदर्शिता लाने के लिए सख्त कानून बनाने की जरूरत महसूस होती है, ताकि वे टैक्स अथॉरिटी और चुनाव आयोग के प्रति अधिक जवाबदेह बन सकें। ए.डी.आर. के विश्लेषण से कुछ चौंकानेवाले निष्कर्ष निकलते हैं। 2004-05 से 2014-15 के दौरान देश के राष्ट्रीय और क्षेत्रीय दलों की कुल आमदनी 11,367 करोड़ रुपए रही, लेकिन इसमें से 7,833 करोड़ रुपए की भारी-भरकम राशि उन्हें 'अज्ञात स्रोतों' से हासिल हुई। राष्ट्रीय दलों की बात करें तो 2004 से 2014 के बीच सत्तारूढ़ गठबंधन की कमान सँभालनेवाली भारतीय राष्ट्रीय कांग्रेस को इस दौरान अज्ञात स्रोतों से 3,323 करोड़ रुपए मिले, जो उसकी कुल आमदनी के 83 प्रतिशत के बराबर रहा। दूसरी ओर भारतीय जनता पार्टी को इस अवधि में अज्ञात स्रोतों से 2,126 करोड़ रुपए मिले, जिससे उसकी कुल आय में अज्ञात स्रोतों से मिलनेवाली रकम की हिस्सेदारी 65 प्रतिशत रही, यहाँ तक कि मा.क.पा. और आम आदमी पार्टी की भी आधे से अधिक कमाई अज्ञात स्रोतों के जरिए चंदे से ही आई। क्षेत्रीय दलों पर गौर करें तो

आमदनी के लिहाज से उत्तर प्रदेश में समाजवादी पार्टी के लिए यह दौर खासा खुशगवार रहा। उसे 766 करोड़ रुपए की आय हुई। एक चिंताजनक पहलू यह रहा कि इस रकम का 94 प्रतिशत हिस्सा अज्ञात स्रोतों के मार्फत आया।

ए.डी.आर. का विश्लेषण तमाम अन्य चिंतित करनेवाले तथ्यों की ओर संकेत करता है। मसलन इस अवधि में अज्ञात स्रोतों के जरिए राष्ट्रीय राजनीतिक दलों की आमदनी से 313 प्रतिशत का इजाफा हुआ और यह 2004 में 274 करोड़ रुपए से 2014 में बढ़कर 1,131 करोड़ रुपए के स्तर पर पहुँच गई। इससे भी अधिक चिंताजनक तथ्य बहुजन समाज पार्टी से जुड़ा है। नोटबंदी को लेकर तमाम शोरगुल करनेवाली ब.स.पा. इकलौती ऐसी पार्टी रही, जिसने घोषित किया कि उसे 20,000 रुपए से अधिक का कोई चंदा ही नहीं मिला। इसका अर्थ यही है कि पार्टी को शत-प्रतिशत चंदा 'अज्ञात स्रोतों' से ही मिला, जबकि पार्टी की आमदनी 2004 में 5 करोड़ रुपए से बढ़कर 112 करोड़ रुपए हो गई। इस लिहाज से पार्टी की कुल आमदनी में 2057 प्रतिशत की अप्रत्याशित बढ़ोतरी हुई और इसमें पूरा योगदान अज्ञात रूप से चंदा देनेवालों का रहा। यह भयावह निष्कर्ष है। इसके बाद कोई और सबूत देने की जरूरत बाकी नहीं रह जाती कि राजनीतिक चंदा देश में भ्रष्टाचार और काले धन के सृजन का उद्‍गम है और अब यह विकराल समस्या काबू से बाहर होती जा रही है। भ्रष्टाचार और काले धन के खिलाफ प्रधानमंत्री नरेंद्र मोदी की मुहिम को तभी तेज धार मिल सकती है, जब राजनीतिक प्रतिष्ठान ईमानदारी से इस मुद्‍दे का समाधान तलाशे। सार्वजनिक रूप से राजनीतिक चंदे को पारदर्शी बनाने का आह्वान कर मोदी ने कई बार इसके संकेत भी दिए हैं। चुनाव आयोग ने भी इस मुद्‍दे को उठाया है और राजनीतिक दलों के चंदे के नियमन की दिशा में सख्त कानून की हिमायत की है।

मुख्य चुनाव आयुक्त नसीम जैदी ने अवैध चंदे पर लगाम लगाने के लिए चुनाव कानून में संशोधन का सुझाव दिया है। फिलहाल यह समस्या इसलिए ही बनी हुई है, क्योंकि कानून राजनीतिक दलों को उस व्यक्ति की पहचान गुप्त रखने की गुंजाइश देता है, जो उसके खजाने में 20,000 रुपए से कम राशि का योगदान करते हैं। चूँकि पार्टियों को ऐसे लोगों का खुलासा करने से छूट मिली हुई है, लिहाजा उनमें से अधिकांश कानून की इस खामी का बेजा फायदा उठाती हैं। इस प्रावधान के व्यापक दुरुपयोग की मिसाल उस वक्त देखी जा सकती है, जब पार्टियाँ अपने बैंक खातों में रकम तो भारी-भरकम जमा कराती हैं, लेकिन हिसाब के नाम पर उन्हें अपने समर्थकों का छोटा-मोटा वित्तीय योगदान बताती हैं। 2013-14 से 2014-15 के बीच ए.डी.आर. ने राजनीतिक दलों के खातों का जो जायजा लिया है, उसके मुताबिक भारत में सियासी दलों के कुल चंदे में 71 प्रतिशत हिस्सेदारी अज्ञात स्रोत से मिलनेवाली रकम की थी।

यह भी देखा गया है कि लोग सत्तारूढ़ की झोली भरने में ज्यादा दरियादिली दिखाते हैं, यानी सत्तारूढ़ दल को खुले हाथों से चंदा दिया जाता है। मिसाल के तौर पर वर्ष 2013-14 में भा.ज.पा. को कुल 674 करोड़ रुपए का चंदा मिला। यह सभी राजनीतिक दलों के मिले चंदे का 44 प्रतिशत था। याद करें, यह वही साल था, जब सियासी हवा की बयार उसके हक में बहनी शुरू हुई थी। उसके अगले साल ही, यानी सत्ता में आने के दौरान पार्टी को मिले चंदे की रकम बढ़कर 970 करोड़ रुपए हो गई, जो सभी दलों को मिले चंदे का 52 प्रतिशत था। इसके उलट कांग्रेस के आँकड़ों पर दृष्टि डालें तो 2013-14 में उसे 593 करोड़ रुपए मिले, जो समूचे राजनीतिक चंदे का 39 प्रतिशत था। जब लोकसभा में पार्टी के सांसदों का आँकड़ा 44 पर सिमट गया तो उसे 593 करोड़ रुपए का चंदा ही मयस्सर हुआ, जो समस्त राजनीतिक चंदे के 32 प्रतिशत के बराबर था। चूँकि राजनीतिक चंदे का 71 प्रतिशत हिस्सा अज्ञात श्रेणी में आता है, लिहाजा यह अनुमान लगाना बेमानी नहीं होगा कि व्यापक तौर पर यह 'काला' धन ही है, जिसे चंदा देनेवाले ने अवैध रूप से कमाया है। यह चंदा कारोबारियों, उद्योगपतियों और ठेकेदारों द्वारा सरकारी ठेके हासिल करने की उम्मीद या पुराने मिले ठेकों के एवज में उपकृत करने के लिए दिया जाता है।

वास्तव में यह राजनीतिक भ्रष्टाचार का मूल स्रोत है और यदि राजनीतिक तंत्र में शुचिता सुनिश्चित करनी है तो अवश्य ही इसकी साफ-सफाई ईमानदारी से करनी होगी। जैदी के उस सुझाव को भी सख्ती से अमल में लाने की दरकार है कि राजनीतिक दलों को अपने खाते और खातों के उचित ऑडिट की व्यवस्था सुनिश्चित करनी चाहिए। चुनाव आयोग के प्रस्तावों पर राजनीतिक दलों ने सधी हुई प्रतिक्रिया दी है। कांग्रेस ने कहा कि वह राजनीतिक दलों को जवाबदेह बनाने के किसी भी प्रस्ताव का समर्थन करेगी। कुल मिलाकर इससे बेहतर हालात बनने चाहिए, क्योंकि देश को पहली बार ऐसा प्रधानमंत्री मिला है, जो आक्रामक रूप से उन सुधारों की कोशिश में लगा है, जिनसे राजनीति में काले धन के प्रवाह पर अंकुश लगे। यह भी उल्लेखनीय है कि चुनाव आयोग विध आयोग और न्यायपालिका के पूर्ण समर्थन से इस महामारी पर अंकुश लगाने के लिए विधायी कदम उठाने की तैयारी कर रहा है।

□

राजनीतिक चंदे का गड़बड़झाला

[अगर सरकार भ्रष्टाचार से निबटने के लिए सचमुच प्रतिबद्ध है तो इसे राजनीतिक फंडिंग से शुरुआत करनी चाहिए, जो भ्रष्टाचार की गंगोतरी है।]

कई साल पहले सजग नागरिकों ने बाहुबल और धनबल के रूप में उन दो दुष्टों की पहचान की थी, जो हमारे लोकतंत्र को कलंकित कर रहे हैं। निर्वाचन आयोग की लगातार कोशिशों, सुरक्षा बलों की बड़े स्तर पर तैनाती और कष्टकारी ही सही, लेकिन लंबी चलनेवाली चुनाव प्रक्रिया को बधाई देनी चाहिए, जिनसे पहले दुष्ट बाहुबल पर काफी हद तक काबू पा लिया गया है, लेकिन दूसरी समस्या धन बल अभी तक चुनावी व्यवस्था का हलाहल बनी हुई है। हमारे लोकतंत्र की विशिष्टता है कि भारत के पास विलक्षण 81 करोड़ 40 लाख मतदाताओं की जरूरतों को पूरा करने और स्तरीय इलेक्ट्रोनिक वोटिंग मशीनों के जरिए मतदान करानेवाली निर्वाचन आयोग जैसी संस्था है। फिर भी अबाध खर्च तथा मतदाताओं को लुभानेवाले नग्न तरीके न सिर्फ जारी हैं, बल्कि इन्होंने खतरनाक रूप धारण कर लिया है। निर्वाचन आयोग द्वारा राजनीतिक धन ओर विधि आयोग की सिफारिशों पर हाल में आयोजित राष्ट्रीय विचार-विमर्श के प्रमुख मुद्दों में से यह एक था। भाग लेनेवालों ने जिन मुद्दों को उठाया, उनमें से एक था—राजनीतिक दलों की फंडिंग और पार्टियों तथा उम्मीदवारों द्वारा चंदा जमा करने से संबंधित वर्तमान कानून। समस्या कितनी बड़ी है, इसका अंदाजा तब लगाया जा सकता है, जब कोई व्यक्ति समझे कि देश में राजनीतिक दलों को मिलनेवाले धन का बड़ा हिस्सा अज्ञात स्रोतों से आता है।

चुनाव से जुड़े सभी मुद्दों पर मतदाताओं को जागरूक करने में प्रशंसनीय भूमिका निभानेवाले एसोसिएशन फॉर डेमोक्रेटिक राइट्स (ए.डी.आर.) ने राजनीतिक दलों की फंडिंग पर हाल के अध्ययन में कहा है कि अज्ञात स्रोतों से 20 हजार रुपए से अधिक

के चंदे की मात्रा 435.85 करोड़ रुपए या राजनीतिक दलों को मिलनेवाले कुल धन का महज नौ प्रतिशत है। अन्य ज्ञात स्रोतों से प्राप्त आय 785.60 करोड़ रुपए यानी 16 प्रतिशत है, लेकिन राजनीतिक दलों द्वारा आय के अज्ञात स्रोतों से एकत्र धन 3674.50 करोड़ रुपए या कुल धन का 75 प्रतिशत है। जनप्रतिनिधित्व अधिनियम ने उन चंदों की सीमा तय नहीं की है, जो राजनीतिक दल किसी व्यक्ति या संस्था से स्वीकार कर सकते हैं। वैसे अन्य कानूनी प्रावधान राजनीतिक दलों और संस्थाओं पर कुछ अंकुश लगाते हैं। उदाहरण के लिए, पार्टियों द्वारा एकत्र किए जानेवाले धन की कोई ऊपरी सीमा नहीं है, लेकिन कोई कंपनी राजनीतिक दलों को पिछले तीन सालों के औसत शुद्ध लाभ के 7.5 प्रतिशत से अधिक धन चंदे के तौर पर नहीं दे सकती। यह भी सिर्फ तब ही हो सकता है, जब कंपनी के बोर्ड की संपुष्टि हो। वैसे सरकारी कंपनियों को इस तरह के राजनीतिक चंदे देने से अलग रखा गया है।

इसी तरह एक कानून राजनीतिक दलों को मिलनेवाले विदेशी चंदों पर रोक लगाता है। अन्य लोकतांत्रिक देशों के कानून में भी इस तरह के प्रतिबंध हैं। इस मुद्दे की जाँच कर चुनाव सुधारों पर अपनी 255वीं रिपोर्ट में भारत के विधि आयोग ने पाया है कि ब्रिटेन में राजनीतिक दलों को व्यक्तिगत या कंपनी के चंदों की सीमा नहीं है, लेकिन वहाँ भी विदेशी चंदे पर प्रतिबंध है। जापान में भी विदेशी चंदों पर रोक है। दूसरी तरफ, ऑस्ट्रेलिया में व्यक्तियों या कंपनियों पर इस तरह की सीलिंग नहीं है, न ही विदेशियों, ट्रेड यूनियनों या सरकारी ठेकेदारों से चंदा लेने पर कोई प्रतिबंध है। वैसे कानून बेनामी चंदों पर रोक लगाता है। विधि आयोग ने पाया है कि फिलीपींस में राजनीतिक चंदे पर कई तरह के प्रतिबंध हैं। वहाँ राजनीतिक दलों और उम्मीदवारों पर कॉरपोरेट, विदेशी हितों, बेनामी चंदा देनेवालों, अन्य वित्तीय संस्थाओं, सरकारी मदद प्राप्त करनेवाली शैक्षणिक संस्थाओं और नागरिक सेवा या सशस्त्र बलों के अफसरों/कर्मचारियों से चंदे लेने पर रोक है। राजनीतिक दलों को कॉरपोरेट से चंदा लेने पर भारत में पहले प्रतिबंध था। बाद में चंदे की अनुमति के लिए कानून में संशोधन किया गया, लेकिन जैसा कि ऊपर कहा गया है, इसमें सीमा निर्धारित की गई। जापान में पी.एफ.सी.ए. राजनीतिक दलों को कॉरपोरेट चंदे पर सीमा लगाता है। इस कानून का एक हिस्सा यह है कि पिछले वर्षों में लाल घेरे में रही कंपनियाँ राजनीतिक दलों को चंदा नहीं दे सकतीं।

राजनीतिक फंडिंग पर ए.डी.आर. का विश्लेषण स्थिति की गंभीरता को दिखाता है और जब तक इसे दूर नहीं किया जाता है, स्वतंत्र और निष्पक्ष चुनाव के दावे कम विश्वसीय कहे जाएँगे। जन प्रतिनिधित्व अधिनियम (आर.पी.ए.) की धारा 29 सी. में गड़बड़ी का मुख्य स्रोत है, जिसमें किसी पार्टी को 20 हजार रुपए या इससे कम चंदा देनेवाला व्यक्ति अज्ञात रह सकता है। राजनीतिक दलों को इस छेद का दोहन करने में

कोई पछतावा नहीं है। वे इस तरह के छोटे चंदों का अपने पार्टी फंड में बड़ा अंशदान दिखाते हैं। इनकी पहचान अधिकारियों को उजागर करने की जरूरत नहीं होती। वस्तुतः यह रास्ता राजनीतिक दलों के खजाने और इस तरह चुनावी व्यवस्था में बड़ी मात्रा में काले धन को सुलभ बनाता है। कानून से बचने के लिए राजनीतिक दल दिखाते हैं कि उन्होंने एक ही व्यक्ति से कई बार 20 हजार रुपए का चंदा लिया है। चुनाव सुधारों पर अपनी नवीनतम रिपोर्ट में विधि आयोग ने यह कहते हुए इस धारा में संशोधन की पुरजोर सिफारिश की है कि अगर किसी व्यक्ति का चंदा एक साल में 20 हजार से अधिक होता है तो संबंधित राजनीतिक दल उसका नाम बताने को कानूनी रूप से बाध्य होगा। एक अन्य संशोधन अधिक महत्त्वपूर्ण है, जो कहता है कि किसी वित्तीय वर्ष में 20 हजार रुपए से कम के चंदे जब कुल मिलाकर, 20 करोड़ रुपए या कुल चंदे के 20 प्रतिशत, जो भी कम हो, हो जाएँ तो राजनीतिक दल को इस तरह के चंदादाताओं के नाम उजागर करने होंगे।

इसी तरह, आयोग ने चुनाव खर्च पर अपना ध्यान केंद्रित किया है और हर चुनाव के 75 दिनों के अंदर चुनाव खर्च का विवरण हर राजनीतिक दल को जमा करने के लिए बाध्य करने के लिहाज से और संशोधन करने की सिफारिश की है। इस बात पर भी जोर देने को कहा है कि राजनीतिक दलों द्वारा किए जानेवाले सभी चुनावी खर्च के भुगतान चेक या ड्राफ्ट से ही किए जाएँ, नगद नहीं। विधि आयोग की इन सिफारिशों का राष्ट्रीय विचार-विमर्श के दौरान सभी ने पूरी तरह समर्थन किया। इस विचार-विमर्श का सार पत्र कहता है कि इस बात पर आम सहमति थी कि पार्टियों और उम्मीदवारों को चंदा देनेवाले सभी लोगों की पहचान राजनीतिक दलों की ओर से निर्वाचन आयोग के सामने प्रस्तुत करनी चाहिए और इसे सार्वजनिक किया जाना चाहिए। भाग लेनेवालों ने पारदर्शिता और खुलासे के तरीके को लेकर विधि आयोग की सिफारिश को उसकी संपूर्णता और सर्वसम्मति में स्वीकार किया। अगर सरकार भ्रष्टाचार से निबटने के लिए सचमुच प्रतिबद्ध है तो इसे राजनीतिक फंडिंग से शुरुआत करनी चाहिए, जो भ्रष्टाचार की गंगोतरी है। सरकार को जन-प्रतिनिधित्व अधिनियम में तुरंत संशोधन करना चाहिए। यह स्वच्छ भारत का अलग आयाम होगा।

□

असल चुनाव-सुधारों का इंतजार

सुप्रीम कोर्ट के समक्ष इस समय सांसदों और विधायकों के मामलों से जुड़ी दो जनहित याचिकाएँ लंबित हैं। इन याचिकाओं में माँग की गई है कि चुनाव लड़ते समय दायर किए जानेवाले हलफनामे में दी गई जानकारियाँ यदि गलत पाई जाएँ तो चुनाव के बाद उनके खिलाफ कड़ी काररवाई की जाए। इनमें उनके द्वारा घोषित संपत्ति और देनदारी के अलावा आपराधिक ब्योरे जैसे पहलुओं को शामिल किया गया है। साथ ही आय से अधिक संपत्ति के पैमाने को भी जोड़ा गया है। इनमें से एक मामला 'लोक प्रहरी' नाम की गैर-सरकारी संस्था, यानी एनजीओ ने दायर किया है। इसमें याचिकाकर्ता की दलील है कि शपथपत्र दाखिल करते समय केवल संपत्ति की घोषणा ही काफी नहीं है। उसका कहना है कि प्रत्येक प्रत्याशी के लिए आमदनी के स्रोत का उल्लेख भी अनिवार्य बनाया जाए, क्योंकि दो चुनावों के दौरान तमाम सांसदों और विधायकों की संपत्ति में कई गुना इजाफा देखने को मिलता है। उसने अदालत को बताया कि 2014 में लोकसभा के लिए पुन: चुने गए 320 सांसदों की संपत्ति में 100 प्रतिशत तक की बढ़ोतरी हुई। इनमें से भी छह सांसदों की संपत्ति में तो 1000 फीसद का हैरतअंगेज उछाल दिखा और 26 सांसदों की संपत्ति 500 प्रतिशत तक बढ़ी। तमाम विधायकों की धन-संपदा में अप्रत्याशित उछाल देखने को मिला। इन सांसदों-विधायकों की संपत्ति की जाँच करने के बाद आयकर अधिकारियों ने अदालत को बताया कि सात सांसदों और 98 विधायकों की संपत्ति उनके चुनावी हलफनामे में उल्लिखित आमदनी से अधिक पाई गई। शीर्ष अदालत ने केंद्र सरकार को निर्देश दिया कि सांसदों और विधायकों से जुड़े आय से अधिक संपत्ति के मामले की त्वरित सुनवाई के लिए विशेष अदालतें गठित की जानी चाहिए।

दूसरे मामले में याचिकाकर्ता ने कहा कि भले ही शीर्ष अदालत ने यह सुनिश्चित कराया हो कि शपथपत्र में प्रत्याशी संपत्ति और देनदारी, शैक्षणिक योग्यता और आपराधिक ब्योरे का उल्लेख करें, लेकिन उसमें किए गए दावों की सत्यता की पुष्टि के लिए

कोई तंत्र नहीं है। साथ ही गलत हलफनामे दाखिल करनेवालों को सजा देने के लिए भी कोई व्यवस्था नहीं है। याचिकाकर्ता ने कहा कि यह चुनावी प्रक्रिया को पारदर्शी बनाने की शीर्ष अदालत की कोशिशों का ही नतीजा है कि प्रत्याशियों के लिए तमाम तरह की जानकारियाँ देना अनिवार्य हो गया है, लेकिन उन जानकारियों को परखने की कोई उचित व्यवस्था नहीं है, जबकि इसकी सख्त जरूरत है। इस पर अदालत ने केंद्र सरकार और चुनाव आयोग से जवाब माँगा है। इन दो मामलों में आनेवाले फैसले ही तय करेंगे कि हम चुने हुए जनप्रतिनिधियों को कानूनों के प्रति किस हद तक जवाबदेह बना पाएँगे ? यह ध्यान रहे कि नेताओं को सभी मामलों में पारदर्शी बनाना किसी भी सूरत में आसान नहीं रहा है। इस मामले में सबसे पहले विधि आयोग ने कदम उठाए थे, जब चुनाव-सुधारों पर 1999 में पेश अपनी 170 पन्नों की रिपोर्ट में उसने कहा था कि जनप्रतिनिधित्व अधिनियम, 1951 में निश्चित रूप से संशोधन किया जाए और उसमें संपत्ति-देनदारी और आपराधिक ब्योरे से जुड़ा हलफनामा अनिवार्य बनाएँ। हालाँकि चुने हुए जनप्रतिनिधि इस पर कुंडली मारकर बैठे रहे, क्योंकि चुनावी प्रक्रिया में पारदर्शिता-जवाबदेही लानेवाला कोई भी सुधार उन्हें कभी रास नहीं आया। राजनैतिक बिरादरी को आखिरकार तब यह प्रस्ताव स्वीकार करने को मजबूर होना पड़ा, जब सुप्रीम कोर्ट ने इस मामले में हस्तक्षेप करते हुए इन प्रावधानों को लगभग एक कानून की शक्ल दे दी। शीर्ष अदालत ने चुनाव आयोग को निर्देश दिया कि वह हलफनामे दाखिल कराना सुनिश्चित कराए, जिसमें प्रत्याशी का अगर कोई आपराधिक इतिहास रहा है तो उसका भी उल्लेख हो।

सभी हलकों से पड़नेवाले दबाव को देखते हुए संसद ने सुप्रीम कोर्ट के फैसले में आंशिक रूप से बदलाव करते हुए यह तय किया कि आपराधिक मामले में अदालत से दोष सिद्ध हुए मामले का ही हलफनामे में उल्लेख करना होगा। उसके अनुसार संपत्ति, देनदारी और शैक्षिक योग्यता सहित चुनाव प्राधिकरण द्वारा माँगी गई किसी तरह की अन्य जानकारी देने की जरूरत नहीं। इन प्रावधानों को एक अन्य मामले में चुनौती दी गई और एक बार फिर सुप्रीम कोर्ट को दखल देना पड़ा तथा उसने अपने पुराने आदेश को निष्प्रभावी बनाने को असंवैधानिक करार दिया। परिणामस्वरूप सभी वांछित पहलुओं के आधार पर प्रत्याशियों को शपथपत्र दाखिल करना अनिवार्य हो गया। अब कानून के अनुसार सांसद और विधायक पद के सभी प्रत्याशियों को अपनी संपत्ति, देनदारी और अगर कोई आपराधिक रिकॉर्ड रहा है तो हलफनामे में उसकी जानकारी देना जरूरी है। हलफनामे में प्रत्याशी का पैन नंबर, आयकर रिटर्न, जीवनसाथी और उसके सभी आश्रितों का ब्योरा, प्रत्याशी, जीवनसाथी और उसके आश्रितों की संपूर्ण चल-अचल संपत्ति के ब्योरे के साथ ही सभी सरकारी एवं सार्वजनिक वित्तीय संस्थाओं की देनदारी का उल्लेख

करना अनिवार्य है। प्रत्याशी को अपने पेशे, व्यवसाय और शैक्षिक अर्हताओं की जानकारी देना भी जरूरी है। चुनावी मोरचे पर पारदर्शिता लाने के लिहाज से सुप्रीम कोर्ट का यह फैसला क्रांतिकारी सुधार का सूत्रपात करनेवाला रहा। जब तक ऐसे शपथपत्र दाखिल करना अनिवार्य नहीं था, तब तक जनता को यह मालूम ही नहीं पड़ता था कि प्रत्याशी शिक्षित है या नहीं? गरीब है या अमीर? उसका कोई आपराधिक अतीत तो नहीं रहा? प्रत्याशियों के बारे में सभी जानकारियों के अभाव में ही जनता को अपने मत के लिए पसंद तय करनी पड़ती थी। शपथपत्र अनिवार्य किए जाने के बाद से मतदाताओं के पास सूचनाओं का अंबार लग गया है, क्योंकि प्रत्येक निर्वाचन क्षेत्र में स्थानीय मीडिया शपथपत्र का विस्तृत ब्योरा प्रकाशित करता है। निश्चित रूप से इससे पारदर्शिता बढ़ी है, लेकिन सुप्रीम कोर्ट के समक्ष लंबित इन याचिकाओं को देखते हुए लगता है कि पारदर्शिता का स्तर अभी और बढ़ाने की जरूरत है।

जैसा कि लोक प्रहरी द्वारा जुटाए साक्ष्य दरशाते हैं कि पाँच वर्षों की अवधि में तमाम सांसदों और विधायकों की संपत्ति में 500 प्रतिशत से अधिक उछाल आया है। निश्चित रूप से यह आयकर विभाग और भ्रष्टाचार की जाँच करनेवाली अन्य एजेंसियों के लिए जाँच का विषय होना चाहिए। दोनों ही याचिकाओं में इस तथ्य पर जोर दिया गया है कि आय के स्रोत के संबंध में पर्याप्त सूचनाओं का अभाव है। वहीं दूसरी याचिका इस बात पर जोर देती है कि हलफनामे में दी गई जानकारियों की सत्यता जाँचने के लिए कोई तंत्र नहीं है। साथ ही ऐसा कोई कानून भी नहीं है, जो प्रत्याशी को इसके लिए बाध्य करे कि वह अपने दावों की पुष्टि के समर्थन में कोई प्रमाण पेश करे। इन दोनों याचिकाओं के नतीजों पर नजर बनाए रखने की जरूरत है। उम्मीद है कि हम यह गुत्थी सुलझाने में सक्षम होंगे कि कुछ नेताओं की चुनावी सफलता उनकी संपत्ति-सृजन के इतनी समानुपाती कैसे होती है।

□

हर हाल में बचें बूथ लूटनेवाले दौर से

इलेक्ट्रॉनिक वोटिंग मशीन, यानी ई.वी.एम. पर संदेह जताने की लगातार कोशिश से आजिज आए चुनाव आयोग ने इस मशीन में छेड़छाड़ करके दिखाने की चुनौती पेश की है। उसने ऐसी ही चुनौती 2009 में पेश की थी और तब कोई यह साबित नहीं कर सका था कि ई.वी.एम. में छेड़छाड़ हो सकती है। इस बार ई.वी.एम. पर सवाल खड़े करने का काम मायावती और अरविंद केजरीवाल ने हाल के विधानसभा चुनावों के बाद किया और फिर कुछ अन्य दलों के नेताओं ने भी उनके सुर-में-सुर मिलाना शुरू कर दिया। ई.वी.एम. पर संदेह और आरोप नए नहीं हैं। अतीत में भाजपा सहित अन्य दल इस पर सवाल उठा चुके हैं, लेकिन हाल के वर्षों का घटनाक्रम ई.वी.एम. के खिलाफ तर्कों को खारिज करता है। इस दौरान दुनिया के कई मुल्कों में ई.वी.एम. का सफल प्रयोग भी उसके पक्ष में एक मजबूत दलील देता है, जहाँ उनकी क्षमता-विश्वसनीयता पर कोई सवाल नहीं उठा। इन मशीनों के आगमन से बूथ कब्जाने जैसी विकराल समस्या से निजात पाने में खासी कामयाबी मिली है। अदालती आदेश भी मतपत्र युग की वापसी के समर्थन का संकेत नहीं करते। हालाँकि इससे जुड़े विवादों पर विराम लगाने के लिए अदालत ने वी.वी.पी.ए.टी. वाली मशीनों के उपयोग का जरूर निर्देश दिया है, जिनमें मतदाता को बाकायदा एक मुद्रित परची मिलती है कि उसने अपना मत किसे दिया। चुनाव आयोग परचीवाली मशीनों को जल्द-से-जल्द तैयार करने को लेकर पूरी तरह प्रतिबद्ध है।

वोटिंग मशीनों के मामले में यह समझने की जरूरत है कि आखिर 2015 के दिल्ली विधानसभा चुनावों के बाद उनके इस्तेमाल पर ऐसी हाय-तौबा क्यों नहीं मची थी? उस चुनाव में केजरीवाल की आम आदमी पार्टी को दिल्ली की 70 विधानसभा सीटों में से अप्रत्याशित 67 सीटें हासिल हुई थीं, जबकि भाजपा महज तीन सीटों पर सिमट गई थी। केजरीवाल की पार्टी 54.34 प्रतिशत मतों के साथ 95.71 फीसद सीटों पर काबिज हो गई तो भाजपा 32.10 प्रतिशत वोटों के साथ केवल 4 फीसदी सीटें जीत

पाई। अमूमन चुनाव इतने इकतरफा नहीं दिखते, मगर हैरानी की बात यह थी कि तब कोई संदेह नहीं जताया गया। जिन लोगों को लगता है कि 2015 के दिल्ली चुनावों में गड़बड़ी नहीं हुई, उनके द्वारा 2017 के पंजाब और उत्तर प्रदेश के चुनावों पर उँगली उठाने की दलील कमजोर मालूम पड़ती है।

यह 1980 के दशक की बात है। बूथ कब्जाने और मतपत्रों को नुकसान पहुँचाने जैसी चुनौतियों को देखते हुए चुनाव आयोग ने ई.वी.एम. के रूप में एक कारगर विकल्प पर विचार किया। इस विचार पर आयोग में पहली बार मंथन तब हुआ, जब एस.एल. शकधर मुख्य चुनाव आयुक्त और के. गणेशन चुनाव आयोग में सचिव थे। उन्होंने प्रायोगिक आधार पर मशीनों के इस्तेमाल का जोखिम लिया, जबकि चुनावी कानून भी मतदान के लिए मशीनों के इस्तेमाल की इजाजत नहीं देते थे। 1982 में केरल की परूर विधानसभा के कुछ बूथों पर पहली बार मशीनों का प्रयोग किया गया। फिर मार्च 1989 में जनप्रतिनिधित्व कानून, 1951 में संशोधन कर इन मशीनों के इस्तेमाल को सुनिश्चित किया गया। इस संशोधन से पहले कानून केवल मतपत्रों से चुनाव की इजाजत देता था। धारा 61ए के जरिए किए गए इस संशोधन में वोटिंग मशीन की व्याख्या भी की गई है।

इसके अनुसार वोटिंग मशीन से आशय ऐसे उपकरण से है, जो इलेक्ट्रॉनिक या किसी अन्य रूप से संचालित होगी और जिसका उपयोग मत देने या उसे दर्ज करने में किया जाएगा। ई.वी.एम. पर छेड़छाड़ के आरोपों और विवादों को देखते हुए चुनाव आयोग 2010 में वोटर वैरिफिएबल पेपर ऑडिट ट्रेल (वी.वी.पी.ए.टी.) मशीनों के इस्तेमाल पर सैद्धांतिक रूप से सहमत हुआ। इस मशीन में वोट दर्ज होने के अलावा एक परची भी निकलती है, जिस पर उस प्रत्याशी का नाम और पार्टी का चुनाव-चिह्न अंकित होता है, जिसे मतदाता ने वोट दिया। इससे चुनावी प्रक्रिया में व्यापक पारदर्शिता सुनिश्चित होगी। मतदाता के पास यह सबूत होगा कि उसका वोट उसकी पसंद के प्रत्याशी और पार्टी को पड़ा है या नहीं? विवाद की स्थिति में यह मतगणना के लिए एक वैकल्पिक व्यवस्था भी मुहैया कराएगा। एक तरह से मतगणना केवल मशीन की कंट्रोल यूनिट में दर्ज आँकड़ों पर ही निर्भर नहीं रहेगी। इसमें पारदर्शी विंडो के जरिए मतदाता को सात सेकंडों तक यह नजर भी आता है कि वोट किसे गया। चुनाव आयोग ने 2013 के नगालैंड उपचुनाव में पहली बार वी.वी.पी.ए.टी. मशीन का उपयोग किया था। हाल के वर्षों में उच्चतम न्यायालय में ई.वी.एम. के उपयोग को चुनौती देने से पहले देश के कई उच्च न्यायालयों में भी ऐसा किया जा चुका है, मगर न्यायपालिका इस बात से सहमत नहीं है कि मशीनों के साथ छेड़छाड़ की जा सकती है। तमाम उच्च न्यायालय तो ई.वी.एम. की मुक्त कंठ से प्रशंसा कर चुके हैं। चुनाव आयोग ने कुछ

अदालती टिप्पणियों को अपनी वेबसाइट पर भी लगाया है। मिसाल के तौर पर कर्नाटक उच्च न्यायालय की टिप्पणी को ही लें, जिसने ई.वी.एम. को निर्विवाद रूप से एक बड़ी उपलब्धि और राष्ट्रीय गौरव बताया। मद्रास उच्च न्यायालय ने भी इन मशीनों के साथ किसी भी तरह की छेड़छाड़ की आशंकाओं को सिरे से खारिज किया। उसने कहा कि ई.वी.एम. की तुलना पर्सनल कंप्यूटरों से नहीं की जा सकती। कंप्यूटर की प्रोग्रामिंग और ई.वी.एम. का कोई मेल नहीं। दिल्ली उच्च न्यायालय ने चुनाव आयोग से कहा है कि वह सभी पार्टियों से परामर्श कर वी.वी.पी.ए.टी. तंत्र को विकसित करे, ताकि किसी तरह के संदेह की कोई गुंजाइश ही न रहे और विवादों पर विराम लगे।

उच्चतम न्यायालय ने भी चुनाव आयोग को निर्देश दिया है कि वह चरणबद्ध तरीके से वी.वी.पी.ए.टी. तंत्र को लागू करे और सरकार से भी कहा है कि वह इसके लिए समुचित वित्तीय आवंटन करे। आयोग 2019 के अगले आम चुनाव के दौरान सभी चुनाव-क्षेत्रों में परचीवाली इन मशीनों के इस्तेमाल की योजना बना रहा है। इसके लिए उसने सरकार से 3,174 करोड़ रुपए भी माँगे हैं। आयोग ने उच्चतम न्यायालय को बताया है कि यह राशि आवंटित होने के 30 महीनों के दौरान वह जरूरी मशीनें तैयार कर सकता है। जहाँ चुनाव आयोग ई.वी.एम. को लेकर अपने विश्वास को फिर से पुख्ता कर रहा है, वहीं दूसरी ओर परचीवाली व्यवस्था की ओर भी कदम बढ़ा रहा है। परचीवाली व्यवस्था से चुनावी कवायद में जरूरी पारदर्शिता आएगी और विवादों की गुंजाइश भी घटेगी। किसी भी सूरत में हमें मतपत्रों और उसके चलते बूथ लूटने के दौर में वापस नहीं जाना है। फरवरी और मार्च में पाँच राज्यों के विधानसभा चुनावों में चुनाव आयोग ने 52,000 वी.वी.पी.ए.टी. मशीनों का इस्तेमाल किया था। गोवा की सभी 40 विधानसभा सीटों पर ऐसी मशीनों का इस्तेमाल किया गया। इन मजबूत अदालती फैसलों और पूरी तरह परचीवाली मशीनों की ओर बढ़ते हुए कदमों के मद्देनजर ई.वी.एम. के खिलाफ अभियान पर निश्चित रूप से विराम लगना चाहिए।

□

सबक सिखाने में सक्षम होता नोटा

गुजरात विधानसभा चुनाव के नतीजों ने पहली बार स्पष्ट तौर पर 'नोटा' यानी 'इनमें से कोई नहीं' के विकल्प की ताकत को एक तरह से स्थापित कर दिया, साथ ही इस बात के पुख्ता प्रमाण भी उपलब्ध कराए कि चुनावों में यह महत्त्वपूर्ण भूमिका निभा सकता है। सुप्रीम कोर्ट के फैसले के बाद 2013 से नोटा चलन में आया। न्यायालय ने माना कि मतदाता को किसी भी उम्मीदवार को वोट नहीं देने का अधिकार देना लोकतंत्र के लिए बहुत मायने रखता है। विधि आयोग और चुनाव आयोग भी मतदाताओं को एक सीट पर चुनाव लड़ रहे सभी उम्मीदवारों को अस्वीकार करने का अधिकार देने के पक्ष में थे। सुनवाई के दौरान न्यायालय ने दुनिया के उन 13 देशों का उदाहरण भी दिया, जहाँ नोटा प्रचलित है, साथ ही कहा कि 'यह मतदाताओं को दलों द्वारा चुनाव में खड़े किए गए अपने उम्मीदवारों के प्रति असम्मति या नापसंद करने का अधिकार देता है। जब दल यह समझेंगे कि मतदाता बड़ी संख्या में चुनाव में उनके द्वारा उतारे गए उम्मीदवारों को खारिज कर रहे हैं, तब धीरे-धीरे प्रणालीगत परिवर्तन होगा और राजनैतिक दलों पर लोगों की इच्छाओं को स्वीकार करने और ईमानदार उम्मीदवारों को टिकट देने का दबाव बनेगा।'

गुजरात चुनाव में 21 ऐसी सीटें थीं, जहाँ नोटा को मिले वोट प्रथम दो पार्टियों के उम्मीदवारों के बीच जीत-हार के अंतर से ज्यादा रहे। इनमें से 12 सीटें ऐसी थीं, जहाँ भाजपा-उम्मीदवार की हार का अंतर नोटा को मिले वोट से कम था। इसका आशय यह है कि नोटा को वोट देनेवाले अधिकांश मतदाताओं ने बिना कांग्रेस को वोट दिए भाजपा के प्रति अपना विरोध दर्ज करा दिया। याद रहे, नोटा को वोट देनेवाले मतदाता भाजपा-उम्मीदवार के प्रति अपनी नाराजगी जाहिर करने के लिए कांग्रेस के उम्मीदवार को भी वोट दे सकते थे, लेकिन उन्होंने ऐसा नहीं किया। वे बिना कांग्रेस को फायदा पहुँचाए 22 वर्षों से सत्ता में मौजूद पार्टी को एक हलका झटका देना चाहते थे। इसका अर्थ यह है कि ऐसे किसी भी असंतोष के अभाव में भाजपा इनमें से सभी या अधिकांश सीटें जीत

गई होती। यह सबसे विश्वसनीय आकलन इसलिए है, क्योंकि कांग्रेस राज्य में पिछले 22 वर्षों और साथ ही केंद्र में भी सत्ता से बाहर है। गुजरात में पूरे चुनाव-अभियान के दौरान यही अंदाजा लगाया गया कि मतदाता भाजपा से नाराज हैं, इसी कारण विरोधियों की ओर से उन्हें नोटबंदी और जीएसटी के खिलाफ भड़काने की भरसक कोशिश की गई। नोटा के पक्ष में भारी मतदान के पीछे भी यही एकमात्र वजह है। गुजरात चुनाव में कांग्रेस की कमजोर स्थिति का अंदाजा इससे भी लगा सकते हैं कि मतदाताओं ने उसके बजाय नोटा को अपना मत देना कहीं बेहतर समझा।

आइए, उन 12 विधानसभा सीटों के परिणामों पर एक नजर डालते हैं, जहाँ नोटा भाजपा की जीत में बाधक बना। छोटा उदयपुर में कांग्रेस 1000 से कम वोटों से जीती और वहाँ नोटा को 5870 वोट मिले थे। डांग में कांग्रेस की जीत का अंतर सिर्फ 800 वोट था, जबकि 2184 वोट नोटा को मिले। दियोदर में कांग्रेस की जीत का अंतर 1000 वोट से कम था, जबकि नोटा को मिलनेवाले वोटों की संख्या 2988 थी। कपराडा में कांग्रेस ने भाजपा को सिर्फ 170 वोटों से शिकस्त दी, लेकिन नोटा को मिले वोटों की संख्या इससे कई गुना अधिक 3868 थी। इसी तरह भाजपा केवल 524 वोटों से मनसा सीट हार गई, जबकि वहाँ 3000 मतदाताओं ने नोटा का विकल्प चुना। जेतपुर में भाजपा-उम्मीदवार की हार का अंतर 3052 वोट थे, जबकि नोटा को इससे करीब दो गुना 6155 वोट मिले। मोरवा हदफ, सोजित्रा, वांकानेर, जाम जोधपुर, धानेरा, तलाजा कुछ अन्य सीटें भी थीं, जो भाजपा के हाथों से निकल गईं। कांग्रेस भाजपा से 1779 वोटों के अंतर से तलाजा सीट जीतने में सफल रही, जबकि नोटा को 3170 वोट मिले। इसी तरह वांकानेर सीट पर भाजपा कांग्रेस से 1361 वोटों से हार गई, जबकि नोटा के खाते में 3170 वोट दर्ज हुए। कुछ सीटें ऐसी भी थीं, जहाँ कांग्रेस की हार का अंतर नोटा को मिले वोटों से कम था। इनमें वागरा, विजयपुर, प्रांतिज और पोरबंदर शामिल थे, पर चूँकि कांग्रेस भाजपा की तरह सत्ता विरोधी रुझान का सामना नहीं कर रही थी; इसलिए यह कहना सही नहीं होगा कि इन वोटों को उसके खाते में गिना जाए। इसके बजाय यह तर्क देना कहीं बेहतर होगा कि नोटा के अभाव में यहाँ भाजपा की जीत का अंतर काफी बड़ा होता।

नोटा के अलावा यह भी देखा जा सकता है कि गुजरात में चुनावी नतीजे अन्य राज्यों से प्राय: अलग रहते हैं। आमतौर पर जब प्रथम दो पार्टियों के बीच मत प्रतिशत का अंतर दस फीसद या इसके आस-पास रहता है तो चुनाव में जीतनेवाली पार्टी दूसरी पार्टी को बुरी तरह पछाड़ती है और वह 75 से 80 फीसद सीटों को हासिल करने में सफल हो जाती है, लेकिन भाजपा द्वारा अपने विरोधी के मुकाबले करीब दस प्रतिशत से अधिक मत हासिल करने के बावजूद गुजरात में ऐसा कभी नहीं हुआ है। उदाहरण

के रूप में 2013 में हुए राजस्थान विधानसभा चुनाव में भाजपा ने कांग्रेस के 33 प्रतिशत के मुकाबले 45 प्रतिशत वोट हासिल किए थे और विधानसभा की कुल 200 सीटों में से 163 सीटें (80 प्रतिशत) जीत ली थीं, जबकि कांग्रेस को सिर्फ 21 सीटों से संतोष करना पड़ा था। मध्य प्रदेश में 2013 में हुए विधानसभा चुनाव में भाजपा को कांग्रेस की तुलना में 8.5 प्रतिशत अधिक, यानी 45 प्रतिशत मत हासिल हुए थे। इसके कारण भाजपा 230 सीटों में से करीब सत्तर प्रतिशत, यानी 165 सीटें जीतने में सफल रही थी। कांग्रेस को 58 सीटों पर संतोष करना पड़ा। इसके अलावा हाल में हिमाचल प्रदेश में संपन्न चुनाव में भी भाजपा गुजरात की तरह ही कांग्रेस से सात प्रतिशत ज्यादा, यानी करीब 49 प्रतिशत वोट हासिल करने में सफल रही, लेकिन गुजरात के विपरीत यहाँ वह 68 सीटों में से 44, यानी दो-तिहाई सीटें जीतने में कामयाब रही।

स्पष्ट है कि अन्य राज्यों के चुनावों की तुलना में गुजरात में चुनावी नतीजे अलग तरह के होते हैं। इस बार कांग्रेस से सात प्रतिशत अधिक वोट हासिल करने के बावजूद नोटा विकल्प ने भाजपा के लिए चुनावी लड़ाई को न सिर्फ कड़ा, बल्कि कठिन भी बना दिया था। उम्मीद है कि इस पर सभी राजनैतिक दल ध्यान देंगे और खुद को सुधारेंगे।

□

रंगभेद का भारतीय चेहरा

[क्या हमें उस पूर्वग्रह का जरा सा भी खयाल है, जो अपेक्षाकृत काली रंगतवाले अपने ही देशवासियों के प्रति हम प्रदर्शित करते रहते हैं ?]

रियलिटी टेलीविजन शो—सेलेब्रिटी बिग ब्रदर में एक प्रतिभागी जेड गूडी के नस्लभेदी व्यवहार से शर्मसार हुए ब्रिटिश लोगों ने न केवल इस अहंकारी महिला को कार्यक्रम से निकाल बाहर किया, बल्कि उनकी टिप्पणियों का निशाना बनीं भारतीय फिल्म अभिनेत्री शिल्पा शेट्टी को विजेता का ताज भी पहना दिया। ऐसा प्रतीत हुआ कि ब्रिटिश लोग अपने समक्ष अचानक आ खड़े हुए रंगभेद के भूत को भगाने में एक क्षण की भी देरी नहीं करना चाहते थे। गूडी सरीखे लोगों का दृष्टिकोण कुछ भी हो, लेकिन ब्रिटिश समाज ने रंगभेद की श्रेणी में आनेवाली टिप्पणियों से जिस तत्परता और प्रतिबद्धता से किनारा किया, वह बेशक सराहनीय है। निश्चित रूप से इस प्रकरण ने हमें यह अवसर भी प्रदान किया है कि हम अपने बीच यत्र-तत्र नजर आनेवाले नस्लभेद पर दृष्टिपात करें। क्या हम ब्रिटिश जनों की भाँति इस तरह के भेदभाव के खिलाफ उतनी ही दृढता दिखाने के लिए तैयार हैं ?

भारत के लोग कई तरह की संस्कृतियों और रंग के हैं तथा उनकी अपनी अलग-अलग क्षेत्रीय पहचान भी है, लेकिन क्या हमें उस पूर्वग्रह का जरा भी खयाल है, जो अपेक्षाकृत काली चमड़ीवाले अपने देशवासियों के प्रति हम प्रदर्शित करते हैं ? यदि हम वाकई रंगभेद से चिंतित हैं तो हमें सफाई की शुरुआत हिंदी सिनेमा से करनी चाहिए, जहाँ ऐसे दृश्यों और संवादों की भरमार होती है, जिन्हें रंगभेद की श्रेणी में रखा जा सकता है। लाखों लोगों ने एक फिल्म में लुंगी लपेटे महमूद को देखा होगा, जिनके चेहरे पर काला रंग पेंट किया गया था और 'हम काले हैं तो क्या हुआ दिलवाले हैं' गाते हुए वह मूर्ख व्यक्ति सा एहसास दे रहे थे। निस्संदेह यह रंगभेदी व्यवहार का चित्रण था, जिसमें एक दक्षिण भारतीय व्यक्ति का उपहास उड़ाया जा रहा था। हाल के वर्षों का

जिक्र करें तो एक फिल्म में गोविंदा के साथी सतीश कौशिक को भी इसी रूप में पेश किया गया था। इस फिल्म में कौशिक का चेहरा काले रंग से पोता गया था और वह पूरी फिल्म में हँसी का विषय ही थे। फिल्म के तमाम संवादों और दृश्यों का संदेश यही था कि चूँकि गोविंदा का रंग साफ है, इसलिए वह खूबसूरत है, जबकि सतीश कौशिक काले रंग के होने के कारण बदसूरत हैं। देश भर में अनेक स्थानों पर भ्रमण के बाद मैं दक्षिण भारतीयों के प्रति हिंदी सिनेमा और टेलीविजन के हर वक्त नजर आनेवाले रूढ़िवादी दृष्टिकोण से विचलित हूँ, जिसमें सभी दक्षिण भारतीयों को काला और उत्तर भारतीयों को गोरा व सुंदर समझा जाता है। सच्चाई यह है कि अधिकांश भारतीयों की त्वचा साँवली या हलकी भूरी होती है।

देश के ज्यादातर क्षेत्रों में, चाहे वह मध्य प्रदेश, छत्तीसगढ़ हो या राजस्थान, गुजरात, महाराष्ट्र, गोवा हो या पश्चिम बंगाल, बिहार, उड़ीसा, झारखंड या फिर उत्तर प्रदेश और दिल्ली अथवा दक्षिण में कर्नाटक व आंध्र प्रदेश जैसे राज्य, त्वचा का यह रंग अधिकांश जगह देखने को मिलता है। पंजाब, जम्मू, हिमाचल और उत्तराखंड में लोगों का रंग साफ होता जाता है, जबकि तमिलनाडु और केरल जैसे राज्यों में जाएँ तो रंग गाढ़ा होता जाता है। पंजाब और हरियाणा के जो लोग दक्षिण भारतीयों को काला मानते हैं, उनके बीच ही एक अच्छे-खासे वर्ग की त्वचा का रंग गाढ़ा मिल जाएगा। इसी तरह उत्तर प्रदेश और बिहार की आबादी का एक बड़ा हिस्सा गोरे होने का दावा नहीं कर सकता। लिहाजा यह विचित्र है कि इन क्षेत्रों के लोग दक्षिण भारतीयों के रंग की खिल्ली उड़ाएँ, किंतु इस संदर्भ में रूढ़िबद्ध मान्यताओं की जड़ें इतनी गहरी हैं कि उत्तर भारत के लोग यह स्वीकार नहीं कर पाते कि ऐश्वर्य राय और सुष्मिता सेन सरीखी जिन भारतीय महिलाओं ने विश्व में सुंदरता के ताज जीते हैं, वे उत्तर भारत से नहीं आईं। ऐश्वर्य राय और सुष्मिता सेन की सुंदरता विश्व स्तर पर स्थापित होना ही यह बताने के लिए काफी है कि सुंदरता के क्या मायने हैं, लेकिन विडंबना है कि यह सामान्य समझ भी स्वीकार नहीं की जाती।

यदि आपने 'ग्रेट इंडियन कामेडी शो' देखा होगा तो आपने महसूस किया होगा कि 60 प्रतिशत से अधिक चुटकुले महिलाओं पर आधारित होते हैं और 30 प्रतिशत 'काले' लोगों पर। संदेश बहुत साफ है—यदि आप 'काले' हैं तो बदसूरत हैं। गाढ़ी त्वचावाले लोगों के प्रति पूर्वग्रह अन्य क्षेत्रों में भी दिखाई देता है। आप किसी मद्रासी पर पहले इसलिए हँस सकते हैं, क्योंकि वह काला है और फिर उसकी अन्य बातों का मखौल बना सकते हैं, मसलन उसकी भाषा, कपड़े या फिर उसकी खाने की आदतों का। क्या यह रंगभेद/नस्लभेद नहीं है, जो सदियों से चला आ रहा है? यही बरताव तो उपनिवेश काल में श्वेत समुदाय का अश्वेतों का प्रति रहता था। 20वीं सदी के अंतिम हिस्से में जाकर श्वेतों को यह एहसास हुआ कि रंगभेद की इस विकृति को उखाड़

फेंकने की जरूरत है। हमारे देश में यह प्रक्रिया कब आरंभ होगी? दक्षिण भारतीयों के प्रति पूर्वग्रह इतना तगड़ा है कि शाहरुख खान सरीखे स्थापित फिल्म स्टार के काम में भी यह झलकता है। शाहरुख इस समय लोकप्रिय क्विज शो 'कौन बनेगा करोड़पति' में अमिताभ बच्चन की जगह एंकरिंग कर रहे हैं, लेकिन आंध्र प्रदेश के एक प्रतिभागी के नाम को जब उन्होंने मजाक का विषय बनाया तो वह बहुत पीड़ादायक था। डॉ. रामकृष्ण गुग्गिला और उनके साथी वेंकटेश्वरलू पुट्टा के नामों का उच्चारण करते हुए शाहरुख ने हँसी-मजाक किया और बार-बार यह संकेत देने की कोशिश की कि उनके नाम उच्चारण के लायक नहीं हैं। उन्होंने डॉ. गुग्गिला से कहा कि वह उन्हें गुग्गी या गुग्स के रूप में संबोधन करेंगे। उनके साथी वेंकटेश्वरलू के संदर्भ में शाहरुख इससे अनभिज्ञ थे कि वेंकटेश्वरलू एक शब्द है।

वे लगातार उन्हें वेंकटेश वरलू कहते रहे और फिर उन्होंने एकतरफा यह तय कर डाला कि वह उन्हें वेंकी कहेंगे। उन्होंने मखौल का सिलसिला जारी रखते हुए ऐसे दर्शकों को इनाम देने की भी पेशकश की, जो बिना गड़बड़ाए जल्दी-जल्दी पाँच बार 'वेंकटेश वरलू पुट्टा' कह सकें। शायद शाहरुख नहीं जानते कि आंध्र प्रदेश में ऐसा ही एक 'अ-उच्चारणीय' नाम था पोट्टी श्रीरामलू का, जो तेलुगुभाषी लोगों के लिए पृथक् राज्य की माँग पर आमरण अनशन पर बैठे थे। ऐसा ही एक और नाम था नंदमूरि तारक रामाराव का, जिन्होंने तेलुगुदेशम पार्टी को जन्म दिया था और 1983 में इस राज्य में कांग्रेस की सत्ता को उखाड़ फेंका था, क्योंकि शाहरुख की ही तरह राजीव गांधी भी आंध्र और वहाँ के लोगों के साथ सही तरह पेश नहीं आए थे। यह कहने में संकोच नहीं कि इस शो में शाहरुख का बरताव उस गरिमा, गंभीरता और प्रतिष्ठा के सर्वथा प्रतिकूल है, जो पहले इसी कार्यक्रम की एंकरिंग करते हुए अतिमाभ बच्चन ने इससे संबद्ध की थी। मैं निश्चित ही अमिताभ बच्चन को मानवीय संवेदनाओं के प्रति उनके ऊँचे मूल्यों के कारण बहुत ऊपर रखता हूँ। दिल्ली में जनमे किंग खान को यदि भारतीय सिनेमा में अमिताभ बच्चन के पथ का अनुसरण करना है तो उन्हें अपने पूर्वग्रहों को मन से बाहर करना होगा।

□

देशहित पर भारी पड़ता दलीय हित

हाल में चुनाव आयोग ने कहा कि सितंबर 2018 तक वह लोकसभा और विधानसभाओं के चुनाव एक साथ कराने में सक्षम हो जाएगा। इसके बाद से लोकसभा और विधानसभाओं के चुनाव एक साथ करने का मुद्दा फिर जिंदा हो गया। चुनाव आयोग के अनुसार एक साथ चुनाव कराने के लिए 40 लाख इलेक्ट्रॉनिक वोटिंग मशीन और वोटर वैरिफाइड पेपर ऑडिट ट्रेल (वी.वी.पी.ए.टी.) की जरूरत होगी, जो एक साल के भीतर उपलब्ध हो जाएँगी। चुनाव आयोग की इस घोषणा के बाद एक साथ चुनाव करने में अब तक बाधा बनी उपकरणों की कमी की चिंता दूर हो गई है। अब गेंद सरकार के पाले में है। वह इस संबंध में राजनैतिक सहमति बनाए और जरूरी विधायी उपाय करे। हालाँकि कुछ राजनैतिक पार्टियाँ एक साथ चुनाव कराने के पक्ष में नहीं हैं। उनकी हताशा भरी प्रतिक्रियाओं को देखते हुए लगता है कि सरकार के लिए इस पर आम सहमति बनाना आसान नहीं होगा, पर यदि हम हर साल हो रहे चुनावों पर भारी-भरकम खर्च में कटौती करना चाहते हैं और गवर्नेंस एवं विकास-कार्यों में बाधक बने चुनावों के दुष्चक्र को तोड़ना चाहते हैं तो इस दिशा में गंभीरता से प्रयास करना होगा।

लोकसभा और विधानसभाओं के चुनाव 1952, 1957, 1962 और 1967 में एक साथ ही हुए थे। इसके बाद यह क्रम दो कारणों से छिन्न-भिन्न हो गया। पहला, आजादी के बाद 1967 में पहली बार कांग्रेस को विभिन्न राज्यों में हार का मुँह देखना पड़ा और उतर भारत में संयुक्त विधायक दल जैसे अस्थायी गठबंधन की सरकारें बनीं। ये सरकारें असमान विचारधारावाली राजनैतिक पार्टियों के गठजोड़ से बनी थीं, जो कांग्रेस-विरोध के नाम पर एक मंच पर आई थीं, लेकिन अपना चुनावी लक्ष्य हासिल करने के बाद वे बिखर गईं, क्योंकि आगे उनके पास एक साथ रहने की कोई ठोस वजह नहीं रह गई थी। इसके अलावा कांग्रेस की अगुआई वाली तत्कालीन केंद्र सरकार ने इन गठबंधन सरकारों को अस्थिर करने के लिए हर तरह की राजनैतिक चालों का

इस्तेमाल किया और यहाँ तक कि राष्ट्रपति शासन का भी सहारा लिया। 1990 के दशक के मध्य में बोम्मई मामले में फैसला आने तक कांग्रेस ने राज्यों में दूसरी पार्टियों की सरकारों को बरखास्त करने और उन्हें केंद्र के अधीन रखने के लिए अनुच्छेद-356 का अंधाधुंध प्रयोग किया। यह खेल वह तब तक खेलती, जब तक उसे यह विश्वास नहीं हो जाता कि राज्य की चुनावी हवा उसके अनुकूल है। एक साथ चुनाव की व्यवस्था टूटने का दूसरा प्रमुख कारण तत्कालीन प्रधानमंत्री का साल भर पहले ही 1971 में लोकसभा चुनाव कराने का फैसला था। यदि तब तय समय से चुनाव होते तो लोकसभा के चुनाव भी 1972 में राज्यों के चुनावों के साथ ही होते, लेकिन इंदिरा गांधी के निर्णय ने इस क्रम को तोड़ दिया। उन्होंने यह कदम चुनाव में अधिक-से-अधिक चुनावी लाभ हासिल करने की मंशा से उठाया था, लेकिन हकीकत में वह चुनावी प्रक्रिया को तहस-नहस करने का सबसे बड़ा कारण बन गया।

विधि आयोग ने 1999 में अपनी 170 पेज की रिपोर्ट में इस मुद्दे का गहन परीक्षण किया और एक साथ चुनाव कराने के पक्ष में खुलकर विचार रखे। उसका कहना था कि देश में एक साथ चुनाव कराने का लक्ष्य रातोरात हासिल नहीं हो सकता, क्योंकि विभिन्न विधानसभाओं के कार्यकाल पाँच वर्षों के दौरान अलग-अलग समय में पूरे होते हैं। उसने अगले 12 महीनों में होने वाले राज्यों के चुनावों को एक साथ कराने का सुझाव दिया। आयोग ने कहा कि यदि सभी राजनैतिक पार्टियाँ सहयोग करें तो किसी भी दल के हितों को चोट पहुँचाए बिना आवश्यक कदम उठाए जा सकते हैं। इसके लिए संविधान में संशोधन कर कुछ विधानसभाओं के कार्यकाल में छह महीने की कटौती की जा सकती है।

हालाँकि एक साथ चुनाव कराने का विरोध करनेवाले दल भी कम नहीं हैं। इनमें भारतीय कम्युनिस्ट पार्टी, तृणमूल कांग्रेस और अन्य छोटी पार्टियाँ शामिल हैं। कुछ दलों को डर है कि इससे मतदाताओं पर राष्ट्रीय पार्टियों का कहीं ज्यादा प्रभाव हो जाएगा और चुनाव अभियान राष्ट्रीय मुद्दों के आस-पास सिमट जाएँगे। परिणामस्वरूप क्षेत्रीय और छोटी राजनैतिक पार्टियाँ बड़े दलों का मुकाबला नहीं कर पाएँगी और एक तरह से चुनावों में उनका सफाया हो जाएगा। इसके विपरीत जब हम लोकसभा और विधानसभाओं के चुनाव के दौरान मतदाताओं के दृष्टिकोण का परीक्षण करते हैं तो इस तरह के तर्कों को एकदम निराधार पाते हैं। देश में ऐसे कई मौके आए हैं, जब लोकसभा और विधानसभाओं के चुनाव एक साथ या कुछ महीनों के अंतराल में हुए हैं। ऐसे मौकों पर मतदाताओं ने केंद्र और राज्यों में अलग-अलग पार्टियों को सत्ता सौंपी। वास्तव में मतदाताओं का किसी एक पार्टी की तरफ इकतरफा झुकाव नजर नहीं आता। यहाँ तक कि लोकसभा और विधानसभाओं में अलग-अलग दलों को चुनने में

मतदाता जिस चतुराई का प्रदर्शन करते हैं, उससे तो कई बार अनुभवी राजनेता भी दंग हो जाते हैं।

एक साथ चुनाव कराने के फायदे नुकसान से कहीं ज्यादा हैं। अलग-अलग चुनाव का मौजूदा चलन गवर्नेंस को बड़े पैमाने पर क्षति पहुँचाता है। एक बार आदर्श आचार संहिता लागू हो जाती है तो जब तक चुनावी प्रक्रिया पूरी तरह संपन्न न हो जाए, तब तक विकास के काम एक तरह से स्थगित हो जाते हैं। केंद्र सरकार और चुनाववाले राज्यों की सरकारें चुनाव आयोग की विपरीत प्रतिक्रिया के डर से कई योजनाएँ रोक लेती हैं। इसके अलावा हर साल हो रहे चुनावों पर बेवजह भारी-भरकम राशि भी खर्च करनी पड़ती है। चुनाव आयोग ने अनुमान लगाया है कि लोकसभा और विधानसभाओं के अलग-अलग चुनाव कराने पर 4500 करोड़ रुपए का खर्च आता है। विधि आयोग की कवायद के बाद कार्मिक, लोक सेवा, विधि और न्याय से संबंधित संसद की स्थायी समिति ने भी हाल में इस विषय का गहन परीक्षण किया। समिति ने माना कि 'अलग-अलग चुनाव प्रायः नीतिगत अपंगता और गवर्नेंस की कमी का जरिया बनते हैं।' इस समिति ने एक साथ चुनाव की शुरुआत के लिए कहा है कि राज्यों को दो श्रेणी में बाँटा जा सकता है। एक श्रेणी के चुनाव लोकसभा चुनाव के साथ कराए जा सकते हैं और दूसरी श्रेणी के चुनाव एक या दो साल के बाद। अंततोगत्वा आगे चलकर सभी राज्यों का चुनाव लोकसभा चुनाव के साथ कराया सकता है।

प्रधानमंत्री नरेंद्र मोदी, पूर्व राष्ट्रपति प्रणब मुखर्जी और उपराष्ट्रपति वेंकैया नायडू एक साथ चुनाव कराने के प्रबल समर्थकों में शामिल हैं। मुखर्जी ने कहा था कि चूँकि हर साल कहीं-न-कहीं चुनाव होते रहते हैं, इसलिए आचार संहिता के कारण सरकारी कामकाज प्रभावित होता है। नायडू का कहना है कि 'नियमित चुनावी पर्व' विकास को बाधित कर रहा है। देशहित में एक साथ चुनाव समय की माँग है। संकीर्ण राजनैतिक सोच के साथ हाशिये पर खड़े राजनैतिक दलों को इसमें बाधक नहीं बनने देना चाहिए। हमें हर हाल में इन चुनावों को पुनः एक साथ कराना चाहिए।

□

जनादेश का सही संदेश

उत्तर प्रदेश में भाजपा की अप्रत्याशित जीत और तीन अन्य राज्यों में उसके प्रभावी प्रदर्शन ने राजनैतिक और चुनाव विश्लेषकों को चकित कर दिया है। अधिकांश राजनैतिक पंडित, चुनावी विश्लेषक अपने चुनाव पूर्व सर्वेक्षणों और यहाँ तक कि तमाम एक्जिट पोल तक में इस अविस्मरणीय चुनावी संघर्ष के अंतिम परिणामों का सही अंदाजा नहीं लगा पाए। निष्पक्षता मुख्यधारा की मीडिया, यानी प्रिंट एवं इलेक्ट्रॉनिक मीडिया की पहचान है, लेकिन इस चुनाव में मीडिया भी अपनी साख से समझौता करता नजर आया। इसकी एक प्रमुख वजह प्रधानमंत्री नरेंद्र मोदी और भाजपा के प्रति पूर्वग्रह और नकारात्मकता का भाव है। इन दिनों देश में अधिकांश विश्लेषक और आलोचक हर चीज को तथाकथित धर्मनिरपेक्षता और हिंदू सांप्रदायिकता के चश्मे से देखने के आदी हो गए हैं। वे हर बार वही घिसा-पिटा तर्क प्रस्तुत करते हैं। उनकी धारणा के अनुसार भारतीय राजनीति में नेहरूवादी और नेहरूवादियों की पीठ पर सवार वामपंथी ही अच्छे लोग होते हैं। उनके अनुसार राष्ट्रवादी मानसिकता के लोग बुरे होते हैं और जो लोग क्षेत्रीय राजनैतिक दलों का प्रतिनिधित्व करते हैं, वे बरदाश्त करने और जरूरत पड़ने पर जोड़-तोड़ कर इस्तेमाल करने के लिए होते हैं। नेहरूवादी और मार्क्सवादी स्कूल ने मीडिया, खासकर अंग्रेजी मीडिया, शिक्षाविदों और नौकरशाही को पिछले सत्तर सालों से पूरी तरह अपनी गिरफ्त में ले रखा है। वे अक्सर नेहरूवादी और मार्क्सवादी स्कूल के विचारों को ही आगे बढ़ाते हैं। जो लोग इस स्कूल को नहीं मानते हैं या भिन्न मत रखते हैं, उनके साथ वे अछूत की तरह व्यवहार करते हैं।

आमतौर पर अधिकांश मीडिया चुनावी लड़ाई को सेक्युलर और हिंदू सांप्रदायिक ताकतों के बीच महायुद्ध के रूप में देखता है। चुनावों को अलग नजरिये से देखना उसे गवारा नहीं होता। उत्तर प्रदेश के नतीजे दिखाते हैं कि यह वर्ग किस कदर गलत साबित हुआ। आम जनता के रुख से स्पष्ट है कि वह तथाकथित सेक्युलर दलों को न तो सेक्युलर मानती है और न ही मोदी और उनकी पार्टी को हिंदू सांप्रदायिक समझती

है। वास्तव में यह लड़ाई प्रतिगामी ताकतों, जैसे कांग्रेस, समाजवादी पार्टी और बहुजन समाज पार्टी और देश को विकास की नई ऊँचाइयों तक पहुँचाने की बात करनेवाले नरेंद्र मोदी के बीच थी। चुनावी रैलियों में कांग्रेस, सपा, बसपा जहाँ पुराने दौर के विभाजनकारी नारों से प्रहार कर रहे थे, वहीं प्रधानमंत्री मोदी युवा और आकांक्षी वर्ग को नए भारत की तसवीर दिखा रहे थे। जिसमें पारदर्शिता और सबके लिए समान अवसर सुनिश्चित करना उनका मूल मंत्र था। नोटबंदी के मामले में भी मीडिया का यह वर्ग गलत साबित हुआ। गरीब घंटों लाइन में खड़े रहे, फिर भी उन्होंने प्रधानमंत्री मोदी का समर्थन किया। मीडिया का एक वर्ग यह कभी देख नहीं पाया। इसने पिछले दो वर्षों के दौरान उज्ज्वला, जन-धन और गरीबों के लिए समर्पित बीमा योजना के पारदर्शी और ईमानदार क्रियान्वयन को भी नजरअंदाज कर दिया, जबकि इन योजनाओं ने पूरे देश में गरीबों के दिलोदिमाग को गहराई तक छुआ है। हालाँकि यहाँ कोई मोदी की तुलना इंदिरा गांधी से कर सकता है। इंदिरा ने 'गरीबी हटाओ' का नारा दिया था, लेकिन यह भी उतना ही सच है कि उनके पास कोई ठोस योजना नहीं थी। जाहिर है कि अब यह तुलना बंद होनी चाहिए, क्योंकि अपने विचारों को मूर्त रूप देने की मोदी की क्षमता अतुलनीय है। इंदिरा गांधी ने बैंकों का राष्ट्रीयकरण किया और फर्जी ऋण मेलों के जरिए जनता के पैसे को लुटाया, जिसमें लाभार्थी प्रायः कांग्रेसी कार्यकर्ता ही थे, जबकि मोदी विलक्षण तरीके से 25 करोड़ गरीब जनता के बैंक खाते खोलने में सफल रहे।

मोदी ने चुनावी रैलियों में सिर्फ उन विकासवादी नीतियों की बात की, जिसका लाभ सभी को मिलेगा। इसमें जाति, पंथ, लिंग, क्षेत्र और धर्म आड़े नहीं आएँगे। चूँकि मीडिया के एक वर्ग को चुनावों को सांप्रदायिक या जातिगत चश्मे से देखने की ही आदत है, लिहाजा उसने यह मानने से इनकार कर दिया कि प्रधानमंत्री सबसे बड़े सेक्युलर एजेंडे, यानी विकास के नाम पर वोट माँग रहे थे। मोदी ने इसका उल्लेख नतीजों के बाद पार्टी कार्यालय में अपने संबोधन के दौरान भी किया। उन्होंने कहा कि मीडिया यह अंदाजा लगाने में विफल रहा कि भाजपा ने यह जीत विकास के एजेंडे पर हासिल की है। मोदी तब एक स्टेट्समैन, यानी राजनेता से भी बड़े नजर आए, जब उन्होंने पार्टी कार्यकर्ताओं से कहा कि सरकार बनती है बहुमत से, लेकिन चलती है सर्वमत से। सरकार सबके लिए होती है। जिन्होंने वोट दिया, उनके लिए भी और जिन्होंने वोट नहीं दिया, उनके लिए भी। क्या आपने मोदी से पहले कभी किसी राष्ट्रीय नेता के मुँह से चुनावी राजनीति और गवर्नेंस, यानी शासन के बीच के अंतर को इस तरह आसान शब्दों में जनता के समक्ष रखते हुए सुना है?

उत्तर प्रदेश, उत्तराखंड, मणिपुर और इसके पहले ओडिशा एवं महाराष्ट्र (जहाँ

हाल में पंचायत और नगर निगम के चुनाव संपन्न हुए) के चुनावों से कई महत्वपूर्ण संदेश निकल रहे हैं। अब यह स्पष्ट है कि जनता नरेंद्र मोदी को एक निर्णायक नेता के रूप में देखती है, जो कड़े फैसले कर सकते हैं तथा एक मजबूत और एकीकृत भारत का निर्माण कर सकते हैं। जनता देश में उभर रही विभाजनकारी प्रवृत्तियों को लेकर चिंतित है। यही नहीं, वह देश की एकता-अखंडता को कमजोर करने की कोशिश कर रहे एक वर्ग को कांग्रेस और वामपंथी तत्त्वों से मिल रहे समर्थन को लेकर भी असहज है। नई दिल्ली और पश्चिम बंगाल के विश्वविद्यालयों में लगे देश विरोधी नारों सहित कुछ अजीब घटनाओं ने अधिकांश भारतीयों को भीतर तक झकझोर दिया है। वे यह समझ नहीं पा रहे हैं कि आखिर कैसे राष्ट्रीय और क्षेत्रीय पार्टियों के नेता कश्मीरी उग्रवादियों एवं अलगाववादी नारों का समर्थन कर सकते हैं। धार्मिक अल्पसंख्यकों का अभद्र तुष्टीकरण और कई क्षेत्रीय और जाति आधारित पार्टियों की अत्यंत खतरनाक व विभाजनकारी राजनीति भी उन्हें परेशान करने लगी है।

वास्तव में जिस अस्थिर गठबंधन सरकार की अगुआई मनमोहन सिंह ने दस वर्षों तक की, उसके झटकों से देश अभी पूरी तरह उबर नहीं पाया है। संप्रग के कार्यकाल की राजनीति ने देश को न सिर्फ कमजोर किया, बल्कि स्वयं शासन करने की उसकी क्षमता को भी संदेह के घेरे में ला दिया। कुल मिलाकर तीन दशक की गलतियों के बाद जनता एक मजबूत, निर्णायक और देश को एकजुट रखनेवाले नेता के नेतृत्व में अखिल भारतीय पार्टी के पक्ष में खड़ी दिख रही है। जाहिर है, अब देश का मिजाज डाँवाँडोल गठबंधन और सांप्रदायिक राजनीति के अलावा विश्वासघाती ताकतों को प्रोत्साहित करनेवाली विभाजनकारी ताकतों के खिलाफ प्रतीत हो रहा है। लोगों को यह लगता है कि इन सबसे देश को एक ही नेता छुटकारा दिला सकता है, और उसका नाम है—नरेंद्र मोदी।

□

सबसे पहले राष्ट्र

कश्मीर पर कुछ और तथ्य

[नेहरू ने पीछे की घटनाओं को याद करते हुए करियप्पा से यह स्वीकार किया था कि कश्मीर में युद्ध-विराम का आदेश कुछ देर से दिया जाना चाहिए था।]

गणतंत्र दिवस जश्न का अवसर होने के साथ-साथ एक मर्मस्पर्शी क्षण भी होता है, खासकर इसलिए कि इस दिन राष्ट्रपति की ओर से उन बहादुर सैनिकों को वीरता पुरस्कार दिए जाते हैं, जिन्होंने देश की रक्षा में अपना जीवन दाँव पर लगा दिया। अकसर इन वीरों में वे युवा सैनिक होते हैं, जो जम्मू-कश्मीर में पाक प्रशिक्षित आतंकवादियों से मुकाबला करते हुए शहीद हो जाते हैं। हम सभी ऐसे वीरों को सलाम करते हैं। कश्मीर में आतंकवाद का दौर लंबे समय से जारी है। यथार्थ यह है कि कश्मीर के माध्यम से पाकिस्तान हमारे खिलाफ छद्म युद्ध छेड़े हुए है। हम सब जम्मू-कश्मीर में आतंकवादी घटनाओं के बारे में सुनते रहे हैं, लेकिन हमें उन स्थितियों की पड़ताल करने की भी जरूरत है, जिनके चलते पाकिस्तान कश्मीर का एक-तिहाई भाग हड़पने में सफल हो गया। इन्हीं घटनाओं में से एक अक्टूबर 1947 में कश्मीर पर पाकिस्तान के हमले के बाद भारत द्वारा संयुक्त राष्ट्र में शिकायत करने का दुर्भाग्यपूर्ण निर्णय। हॉल के सप्ताहों में आई दो पुस्तकें भारत के प्रथम प्रधानमंत्री जवाहरलाल नेहरू द्वारा इस प्रसंग में की गई ऐतिहासिक भूल पर नई रोशनी डालती है। उस समय सरदार पटेल सरीखे नेता इस पर दृढ थे कि पूरे कश्मीर क्षेत्र से घुसपैठियों को निकाल बाहर किया जाए, लेकिन नेहरू ने न केवल इस मामले को अंतरराष्ट्रीय मुद्दा बनाने की गलती की, बल्कि संयुक्त राष्ट्र सुरक्षा परिषद की सलाह पर वे सैन्य अभियान रोक देने पर भी खामोशी से राजी हो गए।

नेहरू द्वारा युद्ध विराम का आदेश देने के कारण भारतीय सेना अपने खोए क्षेत्र पर फिर से अधिकार हासिल करने में सफल नहीं हो सकी। नेहरू के इसी कदम से एक ऐसे क्षेत्र का जन्म हुआ, जिसे दुनिया पाक अधिकृत कश्मीर के नाम से जानती है। तथ्य

यह है कि कश्मीर के संदर्भ में नेहरू की नीतियों ने बहुत अधिक निराशा और यहाँ तक कि राजनेताओं तथा सैन्य अधिकारियों के मन में नाराजगी उत्पन्न की। इसकी एक बार फिर पुष्टि एयर मार्शल (रि.) के.सी करियप्पा की अपने पिता फील्ड मार्शन के.एम. करियप्पा पर लिखी गई पुस्तक में सामने आए नए सबूतों से होती है। के.एम. करियप्पा को भारत का सर्वाधिक सम्मानित सैनिक माना जाता है। इसी तरह मक्खन लाल की पुस्तक 'सेकुलर पॉलिटिक्स, कम्युनल एजेंडा-ए हिस्ट्री ऑफ पॉलिटिक्स इन इंडिया फ्राम 1860 टु 1953' भी ऐसे ही तथ्यों को प्रमाणित करती है।

एयर मार्शल करियप्पा के मुताबिक सरकार ने सैन्य अभियानों में सीधे तौर पर शामिल दोनों कमांडरों की सलाह की अनदेखी की। वे लिखते हैं, "मेरे पिता उस समय पश्चिमी कमान में मुख्य कमांडिंग अफसर थे और मेजर जनरल थिमैया ऑपरेशनल कमांडर थे। वे दोनों इस बात पर आश्वस्त थे कि मुजफ्फराबाद (जो आज पाकिस्तान अधिकृत कश्मीर की राजधानी है) पर कब्जा एकदम करीब है। तभी अचानक सेना को 1 जनवरी, 1949 से सभी आक्रामक अभियानों को रोक देने का आदेश दिया गया, जबकि दुश्मन लड़ाई जारी रखे हुए था।" फील्ड मार्शल करियप्पा ने बाद में कहा भी कि सेना के इरादे बुलंद थे और उसे कश्मीर के ज्यादातर भाग और गिलगिट पर नियंत्रण करने का विश्वास था, लेकिन हमें लड़ाई रोक देने का आदेश मिला। फील्ड मार्शल करियप्पा ने कहा कि सेना इस निर्णय से बहुत निराश थी, लेकिन आदेश तो मानना ही था। इस घटनाक्रम की अन्य स्रोतों से भी पुष्टि होती है। उदाहरण के लिए बहुत साल पहले कांग्रेस के पूर्व अध्यक्ष एस. निजलिंगप्पा ने मुझे उस समय प्रधानमंत्री के सरकारी निवास तीन मूर्ति भवन में मेजर जनरल थिमैया से हुई भेंट के बारे में बताया था, जब नेहरू युद्ध-विराम पर विचार कर रहे थे। निजलिंगप्पा के अनुसार, जनरल ने नेहरू से कहा कि सेना को खोए क्षेत्र को फिर से हासिल करने के लिए दो सप्ताह की जरूरत है, लेकिन प्रधानमंत्री युद्ध-विराम पर अडिग थे। जनरल को नेहरू का रवैया समझ में नहीं आया और वे झल्लाहट में तीन मूर्ति भवन से निकल गए।

एयर मार्शल करियप्पा ने कश्मीर असफलता के मामले में लेफ्टिनेंट जनरल एस.एम. श्रीमंगेश की प्रतिक्रिया भी फिर से प्रस्तुत की है। श्रीमंगेश के अनुसार ले. जनरल करियप्पा को पाकिस्तान की सुरक्षा पर खतरा उत्पन्न करनेवाले सैन्य अभियान रोक देने का निर्देश दिया गया था। एयरफोर्स को भी आदेश दिया गया था कि वह पाकिस्तान द्वारा इस्तेमाल किए जानेवाले महत्त्वपूर्ण पुलों को निशाना न बनाए। वायुसेना को ये निर्देश जिस भाषा में मिले थे, उसे समझने के लिए उनका सुनना जरूरी था। एयर मार्शल करियप्पा ने कई वर्ष बाद नेहरू से युद्ध-विराम के कारण के बारे में पूछा। नेहरू ने पीछे की घटनाओं को याद करते हुए यह स्वीकार किया कि युद्ध-विराम का आदेश

कुछ देर से दिया जाना चाहिए था। उन्होंने करियप्पा से कहा, ''साफ कहूँ तो मैं जब पीछे की ओर निगाह डालता हूँ तो मुझे लगता है कि हमें आपको कुछ और दिन देने चाहिए थे, शायद दस या 15 दिन और। तब शायद स्थितियाँ दूसरी होतीं।''

सरकार में नेहरू के अनेक सहयोगी भी संयुक्त राष्ट्र में की गई शिकायत तथा उसके बाद की घटनाओं पर अप्रसन्न थे। इनमें सरदार पटेल, डॉ. अंबेडकर और अनेक अन्य लोग शामिल थे। प्रो. मक्खन लाल अपनी पुस्तक में लिखते हैं कि यद्यपि पाकिस्तान ने 22 अक्तूबर, 1947 को कश्मीर पर हमला किया, लेकिन नेहरू को पाकिस्तान के हमलावर तेवरों की जानकारी सितंबर में ही हो गई थी। बावजूद इसके उन्होंने कोई पूर्व कदम नहीं उठाया। प्रो. लाल लिखते हैं कि यदि सरदार पटेल ने कश्मीर के महाराजा से विलय के दस्तावेज पर हस्ताक्षर कराने तथा 27 अक्तूबर की सुबह सेना को हवाई जहाज से श्रीनगर भेजने की निर्णायक काररवाई नहीं की होती तो कश्मीर भारत के हाथ से हमेशा के लिए चला जाता। इसकी पुष्टि तत्कालीन गृह सचिव वी.पी. मेनन तथा नेहरू कैबिनेट के सदस्य एन.बी. गाडगिल की स्मृतियों से भी होती है। गाडगिल के हवाले से प्रो. लाल लिखते हैं, ''मुझे लगता है कि कश्मीर समस्या के लंबे खिंचते चले जाने के पीछे नेहरू जिम्मेदार हैं, क्योंकि वे हर स्तर पर समझौते करने के लिए तत्पर थे। ...यदि वल्लभभाई ने कश्मीर समस्या को अपने हाथ में लिया होता तो वे इसे बहुत पहले हल कर चुके होते। कम-से-कम वे जम्मू-कश्मीर के आंशिक नियंत्रण पर कभी सहमत नहीं होते। उन्होंने न केवल पूरे राज्य पर नियंत्रण कर लिया होता, बल्कि वे इसे अंतरराष्ट्रीय मुद्दा भी नहीं बनने देते।''

जब हम उन बहादुर सैनिकों को याद करते हैं, जिन्होंने देश के भू-भाग की रक्षा में अपने प्राण त्याग दिए, तब हमें खुद से यह सवाल करना चाहिए कि पाकिस्तान हमारे इस घाव से निरंतर जो रक्त बहा रहा है, उसे रोकने के लिए हमें क्या करना चाहिए? हम कश्मीर के संदर्भ में सच्चाई तक पहुँचकर इसकी शुरुआत कर सकते हैं। इसके लिए हमें उन लोगों के चेहरे से महानता का परदा हटाना होगा, जिन्होंने कश्मीर अपने हाथ में लिया और बुरी तरह असफल रहे। हमें उन इतिहासकारों के प्रयासों को भी खारिज कर देना चाहिए, जो नेहरू-गांधी परिवार के संरक्षण में कार्य कर रहे हैं और सरदार पटेल, डॉ. अंबेडकर, फील्ड मार्शल करियप्पा, जनरल थिमैया, वी.पी. मेनन समेत अनगिनत अन्य भारत के सपूतों के योगदान को नकारने में लगे हैं। ऐसे इतिहासकार नेहरू को लेकर बनाए गए मिथ को कायम रखना चाहते हैं।

□

देश विरोध का फैशन

[क्या सहिष्णुता की कोई सीमा नहीं होती है? क्या एक नागरिक से यह कहना पड़ेगा कि वह देश के संविधान, उसके झंडे, उसकी एकता और अखंडता के प्रति वफादार रहे?]

राष्ट्रद्रोह से संबंधित आई.पी.सी. की धारा 124-ए पर नए सिरे से निगाह डालने की आवश्यकता हो सकती है, लेकिन किसी को इसकी अनुमति नहीं दी जानी चाहिए कि वह इस प्रावधान की वैधानिकता पर बहस के बहाने मूल मुद्दे पर परदा डालने की कोशिश करे। मूल मुद्दा है जवाहरलाल नेहरू विश्वविद्यालय के और जादवपुर विश्वविद्यालय के छात्रों के एक समूह की ओर से हमारे संविधान पर शर्मनाक आघात तथा देश की एकता और अखंडता को चुनौती देना। नौ फरवरी के विवादास्पद कार्यक्रम के लिए लगाए गए पोस्टर पर ही निगाह डालिए और आपको अहसास होगा कि कुछ शक्तियों ने भारत की बुनियाद पर दबाव डालना आरंभ कर दिया है। पोस्टर के अनुसार यह कवियों, कलाकारों और गायकों की ओर से विरोध का एक सांस्कृतिक कार्यक्रम था। कहा गया कि कार्यक्रम का आयोजन अफजल गुरु और मकबूल बट की 'न्यायिक हत्या' पर विरोध जताने के लिए किया जा रहा है और इसके जरिए कश्मीरी लोगों के आत्मनिर्णय के लोकतांत्रिक अधिकार का समर्थन किया जाना है। उसमें आगे कहा गया कि कार्यक्रम में 'कश्मीर पर भारत के कब्जे' और कश्मीरियों के इसके खिलाफ आंदोलन से संबंधित कला और फोटों की प्रदर्शनी लगाई जाएगी। हर किसी को 'कश्मीर पर कब्जे' के खिलाफ विरोध जताने के लिए इस कार्यक्रम से जुड़ने के लिए आमंत्रित किया गया।

जे.एन.यू. कांड से जुड़े छात्रों की जमानत अर्जी पर सुनवाई के दौरान दिल्ली हाईकोर्ट ने दिए अपने आदेश में उस कथित सांस्कृतिक संध्या में छात्रों द्वारा लगाए गए नारों का जिक्र किया है। उन्हें पढ़ें और स्वयं निर्णय करें कि क्या कोई भी भारतीय नागरिक, जो भारत की एकता और अखंडता के प्रति प्रतिबद्ध हो, जिसके मन में हमारे

संविधान की थोड़ी सी भी कद्र हो तो क्या वह इस तरह के नारे लगाएगा? जे.एन.यू. में जो नारे लगे, वे इस प्रकार हैं—अफजल गुरु, मकबूल बट जिंदाबाद। भारत की बरबादी तक जंग रहेगी, जंग रहेगी, गो इंडिया, गो बैक, इंडियन आर्मी मुर्दाबाद, भारत तेरे टुकड़े होंगे, अफजल की हत्या नहीं सहेंगे, नहीं सहेंगे और अंत में बंदूक के दम पर लेंगे आजादी।

हाईकोर्ट की जज को नौ फरवरी के दिन पूरे घटनाक्रम से सिलसिलेवार अवगत कराया गया। आरंभ में छात्रों के एक समूह ने जे.एन.यू. परिसर में साबरमती ढाबा में एक सांस्कृतिक संध्या के आयोजन के लिए अनुमति ली। उसके बाद जब जे.एन.यू. प्रशासन ने पूरे हॉस्टल में चिपकाए गए पोस्टर देखे तो उसको एहसास हुआ कि कुछ गलत होने जा रहा है। उन पोस्टरों में अफजल और मकबूल की 'न्यायिक हत्या' की बात कही गई थी। किसी मुसीबत की आशंका के चलते विश्वविद्यालय प्रशासन ने आयोजकों को दी गई अनुमति को रद्द कर दिया और पुलिस को बुलाया। उस शाम को देशविरोधी नारे लगाए गए। हाईकोर्ट को तसवीरें भी सौंपी गईं, जिनमें छात्र अफजल की फोटोवाले पोस्टर लिये हुए थे। अफजल दिसंबर 2001 में भारतीय संसद पर हुए हमले का एक प्रमुख मास्टर माइंड था। दूसरे शब्दों में कहें तो वहाँ मौजूद छात्र लोकतंत्र और अभिव्यक्ति की आजादी के नाम पर एक ऐसे आतंकवादी का समर्थन कर रहे थे, जिसने लोकतंत्र के मंदिर पर हमले की साजिश रची थी।

जे.एन.यू. के बाद जादवपुर विश्वविद्यालय में भी इसी तरह के पोस्टर लहराए गए। हैरानी की बात यह है कि जे.एन.यू. के प्रोफेसर और दूसरे कई बुद्धिजीवी इन नारों को संविधान के अनुच्छेद 19 (1) (अ) के तहत मिली अभिव्यक्ति की आजादी के अधिकार के दायरे में होने का दावा कर रहे हैं।

जे.एन.यू. में लगे नारों का उल्लेख करते हुए दिल्ली हाईकोर्ट की जस्टिस प्रतिभा रानी ने कहा कि ऐसे लोग विश्वविद्यालय परिसर में स्वतंत्र रूप से इस तरह से अबाध नारे इसलिए लगा पा रहे हैं, क्योंकि सेना के जवानों ने उन्हें यह सुरक्षित वातावरण उपलब्ध कराया है। हमारे जवान दुनिया की सबसे ऊँची चोटी पर दुर्गम परिस्थितियों में रात-दिन चौकसी कर रहे हैं। जो लोग हाथ में अफजल और मकबूल के फोटोवाले पोस्टरों को सीने से लगाकर आतंकियों के सम्मान में देश विरोधी नारे लगा रहे हैं, वे उन परिस्थितियों में एक घंटा भी टिक नहीं सकते। उन्होंने कहा कि जो लोग इस तरह के नारे लगा रहे हैं, वे भाषण और अभिव्यक्ति की आजादी के मौलिक अधिकार के संरक्षण का दावा नहीं कर सकते हैं। शरीर के किसी अंग में जब कोई संक्रमण हो जाता है तो पहली बार कोशिश होती है कि उसे एंटी बायोटिक्स के जरिए दूर किया जाए। यदि संक्रमण इससे ठीक नहीं होता तो दूसरे प्रकार के इलाज किए जाते हैं। कुछ मामलों

में ऐसे संक्रमण का इलाज ऑपरेशन द्वारा भी किया जाता है, खासकर जब संक्रमण पूरे अंग में फैल जाए और अवसाद का रूप ले ले तो उसका एकमात्र इलाज ऑपरेशन ही होता है। कई छद्म सेक्युलरवादी, जो कि अब छद्म राष्ट्रहित का जामा धारण कर चुके हैं, प्रबुद्ध जज की तीखी टिप्पणियों से कुछ सीख लेते हुए नहीं दिख रहे और उन्हें ही नीचा दिखाने की कोशिश कर रहे हैं। वे जज की आलोचना करते हुए कह रहे हैं कि कहाँ तो जमानत अर्जी पर आदेश देना था, लेकिन उन्होंने तो पूरा उपदेश दे डाला। उनके विरोधों को नजरअंदाज करना जरूरी है, क्योंकि वे मुख्य मुद्दे पर चर्चा नहीं चाहते हैं। वे नहीं चाहते कि भारत के संविधान और देश की एकता और अखंडता का मजाक उड़ानेवालों को दंडित किया जाए।

2014 के चुनावों में भारी पराजय से हताश दो प्रमुख वामदल सत्ता में आने के बाद से मोदी सरकार के खिलाफ अभियान चलाते रहे हैं। आम चुनावों में उन्हें 4 फीसद वोट ही मिला था। उनमें इस कदर निराशा घर कर गई है कि वे अब देश का विखंडन करनेवाले विचारों के समर्थन में खड़े हो गए हैं। परिणामस्वरूप अब उनका हेट मोदी कैंपेन धीरे-धीरे हेट इंडिया कैंपेन में बदलता जा रहा है। एक प्रख्यात विधिवेत्ता ने कानूनी पहलुओं पर चर्चा के दौरान ऑन रिकॉर्ड कहा है कि देशविरोधी होना आपराधिक कृत्य नहीं है। इसी प्रकार यह तर्क दिया जाता है कि कोई भी नागरिक कानूनी रूप से बाध्य नहीं है कि वह भारत की एकता और अखंडता के प्रति अपनी प्रतिबद्धता दरशाए। यदि राजद्रोह से संबंधित प्रावधान पुराने और अप्रासंगिक हैं तो क्यों नहीं इन छात्रों का समर्थन करनेवाले लोग कुछ विधायी सुझाव देते, ताकि संविधान के प्रति जिम्मेदारी का भाव पैदा किया जा सके। क्या सहिष्णुता की कोई सीमा नहीं होती है ? क्या उस नागरिक से यह कहना पड़ेगा कि वह देश के संविधान, उसके झंडे, उसकी एकता और अखंडता के प्रति वफादार रहे ? क्या भारत, जहाँ समाज में कई स्तरों पर विविधताएँ हैं, ऐसी रियायतों के बाद बचा रह सकता है ? हम सभी इस बात से पूरी तरह परिचित हैं कि हमारी राजनीति के बाएँ छोर पर अतिवादियों का जमावड़ा है। क्या हमें उन्हें इसकी अनुमति देनी चाहिए कि वे केंद्रीय भूमिका पर कब्जा कर लें और दुनिया के सबसे उदार, लोकतांत्रिक और बहुलतावाले राष्ट्र की नब्ज को कुतर दें ?

□

राजद्रोह की चुनौती

[जे.एन.यू. और जाधवपुर वि.वि. की घटनाओं के बाद हर किसी की जुबान पर एक ही सवाल है कि क्या भारत की एकता और अखंडता को चुनौती देनेवालों को सजा देने का कोई कानून नहीं है?

दोनों विश्वविद्यालयों में जो कुछ भी हुआ, वह हमारे संविधान पर सीधा हमला है।]

जवाहरलाल नेहरू विश्वविद्यालय के परिसर में भारत विरोधी भावना का शर्मनाक प्रदर्शन किया गया। ऐसी ही घिनौनी मानसिकता की झलक जाधवपुर विश्वविद्यालय में देखने को मिली। इन दोनों से अलग कश्मीर के एन.आई.टी. में राष्ट्र के समर्थन में नारे लगानेवालों को पीटा गया। जे.एन.यू. और जाधवपुर की घटनाओं ने जहाँ देश की एकता और अखंडता को सीधे-सीधे चुनौती दी, वहीं एन.आई.टी. का मामला भी उन तत्त्वों का दुस्साहस बढ़ानेवाला है, जो भारत को अशांत देखना चाहते हैं। आज हर किसी की जुबान पर एक ही सवाल है कि क्या भारत की एकता और अखंडता को चुनौती देनेवालों को सजा देने का कोई कानून नहीं है? वर्तमान में भारतीय दंड संहिता की विवादित धारा 124 ए के तहत ही ऐसे व्यक्ति को अभियुक्त बनाया जा सकता है। यह धारा कहती है कि कोई भी आदमी यदि भरत में विधि द्वारा स्थापित सरकार के खिलाफ शब्दों के द्वारा, लिखकर, बोलकर, संकेत देकर या अभिव्यक्ति या फिर दूसरे तरीकों के जरिए विद्रोह करता है या फिर नफरत या घृणा फैलाता है या ऐसी कोशिश करता है, तब वह अधिकतम उम्र कैद या तीन साल की कैद का भागी होगा। दोनों ही स्थितियों में जुर्माने का भी प्रावधान है।

इसी के जरिए सरकार अपने खिलाफ विद्रोह से निपटती है। हालाँकि कई आलोचना करते हैं कि यह काफी सख्त है। इसके संबंध में यह भी कहा गया है कि यह मौलिक अधिकार के रूप में मिली अभिव्यक्ति की आजादी को चोटिल कर सकता है। दूसरी

तरफ देखा जाए तो नौ फरवरी को जे.एन.यू. में जिस तरह के हालात पैदा हुए थे, उनसे निपटने में भी सक्षम नहीं है। उस दिन वहाँ भारत को टुकड़े करने के नारे लगे और भारतीय सेना की आलोचना की गई। गृहमंत्री राजनाथ सिंह और उनके मातहत मंत्री दोनों ने रिकॉर्ड में कहा है कि सरकार आई.पी.सी. की इस धारा पर नए सिरे से विचार करेगी और इस संबंध में विधि आयोग से सलाह ली जाएगी। यह सरकार का स्वागत योग्य कदम है, क्योंकि राजद्रोह का कानून पुराना हो गया प्रतीत होता है और समकालीन लोकतांत्रिक परंपराओं से तालमेल बैठाता नहीं दिखता है। इन दिनों जब वाम झुकाववाले शिक्षाविदों और छात्रों के एक छोटे भाग की राष्ट्रविरोधी भावना हिलोरे मार रही है, तब यह जानना रोचक होगा कि विधि आयोग ने ऐसे तत्त्वों से कानूनी रूप से निपटने के लिए चार दशक पहले ही रास्ता सुझाया था। आई.पी.सी की धारा 124 ए के परीक्षण के बाद 1971 में विधि आयोग ने कहा था कि इसको और मजबूत तथा संगठित करने की जरूरत है। आयोग ने कहा था कि राजद्रोह के अपराध को पुनः परिभाषित किया जाना चाहिए। संविधान या सरकार, संसद या किसी राज्य के विधानमंडल अथवा न्याय प्रशासन के खिलाफ उग्र विद्रोह को इसमें शामिल किया जाना चाहिए। सबसे महत्त्वपूर्ण बात यह कही गई कि भारत या किसी राज्य की अखंडता या लोक व्यवस्था को खतरे में डालने की किसी भी आपराधिक मंशा को राजद्रोह के कानून में शामिल किया जाना चाहिए। आयोग ने यह भी सिफारिश की कि जान-बूझकर संविधान, राष्ट्रीय ध्वज, राष्ट्रीय प्रतीक या राष्ट्रीय गान का अपमान और ध्वज से छेड़छाड़ करने के कृत्य को इस प्रावधान के तहत लाया जाना चाहिए।

पिछले कुछ वर्षों में संसद ने राष्ट्रीय सम्मान के अनादर को रोकने तथा राष्ट्रीय ध्वज, प्रतीक आदि की पवित्रता कायम रखने के लिए कानून बनाए हैं। देश में ध्वज संहिता भी है, लेकिन देश की एकता और अखंडता को चुनौती देने और भारतीय सेना को अपमानित करनेवालों को सजा देने के लिए किसी में भी एक मजबूत दंडात्मक प्रावधान करने पर विचार नहीं किया गया। कानून में इस कमी को फौरन दूर किया जाना चाहिए। यहाँ ध्यान देना जरूरी है कि इस कानून का प्रयोग इसीलिए किया जाता रहा है, क्योंकि दूसरा कोई बेहतर कानून मौजूद नहीं है। सिर्फ जे.एन.यू. के छात्र ही इस कानून के शिकंजे में नहीं आए हैं, इसके तहत गुजरात के पाटीदार समुदाय के युवा नेता हार्दिक पटेल पर भी मुकदमा चल रहा है। जे.एन.यू. में उस दिन जो नारे लगे थे, उनमें से प्रमुख नारे कुछ इस तरह के हैं—अफजल मकबूल जिंदाबाद, भारत की बरबादी तक जंग रहेगी, इंडियन आर्मी मुर्दाबाद, भारत तेरे टुकड़े होंगे और अफजल की हत्या नहीं सहेंगे। यहाँ तक कि इनमें शामिल छात्रों ने वहाँ अफजल और मकबूल बट की 'न्यायिक हत्या' लिखे पोस्टर चिपकाए थे।

ऐसे में राजद्रोह के कानून से संबंधित प्रावधान के खिलाफ तर्क क्यों दिया जा रहा है, जबकि इस संबंध में विधि आयोग के तर्कों को आधार बनाएँ तो साफ हो जाता है कि जे.एन.यू. और जाधवपुर विश्वविद्यालय में ऐसे नारे लगानेवाले और आपत्तिजनक पोस्टर लहरानेवाले, भारतीय गणराज्य, न्यायिक प्रणाली, सेना और देश की एकता और अखंडता को चुनौती देनेवालों के खिलाफ इस कानून का प्रयोग होना चाहिए। राजद्रोह कानून से इतर हमें यह भी देखने की जरूरत है कि हमारे संविधान ने हमें क्या जिम्मेदारियाँ सौंपी हैं। यदि आप संविधान का अध्ययन करें तो पूरी तरह आश्वस्त हो जाएँगे कि दोनों विश्वविद्यालयों में जो कुछ भी हुआ, वह हमारे संविधान पर सीधा हमला है। वास्तव में यह संविधान की प्रस्तावना पर हमला है, जिसमें भारत के सभी नागरिकों की सुरक्षा और उनकी गरिमा और राष्ट्र की एकता और अखंडता की रक्षा की बात कही गई है। यह अनुच्छेद 51 ए द्वारा नगारिकों के लिए तय किए गए मौलिक कर्तव्यों का भी उल्लंघन है, जिसमें कहा गया है कि यह भारत के हर नागरिक का कर्तव्य है कि वह संविधान का पालन करेगा और इसके विचार, संस्थाओं, राष्ट्र ध्वज और राष्ट्रगान का आदर करेगा। नागरिकों से यह अपेक्षा की गई है कि वे उन आदर्शों का पालन करेंगे, जिन्होंने स्वतंत्रता संग्राम को प्रेरित किया और भारत की संप्रभुता, एकता और अखंडता की रक्षा करेंगे तथा इसे कायम रखेंगे।

भारत के संविधान की इस भावना को ध्यान में रखते हुए सरकार को तुरंत एक ऐसा कानून बनाना चाहिए, जो देश की अखंडता और संप्रभुता पर प्रश्न चिह्न लगानेवालों को उनके किए की सजा दे सके। विधि आयोग की 42वीं रिपोर्ट में देश की अखंडता, न्यायिक प्रणाली और संसद पर प्रश्नचिह्न लगानेवाले के खिलाफ कड़ी दंडात्मक काररवाई करने का सुझाव दिया गया है। जे.एन.यू. में जिन लोगों ने नारे लगाए हैं और पोस्टर लहराया है, उन्होंने कुछ इसी तरह का अपराध किया है। उन्होंने हमारे संविधान के मूल्यों, राष्ट्रीय एकता, न्यायपालिका, सेना और विधिवत् निर्वाचित सरकार पर सीधा हमला बोला है। सरकार को विधि आयोग से नए सुझाव लेने चाहिए और बिना देरी के एक नया कानून बनाना चाहिए। इस शरारत को आरंभ में ही कुचल देने की जरूरत है।

□

ढोंगी सेक्यूलरवाद

हिंदुओं के जख्मों का क्या होगा?

चंद दिनों पहले आंध्र प्रदेश के मुसलिम संगठनों ने बाबरी मसजिद के विध्वंस की 12वीं बरसी पर छह दिसंबर को बंद का आह्वान किया। बंद का आह्वान करनेवाले संगठनों में से एक मुसलिम यूनाइटेड फ्रंट के सचिव अब्दुल रहीम कुरैशी के हवाले से समाचार-पत्रों ने लिखा, ''बाबरी मसजिद के विध्वंस का घाव अभी भी रिस रहा है। अयोध्या में ढाँचा ढहाया जाना भारत के इतिहास की सबसे काली घटना है और इसे तब तक भुलाया नहीं जा सकता, जब तक कि मुसलिमों को न्याय न हासिल हो जाए।'' कुरैशी अखिल भारतीय मुसलिम पर्सनल लॉ बोर्ड के सचिव भी हैं। कुरैशी के इस वक्तव्य ने मुझे अतीत के कष्टप्रद सफर में जाने के लिए विवश कर दिया। मैं मजबूर हुआ कि हिंदू पूजास्थलों पर मुसलिम आक्रमणकारियों के खौफनाक प्रहारों के पुनः साक्षात् दर्शन करूँ। मैं यह भी परीक्षण करना चाहता था कि अकाट्य ऐतिहासिक तथ्यों के दृष्टिगत अयोध्या में 12 वर्ष पूर्व विवादित ढाँचा ढहाया जाना क्या वाकई भारतीय इतिहास की सबसे काली घटना है?

हिंदू अयोध्या के विवादित ढाँचेवाले स्थल को भगवान् राम की जन्मभूमि मानते हैं। वे यह भी मानते हैं कि बाबर के सेनापति मीर बाकी ने इस स्थान पर मौजूद मंदिर को नष्ट कर ही बाबरी मसजिद का निर्माण कराया था। गत वर्ष भारतीय पुरातत्त्व विभाग ने अदालत के आदेश पर इस स्थान की खुदाई की थी। पुरातत्त्व विभाग ने पाया कि मसजिद का निर्माण विशाल मंदिर की दीवारों पर किया गया था। अयोध्या विवाद इस समय इलाहाबाद हाईकोर्ट के समक्ष है। हिंदुओं के लिए यह मामला विश्वास का प्रश्न है। एक मुसलिम आक्रांता द्वारा बनाई गई मसजिद को उस मंदिर के समकक्ष नहीं माना जा सकता, जो भगवान राम के जन्मस्थल पर बना है। कई मुसलिम नेताओं का कहना है कि इस मामले को अदालत द्वारा हल किया जाना चाहिए। दूसरे शब्दों में इन नेताओं के कथन का अर्थ है कि भले ही यह मामला भगवान् राम के जन्मस्थान से जुड़ा हो, लेकिन अदालती आदेश को आस्था से ऊपर तरजीह दी जानी चाहिए। प्रश्न

यह है कि क्या मुसलिम हमेशा यही दृष्टिकोण रखते हैं ? यदि हाँ, तो उन्होंने शाहबानो प्रकरण में अदालत के आदेश को रद्द करने के लिए भारत सरकार को क्यों मजबूर किया ? तलाकशुदा पत्नी को गुजारा भत्ता देने के इस मामले में मुसलिमों ने इसे आस्था का प्रश्न बताकर अदालत के आदेश को पलटने का दबाव बनाया था। अयोध्या मामले का कुछ भी निष्कर्ष निकले, रामजन्मभूमि का विवाद एक ऐसा घाव है, जो हिंदुओं के दिलों पर सदियों से रिस रहा है। यही अकेले क्यों, कई घाव और भी हैं। काशी, मथुरा आदि-आदि।

काशी का ही उदाहरण लें। हिंदुओं का विश्वास है कि काशी में गंगा में एक डुबकी और फिर विश्वनाथ मंदिर में पूजा-अर्चना मोक्ष प्राप्त करने के लिए आवश्यक है। यह पवित्र स्थल हिंदुओं के लिए ठीक वही स्थान रखता है, जो मुसलिमों के लिए हज का है। संभवत: यही कारण है कि औरंगजेब ने इस मंदिर को ढहाकर उस पर इस तरह मसजिद का निर्माण कराया, जिससे मंदिर का अधिकांश हिस्सा ढक गया। औरंगजेब का शासन समाप्त होने के बाद एक नए मंदिर का निर्माण कराया गया, लेकिन हिंदुओं का सबसे पवित्र स्थान शिव मंदिर आज तक एक मसजिद के खोल में है। क्या औरंगजेब द्वारा काशी मंदिर को ढहाया जाना देश के इतिहास की सबसे काली घटना नहीं थी ? अब मथुरा को ही लें, जो कि भगवान् श्रीकृष्ण का जन्मस्थान है। भारतीय इतिहास को सच्चे अर्थों में प्रस्तुत करनेवालों में प्रमुख प्रफुल्ल पटौदिया ने एक ब्रिटिश अधिकारी के हवाले से लिखा है, ''यह सर्वाधिक प्रसिद्ध मंदिर था, जिसे मूर्तिभंजक औरंगजेब के शासनकाल के 11वें वर्ष अर्थात् 1669 में नष्ट कर दिया गया। मंदिर तोड़कर बनाई गई मसजिद वास्तु की दृष्टि से बहुत कम महत्त्व की है।'' श्रीकृष्ण के जन्मस्थल को तबाह करने के औरंगजेब के कदम में मुसलिमों ने शान का अनुभव किया। औरंगजेब का इतिहास लिखनेवाले ने मासिर-ए-आलमगिरी में लिखा, ''महँगे जवाहरातों से जड़ी छोटी-बड़ी मूर्तियों को मंदिर से निकालकर आगरा ले जाया गया और उन्हें नवाब कुदसिया बेगम की मसजिद की सीढ़ियों में दफना दिया गया, ताकि लोग उन्हें हमेशा पैरों से कुचलते रहें।'' हिंदुओं के धर्मस्थलों को अगर किसी ने सबसे ज्यादा क्षति पहुँचाई तो वह था महमूद गजनी। गजनी ने सोमनाथ के मंदिर समेत हिंदुओं के सर्वाधिक पवित्र स्थानों पर बार-बार हमले कर लूटपाट की। इस पागलपन के पीछे उसके घृणित तर्क को प्रोफेसर मुहम्मद नाजिम ने 'द लाइफ ऐंड द टाइम्स ऑफ सुलतान महमूद ऑफ गजनी' में निरूपित किया है।

महमूद ने हिंदुओं के इस प्रस्ताव को भी ठुकरा दिया था कि वह चाहे तो सोमनाथ मंदिर की मूर्ति के बराबर सोना ले सकता है। महमूद द्वारा तोड़े गए मंदिर को फिर बना दिया गया, लेकिन 13वीं, 14वीं और 15वीं शताब्दी में मुसलिम आक्रांताओं द्वारा इसे

बार-बार तोड़ा गया। स्वतंत्रता के बाद सोमनाथ मंदिर का पुनर्निर्माण शांतिपूर्ण तरीके से किया गया, क्योंकि सरदार वल्लभ भाई पटेल, के.एम. मुंशी समेत अन्य लोग इस नासूर बन चुके घाव के इलाज के लिए प्रतिबद्ध थे। यह काम आसान नहीं था, क्योंकि उन्हें नेहरू की भीरुता और छद्म पंथनिरपेक्षी लगन से संघर्ष करना पड़ा। नेहरू की आपत्तियों के बावजूद पटेल 1950 में अपने काम में आगे बढ़े। इन तथ्यों के मद्देनजर हम कुरैशी के बयान पर क्या कहें—अक्खड़पन या असंवेदनशीलता? कुरैशी को समझना होगा कि बाबरी मसजिद विध्वंस एकमात्र नासूरवाला घाव नहीं है। भारत पर चतुर्दिक् निगाह डालें तो ऐसे घाव हजारों की संख्या में हैं? क्या हिंदुओं को अपने मंदिरों को तोड़े जाने की बरसी मनाना आरंभ कर देना चाहिए। वे अगर ऐसा करते हैं तो उन्हें वर्ष के प्रत्येक दिन कम-से-कम दस बार इन घावों का स्मरण करना होगा। क्या होगा अगर हिंदू भी कुरैशी का अनुसरण कर यह कहें कि अतीत का अंधकार तब तक नहीं भुलाया जा सकेगा, जब तक कि न्याय न हासिल हो जाए। कुरैशी सरीखे मुसलिम नेताओं को मौजूदा छद्म पंथनिरपेक्षी माहौल के वेग में नहीं बहना चाहिए। उन्हें सीताराम या वर्द्धन सरीखे हिंदू नामोंवाले राजनीतिज्ञों और आधारहीन विश्लेषकों की तीक्ष्ण हिंदू विरोधी अभिव्यक्तियों से भी सावधान रहना होगा। इनमें से अधिकांश स्वयंभू निरीश्वरवादी, अज्ञेयवादी और तर्कवादी हैं, जो संभवत: धार्मिक रूप से अल्पसंख्यकों से जुड़े मामलों में खुद को सर्वाधिक अनुकूल अनुभव करते हैं। वे मंदिर जानेवाले हिंदू नहीं हैं। उन्हें मोक्ष की तलाश में गंगा में डुबकी लगाने में भी कोई रुचि नहीं है।

काशी, मथुरा और अयोध्या में प्रतिवर्ष पूर्ण श्रद्धाभाव से जानेवाले करोड़ों हिंदू आज भी इन स्थानों के प्रत्यक्ष स्वरूप को देखकर उन घावों की टीस का अनुभव करते हैं, जो पिछले एक हजार वर्षों में इन स्थानों पर हृदयहीन हमलों के जरिए हिंदुओं के मन में लगाए गए। क्या मुसलिम जन इन रिसते घावों का इलाज करने के लिए तैयार हैं? सभी आस्थाओंवाले नागरिकों के सह-अस्तित्व में विश्वास करनेवालों के लिए यह आवश्यक है कि भारतीय राष्ट्र के पंथ निरपेक्षी और लोकतांत्रिक चरित्र को बचाए रखने के लिए उन काररवाइयों और अभिव्यक्तियों से बचा जाए, जो हिंदू समाज के लिए कष्टदायी और उसे झकझोरनेवाली हैं।

□

नामांतरण पर बेजा विवाद

[मोतीलाल नेहरू, इंदिरा गांधी और राजीव गांधी के अलावा कांग्रेस के कई और नेताओं ने दिल्ली की सड़कों से ब्रिटिश शासन के प्रतीक पुरुषों को बाहर कर दिया है।]

नई दिल्ली क दिल में मुख्य मार्ग के तौर पर औरंगजेब रोड का नया नामकरण करते समय संभवत: यही सोचा गया था कि हाल के वर्षों में लोगों के सर्वाधिक प्रिय, सम्मानित और राष्ट्रीय प्रतीक बन चुके डॉ. कलाम के नाम पर इस सड़क का नाम डॉ. ए.पी.जे. अब्दुल कलाम मार्ग रखे जाने से सर्वत्र इसकी सराहना-प्रशंसा होगी, लेकिन दु:खद यही है कि ऐसा नहीं हुआ। राजनीतिक वर्ग के तमाम धड़े, जिसमें संविधान के मूलभूत मूल्यों की दुहाई देनेवाले भी शामिल हैं, ने इस फैसले पर क्षोभ जाहिर किया है और इस तरह वे देश के इतिहास में सबसे बड़े आततायियों में से एक की रक्षा में उतर आए। ऐसा करते हुए उन लोगों ने उन करोड़ों भारतीयों की भावनाओं को ठेस पहुँचाई, जो सरल, सादगी पसंद व पंथनिरपेक्ष डॉ. कलाम को प्यार करते हैं और जिन्होंने देश के युवाओं के मस्तिष्क को प्रज्वलित करने का कार्य किया। औरंगजेब रोड का नाम बदलने का विरोध करनेवाले तर्क देते हैं कि इतिहास के साथ छेड़छाड़ नहीं की जानी चाहिए और कि यह भी सब इतिहास को विकृत करने का प्रयास है। यह तर्क दो आधारों पर दिखावटी है। पहला यह कि जब दिल्ली में पिछले पचास साल के दौरान दर्जनों सड़कों और ऐतिहासिक स्थलों के नाम बदले गए, तब इस तरह का कोई तर्क नहीं दिया गया। दूसरा, एक सड़क का नाम बदलने भर से इतिहास किस तरह मिटाया जा सकता है।

आजादी के वक्त से ही भारत के लोग देश भर में सड़कों के नाम बदलते रहे हैं। वस्तुत: इस तरह के परिवर्तन फैशन माने जाते रहे हैं और परिणामस्वरूप नई दिल्ली की कई गलियों-सड़कों के नाम 1947 के बाद बदले गए हैं और अधिकांशत: वे एक राजनीतिक पार्टी कांग्रेस के प्रतीक पुरुषों के नाम पर रखे गए हैं। इसके कुछ उदाहरण

देखे जा सकते हैं। किंग्सवे अब राजपथ है और क्वींसवे जनपथ है। यॉर्क रोड का नाम मोतीलाल नेहरू मार्ग हो गया है। दिल्ली के केंद्र में कनॉट सर्कस ड्यूक ऑफ कनॉट के राजकुमार सर आर्थर के नाम पर था। इसे 1990 के दशक में बदल दिया गया। कनॉट सर्कस का नाम अब इंदिरा चौक हो गया है और इसके अंदरूनी हिस्से कनॉट प्लेस का नाम राजीव चौक है। यह बात दूसरी है कि दिल्ली वालों ने इस बदलाव को ठुकरा दिया। कोई आने-जानेवाला या ऑटोवाला कभी भी कनॉट सर्कस को इंदिरा चौक नहीं कहता।

मोतीलाल नेहरू, इंदिरा गांधी और राजीव गांधी के अलावा कांग्रेस के कई और नेताओं ने दिल्ली की सड़कों से ब्रिटिश शासन के प्रतीक पुरुषों को बाहर कर दिया है। उदाहरण के लिए, विक्टोरिया रोड, राजेंद्र प्रसाद मार्ग हो गया और किंग एडवर्ड रोड का नाम बदलकर मौलाना आजाद मार्ग कर दिया गया। कर्जन रोड अब कस्तूरबा गांधी मार्ग है, हार्डिंग एवेन्यू अब तिलक मार्ग है। ओल्ड मिल रोड का नाम रफी मार्ग कर दिया गया है। हेस्टिंग रोड का नाम बदलकर कृष्ण मेनन मार्ग कर दिया गया। डुप्लेक्स रोड अब के. कामराज मार्ग है। कैनिंग रोड अब माधवराव सिंधिया मार्ग, वेलस्ले रोड अब डॉ. जाकिर हुसैन मार्ग और वेल्लिंडन क्रीसेंट अब मदर टेरेसा क्रीसेंट बन गया है। जब दो दशक पहले ड्यूट ऑफ कनॉट के नेक राजकुमार को बाहर का रास्ता दिखाया गया था, तब औरंगजेब के लिए छाती पीटनेवालों की आँखों में आँसू नहीं आए थे। आखिरकार ये ड्यूट ऑफ कनॉट के राजकुमार ही थे, जिन्होंने 1921 में केंद्रीय विधानसभा का उद्‌घाटन किया था, जो आज की लोकसभा है। दो सदनवाली संसद में निचले सदन विधानसभा का गठन भारत सरकार 1919 कानून के तहत किया गया था। भारत में सर्वोच्च विधायी संस्था का उद्‌घाटन करनेवाले व्यक्ति का नाम हटा देना क्या उचित है? आखिर उसने क्या अपराध किया था? इसी तरह कार्नवालिस, डुप्लेक्स या कैनिंग के बारे में क्या कहेंगे और इन लोगों ने कौन सा अपराध किया था?

घृणास्पद होने की हद तक दोहराया जानेवाला एक और तर्क कि यह इतिहास को मिटानेवाला प्रयास है, असत्य के अतिरिक्त और कुछ नहीं। औरंगजेब द्वारा अपनी हिंदू जनता पर किए गए अत्याचार और हिंसा को दिल्ली की एक सड़क से उसका नाम हटाकर कोई कैसे मिटा सकता है? उदाहरण के लिए कौन भूल पाएगा कि 9 अप्रैल, 1669 को उसने अपने हाकिमों को स्कूलों और हिंदुओं के मंदिरों को ध्वस्त करने का आदेश जारी किया था, जिसकी वजह से बनारस में काशी विश्वनाथ मंदिर, मथुरा में कृष्ण मंदिर और सोमनाथ मंदिर क्षतिग्रस्त कर दिए गए।

मथुरा में मंदिर को तहस-नहस करने के बाद उसने उस जगह पर एक उत्कृष्ट मसजिद का निर्माण किया। प्रतिमाएँ आगरा ले जाई गईं और लगातार कुचले जाने के खयाल से बेगम साहिबा के मकबरे की सीढ़ियों के नीचे उन्हें दफना दिया गया। उसने

मथुरा का नाम भी बदलकर इस्लामाबाद कर दिया। तब से दस साल बाद 2 अप्रैल, 1679 को उसने जजिया कर लगा दिया। यह एक तरह का टैक्स था, जो हिंदुओं को अपने धर्म का पालन करते रहने के लिए देना पड़ता था। सूची अंतहीन है, लेकिन मार्क्सवादी इतिहासकारों को अपने इस प्रिय व्यक्ति के जीवन की कुछ और बातें जाननी चाहिए। इसलाम कुबूल करनेवालों के लिए उसने सरकारी नौकरियों समेत कैद की सजा में छूट के प्रस्ताव किए।

औरंगजेब ने सिख गुरुद्वारों को ध्वस्त करने का आदेश दिया, गुरु तेग बहादुर को कैद कर लिया और कई दिनों तक यातनाएँ देने के बाद उनकी हत्या कर दी, क्योंकि उन्होंने इसलाम अपनाने से इनकार कर दिया था। गुरु गोविंद सिंह के समय में उसने सिखों पर क्रूरता जारी रखी और उनके चार बेटों की हत्या कर दी। यह इतिहास पर निर्भीक रुख रखनेवाले भारत के कुछ बड़े इतिहासकारों—जदुनाथ सरकार और आर.सी. मजूमदार के महत्त्वपूर्ण कामों में से औरंगजेब के जीवन और अपराधों की एक झलक भर है। हमारे औपनिवेशिक इतिहास को रोजाना याद दिलाने से दूर रखने के लिए ब्रिटिश सम्राटों और सूबेदारों के नाम हमारी सड़कों से हटाए गए। यह काम हमारे दिल-दिमाग में इस विचार को बैठाने के लिए भी था कि भारत अब आजाद है। इसी तरह औरंगजेब जैसे लोगों के नामवाली सड़कों के नामकरण धार्मिक कट्टरता हटाने और पंथनिरपेक्षता तथा लोकतंत्र के विचार को डालने के लिए बदले जाने चाहिए।

इसलिए सवाल यह नहीं है कि क्यों औरंगजेब रोड का नाम अब डॉ. कलाम के नाम पर रखा गया है। हमें यह जरूर पूछना चाहिए कि भारत सरकार ने इतने वर्षों तक क्यों औरंगजेब को प्रतिष्ठित रखा और इस भयानक विचार के पीछे कौन था? दरअसल नया नामकरण देश को मध्यकालीन असभ्यता के प्रभाव से निकालकर उन पंथनिरपेक्ष, लोकतांत्रिक और आधुनिक विचारों की ओर ले जानेवाला कदम है, जिनके लिए डॉ. कलाम जाने जाते थे, लेकिन इन वर्षों में जिन्होंने भारत को चलाया और भारत के इतिहास में सबसे नृशंस व्यक्तियों में से एक के महिमामंडन की अनुमति दी, वे अब भी औरंगजेब के लिए मत देने लगते हैं। उन्हें अभी बहुत सारी बातों का जवाब देना होगा।

□

असहिष्णुता का सच

[आपातकाल के दौरान इंदिरा गांधी के कई विरोधियों को पुलिस ने प्रताड़ित किया। क्या 'असहिष्णुता के खतरनाक वातावरण' का इससे बड़ा उदाहरण हो सकता है?]

मई 2014 में नरेंद्र मोदी सरकार आने के बाद से देश में तथाकथित असहिष्णुता के वातावरण की वजह से दर्जनों लेखक, कलाकार और जाने-माने बुद्धिजीवी अपने राष्ट्रीय पुरस्कार लौटा रहे हैं। कथित खराब-माहौल के झूठे शोर को फिल्म अभिनेता आमिर खान ने भी हवा दे दी है। क्या इस आरोप में कोई सच्चाई है कि पिछले 18 साल में भारत अचानक असहिष्णु समाज के रूप में उभरा है? इससे भी अधिक महत्त्वपूर्ण यह है कि किसी व्यक्ति को उसकी प्रतिभा और सार्वजनिक सेवा के लिए भारत सरकार द्वारा दिए जानेवाले राष्ट्रीय पुरस्कार को क्या किसी व्यक्ति या पार्टी या सरकार के साथ संबद्ध करना उचित है? जो लोग कथित रूप से खराब माहौल की बात कर रहे हैं, उनके भारी-भरकम बयानों में यह भी है कि देश में आज 'संकीर्णता, असहिष्णुता और कट्टरता का खतरनाक व्यापक वातावरण' है और आज के सत्ताधारी 'भारत के इतिहास के अखंड और समभावी विचार को' नकार रहे हैं। इस विचार का दु:खद समर्थन उससे कैसे मेल खाता है, जब उनकी पिछड़ी पीढ़ी ने 1975-77 के दौरान आपातकाल के नाम पर इंदिरा गांधी द्वारा लादे गए फासिस्ट शासन के समय या 1984 में सिख विरोधी दंगों के बाद अक्षम्य और असहनीय चुप्पी साध ली थी?

कुछ समय जरूर लगा, लेकिन अब सभी लोग समझ गए हैं कि अपमानित करनेवाला यह अभियान राजनीतिक उद्देश्यों से परदे के पीछे से चलाया जा रहा है। अल्पमतवाले वामपंथी बुद्धिजीवियों का प्रमुख राष्ट्रीय संस्थाओं पर अनुचित बोलबाला खत्म होने को आ रहा था और हताश होकर उन्होंने बनावटी अभियान के लिए समर्थन जुटाना आरंभ कर दिया, लेकिन जब भारतीय बुद्धिजीवियों के मौन रहनेवाले बहुमत के

कुछ सदस्य बोलने लगे तो उन्होंने निर्वाचित सरकार और 2014 के जनादेश के खिलाफ 'कृत्रिम विरोध' का कड़ा प्रतिकार किया। पचास प्रमुख बुद्धिजीवियों के समूह ने एक बयान के जरिए इस मनगढ़ंत दावे को ध्वस्त कर दिया कि भारत रातोरात असहिष्णु समाज बन गया है। उन्होंने असहिष्णुता के वास्तविक संरक्षकों, यानी वामपंथियों पर निशाना साधा और कहा कि कई शिक्षाविदों ने भेदभाव और वास्तविक निर्वासन झेला है, क्योंकि उन्होंने उनकी बात मानने से मना कर दिया। यही नहीं, इन वामपंथियों ने अन्य संस्थाओं के साथ भारतीय इतिहास कांग्रेस और आई.सी.एच.आर. को सतता और राजनीतिक जोड़तोड़ के अखाड़े बना दिए।

इन बुद्धिजीवियों ने कहा कि बहुलता के मूल्य और उसकी परंपराएँ, जिन्हें भारत ने हमेशा से घोषित किया है, निश्चित से वे हैं, जिन्हें वामपंथी कभी अमल में नहीं लाए। हम भारत के निष्पक्ष और सही नए इतिहास लेखन की माँग करते हैं। इस बयान पर हस्ताक्षर करनेवालों में डॉ. दिलीप के. चक्रवर्ती, प्रो. बी.बी. लाल, प्रो. दयानाथ त्रिपाठी, डॉ. एम.एस. श्रीराम, डॉ. अमर्त्य कुमार दत्ता, डॉ. गोदाबरिशा मिश्र, डॉ. एस. कृष्णन और मिशेल डैनिनो शामिल हैं।

जून 1975 में इंदिरा गांधी द्वारा आपातकाल थोपे जाने के बाद सरकार ने सुप्रीम कोर्ट को सफलतापूर्वक आश्वस्त कर दिया कि जीवन के अधिकार और व्यक्तिगत स्वतंत्रता समेत मूलभूत अधिकार स्थगित कर दिए गए हैं। अटार्नी जनरल ने उच्चतम न्यायालय की संविधान पीठ को बताया कि अगर एक पुलिसकर्मी पुलिस थाने आए एक व्यक्ति को गोली से मार देता है तो कोई कानूनी उपचार या सहायता नहीं दी जा सकती। परिणामस्वरूप कांग्रेस पार्टी के हजारों राजनीतिक विरोधी बिना कारण जेल में डाल दिए गए और इंदिरा गांधी के कई विरोधियों को पुलिस ने प्रताड़ित किया या उनकी हत्या कर दी। क्या असहिष्णुता के खतरनाक व्यापक वातावरण का इससे बड़ा उदाहरण हो सकता है?

फिर भी, जब इंदिरा गांधी की तानाशाही चरम पर थी, तब जनवरी 1976 और जनवरी 1977 में पद्म पुरस्कार पानेवाले लोगों की सूची पर जरा एक नजर डालें—सत्यजीत राय, के.एल. श्रीमाली, मल्लिकार्जुन मंसूर, श्याम बेनेगल, इस्मत चुगताई, प्रो. यशपाल, गुरुमुख सिंह मुसाफिर, बशीर हुसैन जैदी, अली यावर जंग, एम.एन. श्रीनिवास, चिन्ना मौलाना, श्रीराम भारतीय, उस्ताद अल्ला रखा खाँ और दर्जनों अन्य। क्या अब हमें इन सबको तानाशाही का समर्थक घोषित कर देना चाहिए या हमें इन्हें एक निश्चित समय पर भारत का प्रधानमंत्री पद सँभालनेवाले व्यक्ति की तरफ से सम्मानित होनेवालों के रूप में पहचानना चाहिए?

अब जरा 1984 की तरफ आएँ और सिखों पर कांग्रेस पार्टी द्वारा ढाई गई नृशंस

तबाही को देखें। पूरे उत्तर भारत में भयंकर हिंसा की जाँच करनेवाले रंगनाथ मिश्र आयोग ने कहा कि हिंसा में 3874 लोग मारे गए, जिनमें 2307 लोग सिर्फ दिल्ली में थे। इसके साथ ही, सिर्फ दिल्ली में 131 गुरुद्वारे या तो नष्ट कर दिए गए या उन्हें तहस-नहस कर दिया गया। आयोग ने पाया कि यह हिंसक भीड़ कांग्रेस से सहानुभूति रखनेवाली या पार्टी गतिविधियों से संबद्ध लोगों की थी। आयोग ने कहा कि हालाँकि राष्ट्रीय राजधानी में सेना मौजूद थी, लेकिन उस वक्त के सेना प्रमुख जनरल ए.एस. वैद्य के मुताबिक, सेना को नहीं बुलाया गया। नानावती जाँच आयोग ने अपना निष्कर्ष निकाला कि हिंसक भीड़ का नेतृत्व करनेवाले कांग्रेस पार्टी के गुंडों को भरोसा दिया गया था कि उन्हें क्षति नहीं पहुँचने दी जाएगी। क्या 'संकीर्णता, असहिष्णुता और कट्टरता के खतरनाक ढंग से व्यापक वातावरण' का इससे बड़ा उदाहरण हो सकता है?

कांग्रेस पार्टी के नेतृत्ववाले नरसंहार में 3800 से ज्यादा सिखों की हत्या के कुछ ही हफ्ते के अंदर 1985 में घोषित पद्म सम्मानों में दर्जनों प्रमुख बुद्धिजीवियों के नाम आए। अब यह नकली अभियान चलानेवाले समूह ने तब आवाज भी नहीं निकाली थी। 1985 और 1986 में भारत सरकार द्वारा, जिन्हें पद्म सम्मान दिया गया, उनमें ये भी शामिल थे—भीमसेन जोशी, गुरबख्श सिंह, सुरिंदर सिंह गिल, गुरबचन सिंह तालिब, तकाजी शिवशंकर पिल्लई, दुर्गादास बसु, न्यायमूर्ति सदत अबुल मसूद, स्मिता पाटिल, नसीरुद्दीन शाह और इला भट्ट, महाश्वेता देवी। क्या यह असंवेदनशील लोगों का समूह था, जिन्होंने इस बात से आँखें मूँद रखी थीं कि हत्यारी भीड़ ने क्या किया या वे भारत सरकार और उस व्यक्ति के प्रति भेदभाव कर रहे थे, जो उस समय प्रधानमंत्री के पद पर था? जो भी हो, आज जो लोग बेचैनी दिखा रहे हैं, उनमें से किसी ने भी तब राजीव गांधी सरकार के खिलाफ आवाज क्यों नहीं उठाई, जिसने भारत में धार्मिक अल्पसंख्यकों पर सबसे अधिक नृशंस हमले को प्रश्रय दिया या उनके खिलाफ, जो लोग पद्म सम्मान अपने घर ले गए? जब तक इन प्रश्नों के विश्वसनीय उत्तर नहीं मिल जाते हैं, तब तक राजनैतिक रूप से निर्वासित लोगों द्वारा इस वक्त की जा रही 'असहिष्णुता' की बात गले नहीं उतरेगी। सच तो यह है कि कथित असहिष्णुता की बात खोखली और मूर्खतापूर्ण लगती है।

□

तीन शब्दों का खेल

[सोनिया गांधी पंथनिरपेक्ष मूल्यों का दिखावा कैसे कर सकती हैं, जबकि उनकी ही पार्टी के लोगों ने 84 के दंगों में हजारों सिखों को मौत के घाट उतार दिया था।]

बहुत से चुनाव एक नारे या एक आरोप या फिर किसी दावे पर जीते या हारे गए हैं। 2004 में 'इंडिया शाइनिंग' नारे को ही लें। जब देश की एक-तिहाई आबादी गरीबी रेखा के नीचे जीवनयापन कर रही हो और निम्न मध्यम वर्ग के नाम से पहचानी जानेवाली एक-तिहाई दूसरी आबादी अपनी आर्थिक सीमाओं में कसमसा रही हो तो चुनाव में 'भारत उदय' का अतिशयोक्तिपूर्ण नारा मतदाताओं के गले कैसे उतर सकता था? स्वाभाविक है कि जनता ने यह नारा देनेवाली रा.ज.ग. सरकार को पटकनी दे दी। चंद्रबाबू नायडू की सूचना तकनीक भी उनके लिए शुभ सूचना नहीं लाई। आंध्र प्रदेश की गरीब जनता ने उनकी नीतियों और दावों को खारिज करते हुए उन्हें सत्ता से बाहर का रास्ता दिखा दिया। ऐसे तमाम उदाहरण हैं, जब मुख्यमंत्रियों और प्रधानमंत्री ने चुनावों में यथार्थ से मुँह मोड़ते हुए सब्जबाग दिखाने की कोशिश की और जनता ने उन्हें सच्चाई से रू-ब-रू करा दिया। सत्ताविरोधी रुझान का ताजा उदाहरण हैं—पंजाब, उत्तराखंड और हिमाचल प्रदेश में कांग्रेस सरकारों की पराजय। सत्ताविरोधी रुझान की काट में कामयाब होनेवाली एकमात्र पार्टी या गठबंधन वाम मोर्चा है, जो लगातार 30 सालों से बंगाल में सत्तारूढ़ है। गुजरात में जोरदार जीत के साथ भारतीय जनता पार्टी और मुख्यमंत्री नरेंद्र मोदी दूसरा अपवाद होने की आशा जगाते हैं।

मोदी की जीत की प्रकृति और भा.ज.पा. के चुनाव अभियान के अंतिम चरण तक जो मुद्दे सतह पर आए, उनके आधार पर अरुण जेटली यह निष्कर्ष निकालने के बिल्कुल सही अधिकारी हैं कि गुजरात में सत्ता-समर्थक लहर थी। फिर भी अगर मोदी और भा.ज.पा. गुजरात में अपनी असाधारण जीत के लिए कांग्रेस अध्यक्ष सोनिया गांधी

और उनका भाषण लिखनेवालों के अमूल्य योगदान को स्वीकार नहीं करते तो उन्हें उदार नहीं कहा जाएगा। यह सत्य है कि मोदी की छवि ऐसे साफ-सुथरे नेता की है, जो चौतरफा विकास और प्रशासनिक कुशलता के प्रति समर्पित है, लेकिन उन्हें निश्चित रूप से सोनिया गांधी को 'मौत के सौदागर' वाली उनकी टिप्पणी के लिए धन्यवाद देना होगा। यह टिप्पणी गुजरात चुनाव का निर्णायक बिंदु रही। 1 दिसंबर को दिए गए इस भाषण में सोनिया गांधी ने 2002 में गुजरात में हुए दंगों के लिए मोदी को 'मौत का सौदागर' कहा था। उस समय तक मोदी का चुनाव प्रचार फीका चल रहा था। वे बिजली उत्पादन में वृद्धि, गरीबी उन्मूलन के सकारात्मक परिणाम और प्रति व्यक्ति आय बढ़ने जैसी अपनी उपलब्धियों का बखान कर रहे थे और उनके प्रतिद्वंद्वी उनके दावों को चुनौती दे रहे थे। एक महँगे और निरुत्साही चुनाव अभियान में मोदी के लिए जीत हासिल करना काफी मुश्किल दिखाई दे रहा था। ऐसे में तीन शब्दों—'मौत के सौदागर' ने सबकुछ बदल दिया। 2002 में हुए दंगों के कुछ समय बाद हुए विधानसभा चुनाव में मोदी को दो-तिहाई बहुमत मिला था। गुजरातियों ने सोचा कि मोदी के खिलाफ कांग्रेस अध्यक्ष की टिप्पणी पाँच साल पहले के उनके फैसले और लोकतांत्रिक मूल्यों के प्रति समर्पण पर प्रश्नचिह्न लगाती है। उन्हें इस पर भी हैरानी हुई कि क्या कांग्रेस पार्टी की अध्यक्ष और वह भी नेहरू-गांधी परिवार की सदस्य को मोदी पर कीचड़ उछालने का नैतिक अधिकार है?

हर कोई जानता है कि 1984 के सिख विरोधी दंगों से कांग्रेस पार्टी का दामन लिपटा है। यही नहीं, दंगाइयों को बचाने में भी कांग्रेस सतत और शर्मनाम प्रयास करती रही है। यह सही है कि गोधरा के बाद हुए दंगों की त्रासदी हजारों मुसलमानों ने झेली, लेकिन कांग्रेस की अध्यक्ष होते हुए सोनिया गांधी पंथनिरपेक्ष मूल्यों की झंडाबरदार होने का दिखावा कैसे कर सकती है, जबकि उनको पार्टी के लोगों ने विभाजन के बाद के सबसे भीषण दंगों में चार हजार सिखों को मौत के घाट उतार दिया था? लोगों की याददाश्त कमजोर है, लेकिन इतनी भी नहीं, जितनी कि सोनिया गांधी सोचती हैं। जो भी हो, यदि राजनीति में 'मौत के सौदागर' सोनिया गांधी की अंतरात्मा को कचोटते हैं तो वह अपने विचारों को अमलीजामा पहनाने के लिए सबसे पहले पार्टी से उन तमाम तत्त्वों की सफाई कर सकती हैं, जिन्होंने 1984 दंगों में भाग लिया था। कम-से-कम दो जाँच आयोग उन भयावह कारनामों का उल्लेख कर चुके हैं, जिन्हें कांग्रेस नेताओं और कार्यकर्ताओं ने अंजाम दिया था। तत्कालीन प्रधानमंत्री इंदिरा गांधी की हत्या के बाद देश भर में भड़के दंगों में उन्मादी भीड़ ने चार हजार से अधिक सिखों को मार डाला था। 1947 में विभाजन के बाद से भारत ने इतनी अमानवीयता और क्रूरता नहीं देखी थी। दंगों के दौरान पूरे-के-पूरे सिख परिवारों को जला दिया गया और उनके घर, दुकान

व फैक्ट्री को लूटकर आग के हवाले कर दिया गया था। दंगाइयों से बचकर जिन्होंने घर से भागने की कोशिश की, उनके गले में जलते टायर डाल दिए गए। जब हिंसा के शिकार तड़पते थे, दंगाई खुशी मनाते थे। इनमें काफी संख्या कांग्रेस कार्यकर्ताओं की थी।

उन्मादियों की भीड़ को कांग्रेसी नेता व कार्यकर्ता उकसा रहे थे। वे खून की नदियाँ बहा रहे थे और नारे लगा रहे थे कि 'खून का बदला खून से लेंगे'। ये नारे टेलीविजन पर भी प्रसारित किए गए। सिखों को मारने और उनके घर व व्यवसाय को लूटने के अलावा सिर्फ दिल्ली में ही करीब 131 गुरुद्वारे फूँक दिए गए थे। रंगनाथ मिश्र आयोग का निष्कर्ष है कि दंगों में 3874 लोग मारे गए। इनमें से 2307 लोगों का कत्ल दिल्ली में हुआ। तत्कालीन सैन्य प्रमुख जनरल ए.एस.' वैद्य ने आयोग को बताया था कि यद्यपि उस समय दिल्ली में छह हजार सैनिक मौजूद थे, किंतु उन्हें तुरंत नहीं बुलाया गया। आयोग ने कहा कि काफी दंगाई कांग्रेस के छुटभैये नेता और कार्यकर्ता थे। एक अन्य स्थान पर आयोग ने कहा कि उन्मादियों की भीड़ में काफी बड़ी तादाद में कांग्रेस नेता और समर्थक मौजूद थे। आयोग ने दार्शनिक अंदाज में निष्कर्ष निकाला, "गंगा में डुबकी लगानेवाला हर व्यक्ति पवित्र नहीं हो जाता, उसी प्रकार कांग्रेस (आई.) में हर कोई गांधी नहीं है, तो अहिंसा में यकीन रखता हो और उस पर अमल करता हो।" मई 2000 में गठित नानावती जाँच आयोग ने भी दंगों में कांग्रेसियों के शामिल होने के सुबूत जुटाए। आयोग ने कहा कि बड़ी संख्या में मिले शपथपत्रों से पता चलता है कि स्थानीय कांग्रेस नेताओं और कार्यकर्ताओं ने या तो दंगाइयों को उकसाने का काम किया, या फिर सिखों पर हमला करने में उनकी मदद की। प्रभावशाली और साधनसंपन्न लोगों के सहयोग के बिना इतने कम समय में इतने सिखों की हत्या किया जाना संभव नहीं था।

आज यह कोई रहस्य नहीं रह गया है कि सिखों पर हमला सुनियोजित तरीक से पुलिस से भयमुक्त होकर किया गया था। वे मनमानी पर उतर आए थे और उनके मन में कानून का कोई भय नहीं था। आयोग ने कहा कि दंगाई इस बात से निश्‍चित थे कि उन्हें कोई नुकसान नहीं पहुँचेगा। जब ये दंगे हुए, तब राजीव गांधी प्रधानमंत्री थे। उनकी सरकार ने सेना को बुलाने में समय लगाया और दंगाइयों की भीड़ को हत्या व लूटपाट करने का मौका मिल गया। इसके उपरांत उन्होंने यह कहकर हत्याओं को उचित भी ठहराने की कोशिश की कि जब कोई बड़ा पेड़ गिरता है तो धरती हिलती ही है। उनका आशय यह था कि इंदिरा गांधी सरीखी बड़ी नेता की हत्या के बाद देश में उपद्रव और हिंसा होना स्वाभाविक है। लिहाजा अगली बार जब कांग्रेस पार्टी के सदस्य मौत के सौदागरों की बात करें तो सिखों से यह जरूर पूछें कि वे इस बारे में क्या सोचते हैं?

□

यथार्थ और छवि की खाई

[यथार्थ और छवि के बीच की खाई छद्म पंथनिरपेक्षता और छद्म लोकतांत्रिक परिवेश की उपज है, जो नेहरू-गांधी परिवार के शुभचिंतकों की देन है।]

लालकृष्ण आडवाणी की पुस्तक 'माई कंट्री, माई लाइफ' की प्रस्तावना में अटल बिहारी वाजपेयी ने लिखा है कि अपने लंबे और उथल-पुथल भरे राजनीतिक जीवन में लालकृष्ण आडवाणी को अकसर गलत समझा गया। परिणामस्वरूप वे सत्य और असत्य के दोहरेपन के शिकार हो गए। पुस्तक के औपचारिक विमोचन के अवसर पर 19 मार्च को इसी तरह के भाव भारतीय जनता पार्टी के एक और नेता जसवंत सिंह ने भी व्यक्त किए, उन्होंने कहा, "आडवाणीजी देश के ऐसे नेता हैं, जिन्हें गलत समझा गया और जिनके बारे में गलत धारणाएँ बनाई गईं।" जिसने भी 'माई कंट्री, माई लाइफ' पढ़ी है, वह इस नेता के जीवन के यथार्थ और उनकी छवि के बीच की खाई साफ-साफ देख सकता है। इस पुस्तक की जो भी कमियाँ हों, यह साफ है कि आडवाणी इस खाई को पाटने में काफी हद तक सफल रहे हैं, किंतु निरक्षरता और गरीबी से त्रस्त भारत के सार्वजनिक जीवन में ऐसा समाज कहाँ मिलेगा, जो 986 पेज के इस गुंबद पर चढ़ सके और इसका मूल्यांकन कर सके।

यह सवाल उभरना स्वाभाविक है कि आडवाणी जैसे राजनेताओं के जीवन-चरित्र में यथार्थ और छवि का यह दोहरापन किसने पैदा किया और क्यों? आडवाणी इस छवि विरूपन के पहले शिकार नहीं हैं। वह नवीनतम है। यथार्थ और छवि के बीच की खाई छद्म पंथनिरपेक्षता और छद्म लोकतांत्रिक परिवेश की उपज है, जो नेहरू-गांधी परिवार के प्रति निष्ठावान लोगों की सोच से पनपा है। हानिकारक प्रयोजनवाली यह सोच जवाहरलाल नेहरू के समय से लगातार चली आ रही है। इसने छद्म नायक स्थापित किए और भारत के असली नायकों की छवि को कलंकित किया है। इस छलकपट के

शुरुआती शिकार सरदार वल्लभभाई पटेल और डॉ. बी.आर. अंबेडकर बने, लेकिन कुप्रचार के इस तंत्र के शिकार नामवरों की सूची काफी लंबी है। इसमें नेताजी सुभाषचंद्र बोस, बाबू राजेंद्र प्रसाद, सी. राजागोपालाचारी, श्यामाप्रसाद मुकर्जी, आचार्य कृपलानी और पुरुषोत्तम दास टंडन जैसी विभूतियाँ शामिल हैं। इंदिरा गांधी युग के दौरान ऐसे तमाम कद्दावर नेताओं की छवि को कलंकित करने का प्रयास किया गया, जो औसत दरजे की इंदिरा गांधी पर भारी पड़ते थे। इनमें सर्वोदय नेता जयप्रकाश और 1969 में कांग्रेस में हुई दोफाड़ के वक्त कांग्रेस अध्यक्ष रहे एस. निजलिंगप्पा भी शामिल थे। उनके बारे में सच्चाई को तोड़-मरोड़कर पेश किया गया और मूलभूत सिद्धांतों, जैसे लोकतंत्र, समानता और पंथनिरपेक्षता के प्रति उनकी वचनबद्धता पर प्रश्नचिह्न लगाए गए। इनके अलावा कुछ नेताओं को अजीबोगरीब जीव-जंतु के रूप में पेश करके उनकी छवि खराब की गई, जैसे मोरारजी देसाई की स्वमूत्र चिकित्सा पद्धति पर उनकी खिल्ली उड़ाई गई। इसलिए जब इस पंथ के अनुयायियों ने लालकृष्ण आडवाणी को निशाने पर लिया तो किसी को आश्चर्य नहीं हुआ। आडवाणी को उस तानाशाह कांग्रेस पार्टी ने जेल के सींखचों के पीछे पटक दिया था, जिसने 1975-77 की कुख्यात इमरजेंसी के दौरान संविधान को नष्ट किया तथा संसद, न्यायपालिका और प्रेस की स्वतंत्रता को कुचल दिया था। इमरजेंसी के दौरान मानवता और लोकतंत्र के खिलाफ जघन्य अपराधों, इनमें मुसलमानों की जबरन नसबंदी करना भी शामिल है, को अंजाम देनेवालों को पंथनिरपेक्ष बताया जाता है, जबकि आडवाणी को सांप्रदायिक।

क्या विडंबना है कि जो व्यक्ति बुनियादी लोकतांत्रिक अधिकारों और संविधान की रक्षा के लिए 19 माह कैद में रहा हो, वह फासीवादी है और जिन्होंने नाजी सा व्यवहार किया तथा 'इंदिरा इज इंडिया, ऐंड इंडिया इज इंदिरा' जैसे भद्दे नारे उछाले, वे लोकतांत्रिक हैं! भारत के आधुनिक इतिहास में इस छद्म परिवेश के सबसे चौंकानेवाले उदाहरण सरदार वल्लभभाई पटेल और डॉ. बी.आर. अंबेडकर हैं। आजादी के समय देश में छोटी-बड़ी रियासतें थीं, जिन्हें भारत या पाकिस्तान में मिलने की छूट थी। जवाहरलाल नेहरू ने सरदार पटेल को 563 रियासतों से निपटने को कहा। कश्मीर को भारत में शामिल करने की जिम्मेदारी उन्होंने खुद सँभाली। पटेल ने केवल अपने दम पर अल्पकाल में ही पूरी प्रतिबद्धता के साथ इन रियासतों को भारत में शामिल कराने की जिम्मेदारी सफलतापूर्वक निभा दी, जबकि नेहरू ने कश्मीर में खेल बिगाड़ दिया। उन्होंने न केवल पाकिस्तानी सेना की घुसपैठ की संयुक्त राष्ट्र में शिकायत कर इसका अंतरराष्ट्रीयकरण कर दिया, बल्कि अक्षम्य निर्णय भी लिये कि भारतीय सेना कश्मीर में घुस आए पाकिस्तानियों को वहाँ से नहीं खदेड़ेगी। ये घुसपैठिए करीब एक-तिहाई कश्मीर पर कब्जा जमा चुके थे। यह सोचकर ही दिल काँप उठता है कि अगर सरदार

पटेल की देशभक्ति की भावना, दृढसंकल्प और उद्‌देश्य की स्पष्टता न होती तो आजादी के बाद हमारी पीढ़ियाँ स्कूल में भारत का न जाने कैसा नक्शा बनातीं? फिर भी, नेहरू-गांधियों द्वारा प्रायोजित इस छद्‌म उद्यम ने सरदार पटेल की छवि को कलंकित करने और सामान्य से पंडित जवाहरलाल नेहरू को नायक के रूप में स्थापित करने में कोई कसर नहीं छोड़ी। बाद में जवाहरलाल नेहरू के कारण एकतरफा चीन युद्ध में भारत को अब तक की सबसे बड़ी शर्मिंदगी झेलनी पड़ी। इसी उद्यम ने संविधान के माध्यम से भीमराम अंबेडकर द्वारा किए गए युगांतरकारी सामाजिक-राजनीतिक सुधारों को कमतर आँका। 25 नवंबर, 1949 को संविधान सभा में संविधान के अंतिम पाठ में उन्होंने स्पष्ट और दूरदर्शी विचारों के साथ राजनीतिक व सामाजिक लोकतंत्र के लिए महान् योजना का जो खाका खींचा, वह अब्राहम लिंकन या थामस जेफरसन को भी गर्व से भर देता।

अगर स्वतंत्रता के साठ साल के बाद भी हम भारत की एकता और अखंडता के प्रति समर्पित हैं तो हमें सरदार पटेल का ऋणी होना चाहिए। इसी प्रकार अगर आज सामाजिक और राजनीतिक सौहार्द दिखाई पड़ रहा है और मतभेदों को लोकतांत्रिक तरीके से हल करने की उम्मीद बँधी है तो हम डॉ. अंबेडकर के कृतज्ञ हैं। उन्होंने संविधान सभा में दिए गए अविस्मरणीय भाषण में लोकतंत्र और सामाजिक समरसता का मार्ग प्रशस्त किया। यह किसी भी भारतीय राजनेता द्वारा दिए गए सर्वश्रेष्ठ भाषणों में से एक है। इसकी तुलना में जवाहरलाल नेहरू का 'ट्रिस्ट विद डेस्टिनी' भाषण चलताऊ लगता है। इस छद्‌म-बौद्धिक उद्यम की कृपा के कारण ही हमारे बच्चे डॉ. अंबेडकर के राष्ट्रीय एकता और लोकतंत्र के प्रति समर्पण और दर्शन से परिचित नहीं हो पाए। हाल के बरसों में इसी छद्‌म आचरण ने लालकृष्ण आडवाणी जैसे नेताओं की छवि को दागदार करने में सफलता हासिल की है।

आडवाणी छह दशकों से लोकतांत्रिक प्रक्रिया में सक्रिय रूप से भागीदार हैं। संवैधानिक मूल्यों के प्रति आडवाणी की निष्ठा को लेकर लोगों के मन में संदेह के बीज बो दिए गए हैं। यद्यपि इंदिरा गांधी ने लोकतंत्र को तानाशाही में तब्दील कर दिया था और 19 माह तक फासीवादी शासन किया, लेकिन इस छद्‌म-पंथनिरपेक्ष समूह ने इंदिरा गांधी की फासीवादी नीतियों का शिकार बने व्यक्ति को ही फासीवादी के रूप में चित्रित करने में सफलता हासिल की है। 'माई कंट्री, माई लाइफ' का प्रकाशन एक महत्त्वपूर्ण घटना है। आशा है, यह पुस्तक लोगों के मानस-पटल से आडवाणी की दागदार छवि मिटाकर उन्हें सत्य की ओर ले जाएगी।

□

राजीव, मोदी ओर मुसलमान महिलाएँ

लोकसभा ने भले ही पिछले सप्ताह मुसलिम महिला विवाह अधिकार संरक्षण कानून-2018 को पारित कर दिया हो, लेकिन इस मुद्दे को लेकर राजनीतिक गतिरोध थमने के आसार नजर नहीं आ रहे हैं। तमाम विपक्षी दलों ने इस बात की धमकी दी है कि वे आपस में हाथ मिलाकर मुसलमानों के बीच फैली लैंगिक असमानता की गंभीर समस्या, जिसमें कोई भी मुसलमान पुरुष अपनी पत्नी को कभी भी तलाक दे सकता है, जबकि देश का सर्वोच्च न्यायालय इस प्रथा के खिलाफ एक बिल्कुल स्पष्ट फैसला दे चुका है, को हल करने से संबंधित एक कानून को लागू होने से रोक देंगे। शीर्ष अदालत द्वारा अगस्त 2017 में, शायरा बानो बनाम भारत गणराज्य मामले में अपना फैसला सुनाने के साथ ही उसने, कुछ मुसलमान पुरुषों द्वारा अपनी पत्नियों को तलाक देने के लिए इस्तेमाल की जाने वाली तलाक-उल-बिद्दत (बिना किसी अंतराल के एक ही साथ तीन बार तलाक बोलना) की प्रथा को समाप्त कर दिया। इस प्रथा को सर्वोच्च न्यायालय के समक्ष इस आधार पर चुनौती दी गई थी कि ये भेदभावपूर्ण होने के साथ-साथ महिलाओं की गरिमा के भी विरुद्ध है। इस मामले का निबटारा करते हुए, अदालत ने 3-2 के बहुमत के साथ सुनाए गए अपने फैसले में इस मुद्दे के मूलतत्त्व से जुड़ी कुछ टिप्पणियाँ भी कीं। अदालत ने कहा कि शादी, तलाक, उत्तराधिकार आदि जैसे मामलों में मुसलमान मुसलिम पर्सनल लॉ (शरीयत) आवेदन अधिनियम, 1937 के तहत शासित होते हैं।

अदालत ने अपना फैसला सुनाते समय 2002 में खुद के एक महत्त्वपूर्ण फैसले का संज्ञान लिया, जिसमें शमीम आरा बनाम उत्तर प्रदेश राज्य के रूप में इस मामले को उठाया गया था। अदालत ने टिप्पणी की : "...पवित्र कुरान द्वारा निर्धारित तलाक का सही कानून तो ये है कि तलाक के पीछे एक उचित कारण होना चाहिए और ऐसा होने से पहले दो मध्यस्थों—जिनमें से एक पत्नी के परिवार से हो और दूसरा पति के परिवार से—द्वारा पति और पत्नी के बीच सुलह के प्रयास किए जाने चाहिए; और अगर सुलह

की कोशिशें नाकाम हो जाती हैं तो तलाक प्रभाव में आ सकता है।" उच्चतम न्यायालय के हालिया फैसले ने कानून के इस क्षेत्र में विधान की कमी को भरने की केंद्र की इच्छा को और अधिक बढ़ावा दिया। इसके अलावा एक विधायी उपाय इसलिए भी अनिवार्य हो गया, क्योंकि सरकार ने पाया कि उच्चतम न्यायालय के फैसले के बावजूद देश के विभिन्न हिस्सों में तीन तलाक के मामले अभी भी सामने आ रहे हैं। इसने सरकार को एक अध्यादेश लाने और बाद में अध्यादेश के स्थान पर विधेयक लाने के लिए मजबूर कर दिया। हालाँकि लोकसभा ने सांसदों के भारी समर्थन के साथ इस विधेयक को पारित कर दिया है, लेकिन बीजेपी के विरोधी दल किसी भी कीमत पर सच स्वीकार करने को तैयार नहीं हैं।

ये बेहद अफसोस की बात है कि मुसलमान वोट बैंक को बढ़ावा देनेवाले राजनीतिक दल अकसर प्रगतिशील कानूनों के साथ-साथ मुसलमानों के विकास को भी अवरुद्ध कर देते हैं। इन दलों का ऐसा मानना है कि मुसलिम पर्सनल लॉ को देश की भव्य संवैधानिक योजना में शामिल करने की कोई भी पहल मुसलमानों द्वारा खारिज कर दी जाएगी और उन्हें इसका खामियाजा भुगतना पड़ेगा। जवाहर लाल नेहरू के समय से यही कहानी चलती चली आ रही है और इस दृष्टिकोण को अपनाने में कांग्रेस सबसे आगे रही है, जिसके परिणामस्वरूप पूरे देश में और समुदायों के बीच संवैधानिक और कानूनी प्रावधानों को लागू करने में भयानक असंतुलन पैदा हो गया।

मुसलमान महिलाओं के संवैधानिक अधिकारों को बहाल करने के लिए मोदी सरकार द्वारा किया गया वर्तमान विधायी प्रयास शायरा बानो मामले में उच्चतम न्यायालय की कुछ टिप्पणियों के परिणामस्वरूप आता है। ये देखते हुए कि ये तत्काल और अपरिवर्तनीय है, जस्टिस आर.एफ. नरीमन और यू.यू. ललित ने कहा कि "ये स्पष्ट है कि पति और पत्नी के बीच सुलह का कोई भी प्रयास, वो भी उन दोनों के अपने परिवारों के मध्यस्थों के द्वारा, जो वैवाहिक रिश्ते को बचाने के लिए आवश्यक है, कभी भी नहीं हो सकता।" इसलिए, "तलाक का ये स्वरूप इस प्रकार से पूरी तरह से मनमाना है कि वैवाहिक गठबंधन को एक मुसलमान व्यक्ति द्वारा इसे बचाए रखने की सुलह की किसी भी कोशिश के बिना अपनी मनमर्जी ओर इच्छा से कभी भी तोड़ा जा सकता है। तलाक के इस स्वरूप को संविधान के अनुच्छेद 14 के तहत निहित मौलिक अधिकार का उल्लंघन माना जाना चाहिए।" इसके अलावा न्यायाधीशों ने 1937 के अधिनियम की धारा 2 को भी शून्य करार दिया। उन्होंने कहा कि इसे इस हद तक शून्य माना जाना चाहिए कि ये तीन तलाक को मान्यता देता है और उसे लागू करता है। यहीं पर हमें सर्वोच्च न्यायालय के महत्त्वपूर्ण निर्णयों को लेकर 1980 के दशक की राजीव गांधी की सरकार और मौजूदा समय की मोदी सरकार के विशिष्ट

दृष्टिकोण को देखने का अवसर मिलता है। 1980 के दशक में, जब शीर्ष अदालत ने ये माना कि एक तलाकशुदा मुसलमान महिला अपने पति से भरण-पोषण की हकदार थी, लोकसभा में 410 से अधिक सांसदों के भारी बहुमत के बावजूद, तत्कालीन प्रधानमंत्री राजीव ने छद्म धर्मनिरपेक्षता को उखाड़ फेंकने का एक ऐतिहासिक अवसर खो दिया, जिसका पालन उनका दल नेहरू के दिनों से करता आ रहा था। वे मुसलमान मोलवियों के दबाव में आ गए और उच्चतम न्यायालय के फैसले को पलटने के लिए एक कानून लाए। कांग्रेस के इस इकलौते निर्णय ने देश की धर्मनिरपेक्ष, लोकतांत्रिक परंपराओं को बहुत बुरी तरह से प्रभावित किया और चुनावी आँकड़े बताते हैं कि दल उससे कभी उबर नहीं पाया।

शाह बानो के मामले ने भी लोगों को बीजेपी की ओर रुख करने को मजबूर किया, क्योंकि उन्हें ऐसी उम्मीद थी कि ये दल संविधान द्वारा निर्धारित वास्तविक धर्मनिरपेक्षता को स्थापित करेगी। मोदी सरकार क्षरा, राजीव गांधी की सरकार के उलट, तीन तलाक को लेकर उच्चतम न्यायालय के फैसले को लागू करने के लिए विधायी उपाय करने के साथ दोनों दलों के बीच का अंतर अब पूरी तरह से खुलकर सामने आ गया है। आनेवाले सप्ताह में राज्यसभा में इस बिल का हश्र चाहे जो भी हो, सभी राजनीतिक दल, विशेषकर कांग्रेस, कसौटी पर परखे जाएँगे। विधानसभा चुनावों में मिली हालिया सफलताओं के बावजूद, कांग्रेस को सभी समुदायों के बीच संवैधानिक योजनाओं को लागू करने से हिचकने वाले एक राजनीतिक दल के रूप में देखा जाता है। कई अन्य दल भी 2019 के चुनावों में अल्पसंख्यकों के वोट पाने के लिए इसी परिपाटी पर चलते नजर आ रहे हैं। और इसे हासिल करने के लिए, वे उच्च्तम न्यायालय की अवमानना करने से भी गुरेज नहीं कर रहे हैं। बीजेपी के उदय में उनके इस दृष्टिकोण का बेहद महत्त्वपूर्ण योगदान है। अगर ये दल इसी प्रकार से छद्म धर्मनिरपेक्षता का इकलौता विरोधी बना रहता है तो उसके सामने पूरा मैदान खाली होगा। इसके विरोधी छद्म धर्मनिरपेक्षता के एक महागठबंधन के रूप में उभरेंगे, जिससे जनता अब घृणा करने लगी है।

☐

पी.वी. नरसिम्हा राव की विरासत का पुनर्मूल्यांकन

[विनय सीतापति की पुस्तक, हाफ लायन : हाउ पी.वी. नरसिम्हा राव ट्रांसफॉर्मड इंडिया, का मकसद प्रधानमंत्री को महान् भारतीय नेताओं के बीच स्थान दिलवाना है। उनके पास राव के खिलाफ लगाए गए झूठे आरोपों को ध्वस्त करने के लिए पर्याप्त सबूत हैं।]

मार्क्सवादी और नेहरूवादी विचारधाराओं के प्रति निष्ठा के चलते इतिहासकारों द्वारा आधुनिक भारतीय इतिहास में डाली गई अवचेतन विकृतियाँ इसका सबसे बड़ा अभिशाप हैं। इसके परिणामस्वरूप स्वतंत्रता प्राप्ति से पूर्व और उसके बाद के युगों में व्यक्तित्वों ओर घटनाओं को लेकर दशकों तक झूठ की एक पूरी कड़ी प्रस्तुत की गई है।

शिक्षा जगत् पर इन दो विचारधाओं की पकड़ इतनी मजबूत है कि स्वतंत्र विचार रखनेवाले इतिहासकारों, जो किसी भी विचारधारा के गुलाम नहीं हैं, के द्वारा इन राजसी इतिहासकारों द्वारा थोपी गई कहानियों को झूठा साबित करते हुए कई सत्यों का सामने रखा है, के बावजूद, पाठ्यपुस्तकों और स्कूलों और कॉलेजों के लेक्चरों में ये गलतबयानी अभी भी हावी है।

सुभाष चंद्र बोस, सरदार वल्लभभाई पटेल, बी.आर. अंबेडकर, श्यामा प्रसाद मुखर्जी, राजेंद्र प्रसाद कुछ ऐसे राष्ट्रीय नेता हैं, जिनके योगदान को जानबूझकर नजरअंदाज किया गया है और जो इतिहास के मिथ्याकरण के शिकार हुए हैं। हाल के दिनों में, इन दो विचारधाराओं की साजिशों का एक प्रमुख शिकार रहे हैं पी.वी. नरसिम्हा राव, जो भारत के सबसे मूर्धन्य और सफल प्रधानमंत्री रहे हैं, जिन्होंने भारत की एकता और अखंडता की रक्षा की और साथ ही 1991-1996 के दौरान देश को

आर्थिक संकट से बाहर निकाला और उसे विकास के रास्ते की ओर अग्रसर किया।

इन दो विचारधाराओं के शिक्षाविदों की तथाकथित छात्रवृत्ति का उद्‍देश्य तिहरा है : एक, नेहरू-गांधी परिवार के सदस्यों को लगभग दोषरहित व्यक्तियों के रूप में दुनिया के सामने प्रस्तुत करना, जो गहराई के साथ संविधान के मूल मूल्यों से जुड़े थे और जिन्होंने देश के लिए अपना सर्वस्व न्योछावर कर दिया; दो, उनके समकालीन सभी व्यक्तियों को छोटे लक्ष्य वाले ओर संवैधानिक मूल्यों के प्रति संदिग्ध प्रतिबद्धता के साथ क्षुद्र व्यक्तियों के रूप में प्रस्तुत करना; और, तीन, सभी राष्ट्रीय उपलब्धियों का श्रेय इस परिवार के सदस्यों को और सभी असफलताओं का श्रेय दूसरों के जिम्मे डालना।

एक राजनीतिक परिवार का ये बेशर्म और निरंतर महिमामंडन किसी को भी आश्चर्यचकित करता है कि क्या हमारा शिक्षाजगत् गुप्त रूप से राजशाही की वापसी के लिए इतना लालायित है। इन इतिहासकारों के इस कपटपूर्ण लेखन के संदर्भ में देखते हुए, विशेष रूप से राजधानी के विश्वविद्यालयों में, विनय सीतापति की हाफ लायन : हाउ पी.वी. नरसिम्हा राव ट्रांसफॉर्मड इंडिया—ताजी हवा के एक झोंके की तरह आती है।

नरसिम्हा राव देश के इतिहास में एक महत्त्वपूर्ण क्षण में प्रधानमंत्री बने। भारत अंतरराष्ट्रीय मुंद्रा कोष के दरवाजे पर हाथ में भीख का कटोरा लेकर खड़ा था और उसका विदेशी मुंद्रा भंडार इतने खतरनाक स्तर तक गिर गया था कि कर्ज चुकाने के लाले पड़ने का खतरा था। राव ने मनमोहन सिंह को अपने वित्तमंत्री के रूप में चुना और जवाहरलाल नेहरू और इंदिरा गांधी द्वारा देश पर थोपी गई समाजवादी अर्थव्यवस्था को खत्म करने का महान् कार्य शुरू किया। उन्होंने अर्थव्यवस्था को खोला, लाइसेंस-परमिट राज से मुक्त किया, लाखों भारतीयों की उद्यमशीलता की प्रवृत्ति को बंधनमुक्त किया और विभिन्न क्षेत्रों में विदेशी निवेश को आमंत्रित किया।

इन फैसलों से भारतीय अर्थव्यवस्था में एक शानदार बदलाव आया, भारतीयों में एक बार फिर आशा का संचार हुआ और इसने उन्हें दुनिया का सामना करने की हिम्मत प्रदान की। इसके अलावा उन्होंने अलगाववादी ताकतों के शिकंजे में फँसे पंजाब को टूटने की कगार से बचाया और भारत की एकता और अखंडता को अक्षुण्ण रखा। नेहरू-गांधी परिवार, शिक्षाविदों ओर इस परिवार के इर्द-गिर्द मँडराने वाले लेखकों ने इस व्यक्ति के अभूतपूर्व योगदान को स्वीकार करने के बजाय, उनपर भारत के धर्मनिरपेक्ष ताने-बाने को नुकसान पहुँचाने और अयोध्या में बाबरी मसजिद के विध्वंस को लेकर उदासीन रहने के झूठे आरोप लगाए। इन लोगों को इस बात की गलतफहमी है कि उन पर ऐसे अनर्गल आरोप लगाकर वे देश के प्रति उनके अभूतपूर्व योगदान को

नकार देंगे। एक विद्वान् ने तो ये कहानी तक फैलाई कि जिस समय बाबरी मसजिद ध्वस्त की जा रही थी, तब राव सो रहे थे। एक अन्य ने कहा कि जिस समय विध्वंस हो रहा था, वे पूजा कर रहे थे।

सीतापति की इस पुस्तक में राव के शुरुआती दिनों से लेकर केंद्रीय मंत्री के रूप में उनके कार्यकाल, उनके प्रधानमंत्रित्व काल, आर्थिक मोर्चे पर चुनौती, पंजाब ओर अन्य जगहों पर संकट, परमाणु नीति ओर बाबरी मसजिद के पतन से लेकर कई मुद्दों को शामिल किया गया है। जगह की कमी के कारण ये लेख सिर्फ बाबरी मसजिद मुद्दे तक ही सीमित रहेगा।

लेखक 6 दिसंबर, 1992, जिस दिन हिंदू कट्टरपंथियों द्वारा मसजिद तोड़ी गई थी, और इस घटना से पूर्व के सप्ताहों और महीनों के दौरान राव के आचरण को लेकर उनके विरोधियों द्वारा झूठे आरोपों को ध्वस्त करने के लिए पर्याप्त सबूत प्रस्तुत करते हैं।

सीतापति कुछ चौंकाने वाले अवलोकन करते हैं। वे दिखाते हैं कि कैसे राजीव गांधी ने मुसलमान कट्टरपंथियों के आगे घुटने टेक दिए और शाह बानो के मामले में उच्चतम न्यायालय के फैसले को उलट दिया, कैसे सलमान रुश्दी की सैनेटिक वर्सेस को प्रतिबंधित किया और कैसे मसजिद परिसर में बने राम मंदिर को हिंदू प्रार्थनाओं के लिए खोलकर और बाद में राम मंदिर निर्माण के शिलान्यास के लिए अपने गृहमंत्री बूटा सिंह को भेजकर हिंदू तुष्टीकरण की शुरुआत की।

जहाँ तक मसजिद को गिराने की तैयारी का संबंध है, सीतापति दिखाते हैं कि कैसे केंद्रीय मंत्रीमंडल सिर्फ इस आशंका पर कि राज्य की बीजेपी की सरकार विवादित ढाँचे की रक्षा नहीं करेगी, 6 दिसंबर से पहले राज्य में राष्ट्रपति शासन लगाने को तयार नहीं था। संविधान के अनुच्छेद 356 को आशांकाओं पर नहीं लागू किया जा सकता। ऐसे मुद्दों पर विचार करनेवाली राजनीतिक मामलों की कैबिनेट कमेटी (सी.सी.पी.ए.), की नवंबर में ही पाँच बैठक हुईं और सभी में ये तय किया गया कि मौजूदा स्थिति केंद्रीय शासन लागू करने के लिए मुफीद नहीं है। विध्वंस से ठीक पाँच दिन पूर्व ही राज्य के राज्यपाल ने भी एक रिपोर्ट भेजी थी कि उन्हें संवैधानिक तंत्र की विफलता को लेकर कोई आशंका नहीं है। उन्होंने घोषणा की कि कानून और व्यवस्था की स्थिति, विशेष रूप से सांप्रदायिक मोर्चे पर संतोषजनक है। इसके बावजूद, राव ने 6 दिसंबर से पहले विवादित ढाँचे के पास बड़े पैमाने पर केंद्रीय बलों की तनाती सुनिश्चित की। ढाँचे को कोई भी खतरा होने पर इन बलों को क्षण भर में बुलाया जा सकता था, लेकिन उन्हें बुलाने का फैसला राज्य सरकार को लेना था, क्योंकि कानून ओर व्यवस्था सुनिश्चित करना राज्य की जिम्मेदारी थी, केंद्र की नहीं। इसके अलावा

इस बात की भी चिंता थी कि उच्चतम न्यायालय सिर्फ अनुमानों के आधार पर लागू किए गए राष्ट्रपति शासन को रद्द भी कर सकता था। ऐसे में, विध्वंस के ठीक पहले की स्थितियाँ ऐसी प्रतीत हो रही थीं कि उच्चतम न्यायालय, राज्य के राज्यपाल और कानून मंत्रालय के अधिकारी, सभी केंद्रीय शासन के विरोध में लग रहे थे।

इसलिए विध्वंस के बाद प्रणब मुखर्जी ने पार्टी के लोगों से कहा, आप सभी कैबिनेट के सदस्य थे ओर आप में से कुछ सी.सी.पी.ए. के सदस्य थे। सभी फैसले कैबिनेट ओर सी.सी.पी.ए. की बैठकों में लिये गए। जिम्मेदारी सामूहिक है; सारी जिम्मेदारी केवल प्रधानमंत्री या गृहमंत्री पर नहीं डाली जा सकती। राव के निजी कागजातों तक दखल रखनेवाले सेतुपति हमें आगे लेकर जाते हैं और ऐसे तथ्यों को पाठकों के समक्ष प्रस्तुत करते हैं, जो इस मुद्दे पर खड़ी की गई झूठ की इमारतों को झुठलाती हैं। इस पुस्तक में और भी बहुत कुछ हो सकता है, लेकिन उसके लिए अभी ओर इंतजार करना होगा।

हाफ लायन पिछले तीन दशकों में भारत में हुए सामाजिक ओर राजनीतिक विकास की हमारी समझ में आनेवाली विकृतियों को ठीक करने की दिशा में पहल विद्वत्तापूर्ण प्रयास है। ये नरसिम्हा राव को महान् भारतीय नेताओं के बीच एक योग्य स्थान दिलवाने का भी प्रयास करता है।

□

लक्ष्मण रेखा लाँघती आलोचना

अलीगढ़ मुसलिम विश्वविद्यालय के अल्पसंख्यक दरजे के संदर्भ में इलाहाबाद उच्च न्यायालय के निर्णय पर मुसलिम समुदाय के कथित रहनुमाओं ने जैसी प्रतिक्रिया जाहिर की, वह संवैधानिक व्यवस्था में उच्चतर न्यायपालिका की उन्नत स्थिति पर आस्था रखनेवाले सभी नागरिकों के लिए गंभीर चिंता का विषय बननी चाहिए। मैं कभी-कभी मिल्ली गजट की वेबसाइट देख लेता हूँ, ताकि मुसलिम समुदाय के लिए महत्त्वपूर्ण समझे जानेवाले मामलों पर इस समुदाय के विचारकों के नजरिए को समझ सकूँ। गत सप्ताह इस समाचार-पत्र के इंटरनेट संस्करण पर उपलब्ध सामग्री को देखकर मैं व्यग्र हो उठा। इसमें संदेह नहीं कि प्रत्येक नागरिक को न्यायालय के निर्णयों से असहमत होने का अधिकार है, लेकिन उनकी असहमति के साथ अच्छी बात यह होती है कि इसमें न्यायाधीशों और अदालतों की मंशा पर सवाल नहीं खड़ा किया जाता।

इस आधारभूत सिद्धांत का मुसलिम समुदाय की कुछ प्रतिक्रियाओं में स्पष्ट उल्लंघन होता है। एसोसिएशन ऑफ इंडियन मुसलिम ऑफ अमेरिका जैसे संगठनों की इलाहाबाद उच्च न्यायालय के न्यायाधीश अरुण टंडन के संदर्भ में प्रतिक्रिया को जानकर बेहद कष्ट हुआ। ऑल इंडिया मुसलिम फोरम नामक संगठन के अध्यक्ष और विधि के डॉ. मुस्तफा कमाल शेरवानी ने न्यायालय के निर्णय की आलोचना करने में लक्ष्मण रेखा पार की। एसोसिएशन ऑफ इंडियन मुस्लिम्स ऑफ अमेरिका ने तो न्यायमूर्ति टंडन पर पूर्वग्रह से ग्रसित होने तक का आरोप लगा दिया और यह संकेत भी किया कि न्यायाधीश ने यह निर्णय अपने राजनीतिक झुकाव के वशीभूत होकर दिया है। उनकी टिप्पणियों को पुनः प्रस्तुत करने की जरूरत नहीं, सिर्फ इतना कहना काफी होगा कि इन संगठनों का न तो संविधान के प्रति सम्मान है और न ही अदालतों के प्रति। वे उस कानून से भी मुक्त नजर आते हैं, जिसे अदालत की अवमानना कहा जाता है। इसके पहले कि हम उन संगठनों द्वारा पेश किए गए तर्कों

पर विचार करें, हमें इस मामले के तथ्यों को समझने की जरूरत है। संविधान के अनुच्छेद 30 (1) के तहत धार्मिक और भाषायी अल्पसंख्यकों को अपनी पसंद के शैक्षिक संस्थानों को स्थापित करने और उन्हें संचालित करने का अधिकार प्रदान किया गया। अजीज बाशा बनाम भारत सरकार के मामले में सुप्रीम कोर्ट की पाँच सदस्यीय पीठ ने 1967 में दिए गए फैसले में कहा था कि अ.मु.वि. मुसलिम समुदाय द्वारा स्थापित और संचालित संस्थान नहीं है।

अदालत ने कहा कि केंद्रीय विधानमंडल ने अ.मु.वि. ऐक्ट 1920 पारित करते हुए इस विधि की स्थापना की। हो सकता है कि यह ऐक्ट मुसलिम समुदाय के प्रयासों के फलस्वरूप पारित किया गया हो, लेकिन इसका यह अर्थ नहीं है कि इस वि.वि. की स्थापना मुसलिम अल्पसंख्यकों द्वारा की गई है। अदालत ने यह भी पाया कि 1920 के ऐक्ट के नियम यह साफ बताते हैं कि इस वि.वि. के प्रशासन का भार भी मुसलिम समुदाय के हाथों में नहीं सौंपा गया। इस आदेश के परिणामस्वरूप मुसलिम संगठनों ने 1981 में इस अधिनियम को परिवर्तित करने के लिए इंदिरा गांधी सरकार पर दबाव डाला। संशोधन के फलस्वरूप अधिनियम के लंबे शीर्षक और सेक्शन 2 (1) में कुछ परिवर्तनों के बाद यह कहा गया कि विश्वविद्यालय मुसलिम समुदाय द्वारा स्थापित किया गया है। इसी वर्ष की शुरुआत में कांग्रेस नीत सं.प्र.ग. सरकार ने वि.वि. की अकादमिक परिषद और कार्यकारी परिषद के प्रस्तावों को मंजूरी प्रदान कर कुछ परास्नातक कार्यक्रमों में मुसलिम उम्मीदवारों को 50 प्रतिशत आरक्षण प्रदान किया।

इन संशोधनों और नई आरक्षण नीति को इलाहाबाद हाईकोर्ट में चुनौती दी गई। न्यायमूर्ति अरुण टंडन ने यह व्यवस्था दी कि सुप्रीम कोर्ट का निर्णय अधिनियम में 1981 में किए गए संशोधनों के बाद भी अर्थपूर्ण है। अ.मु.वि. संविधान के अनुच्छेद 30 के अनुरूप अल्पसंख्यक संस्थान नहीं, इसलिए वि.वि. किसी खास समुदाय के उम्मीदवारों को किसी तरह का आरक्षण प्रदान नहीं कर सकता। जस्टिस टंडन का निष्कर्ष ऑल इंडिया मुसलिम फोरम जैसे मुसलिम संगठनों को अस्वीकार्य है। इसके अध्यक्ष डॉ. शेरवानी के शब्द हैं, ''इस विवादास्पद निर्णय का सबसे घृणित पहलू यह है कि माननीय न्यायाधीश ने अजीज पाशा (बाशा) बनाम केंद्र सरकार के मामले में सुप्रीम कोर्ट द्वारा दिए गए एकतरफा निर्णय के अनर्थकारी तर्क का ही अनुसरण किया, जिसे 1981 में संसद ने रद्द कर दिया था।''

क्या शेरवानी हमारी अदालतों से यह अपेक्षा कर रहे हैं कि वे मुसलिम उलेमाओं के दृष्टिकोण से चलेंगी? शेरवानी को यह बताए जाने की जरूरत है कि सौभाग्य से हमारे देश में अदालत के किसी फैसले का संसद द्वारा खंडन होने का प्रश्न स्वयं

अदालतें हल करती हैं, न कि मुसलिम धर्मगुरु। शेरवानी यह भी कहते हैं, "हमें यह स्वीकार करना होगा कि आजादी के बाद से मुसलिम समुदाय को इस तरह के अन्याय का शिकार बनाया जा रहा है, क्योंकि उन्होंने अपने लिए कोई राजनीतिक भविष्य तय नहीं किया।" संदेह नहीं कि यह आरोप बकवास है कि आजादी के बाद मुसलिम समुदाय को किसी अन्याय का शिकार बनाया जा रहा है। उपमहाद्वीप की राजनीति की थोड़ी-बहुत समझ रखनेवाले व्यक्ति को यह पता होगा कि 20वीं सदी के पूर्वार्द्ध में मुसलिमों ने पृथक् राष्ट्र की माँग उठाई और पाकिस्तान के रूप में अपनी इच्छा पूरी भी कर ली। मुसलिम जहाँ अपने लिए मजहबी देश चाहते थे, वहीं हिंदू बहुसंख्यावाले भारत ने अपना स्वरूप सेकुलर और लोकतांत्रिक रखा।

विभाजन के बाद भारत में रहने का फैसला करनेवाले मुसलिमों ने भारत में अपने लिए बेहतर भविष्य देखा। वे जब पाकिस्तान में अपने सहधर्मियों के जीवन को देखते होंगे तो महसूस करते होंगे कि उनका फैसला सही था। क्या किसी देश में बहुसंख्यक समुदाय अपने यहाँ अल्पसंख्यकों को सेकुलर और लोकतांत्रिक संविधान से बेहतर कोई तोहफा दे सकता है? पाकिस्तान, सऊदी अरब व 45 अन्य इसलामिक देशों की ओर देखिए, आपको इस प्रश्न का उत्तर मिल जाएगा। इंडियन मुसलिम ऑफ अमेरिका का कहना है कि उसने इस कपटपूर्ण फैसले के खिलाफ अभियान आरंभ कर दिया है। यदि हमें अपने संविधान की रक्षा करनी है तो उच्चतर न्यायपालिका को इस तरह के कुत्सित लेखन का मुँहतोड़ जवाब देना होगा। एसोसिएशन ऑफ इंडियन मुसलिम सरीखे संगठन इतिहास को विकृत करते हैं। आजादी के बाद जब भारत में मुसलिमों की स्थिति बहुत खराब हो गई और इस समुदाय में सर्वत्र निराशा व्याप्त हो गई, तब अ.मु.वि. उम्मीद की एक किरण के रूप में सामने आया। तब हर भारतीय मुसलिम के पास अपनी निराशा को पाकिस्तान में आशा में बदलने का अधिकार था। किसने उन्हें रोका था? वे अपने समुदाय को छिन्न-भिन्न बताते हैं, जबकि उनकी आबादी दो करोड़ से बढ़कर 15 करोड़ हो गई। काउंसिल ऑफ इंडियन मुसलिम-यू.के. ने इस फैसले को 'अविवेकी और स्तब्धकारी' बताया है।

इन संगठनों को सेकुलर और लोकतांत्रिक भारत की वकालत करने के स्थान पर इसलामिक देशों में शालीनता तथा मानवता के मूल्यों के प्रसार पर बल देना चाहिए। इंदिरा गांधी ने मुसलिम संप्रदायवाद के समक्ष समर्पण कर 1981 में अलीगढ़ मुसलिम वि.वि. अधिनियम को संशोधित कर दिया था। राजीव गांधी ने मुसलिम वोट बैंक के लालच में चर्चित शाहबानो मामले में सुप्रीम कोर्ट को ठेंगा दिखाने में तनिक भी हिचकिचाहट नहीं दिखाई। यदि केंद्र इलाहाबाद हाईकोर्ट के निर्णय को मुसलिम संप्रदायवाद को उभारने के एक और अवसर के रूप में लेगा तो ऐसा कर

वह संवैधानिक व्यवस्था को क्षति ही पहुँचाएगा। इस स्थिति में मूल संवैधानिक मूल्यों की रक्षा करना एक बड़ी चुनौती है। उच्चतर न्यायपालिका को इन धमकी भरे स्वरों को गंभीरता से लेना होगा। सभी लोकतंत्रवादी इस उभरते खतरे पर गहन मंथन करें और उससे निपटने की रणनीति तैयार करें, तभी भारत के संवैधानिक मूल्य सही-सलामत रहेंगे।

□

देश बड़ा या परिवार

कांग्रेस के खोखले दावे

[हर योजना का नामकरण नेहरू-गांधी परिवार के सदस्यों के नाम पर किया गया है और सुनिश्चित किया गया है कि शेष राजनेता पूरी तरह बहिष्कृत रहें।]

कांग्रेस का घोषणा-पत्र आ गया है। पार्टी जो कहती है और जो करती है, उसमें भारी अंतर है—चाहे समावेशी भावना हो, पंथनिरपेक्षता हो, लोकतांत्रिक संस्थानों के प्रति प्रतिबद्धता हो या फिर व्यक्तिगत पूजा की प्रवृत्ति। कांग्रेस की वादों की पोटली विश्वसनीय नहीं है। जरा ध्यान दें—2014 लोकसभा चुनाव के लिए कांग्रेस ने जो घोषणा-पत्र जारी किया है, उसमें सबसे अधिक फर्जी दावा समावेशी लोकतंत्र के मंत्र का है। कांग्रेस का दावा है कि पार्टी के केंद्रीय मूल्य में भारत के विचार की अनुगूँज है। इसमें विविधता, समावेश और बहुलवाद निहित है। एक अन्य जगह इसमें लिखा है कि हम एक सरल सार्वभौमिक सच—सबके लिए अवसर और समता में यकीन रखते हैं। यह कांग्रेस को भारतीय जनता पार्टी की प्रतिरोध की राजनीति से अलग करता है।

हालाँकि घोषणा-पत्र पर एक नजर डालते ही एहसास हो जाता है कि कांग्रेस का समावेश से क्या तात्पर्य है? महात्मा गांधी के नाम पर कुछ योजनाओं को छोड़ दें तो कांग्रेस शासन की तमाम योजनाएँ राजीव गांधी, इंदिरा गांधी और जवाहरलाल नेहरू के नाम पर हैं। कांग्रेस के अन्य तमाम दिग्गज नेताओं को इनसे अलग रखा गया है। इसके बावजूद कांग्रेस अपनी प्रमुख प्रतिद्वंद्वी भा.ज.पा. पर भेदभाव की राजनीति का आरोप लगाती है। कांग्रेस के सर्वसमावेशवाद के कुछ उदाहरण इस प्रकार हैं—इंदिरा आवास योजना और राजीव आवास योजना का विस्तार कर इसके दायरे में तमाम गरीबों को लाया जाएगा। ऐसे तमाम अनुसूचित जाति और जनजाति के छात्रों को, जो विश्वविद्यालयों में प्रवेश की अर्हता रखते हैं, राजीव गांधी रिसर्च फेलोशिप दी जाएगी। कांग्रेस सुनिश्चित करेगी कि राजीव गांधी नेशनल फेलोशिप के दायरे में अनुसूचित जाति और अनुसूचित

जनजाति के अलावा अन्य पिछड़ा वर्ग को भी लाया जाए। कांग्रेस नीत सं.प्र.ग. सरकार द्वारा घोषित किए गए राजीव गांधी खेल अभियान के तहत देश के प्रत्येक ब्लॉक में उच्च स्तर की खेल सुविधाएँ मुहैया कराई जाएँगी। राजीव गांधी ग्रामीण विद्युतीकरण योजना के तहत आनेवाले शहरी और ग्रामीण क्षेत्रों का दायरा बढ़ाया जाएगा। घोषणापत्र में लिखा है कि हम सुनिश्चित करेंगे कि जवाहरलाल नेहरू नेशनल सोलर मिशन का कार्यान्वयन तेजी से हो। जवाहरलाल नेहरू नेशनल अर्बन रिन्यूवल मिशन के तहत शहरी निकायों की शहरी विकास में अधिक भागीदारी सुनिश्चित की जाएगी।

इंदिरा आवास योजना का विस्तार करके इसके दायरे में गरीब ग्रामीण घरों को लाया जाएगा। शहरी क्षेत्रों के लिए राजीव आवास योजना का विस्तार किया जाएगा और इसके तहत तमाम गरीब परिवारों को लाया जाएगा। यह है कांग्रेस ब्रांड का समावेश। हर योजना का नामकरण नेहरू-गांधी परिवार के सदस्यों के नाम पर किया गया है और सुनिश्चित किया गया है कि शेष राजनेता पूरी तरह बहिष्कृत रहें। घोषणा-पत्र में दावा किया गया है कि कांग्रेस भा.ज.पा. की विभाजनकारी और विध्वंसकारी विचारधारा की धुर विरोधी है। कांग्रेस कहती है कि हम हमेशा से पंथनिरपेक्ष और प्रगतिशील ताकत रहे हैं और तमाम पंथों, जातियों व समुदायों को एकजुट रखने में यकीन रखते हैं। हालाँकि घोषणा-पत्र जारी होने के कुछ दिन बाद ही कांग्रेस अध्यक्ष सोनिया गांधी ने दिल्ली की जामा-मसजिद के शाही इमाम और अन्य मौलवियों से पंथनिरपेक्ष वोट न बँटने देने का अनुरोध किया था। यह मुसलिम वोटों के लिए की गई सीधी अपील थी, साथ ही इसका यह भी अर्थ है कि भारत के हिंदू बहुसंख्यक पंथनिरपेक्ष नहीं हैं। इसके दायरे में केवल भारत के पंथिक अल्पसंख्यक ही आते हैं।

लोकतंत्र के प्रति वचनबद्धता का पार्टी का दावा भी सही नहीं है। घोषणा-पत्र कहता है कि लोकतांत्रिक संविधान और संस्थान आधुनिक भारत का आधार हैं। भारत को बेहतर बनाने के लिए हम सभी को इन संस्थानों का सम्मान करना चाहिए। हम सत्र-दर-सत्र संसद को बाधित करके लोकतांत्रिक संस्थानों को नीचा नहीं दिखाते। कांग्रेस शांतिपूर्ण, लोकतांत्रिक और संवैधानिक तरीकों से काम करती है।

यह दावा निरा खोखला है। आप उत्तर प्रदेश में कांग्रेस के उम्मीदवारों को देखें। पार्टी ने फिर से भोला पांडे को टिकट दिया है, जिसने 1978 में इंदिरा गांधी को लोकसभा से निकालने के फैसले के खिलाफ हवाई जहाज का अपहरण कर लिया था। उस समय देश भर में कांग्रेसियों ने जमकर हिंसा की थी, जिसमें कई लोग मारे गए थे और सार्वजनिक संपत्ति का नुकसान हुआ था। घोषणा-पत्र में व्यक्ति पूजा का जिक्र सबसे अधिक हास्यास्पद है। जवाहरलाल नेहरू, इंदिरा गांधी और राजीव गांधी के जमाने से ही कांग्रेस में व्यक्ति पूजा की परंपरा जारी है। अब कांग्रेस नरेंद्र मोदी की चुनौती का

सामना नहीं कर पा रही है तो वह खोखला दावा कर रही है कि कोई भी व्यक्ति या सत्ता लोकतांत्रिक शासन की प्रक्रिया और मूल्यों को दबा नहीं सकती। पार्टी को लगता है कि जून 1975 और मार्च 1977 के दौरान इसने आपातकाल के नाम पर देश पर, जो फासीवादी शासन थोपा था, उसे लोग भूल चुके हैं। कांग्रेस भारत की एकमात्र पार्टी है, जिसने एक व्यक्ति को देश के बराबर माना था। कांग्रेस अध्यक्ष देवकांत बरुआ का कुख्यात बयान था—इंदिरा इज इंडिया ऐंड इंडिया इज इंदिरा। यानी इंदिरा भारत है और भारत इंदिरा है। यही नहीं, कांग्रेस सरकार ने इंदिरा गांधी को राहत पहुँचाने के लिए संविधान संशोधन किया था। 42वें संशोधन में एग्जीक्यूटिव आदेश के आधार पर राष्ट्रपति को संविधान संशोधन की शक्ति सौंप दी गई थी। विश्व में केवल हिटलर ने जर्मनी के संविधान में इस प्रकार के प्रावधान रखे थे। अब आप खुद ही कांग्रेस के दावे की सच्चाई को परख सकते हैं।

कांग्रेस ने दावा किया है कि 2009 का जनादेश भारत के किसानों के हितों की सुरक्षा के लिए मिला था। असलियत यह है कि 2001 से 2011 के बीच भारत में हर साल औसतन 17,000 किसानों ने खुदकुशी की, यानी रोजाना 46 किसानों ने आर्थिक तंगी के कारण आत्महत्या की। घोषणापत्र में दावा किया गया है कि कांग्रेस दूसरे प्रशासनिक सुधार आयोग की सिफारिशों को लागू करेगी। यह दावा किसी मजाक से कम नहीं है। इस आयोग ने 2006-09 में अपनी रिपोर्ट सौंप दी थी। तब से यह रिपोर्ट धूल फाँक रही है। पार्टी का यह भी दावा है कि वह आर्थिक मोरचे को वरीयता देगी। सकल घरेलू उत्पाद की दर 4.5 फीसद पर लाने के बाद कांग्रेस का यह दावा हास्यास्पद नजर आता है। कांग्रेस जी.डी.पी. को आठ फीसद से ऊपर लाने का दावा कर रही है। पिछले तीन वर्षों में जी.डी.पी. बढ़ाने में किसने कांग्रेस का हाथ रोका था? क्या कांग्रेस एक और मौका पाने की हकदार है?

□

नाम परिवर्तन पर आवश्यक पहल

यह परिवर्तन कांग्रेस पार्टी को पच नहीं रहा कि देश में खेलों के क्षेत्र में दिया जानेवाला सबसे बड़ा पुरस्कार अब 'मेजर ध्यानचंद खेल रत्न' अवार्ड के नाम से जाना जाएगा। उन्हीं हॉकी के जादूगर ध्यानचंद के नाम पर जिनकी करिश्माई स्टिक से निकले गोलों ने भारत को कई स्वर्णिम सफलताएँ दिलाईं। इससे पहले तक वह पुरस्कार राजीव गांधी के नाम पर था। यही बदलाव कांग्रेस को अखर रहा है। हाल में संपन्न ओलंपिक में हॉकी टीमों के शानदार प्रदर्शन के बाद सरकार ने पुरस्कार के नाम में पवरिवर्तन संबंधी यह पहल की। मेजर ध्यानचंद भारतीय खेल जगत् की सार्वकालिक महानतम हसितयों में से एक हैं। ऐसे कालजयी खिलाड़ी के नाम पर खेल रत्न अवर्ड का नामकरण करने के बजाय कांग्रेस पार्टी को इस पर अवश्य आत्ममंथन करना चाहिए कि अपवनी सत्ता के दौरान करीब-करीब सभी महत्त्वपूर्ण राष्ट्रीय योजनाओं, संस्थानों, अवार्ड और फेलोशिप इत्यादि का नामकरण गांधी-नेहरू परिवार से जुड़े सदस्यों के नाम पर करना कितना बेतुका था। उसमें भी जवाहरलाल नेहरू, इंदिरा गांधी और राजीव गांधी जैसे नाम प्रमुख रहे। चूँकि कांग्रेस अब खेल रत्न अवार्ड का नाम बदलने पर हायतौबा मचा रही है तो ऐसे में उसकी उस प्रवृत्ति को उजागर करना बेहद आवश्यक है, जिसने उसे प्रत्येक परियोजना, अवार्ड और संस्थान का नामकरण सिर्फ एक परिवार के सदस्यों के नाम पर करने की ओर उन्मुख किया।

जहाँ तक हमारी जानकारी का सवाल है तो नेहरू, इंदिरा गांधी या राजीव गांधी का खेलों से कोई खास सरोकार नहीं था। इसके बावजूद तमाम टूर्नामेंट और ट्राफियों का नामकरण उनके नाम पर हुआ। इसमें कोई खेल अछूता नहीं रहा। राजीव गांधी के नाम पर कुछ टूर्नामेंटों के उदाहरण ही गिन लीजिए। राजीव गांधी गोल्ड कप कबड्डी टूर्नामेंट, राजीव गांधी फेडरेशन कप बॉक्सिंग चैंपियनशिप, राजीव गांधी मेमोरियल रोलर स्केटिंग चैंपिनयनिशप, ऑल इंडिया राजीव गांधी बॉस्केटबॉल (गर्ल्स) टूर्नामेंट,

राजीव गांधी बोट रेस केरल, राजीव गांधी रोड रेस, नई दिल्ली और ऑल इंडिया राजीव गांधी रेसलिंग गोल्ड आदि–इत्यादि। ये तो कुछ उदाहरण हैं। स्थानाभाव के कारण सभी का उल्लेख संभव नहीं, क्योंकि इंदिरा गांधी और नेहरू के नाम पर भी कई खेल स्पर्धाएँ आयोजित की जाती हैं। यह सिलसिला स्टेडियमों के नामकरण तक बढ़ता गया। दिल्ली के दो बड़े स्टेडियम जवाहरलाल नेहरू स्टेडियम और इंदिरा गांधी इंडोर स्टेडियम इसके प्रत्यक्ष उदाहरण हैं। यह सूची बहुत लंबी है, फिर भी गिनती करें तो देश में 26 स्पोर्ट्स टूर्नामेंट और 17 स्टेडियमों के नाम गांधी–नेहरू परिवार के सदस्यों पर हैं। इतने अन्य हस्तियों या खेल दिग्गजों के नाम पर नहीं।

मामला केवल खेलों तक सीमित नहीं है। करीब 450 सरकारी योजनाओं, इमारतों और फेलोशिप इत्यादि भी गांधी परिवार के इन सदस्यों के नाम पर हैं। इनमें एयरपोर्ट, बंदरगाह, विश्वविद्यालय और अकादमिक संस्थान शामिल ळें। यहाँ तक कि भौगोलिक स्थानों पर भी नेहरू–गांधी परिवार की छाप लगा दी गई। देश का सबसे दक्षिणी सिरा जो पहले पिग्मिलियन पाइंट कहा जाता है, उसका नाम बदलकर इंदिरा पाइंट पर दिया गया। इतना ही नहीं हिमालय में माउंट राजीव के साथ ही मुंबई हार्बर में जवाहर द्वीप भी कर दिया गया। कांग्रेस ने कभी नहीं सोचा कि स्वामी विवेकानंद या श्री अरविंद या कोई अन्य व्यक्तितव भी ऐसे ही सम्मान के पात्र हैं। हद तो तब हो गई जब उसने नेहरू–गांधी परिवार से इतर कांगेस के अन्य नेताओं और स्वतंत्रता संग्राम सेनानियों की भी अनदेखी की। सरदार पटेल से लेकर डॉ. आंबेडकर और लाल बहादुर शास्त्री से लेकर पी.वी. नरसिंह राव जैसे तमाम दिग्गज इन अनदेखी के शिकार हुए।

दरअसल कांग्रेस ने नामकरण की इस आपाधापी में विवेक और बुद्धि को पूरी तरह ताक पर रख दिया। अनुसूचित जाति और जनजाति के अभ्यर्थियों के लिए नेशनल फेलोशिप स्कीम को डॉ. आंबेडकर के बजाय राजीव गांधी के नाम पर किया गया। देश के शीर्ष तकनीकी संस्थान भी देश के मूर्धन्य विज्ञानियों के नाम पर नहीं, बल्कि राजीव गांधी के नाम पर किए गए। राष्ट्रीय पार्कों और म्यूजियम की भी यही नियति हुई। नई दिल्ली स्थित विदेश मंत्रालय के मुख्यालय को जवाहरलाल नेहरू भवन नाम दिया गया है। पर्यावरण मंत्रालय को इंदिरा पर्यावरण भवन कहा जाता है। नागर विमानन मंत्रालय राजीव गांधी भवन से संचालित होता है। इसी तर्ज पर नई दिल्ली अंतरराष्ट्रीय एयरपोर्ट इंदिरा गांधी और हैदराबाद एयरपोर्ट राजीव गांधी के नाम पर है। वास्तव में हैदराबाद एयरपोर्ट एन.टी. रामाराव के नाम पर थ, लेकिन कांग्रेस सरकार ने उसे बदल दिया। बाद में घरेलू टर्मिनल को रामाराव के नाम पर किया गया। कुछ एयरपोर्ट इस कांग्रेसय फितरत से बच निकले, जैसे बेंगलुरु एयरपोर्ट इस खूबसूरत शहर के संस्थापक कैंपेगौड़ा के नाम पर है। यहीं पटना एयरपोर्ट जयप्रकाश नारायण और राँची एयरपोर्ट

बिरसा मुंडा के नाम पर है। असल में सभी एयरपोर्ट संबंधित क्षेत्र की प्रतिष्ठित हस्तियों के नाम पर ही होने चाहिए।

कांग्रेस ने नेहरू-गांधी परिवार के नेताओं के नाम पर नामकरण की जो खराब परंपरा चलाई, उसे दुरुस्त करने की अब शुरू हुई, कोशिशों को और गति देनी होगी। इसमें सुधार आवश्यक है, जिन्हें सुनियोजित एवं चरणबद्ध रूप से अंजाम दिया जाए। इसके कई ठोस कारण है। पहला तो यही कि भारत कोई राजतंत्र नहीं है। यह राजतंत्रों में ही होता है, जहाँ सभी योजनाओं ओर संस्थानों का नामकरण राजा या राजपरिवार के अन्य सदस्यों के नाम पर किया जाए। दूसरा कारण यह कि एक ही परिवर के सदस्यों के नाम के वर्चस्व में दूसरी हस्तियों के योगदान को नकारने वाली साजिश दिखती है। नेहरू-गांधी परिवार के नाम पर हुए अंधाधुंध नामकरण ने हमें एक कृतघ्न देश बना दिया, जहाँ राष्ट्र निर्माण में योगदान देनेवाले शिल्पियों को पर्याप्त सम्मान नहीं मिला। तीसरा कारण यह कि हमारा समाज बेहद विविधतापूर्ण है और प्रत्येक राज्य के समुदायों ने भारत कही तरक्की में अपना योगदान दिया है, जब हम भारत के विभिन्न समुदायों के नाम पर नामकरण करते हैं तो इससे विविध पृष्ठभूमि के लोगों के गौरवशाली योगदान और अपनीसामाजिक वास्तविकताओं का भी स्मरण कराते हैं। इसीलिए इन विसंगतियों को जल्द दूर करने की जरूरत है। इसमें कोई हिचक नहीं होनी चाहिए, क्योंकि इससे राष्ट्रीय एकता को ही बल मिलेगा। साथ ही महान् भारतीयों के योगदान को भी मान्यता मिलेगी।

□

भुला दिए गए गांधी

कांग्रेस द्वारा भ्रष्टाचार के खिलाफ आवाज उठाने के लिए जानेवाले और भारत के पहले और निस्संदेह सर्वश्रेष्ठ खोजी सांसद फिरोज ग़ांधी का कभी भी उल्लेख तक नहीं किया जाना बेहद दुर्भाग्यपूर्ण है।

देश की लोकतांत्रिक संस्थाओं के इतिहास पर एक नजर डालने पर, हमें विपक्षी दलों के कई ऐसे सांसदों और विधायकों के उदाहरण मिलते हैं, जो सरकार को निशाने पर लेने के लिए एड़ी-जोटी का जोर लगाए रहते हैं और इस दिशा में कड़ी मेहनत करते हैं, लेकिन हमारा सामना शायद ही किसी सत्तारूढ़ दल के ऐसे सांसद से होता हो, जो घोटाले का परदाफाश करने और अपनी ही सरकार के कामकाज में पारदर्शिता लाने और जवाबदेही स्थापित करने के प्रयास कर रहा हो। ऐसे ही एक सांसद थे भ्रष्टाचार के खिलाफ आवाज उठानेवाले और भारत के पहले और निस्संदेह सर्वश्रेष्ठ खोजी सांसद, कांग्रेस के फिरोज गांधी, जिनकी जयंती 12 सितंबर को होती है।

फिरोज गांधी को कई चीजों के लिए याद किया जाना चाहिए—स्वतंत्रता संग्राम में उनकी भागीदारी, जिसके परिणामस्वरूप उन्हें कई बार ज़ेल जाना पड़ा; उनके श्रमसाध्य अनुसंधान और सार्वजनिक जीवन में ईमानदारी के प्रति प्रतिबद्धता, जिसके कारण जवाहरलाल नेहरू के वित्त मंत्री टी.टी. कृष्णमाचारी को अपने पद से हाथ धोना पड़ा; जीवन बीमा का राष्ट्रीयकरण; और संसद की काररवाई को रिपोर्ट करने के दौरान मीडिया को अवमानना और मानहानि के दावों से बचाने के लिए कानून लाने के लिए।

वैसे, चूँकि कांग्रेस भ्रष्टाचार के ख़िलाफ आवाज उठानेवाले ऐसे जोशीले नेता का नाम तक नहीं लेती, युवा पीढ़ी को इस बात का शायद ही पता हो कि वे इंदिरा गांधी के पति, सोनिया गांधी के ससुर और राहुल गांधी के दादा थे। फिरोज गांधी 1920 के दशक के अंत में कमला नेहरू से प्रेरित होकर स्वतंत्रता के लिए राष्ट्रीय आंदोलन में शामिल हो गए। उन्हें एक से अधिक बार जेल जाना पड़ा और यहाँ तक कि उन्होंने एक भूमिगत आंदोलन का नेतृत्व भी किया। वे 1950 में अस्थायी संसद के सदस्य बने और

1952 ओर 1957 में लोकसभा के लिए चुने गए।

फिरोज गांधी ने प्रारंभ में तो पीछे रहने की अपनी भूमिका का आनंद लिया, लेकिन दिसंबर 1955 में लोकसभा में दिए गए अपने पहले ही भाषण के साथ वे मशहूर हो गए। जब उन्होंने बीमा (संशोधन) विधेयक पर बात की तो सभी शांत बैठकर उनकी बात का संज्ञान लेने को मजबूर हो गए। उन्होंने करीब दो घंटे तक संसद को अपनी बातों के मोहपाश में बाँधे रखा और निजी बीमा कंपनियों की नापाक हरकतों का परदाफाश किया और जीवन बीमा व्यवसाय के राष्ट्रीयकरण के लिए एक ठोस बुनियाद रखी। उन्होंने इन कंपनियों में निवेश किए गए सार्वजनिक धन की रक्षा के लिए कड़े कदम उठाने की माँग की।

उनके अपना भाषण समाप्त करते–करते प्रत्येक सदस्य को ऐसा लगाने लगा था कि निजी बीमा कंपनियाँ तो अब बरबाद होनी तय हैं। उनके तर्क इतने सटीक थे कि दो महीनों के भीतर ही राष्ट्रपति ने जीवन बीमा का राष्ट्रीयकरण करनेवाला एक अध्यादेश जारी कर दिया। फिरोज ने सरकार को बधाई देते हुए कहा, ''किसी घोड़े को पकड़ने के लिए लगाम क्री आवश्यकता होती है; और किसी हाथी को पकड़ने के लिए आपको चेन की आवश्यकता होती है।'' उनके जीवनी लेखक तरुण कुमार मुखोपाध्याय के शब्दों में, फिरोज के पहले भाषण ने निजी जीवन बीमा व्यवसाय के लिए मौत की घंटी बजा दी। राष्ट्रीयकरण के बाद, जीवन बीमा निगम (एल.आई.सी.) अस्तित्व में आया। ये उस सांसद के लिए एक सांकेतिक उपलब्धि थी और अभी कई ओर खुलासे होने बाकी थे। 1957 के दशक के उत्तरार्ध में फिरोज गांधी को वित्त मंत्रालय के एक घोटाले के बारे में सूचना मिली। उनके संज्ञान में आया कि एल.आई.सी. ने अचानक कांग्रेस के करीबी उद्योगपति एच.डी. मुंद्रा के स्वामित्व वाली कंपनियों के शेयर बढ़े हुए दामों पर खरीद लिये हैं। इस जानकारी ने उन्हें प्रश्नकाल के दौरान हस्तक्षेप करने और एक विशेष बहस की माँग करने के लिए प्रेरित किया।

वित्तमंत्री की असंयत टिप्पणी ने फिरोज को और अधिक सतर्क कर दिया और उन्होंने इस मामले पर एक विशेष बहस की माँग उठाई। चर्चा की शुरुआत करते हुए उन्होंने कहा, ''मेरे मस्तिष्क में हो रही हलचल ने मुझे इस बहस को प्रारंभ करने के लिए मजबूर किया है। जब इतने बड़े स्तर की चीजें, जैसा कि मैं आगे आपको बताऊँगा, घटित हो रही हों तो चुप्पी भी एक अपराध बन जाती है।''

संक्षेप में कहें तो कहानी ये थी कि संदिग्ध माना जानेवाले एक व्यवसायी मुद्रा, जिसने कांग्रेस के चुनाव अभियान को वित्तपोषित किया था, वित्तीय समस्याओं में फँस गया था और वो चाहता था कि नेहरू सरकार उसे उनसे उबार ले। उसने सरकार से अपनी कुछ कंपनियों के शेयरों में एक करोड़ रुपये का निवेश करने को कहा। हालाँकि

मुंद्रा की कोई भी कंपनी अच्छा प्रदर्शन नहीं कर रही थी, लेकिन सरकार एल.आई.सी. के माध्यम से ऐसा करने के लिए तैयार हो गई।

हालाँकि, जब बातचीत चल ही रही थी, उसी दौरान मुंद्रा ने कलकत्ता स्टॉक एक्सचेंज में अपनी कंपनी के शेयर खरीदे और कृत्रिम रूप से अपने शेयरों की कीमतें बढ़ा दीं। इसका परिणाम ये हुआ कि जब एल.आई.सी. बाजार में आई, तो उसे वे शेयर उस कीमत की तुलना में कहीं अधिक पर खरीदने पड़े, जो मुंद्रा ने तब पेश किए थे, जब उसने मदद के लिए सरकार से संपर्क साधा था। इसी को एल.आई.सी.-मुंद्रा स्कैंडल कहा जाता है।

फिरोज गांधी ने सरकार को बेकनाब करने के लिए मुंद्रा की कंपनियों के एक पखवाड़े के शेयर के दामों का पता लगाने के लिए अपने असाधारण खोजी कौशल का प्रयोग किया। तत्कालीन वित्तमंत्री, कृष्णमाचारी ने ये कहकर इस सौदे का बचाव करने की कोशिश की कि एल.आई.सी. ने अपने पोर्टफोलियो का निर्माण करने के लिए बाजार में प्रवेश करने का फैसला किया और इसलिए उसने इन शेयरों को खरीदा, लेकिन फिरोज गांधी संतुष्ट नहीं हुए। आपने केवल मुंद्रा कंपनियों को ही क्यों पसंद किया और आपने उन्हें बढ़े हुए दामों पर क्यों खरीदा? उन्होंने पूछा कि इस तरह से जनता के पैसे को बरबाद कैसे किया जा सकता है और इस बात पर ध्यान दिलवाया कि एल.आई.सी. द्वारा खरीदे जाने के बाद इन शेयरों की कीमतों में गिरावट आई है।

सरकार के पास कोई पुख्ता जवाब नहीं था। खैर, बात को छोटा करते हुए, नेहरू को एक जाँच आयोग गठित करने पर मजबूर होना पड़ा, जिसने कृष्णमाचारी को इस संदिग्ध निर्णय के लिए नैतिक रूप से जिम्मेदार ठहराया, जिसके परिणामस्वरूप उन्हें अपने पद से इस्तीफा देना पड़ा।

फिरोज गांधी ने अपने संसदीय कॅरियर में कई और उपलब्धियाँ हासिल कीं, जिसमें मीडिया को संसद को कवर करते समय मानहानि के मुकदमों से बचाने के लिए पेश किया गया विधेयक भी शामिल है। पत्रकारों ने उन्हें बताया कि एक तरफ जहाँ सांसदों को संसद में स्वतंत्र रूप से बोलने का विशेषाधिकार था, वहीं काररवाई की रिपोर्टिंग करने पर अवमानना ओर मानहानि के मुकदमों का सामना करना पड़ता था। लोकतंत्र ओर प्रेस की स्वतंत्रता के प्रति अपनी गहरी ओर स्थायी प्रतिबद्धता को देखते हुए, उन्होंने महसूस किया कि मीडिया के सामने संसद को रिपोर्ट करते समय कोई बाधा नहीं होनी चाहिए और विधायी कक्षों में जो कुछ भी होता है, जनता को उसकी हूबहू व्याख्या मिलनी चाहिए।

मीडिया को बचाने के लिए फिरोज गांधी ने संसदीय काररवाई (प्रकाशन संरक्षण) विधेयक पेश किया और एक असाधारण कदम उठाते हुए, सरकार ने इस विधेयक को

अपनाया और दोनों सदनों में इसे पारित भी करवाया। फिरोज गांधी ने इनमें से प्रत्येक उदाहरण में, डेटा और तथ्यों के सावधानीपूर्वक संग्रहण के जरिए बहस को लगभग अकेले ही अपने कंधों पर एक तार्किक निष्कर्ष तक पहुँचने मदद की।

विभिन्न कारकों ने फिरोज गांधी को जनता के प्रतिनिधि के रूप में अपने लक्ष्यों को प्रभावी ढंग से आगे बढ़ाने में सक्षम बनाया। पहला तो था उनका लड़ने का जज्बा और जनता के कल्याण और लोकतंत्र के प्रति उनकी प्रतिबद्धता। दूसरा, इस मामले पर बहस करने के लिए उन्होंने जानकारी एकत्र करने के लिए जितना परिश्रम किया और वे जिस सहजता के साथ सरकार के भीतर तक के अपने स्त्रोतों के साथ जुड़े। अंत में, उनका संसदीय कौशल। इसी वजह से जवाहरलाल नेहरू की सरकार में उनके साथी सांसद और मंत्री उन्हें खतरनाक रूप से अच्छी तरह से सूचित व्यक्ति के रूप में वर्णित करते थे।

इस असाधारण सांसद को याद करने के लिए भारत को ओर भी बहुत कुछ करने की आवश्यकता है!

□

कांग्रेस पार्टी और हिटलर

इंदिरा गांधी ने आपातकाल के दौरान तानाशाह की भूमिका निभाते हुए भारतीय प्रजातंत्र को उस हद तक विकृत कर दिया कि वह अपनी पहचान तक कायम नहीं रख सका। इससे हमेशा यह संशय बना रहा, जबकि कांग्रेस पार्टी के सदस्य इसके दिखावटी सदस्य बने रहे। असल में उनका झुकाव फासीवाद की तरफ था। पर जब उनके लिए अवसर आया तो दल के सदस्य अपना असली चेहरा दिखाने से बाज नहीं आए।

फासीवाद के प्रति जो आदर का सबसे दुखद प्रदर्शन इंदिरा गांधी के मंत्रिमंडल के एक वरिष्ठ सदस्य द्वारा 24 मार्च, 1982 को लोकसभा में किया गया।

जब उस दिन संसद् में गृह मंत्रालय की अनुदान माँगों पर चर्चा चल रही थी और सदन के उप-सभापति, जो सत्र का सभापतित्व कर रहे थे, तत्कालीन गृहमंत्री ज्ञानी जैल सिंह को उप-सभापति द्वारा सदन के पटल पर रखे गए प्रश्नों का उत्तर देने के लिए बुलाया गया। कुछ देर तक बोलने के बाद ज्ञानी जैल सिंह ने उन मुददों पर बोलने का निश्चय किया, जिसमें उनके दल के साथ-साथ उनका भी सही मायने में विश्वास था। विपक्ष की मेजों पर बैठे सदस्यों के अलावा प्रेस की दीर्घा में बैठे लोगों के आश्चर्य का उस वक्त ठिकाना नहीं रहा, जब ज्ञानीजी ने जर्मनी के तत्कालीन नाजी तानाशाह हिटलर के साथ-साथ बेनिटो मुसोलिनी का गुणगान करना प्रारंभ कर दिया। उन्होंने अपने देश में प्रदर्शित दृढ़ता का बयान करने के साथ-साथ उनके द्वारा अपने-अपने देशों में लागू किए गए अनुशासन का भी जिक्र किया। इस मौके पर हिटलर को 'महान व्यक्ति' के तौर पर व्यक्त करने के साथ-साथ सदन के 'सदस्यों ने उन्हें देशभक्त' भी बताया, जिन्हें आधुनिक जर्मनी के निर्माता होने का भी श्रेय जाता है।

चूँकि मंत्री महोदय सदन को गृह मंत्रालय में इस मुददे पर हुई सघन चर्चा के बाद उसे संबोधित कर रहे थे, उस समय कई सदस्यों की स्थिति नींद में चलने वाले लोगों के समान थी और सदन के अधिकतर सदस्य दीवार पर लगी घड़ी पर चिंता की मुद्रा में टकटकी लगाकर देख रखे थे, और इस बात की आस लगा रहे थे कि मंत्री महोदय का

कब अपना कर्मकांडी संबोधन समाप्त होगा। उसी समय सदन में एक ह्विप जारी कर इस बात को सुनिश्चित करने का प्रयास किया गया कि सभी सदस्य उपस्थित हो। इस दौरान कांग्रेस की मेजों पर सदस्यों की संख्या पूरी देखी गई, जबकि विपक्ष की मेजों पर सदस्यों की उपस्थिति भरपूर नहीं रही। न तो ट्रेजरी बेंच पर बैठे सदन के सदस्यों के बीच वाक् युद्ध देखा गया, न ही विपक्ष की मेजों पर बैठे सदस्यों के बीच ही कोई बहस देखी गई। सदन में दिन भर की कठिन मेहनत के बाद इस बात की उम्मीद की जा रही थी कि सभापति औपचारिक तौर पर सदन में अनुदान माँगों पर वोटिंग के बाद सदन की कार्यवाही की समाप्ति की घोषणा कर देंगे, ताकि सदस्य लुटियन जोन में स्थित अपने आवासों में लौटकर आराम फरमा सकें।

अन्य शब्दों में विभिन्न मंत्रालयों की अनुदान संबंधी माँग का पारित होना, एक पारंपरिक सालाना संसदीय रस्म जैसा था, जिन्हें संसद् की नियम पुस्तिका के अनुसार पूरा करना था और जितना शीघ्र इसे पूरा किया जाता, वह बेहतर होता।

लेकिन वे सभी सदमे से तभी निकल सके, जब जनता पार्टी से अलग हुए धड़े के एक समाजवादी नेता चंद्रजीत यादव ने ज्ञानी जैल सिंह पर टिप्पणी की और उप-सभापति लक्ष्मणन का ध्यान आकृष्ट किया तथा मंत्री महोदय को अपनी पंक्ति में ही रोकने का आदेश दिया। कांग्रेस के कुछ सदस्य भी इस पर सतर्क हो गए और उन्होंने मंत्री की हिटलर की प्रशंसा संबंधी टिप्पणी को उनके संबोधन से हटा देने पर सहमति जताई। जब तक श्री यादव ने इसकी औपचारिक शुरुआत नहीं की, तब तक उप-सभापति महोदय भी गृहमंत्री के 'अनुबोधक' अवलोकनों से अनभिज्ञ थे। उन्हें तत्काल इस बात का अहसास हुआ कि सभापति की टिप्पणी को रिकॉर्ड में शामिल किया जाना चाहिए। हालाँकि गृहमंत्री के अवलोकन अपमानजनक नहीं थे। इसमें न तो हिटलर संबंधी उनकी टिप्पणी को बढ़ा-चढ़ाकर पेश किया गया था और न ही यह सदन के किसी नियम के खिलाफ था, पर लक्ष्मणन ने यकायक यह निर्णय लिया कि उनके टिप्पणी वाले हिस्से को ही संबोधन से हटा दिया जाए।

जब तक यादव ने आवाज नहीं उठाई, उप-सभापति महोदय को भी गृहमंत्री के अवलोकनों की जानकारी नहीं थी। उन्होंने तत्काल महसूस किया कि अगर टिप्पणियाँ सदन के रिकॉर्ड में रह गईं तो कांग्रेस की छवि को इससे स्थायी तौर पर धक्का पहुँचेगा, हालाँकि गृहमंत्री के अवलोकन अपमानजनक नहीं थे। वे तो केवल हिटलर का ही बखान करनेवाले थे और न ही सदन के किसी नियम के खिलाफ थे।

विपक्ष के कई सदस्यों ने उप-सभापति के निर्णय का विरोध किया, पर उन्होंने संस्थाओं की तरफ झुकने से मना कर दिया। लेकिन मंत्री के बयान संबंधी हिस्से को हटाने पर निर्णय लेने के मिनटों पश्चात् उपसभाति ने लोकसभा के प्रेस अधिकारी को

मीडिया के लोगों को विवादित हिस्से को हटाने संबंधी निर्णय की सूचना देने के लिए प्रेस दीर्घा में भेजा और उनसे कहा गया कि वे मंत्री महोदय द्वारा दिए गए हिटलर संबंधी बयान के एक भी शब्द को नहीं छापें।

उस वक्त मैं अंग्रेजी अखबार 'इंडियन एक्सप्रेस' का संसदीय संवाददाता था और उस दिन लोकसभा की कार्यवाही की रिपोर्टिंग कर रहा था। उस समय वहाँ उपस्थित लोगों को इस निर्णय से अवगत कराया गया और इसके बाद वे चलकर मेरे पास पहुँचे और मुझसे कहा कि महाशय इंडियन एक्सप्रेस, मुझे इस बात की आशा है कि आपने उप-सभापति के आदेश को सुन लिया होगा। इस पर मैंने कहा कि बेशक मैंने इस बात को सुना है।

विडंबना है कि ज्ञानी जैल सिंह ने सदन के प्रतिपक्ष के सदस्य मार्क्सिस्ट निरेन घोष के आरोपों पर सफाई देते हुए कहा कि देश पूरी तरह तानाशाही की ओर बढ़ रहा है और जब जैल सिंह से पूछा गया कि क्या वे भी दूसरा हिटलर बनना चाहते हैं। इसका जवाब देते हुए उन्होंने कहा कि वे ऐसा नहीं बनने जा रहे हैं और सरकार की देश में तानाशाही थोपने की कोई मंशा भी नहीं है। वहीं विपक्ष में बैठे कई लोगों ने उप-सभापति महोदय के निर्णय का विरोध किया। उन्होंने दावा किया कि कांग्रेस ने कभी देश का संविधान बदलने पर चर्चा नहीं की। उन्होंने भी इस बात को स्वीकार किया कि इंदिरा गांधी देश की सबसे अधिक प्रजातांत्रिक नेता थीं, पर वाकई यह एक झूठा दावा था, खासकर इंदिरा गांधी का 1975-77 के तत्कालीन प्रधानमंत्री के रूप में देश में राष्ट्रपति शासन लगाने की बात के बारे में और उस वक्त उनके द्वारा संविधान सुधार को लेकर लाए गए संशोधन को लेकर। यह दुखद संविधान संशोधन, जो उस वक्त उनके द्वारा लाया गया था, ने देश से उसकी आत्मा को ही निकाल लिया।

हालाँकि उन्होंने संविधान संशोधन को दिखावटी रूप दिलाने की भरपूर कोशिश की, पर वे हिटलर की ओर उनके झुकाव को रोकने में सफल नहीं हो सके और वे इस बात पर काफी चर्चा करते थे कि किस तरह उनका हिटलर की ओर झुकाव रहा तथा फयूहरर की किस प्रकार वे प्रशंसा किया करते थे।

इस मुददे पर काफी हंगामा होने के बाद मंत्री संयत हुए, उन्होंने हिटलर के प्रति अपने मोह को त्याग दिया और गृह मंत्रालय के काम काज पर बोलना प्रारंभ किया। अपने कार्यालय लौटकर मैंने संपादक निहाल सिंह को बुलाया और उन्हें लोकसभा में उस शाम जो भी हुआ, उसकी जानकारी दी। मैंने उनको बताया कि लोकहित में मैंने संबोधन के विवादित हिस्से को ही हटा दिया है। मैंने उनको बताया कि सदन की कार्यवाही पर मैंने जो रिपोर्ट तैयार की है, उसके कारण मेरा लोकसभा का पास तक निरस्त हो सकता है। लेकिन इन सबसे अहम बात यह थी कि इसके कारण माननीय संपादक के अलावा

प्रकाशक व संवाददाता के खिलाफ मानहानि नोटिस लाया जा सकता था। श्री सिंह ने मेरी बातें ध्यान से सुनीं और बेहिचक कहा—आगे बढ़ो।

मैंने अपनी कहानी को इस प्रकार छापा कि उस वक्त देश के गृहमंत्री ने लोकसभा में दिए गए अपने संबोधन में भी हिटलर के लिए प्रशंसा के शब्द कहे थे, जिसे अगली सुबह के देश के प्रमुख अखबारों द्वारा अपने पहले पेज पर प्रमुखता से छापा गया। अखबार के दिल्ली संस्करण का शीर्षक कुछ इस प्रकार था—'जैल सिंह ने हिटलर के लिए प्रशंसा के शब्द कहे', पर वे शब्द अखबार से बाद में हटा दिए गए। इसके लिए इंडियन एक्सप्रेस के दिल्ली संस्करण के 25 मार्च, 1982 में छपी खबर का शीर्षक, जिसे मैंने इस प्रकार छापा—"श्री जैल सिंह ने लोकसभा में दिए अपने भाषण में हिटलर के लिए प्रशंसा के शब्द कहे, फिर हटा दिए गए।"[1]

इसके लिए मुझे अपने ही संगठन के कई सहयोगियों से धन्यवाद-सूचक संवाद मिले, जिन्हें पिछली शाम को हुए नाटकीय घटनाक्रम के बारे में जानकारी थी। लेकिन लोकसभा की कार्यवाही को कवर करनेवाले अन्य संवाददाताओं के लिए 'मैं उप-सभापति के आदेशों का अनुपालन नहीं करने के कारण' अवांछित व्यक्ति बन गया था। इस कारण मुझे अपने संपादकों को यह बताना पड़ा कि आखिर किस कारण से मैंने ऐसा किया। इसका असर यह हुआ कि जब दूसरी सुबह मैं प्रैस दीर्घा में अपनी सीट पर बैठा तो लोगों ने मेरे ऊपर ध्यान ही नहीं दिया। वहीं कुछ संवाददाता जो मेरे आसपास बैठे थे, ने इस बात के लिए आगाह किया कि कांग्रेस के कई सांसदों ने अखबार के खिलाफ विशेषाधिकार का नोटिस दिया है और मेरा काम बन गया।

जैसे ही सदन में प्रश्नकाल का सत्र समाप्त हुआ, सदन तनावपूर्ण हो चुका था। कई सांसदों ने लोकसभा अध्यक्ष श्री बलराम जाखड़ का ध्यान इंडियन एक्सप्रेस के खिलाफ विशेषाधिकार नोटिस की ओर दिलाया। विपक्ष के बड़े नेताओं ने सवाल उठाया कि अगर श्री जैल सिंह के वक्तव्य ने संसदीय नियम नहीं तोड़ा है तो उसे क्यों हटाया गया। कुछ सांसदों ने तो गृहमंत्री पर संविधान की शपथ भंग करने का आरोप भी लगाया।

मधु दंडवते ने जानकारी दी कि संविधान के अनुच्छेद 99 के अंतर्गत सदन के सभी सदस्यों ने गृहमंत्री सहित संविधान में आस्था जताने की शपथ ली थी, जिनकी प्रजातंत्र में आस्था थी। इसीलिए जब जैल सिंह यह कहते हैं कि ऐसा करके उन्होंने किसी सांवैधानिक भावना का उल्लंघन नहीं किया है। उस समय सदन में मौजूद मधु दंडवते ने इस बात का उल्लेख किया कि अनुच्छेद 99 के अंतर्गत सदन के सभी सदस्यों, जिनमें ज्ञानी जैल सिंह भी शामिल हैं, ने अगर संविधान के प्रति अपनी आस्था जताई है, तो इसे यह नहीं मान लेना चाहिए कि वे संविधान की मूल भावना के खिलाफ थे और न ही मामले को हिटलर से जोड़कर देखा जाना चाहिए कि वे हिटलर के सिद्धांतों से प्रभावित थे।[2]

इस पर पक्ष व विपक्ष के बीच वाक्युद्ध इतना बढ़ा कि सभापति महोदय को सदन को सूचित करना पड़ा कि उनकी टिप्पणी किसी को लेकर नहीं की गई थी। उन्होंने कहा कि गृहमंत्री सदन में आकर इस मसले पर कल अपना वक्तव्य देंगे। उन्होंने कहा कि उन्हें सदन में इस तरह के कई मामलों के आने की जानकारी मिली है।

इस पर विपक्षी शोर मचाने लगे। सभापति महोदय ने आक्रोशित सदस्यों को यह कहकर शांत करने की कोशिश की कि गृहमंत्री अपना वक्तव्य वापस ले रहे हैं। इस पर अटल बिहारी वाजपेयी ने रहस्यमय ढंग से सभापति महोदय से पूछा, "आपने तो उस बयान को संबोधन से हटा दिया था तो आप उसे अब वापस किस प्रकार ले सकते हैं।" उन्होंने आगे सभापति महोदय से कहा, "महाशय, सदन की कार्यवाही चलाने का यह तरीका नहीं है। आपने अपने बयान के जिस हिस्से को काटा है, उसकी जानकारी सदन को तो दीजिए।"[3]

उन्होंने पिछली शाम गृहमंत्री की टिप्पणी निकालने का अपवाद लेते हुए कहा, "कोई भी शब्द अगर अपमानजनक, असंसदीय और अमर्यादित है तो संसद् के नियमों के अनुसार पीठासीन अधिकारी उन्हें हटा सकता है। इस मामले में स्पीकर का अधिकार असीमित नहीं है। वे नियमों से बँधे हैं।"[4]

चूँकि सत्ता और विपक्ष के सदस्यों में नोक-झोंक तेज हो गई, स्पीकर ने सदन को बताया कि गृहमंत्री इस पर बयान देंगे। गृहमंत्री के बगल में बैठे कानून मंत्री श्री शिवशंकर ने अपनी फाइल से एक नोट निकाला और गृहमंत्री को पढ़ने को दे दिया। इंडियन एक्सप्रेस की रिपोर्ट को चुनौती देना तो दूर, गृहमंत्री ने हिटलर की तारीफ में कल दिए बयान पर माफी माँग ली। उन्होंने कहा, "हिटलर के बारे में उन्होंने जो कुछ कहा, उसका अफसोस है और वह उस वक्तव्य को वापस ले रहे हैं।" उन्होंने कहा, "महोदय, कल अनुदान माँगों पर चर्चा के दौरान जो कुछ हुआ, उस पर स्पष्टीकरण देना चाहता हूँ। हिटलर पर मेरा आशु वक्तव्य बहस की गरमी और आवेग का नतीजा था।" फिर उन्होंने जोर देते हुए कहा, "उनकी पार्टी हमेशा फासीवाद, साम्राज्यवाद, नस्लवाद आदि के खिलाफ लड़ती रही है और मेरी टिप्पणी बिना किसी नीयत, बिना सोचे-समझे दी गई थी, जिसका मेरी वास्तविक सोच और भावना से कोई मतलब नहीं है। जो कुछ हुआ, उसका मुझे खेद है और हिटलर के बारे में अपने कहे शब्द वापस लेता हूँ।"[5]

इस पर विपक्ष की मेज पर बैठे मधु दंडवते, हरिकेश बहादुर ने सभापति महोदय से जोर-शोर से इसका विरोध करते हुए कहा, "उप-सभापति महोदय को चाहिए कि वे उक्त आदेश को ही कार्यवाही के अंश से रद्द कर दें।" इस पर सदन में एक बार फिर हंगामा प्रारंभ हो गया। उन्होंने कहा, "उप-सभापति महोदय मनमाने ढंग से अपने अधिकारों का प्रयोग नहीं कर सकते।"[6]

इस पर सदन में एक बार फिर हो-हंगामा प्रारंभ हो गया। सांसदों ने कहा कि उप-सभापति महोदय मनमाने ढंग से अपने अधिकारों का प्रयोग नहीं कर सकते। स्पीकर ने उन्हें शांत करने की कोशिश की कि अब तो गृहमंत्री ने माफी माँग ली है और उनके वक्तव्य को कार्यवाही से निकाल भी दिया गया है। भारतीय जनता पार्टी के अटल बिहारी वाजपेयी के साथ-साथ मधु दंडवते ने सभापति महोदय को सूचित किया कि हम लोग यह नहीं समझ सके हैं कि यह माफीनामा किस बात को लेकर लिखा गया है। उन्होंने माँग की कि पिछली शाम को उनके द्वारा दिए गए माफीनामा, जिसे रिकॉर्ड से हटा दिया गया था, को फिर से बहाल किया जाए, ताकि माफीनामा का कुछ अर्थ निकले। इस पर वाजपेयी ने कहा कि ऐसा पहली बार नहीं हुआ है कि उप-सभापति महोदय ने गलती की है।

इस पर सभापति महोदय ने सदन को यह बताया कि उन्हें इंडियन एक्सप्रेस अंग्रेजी दैनिक के खिलाफ एक ऐसा ही मामले के प्रकाश में आने की जानकारी मिली है।

इसके बाद उन्होंने सदन के नियमों का हवाला देते हुए एक संक्षिप्त आदेश पढ़ा। उन्होंने कहा कि इस संबंध में गृहमंत्री द्वारा माफीनामा दिए जाने के बाद सदस्यों द्वारा दायर सभी नोटिसों को खारिज किया जा रहा है और उन्होंने उप-सभापति द्वारा इस संबंध में बनाए गए नियमों को पढ़ा। इस प्रकार मेरे लिए लोकसभा प्रेस दीर्घा में एक तनावपूर्ण समय का अंत हो गया। लेकिन इस बात को लेकर मुझे खुशी थी कि मैंने गृहमंत्री की हिटलर के बारे में असल भावनाओं को लोगों तक पहुँचाया। अगले दिन देश भर के सारे अखबारों ने गृहमंत्री का माफीनामा सहित 25 मार्च की पूरी घटना का विवरण छापा।

न तो इंदिरा गांधी या फिर किसी ने गृहमंत्री के हिटलर के साथ-साथ मुसोलिनी के प्रति उनके लगाव पर आक्रोश जाहिर किया। इस घटना को दो महीने ही हुए थे, इंदिरा गांधी ने ज्ञानी जैल सिंह को राष्ट्रपति पद का उम्मीदवार चुन लिया। ज्ञानी जैल सिंह बिना किसी प्रयास के चुनाव जीत गए और 25 जुलाई, 1982 को उन्होंने बतौर देश के राष्ट्रपति शपथ ली।

□

सरदार की विरासत पर खोखला दावा

सरदार वल्लभभाई पटेल की जयंती पर उनकी विरासत को लेकर फिर से खींचतान शुरू होती दिखी। एक लंबे अरसे तक पटेल की उपेक्षा करनेवाली कांग्रेस को यकायक पटेल खास लगने लगे हैं। पार्टी महासचिव प्रियंका गांधी वाड्रा ने कहा कि पटेल प्रतिबद्ध कांग्रेसी और नेहरू के निकट सहयोगी थे। उन्होंने भाजपा का यह कहते उपहास भी उड़ाया कि वह पटेल की विरासत पर कब्जा करने की जुगत में लगी है, वैसे प्रियंका कांग्रेस की पहली ऐसी नेता नहीं हैं, जिन्होंने सरदार पटेल की स्तुतिगान करते हुए भाजपा पर सवाल उठाए कि वह कैसे उनकी विरासत पर दावा कर सकती है? बीते पाँच वर्षों में पार्टी के कई और नेता भी ऐसा कर चुके हैं, लेकिन ऐसा लगता है कि उन्होंने ऐसा करने में बहुत देर कर दी है, क्योंकि अब कोई उनके रुख से सहमत नहीं दिखता। इसकी वजह यह है कि सरदार को लेकर कांग्रेस पार्टी के मौजूदा दावे खोखले हैं। इस मुद्दे की पड़ताल से पहले हमें भारत को एकजुट करनेवाले एकता के सूत्रधार, यानी सरदार पटेल की असाधारण उपलब्धियों पर दृष्टि डालनी होगी।

सरदार वल्लभभाई पटेल को भारत का बिस्मार्क कहा जाता है। उन्होंने भारत में करीब 560 रियासतों को मिलाने का असंभव सा काम संभव कर दिखाया था। इन रियासतों के पास विकल्प थे कि वे या तो भारत का हिस्सा बनें या पाकिस्तान का या फिर अपना स्वतंत्र असितत्व बनाए रखें। कुछ रियासतों ने भारत और पाकिस्तान के साथ जुड़ने का मन बना लिया, फिर भी भारत के पूर्णत: एकीकरण पर संदेह के बादल मँडरा रहे थे, जैसे हैदराबाद के निजाम और जूनागढ़ के नवाब ने पाकिस्तान के साथ जाने का निर्णय किया तो भोपाल के शासक स्वतंत्र रहना चाहते थे। ऐसे में पटेल ने इन रियासतों को अपनी सूझ-बूझ से मनाया और जरूरत पढ़ने पर दबाव भी डाला। उनके दृढ़ निश्चय के बिना एक भारत का विचार मूर्त रूप नहीं ले पाता। आजादी के समय जो भारत था, भविष्य में उसके बिखरने की और आशंका थी। ऐसे में अपने भौगोलिक एवं राजनीतिक एकीकरण के लिए हम सरदार पटेल के कृतज्ञ हैं। अपनी गिरती सेहत

के बावजूद उन्होंने यह भागीरथ काम किया। राष्ट्र को एक कड़ी में पिरोने के दौरान ही 15 दिसंबर, 1950 को उनका निधन हो गया।

कुीर को लेकर जहाँ नेहरू हीलाहवाली में जुटे थे, वहीं सरदार पटेल ने महाराजा से विलय को संधि पर हस्ताक्षर करा लिये। उन्होंने सुनिश्चित किया कि पाकिस्तानी हमलावरों ने निपटने के लिए सैनिकों की टुकड़ी समय से श्रीनगर पहुँचे। विलय की संधि पर दस्तखत के अगले दिन ही भारतीय सैनिक वहाँ पहुँच गए, तब ऐसे विकट हालात थे कि यह कहना कठिन था कि फौजियों को लेकर जा रहा जहाज श्रीनगर हवाईअड्डे पर उतर भी पाएगा या नहीं, क्योंकि पाकिस्तानी घुसपैठिए भीतर घुस आए थे। सौभाग्य से सैनिकों की पहली टुकड़ी सकुशल हवाईअड्डे पर उतर गई और उसने आसपास के इलाके को सुरक्षित कर लिया, ताकि और सैनिकों का आगमन हो सके। भारतीय सेना ने अप्रतिम शौर्य दिखाते हुए कई इलाकों को पाकिस्तानी कब्जे से मुक्त करा लिया,ज ब सेना पूरी बहादुरी के साथ आगे बढ़ री थी, तब नेहरू ने संयुक्त राष्ट्र की शरण में जाने का घातक फैसला कर लिया। इस तरह कश्मीर मसले का अंतरराष्ट्रीयकरण हो गया।

सरदार पटेल के व्यक्तित्व में लौहपुरुष की छवि से बढ़कर भी बहुत कुछ है। वह कांग्रेस के अनुशासित सिपाही थे, शायद नेहरू से भी ज्यादा अनुशासित, क्योंकि वर्ष 1946 में उन्होंने पार्टी के लिए असाधारण बलिदान दिया। उस वर्ष कांग्रेस पार्टी को अपना नया अध्यक्ष चुनना था। उसे ही आजाद भारत का पहला प्रधानमंत्री बनना था। अखिल भारतीय कांग्रेस कमेटी ने सभी 15 प्रदेश समितियों से नामांकन मँगाए। उन 15 में से 12 समितियों ने सरदार पटेल के नाम पर मुहर लगाई, जबकि अन्य समितियों ने किसी का नाम नहीं लिया, यानी नेहरू को एक भी प्रदेश कांग्रेस समिति का समर्थन नहीं मिला। इसके बावजूद नेहरू ने महात्मा गांधी के सामने स्पष्ट कर दिया कि वह किसी के मातहत या नावाब बनकर काम नहीं कर सकते, तब गांधी ने हस्तक्षेप किया और पटेल को कदम पीछे खींचने पड़े। यह कांग्रेस पार्टी की एकजुटता के लिए किया गया बलिदान था। आजादी के बाद से ही कांग्रेस पार्टी एक परिवार के स्वामित्व वाली प्राइवेट लिमिटेड कंपनी के माफिक संचालित होती आई है। उसने नेहरू-गांधी परिवार से जुड़े लोगों के योगदान का तो खूब महिमामंडल किया, लेकिन देश्श की तमाम अन्य विभूतियों की निरंतर उपेक्षा की। कांग्रेस में यह सिलसिला नेहरू के दौर में ही शुरू हो गया था। सरदार पटेल के अलावा डॉ. भीमराव आंबेडकर, सुभाष चंद्र बोस और लाल बहादुर शास्त्री जैसे नायक गांधी-नेहरू परिवार के इस दुराग्रह के शिकार हुए। भारत के सबसे बेहतरीन प्रधानमंत्रियों में से एक रहे पी.वी. नरसिम्हा राव को भी पार्टी की बेरुखी झेलनी पड़ी।

सरदार पटेल ने हमें एकजुट भारत दिया, फिर भी नेहरू ने उन्हें 'भारत रत्न' से नहीं नवाजा। इसके बजाय 1955 में नेहरू ने स्वयं को इस सम्मान से अलंकृत किया। इसी तरह 1971 में इंदिरा गांधी ने अपनी ही सरकार में 'भारत रत्न' ले लिया और राजीव गांधी को भी मरणोपरांत 1991 में 'भारत रत्न' दिया गया। इनमें से किसी भी नेता ने पटेल या आंबेडकर को इस सम्मान के लायक नहीं समझा। आखिरकार गैर-कांग्रेसी सरकारों ने ही इन दोनों महान् नेताओं को देश्श का सर्वोच्च सम्मान दिया। नेहरू-गांधी परिवार देश्श के दो प्रधानमंत्रियों लाल बहादुर शास्त्री और पी.वी. नरसिम्हा राव की लोकप्रियता और उपलब्धियों को लेकर भी ईर्ष्यालु रहा। शास्त्री ने पाकिस्तान के खिलाफ जंग जिताई तो राव ने 1991-96 के दौरान पंजाब में अलगाववाद को जड़ से खत्म किया और भारत को आर्थिक संकट से भी उबारा, जब देश को दो सौ टन सोना तक गिरवी रखना पड़ा था। उनके कार्यकाल के अंत तक भारत का विदेशी मुद्रा भंडार 50 अरब डॉलर तक हो गया था। वह पाँच वर्ष कांग्रेस अध्यक्ष भी रहे, मगर जब 2004 में उनका निधन हुआ तो गांधी परिवार ने आदेश दिया कि उनके शव को पार्टी मुख्यालय में न आने दिया जाए।

सौभाग्यवश प्रधानमंत्री मोदी ने गुजरात में सरदार पटेल की विशाल प्रतिमा का निर्माण कराकर उनके योगदान को सच्ची श्रद्धांजलि दी है। यह दुनिया में सबसे ऊँची प्रतिमा है। पटेल के स्मरण से उस राजनीतक परिवार का चेहरा भी बेनकाब होगा, जो अपने दुराग्रह के कारण बीते सात दशकों तक लौहपुरुष की उपलब्धियों की अनदेखी करता रहा, अब वे कितनी भी कोशिशें कर लें, लेकिन उनकी विरासत कभी हासिल नहीं कर पाएँगे। सरदार अब एक अरब से ज्यादा कृतज्ञ लोगों के दिलों में बस गए हैं।

□

खतरनाक परिवारवाद

प्रधानमंत्री अटल बिहारी वाजपेयी की दिन-पर-दिन बढ़ती लोकप्रियता और भारतीय जनता पार्टी के 'सुखाभास' फैक्टर की काट के लिए कांग्रेस रणनीति बनाने में जुटी हुई है। इस क्रम में उसे मदद के लिए एक बार फिर परिवार नंबर 1 की ओर ताकना पड़ रहा है। जमीन से जुड़े कांग्रेसी कार्यकर्ताओं का मूड भाँपते हुए 'नेहरू-गांधी' परिवार को अगली पीढ़ी ने राजनीति में अपने कदम बढ़ा दिए हैं। कांग्रेस बचाओ अभियान के तहत इस पीढ़ी ने राजनीति की शुरुआत पारिवारिक सीट अमेठी-रायबरेली से की है। नेहरू-गांधी परिवार की नई पीढ़ी को सक्रिय राजनीति में उतारने की कांग्रेसी हड़बड़ाहट पार्टी प्रवक्ता अभिषेक सिंघवी के बयान से समझी जा सकती है।

अभिषेक सिंघवी ने कहा था, "राहुल गांधी और प्रियंका को कांग्रेस में शामिल होने के लिए औपचारिकता की आवश्यकता नहीं है, क्योंकि वे तो जन्म से ही कांग्रेस में हैं।" यह स्वीकारते हुए भी कि राहुल-प्रियंका औपचारिक तौर पर कांग्रेस में शामिल नहीं हुए हैं, सिंघवी ने यहाँ तक कह डाला कि 'उनके कांग्रेस से संबंध ऐतिहासिक और भावनात्मक हैं। मैं नहीं समझता कि यह प्रश्न उस शख्स के लिए उठना चाहिए, जिसका न सिर्फ जन्म ही कांग्रेस में हुआ हो, बल्कि वह पार्टी को ही जीता हो।' ऐसा प्रतीत होता है कि सिंघवी कहना चाहते थे कि सोनिया गांधी की संतानों का पार्टी में शामिल होना महज तकनीकी बात है।

भले ही अभिषेक सिंघवी का यह बयान सुनने में अच्छा लगा हो, लेकिन कांग्रेस आलाकमान को समझ आ गया था कि उनका यह बयान पार्टी के लिए नकारात्मक प्रतिक्रिया का कारण भी बन सकता है। इसी वजह से अगले ही दिन आनंद शर्मा लीपापोती करते नजर आए। चूँकि कांग्रेस संविधान कहता है कि पार्टी में शामिल होने के लिए प्राथमिक सदस्यता पहला चरण है, अत: आनंद शर्मा ने इसमें सुधार करते हुए बयान जारी किया। उन्होंने कहा कि राहुल और प्रियंका कांग्रेस के प्राथमिक सदस्य हैं, लेकिन वे यह नहीं बता पाए कि कांग्रेस में उन्हें औपचारिक तौर पर कब और कहाँ शामिल किया गया।

यह दुर्भाग्य की बात है कि भारतीय संविधान को लागू हुए 54 वर्ष बीत जाने के बावजूद कांग्रेसी नेता और प्रवक्ता बराबरी और समता के सिद्धांत को अंगीकार नहीं कर पा रहे हैं। चूँकि कांग्रेस केंद्रीय सत्ता की प्रबल दावेदार है अत: उससे यह पूछा ही जा सकता है कि क्या उसके हाथों देश का संविधान सुरक्षित रहेगा? इस प्रश्न की महत्ता इसलिए भी बढ़ जाती है, क्योंकि उसके प्रवक्ता ही पार्टी संविधान की धज्जियाँ उड़ाते देखते गए हैं। नेहरू-गांधी परिवार के प्रति अभिषेक सिंघवी द्वारा प्रदर्शित की गई अगाध श्रद्धा गंभीरता का विषय है, खासकर जब हम कांग्रेस के अतीत की ओर देखते हैं, तब तो इसकी गंभीरता और भी बढ़ जाती है। समय-समय पर कांग्रेसी नेताओं द्वारा आलाकमान के प्रति व्यक्त की गई इस अगाध श्रद्धा ने न सिर्फ चाटुकारिता की प्रवृत्ति को बढ़ावा दिया है, बल्कि लोकतांत्रिक परिपाटी को भी नुकसान पहुँचाने का काम किया है। भला कौन भूल सकता है देवकांत बरुआ का कुख्यात बयान। उन्होंने कहा था, "इंदिरा भारत है और भारत ही इंदिरा है।" इसी तरह हम सिद्धार्थ शंकर राय और ए.आर. अंतुले सरीखे बौद्धिक नेताओं के समूह को भी नहीं भूल सकते, जिन्होंने इंदिरा गांधी को सलाह देकर लोकतांत्रिक परिपाटी को तानाशाही में तब्दील करा दिया था।

इलाहाबाद उच्च न्यायालय के न्यायाधीश जगमोहन सिंह के फैसले, जिसमें उन्होंने इंदिरा गांधी को 1971 के लोकसभा चुनाव में असंवैधानिक तौर-तरीके अपनाने का दोषी पाया था, के बाद पेश आए घटनाक्रम के आलोक में स्पष्ट है कि कांग्रेस ने किस तरह संविधान का अपने हित में बेजा इस्तेमाल किया। इलाहाबाद उच्च न्यायालय के निर्णय के बाद इंदिरा गांधी ने सम्मानपूर्वक अपने पद से त्यागपत्र देने के बजाय संविधान में प्रदत्त आपातकाल के प्रावधान का दुरुपयोग किया, सिर्फ इसलिए, ताकि वे सत्ता में बनी रहें। तब भारतीय लोकतंत्र तानाशाही में तब्दील होकर रह गया था। इंदिरा गांधी के साथ आपातकाल का षड्यंत्र रचनेवालों में कुछ कानून के विद्वान् भी थे। उन्होंने इंदिरा गांधी को समझाया था कि जनप्रतिनिधित्व कानून का उल्लंघन महज तकनीकी प्रावधान है। वे यह भूल गए थे कि इसी कानून के तहत कई जनप्रतिनिधियों को दशकों से इसी तरह सजा दी जाती रही है।

इंदिरा गांधी की चापलूस चौकड़ी का यह तर्क था कि वे हर तरह के कानून से ऊपर हैं। जाहिर है इंदिरा गांधी को यह सलाह बेहद कर्णप्रिय लगी और उन्होंने तुरंत ही आपातकाल लागू करने की संस्तुति राष्ट्रपति से कर दी। तत्कालीन राष्ट्रपति फखरुद्दीन अली अहमद ने 25 जून, 1975 की रात इस पर हस्ताक्षर कर आपातकाल का मार्ग प्रशस्त कर दिया। विडंबना ही थी कि इस मुद्दे पर केंद्रीय मंत्रिमंडल से कोई राय-मशविरा नहीं किया गया। उस वक्त भी इस प्रस्ताव पर मंत्रिमंडलीय अनुमोदन तकनीकी ही माना गया। आपातकाल लागू होने के तुरंत बाद ही इंदिरा गांधी के पुत्र

संजय गांधी संविधानेत्तर सत्ता का एक केंद्र बनकर उभरे। संजय के निर्देशों, आदेशों को केंद्रीय मंत्रिमंडल के सदस्य तक मानने को बाध्य थे, अधिकारियों की तो हैसियत ही क्या थी। उदाहरण के तौर पर संजय चाहते थे कि तत्कालीन सूचना एवं प्रसारण मंत्री आई.के. गुजराल ऑल इंडिया रेडियो पर प्रसारित होनेवाले समाचार बुलेटिन की स्क्रिप्ट सीधे उन तक भेजें और उनके अनुमोदन के बाद ही उसका प्रसारण हो। गुजराल ने यह मानने से इनकार कर दिया, नतीजतन उन्हें चंद घंटों के भीतर अपने पद से हाथ धोना पड़ा। हालाँकि कई वरिष्ठ केंद्रीय मंत्री संजय गांधी की बातों का आँख बंद कर अनुमोदन करने लगे थे, क्योंकि उन्हें लगता था कि संजय को औपचारिक पद न दिया जाना महज तकनीकी बात है। तकनीकी पहलुओं की इस अनदेखी से सोनिया गांधी भी अप्रभावित नहीं रहीं। कांग्रेस पार्टी अध्यक्ष बनने के बाद राजीव गांधी से शादी के पंद्रह वर्ष बाद भी इतालवी नागरिकता से जुड़े प्रश्न पर उनका रवैया टालूवाला ही था। उन्होंने यह कहकर बात पलटने की कोशिश की कि वह उसी दिन भारतीय हो गई थीं, जिस दिन वे इंदिरा गांधी की बहू बनी थीं। ऐसे में भारत की नागरिकता हासिल करना महज तकनीकी बात ही थी।

सोनिया गांधी की नागरिकता से जुड़ा मुद्दा 1999 में पहली बार उठने के वक्त तत्कालीन कांग्रेस प्रवक्ता अजीत जोगी ने कहा था कि सोनिया गांधी की नागरिकता का मसला उनका निजी मसला है। जाहिर है नेहरू-गांधी परिवार के कुछ सदस्य और उनके इर्द-गिर्द की चौकड़ी संविधान के प्रावधानों और कानून से अपने को ऊपर ही मानते हैं। 1975-77 में जो कुछ हुआ, उससे उनकी प्रवृत्ति को आसानी से समझा जा सकता है। ऐसे में यह जरूरी हो जाता है कि सोनिया गांधी और उनके पार्टी सदस्यों को बताया जाए कि कानून और संविधान हर एक के लिए समान हैं। इसके अलावा यह प्रश्न भी उठता है कि लोकतंत्र की खुली हवा में साँस लेनेवाले भारतीय क्या कांग्रेस की संविधानेतर प्रवृत्ति और परिवारवाद को आज के दौर में स्वीकार कर पाएँगे? मुझे तो शक है।

□

दलाली का इतिहास

[भारत के पिंजड़े में बंद तोता भले ही तह तक न पहुँच सके, लेकिन इटली में जाँचकर्ता और अभियोजक सच्चाई का पता लगाने में जुटे हैं।]

जब कांग्रेस सत्ता में होती है तो हथियारों की खरीद में रिश्वत और दलाली के आरोप नियमित तौर पर लगते रहते हैं। हालिया घोटाला एंग्लो-इटालियन फर्म अगस्ता वेस्टलैंड से 12 वी.वी.आई.पी. हेलीकॉप्टर के लिए 3700 करोड़ रुपए के सौदे में सामने आया है। इस सौदे में घूस और कमीशन की जाँच करनेवाले इतालवी जाँचकर्ताओं को फर्म के सलाहकार की ओर से एक नोट मिला, जिसमें दर्ज था कि कंपनी के पक्ष में सौदा करने के लिए कांग्रेस अध्यक्ष सोनिया गांधी के करीबी व्यक्ति तक पहुँच बनाने की कोशिश करनी चाहिए। इस नोट में सलाहकार ने मुख्य बिचौलिए गाइडो हशके को बताया कि इस करार में सोनिया गांधी ही निर्णायक हैं और वे वी.वी.आई.पी. सेवा में इस्तेमाल होनेवाले एम.आई. हेलीकॉप्टरों की खरीददारी के लिए तैयार नहीं हैं। सलाहकार ने कहा कि नई दिल्ली में ब्रिटिश उच्चायुक्त को सोनिया गांधी के करीबी लोगों को साधना चाहिए। उन्होंने उनकी सूची भी उपलब्ध कराई, जिनसे संपर्क किया जाना चाहिए। अब केंद्र सरकार सौदे को रद्द कर चुकी है, किंतु रिश्वत से जुड़ा सवाल अभी भी बना हुआ है। कुछ लोगों का अनुमान है कि सौदे से करीब 360 करोड़ रुपए की रिश्वत जुड़ी हुई है। भारत में मामले की जाँच सी.बी.आई. कर रही है और उसने वायुसेना के पूर्व प्रमुख, उनके भाई और कुछ अन्य के खिलाफ एफ.आई.आर. दर्ज की है।

हम नहीं जानते कि अगस्ता वेस्टलैंड सौदे में असल में क्या हुआ है, किंतु यह बताने के लिए हमारे पास पर्याप्त साक्ष्य हैं कि कांग्रेस पार्टी ने फंड जुटाने के लिए विदेशों का रुख किया था। राजीव गांधी के कार्यकाल में कैबिनेट सचिव रहे बी.जी. देशमुख ने महत्त्वपूर्ण सूचनाएँ दी हैं कि नेहरू-गांधी परिवार पार्टी फंड के लिए विदेशों से फंड जुटाता रहा है। अपनी पुस्तक 'ए कैबिनेट सेक्रेटरी लुक्स बैक' में देशमुख ने बोफोर्स

घोटाले के बारे में कहा है कि कांग्रेस पार्टी के लिए फंड जुटाने के लिए इंदिरा गांधी की कोशिशों से ही बोफोर्स घोटाले की उत्पत्ति का पता चल सकता है। उनके विचार में, पार्टी के लिए फंड संग्रह को लेकर जवाहरलाल नेहरू के समय अधिक पारदर्शिता थी। तब उद्योग घरानों को खुले तौर पर चंदा देने की अनुमति दी गई थी।

जब इंदिरा गांधी प्रधानमंत्री बनीं तो उन्होंने महसूस किया कि उन्हें कांग्रेस का निर्विवाद नेता बनने और चुनाव लड़ने के लिए अलग कोष की सख्त आवश्यकता है। महाराष्ट्र में वे रजनी पटेल और वसंतराव नाइक पर धन-संग्रह के लिए बहुत हद तक निर्भर थीं। बाद में इंदिरा गांधी ने राष्ट्रीय राजनीति में अपनी सर्वोच्चता स्थापित करने के बाद अपनी पार्टी के लिए फंड जुटाने के तौर-तरीकों में बदलाव किया। उन्होंने इसके लिए जो सबसे बेहतर तरीका निकाला, वह था विदेशी सौदों से हासिल किया जानेवाला कमीशन। देशमुख के अनुसार 1980 में लोकसभा चुनाव के बाद सत्ता में कांग्रेस की पुन: वापसी के बाद उन्होंने अपने साथियों को यह कहते हुए सुना था कि विश्वसनीय वरिष्ठ अधिकारियों को रक्षा और रक्षा उत्पादन जैसे मंत्रालयों में नियुक्त किया गया। बाद में उन्हें पता चला कि संजय गांधी ने कुछ खास मंत्रालयों से वरिष्ठ अधिकारियों को तलब किया और विशिष्ट सौदों के बारे में जरूरी दिशा-निर्देश दिए। इंदिरा गांधी द्वारा विदेशी स्रोतों से पार्टी फंड इकट्ठा करने की पुष्टि दो वरिष्ठ उच्चपदस्थ लोग भी करते हैं, जिनमें तत्कालीन राष्ट्रपति आर. वेंकटरमन और पूर्व राज्यपाल एवं अमेरिका में भारतीय राजदूत रहे बी.के. नेहरू शामिल हैं। अपनी पुस्तक माई प्रेसीडेंशियल इयर्स में वेंकटरमन ने जे.आर.डी. टाटा के साथ एक वार्ता का उल्लेख किया है, जो प्रधानमंत्री राजीव गांधी द्वारा संसद में इस बयान के बाद संपन्न हुई थी कि बोफोर्स दलाली में न तो उन्होंने और न ही उनके परिवार के किसी सदस्य ने कमीशन खाया है। इस बैठक में जे.आर.डी. टाटा ने राष्ट्रपति से कहा कि हो सकता है कि राजीव गांधी का बयान सही हो, लेकिन कांग्रेस पार्टी द्वारा लिये गए कमीशन की रसीद से शायद ही इनकार किया जा सके। वेंकटरमन ने लिखा है कि टाटा यह महसूस करते थे कि 1980 तक उद्योगपतियों से राजनीतिक चंदे के लिए संपर्क नहीं किया जाता था, लेकिन उनकी सामान्य धारणा यही थी कि कांग्रेस पार्टी के धन का स्रोत विदेशी सौदों से मिलनेवाला कमीशन है।

संजय गांधी और राजीव गांधी के साथ काम कर चुके बी.के. नेहरू ने अपनी आत्मकथा में लिखा है कि राजीव गांधी प्राय: कहा करते थे कि करोड़ों रुपए पार्टी के लिए इकट्ठा किए जा चुके हैं। 1980 में उनकी सोच अलग थी, लेकिन प्रधानमंत्री बनने के बाद राजीव गांधी की सोच बदल गई और बहुत जल्द पार्टी के लिए फंड इकट्ठा करने की उनकी इच्छा सामने आई, जैसा कि उनकी माँ ने भी किया था। सी.बी.आई. के पूर्व निदेशक ए.पी. मुखर्जी ने भी अपनी पुस्तक अननोन फैक्ट्स ऑफ राजीव गांधी, ज्योति

बसु ऐंड इंद्रजीत गुप्ता में देशमुख की बातों की पुष्टि की है। इस पुस्तक में उन्होंने जून 1989 में प्रधानमंत्री आवास पर राजीव गांधी के साथ एक मुलाकात का जिक्र किया है, जिसमें राजीव गांधी ने उनसे कहा कि कांग्रेस जैसी पार्टी को अपने सामान्य कामकाज और अन्य जरूरतों के लिए बहुत अधिक धन की जरूरत होती है। राजीव गांधी ने बताया है कि उन्हें यह बात तब समझ में आई, जब वे कांग्रेस के महासचिव थे। इस बारे में जब उन्होंने अपने साथियों और सलाहकारों से बात की तो उन्होंने सलाह दी कि बिचौलियों को कमीशन बंद होना चाहिए, लेकिन बड़े रक्षा सौदों में कुछ एन.जी.ओ. के माध्यम से पार्टी के खर्चों आदि के लिए कमीशन गलत नहीं होगा।

पिछले वर्ष विकीलीक्स ने इंदिरा गांधी के कार्यकाल में 1975 में आपातकाल के दौरान नई दिल्ली स्थित अमेरिकी दूतावास और वाशिंगटन के बीच हुए संवेदनशील टेलीग्राम संदेशों का खुलासा किया, जिससे पता चलता है कि अमेरिकी राजनयिक को खुद स्वीडिश सहभागियों से पता चला कि विजेन फाइटर एयरक्राफ्ट को भारत में बेचने के लिए राजीव गांधी मध्यस्थ बने। हालाँकि बाद में ब्रिटिश जगुआर को यह सौदा हाथ लगा, लेकिन विकीलीक्स से पता चलता है कि राजीव गांधी प्रधानमंत्री बनने से पहले हथियारों की बिक्री के लिए बिचौलिए का काम करते थे। तमाम साक्ष्यों को देखते हुए, इसमें कोई आश्चर्य नहीं कि अगस्ता वेस्टलैंड सौदे के लिए भी सोनिया गांधी के करीबी व्यक्ति को साधा गया होगा। कैसी विडंबना है कि भारत में पिंजड़े में बंद तोता भले ही तह तक न पहुँच सके, लेकिन इटली में जाँचकर्ता और अभियोजक सच्चाई का पता लगाने में जुटे हैं।

□

रक्षा सौदों में रिश्वतखोरी

[एक बार जब इंदिरा गांधी ने खुद को स्थापित कर लिया तो उन्होंने तय किया कि फंड जुटाने का ज्यादा बेहतर रास्ता यही है कि विदेशी सौदों में कमीशन पर दावा ठोका जाए।]

मिलान को अपीलीय अदालत ने अगस्ता वेस्टलैंड सौदे में रिश्वतखोरी के आरोप में इटली की फिनमेकैनिका एयरोस्पेस कंपनी के दो अधिकारियों को जेल भेज दिया और इसी के साथ साफ हो गया कि इस कंपनी ने कुछ भारतीयों को सौंदे की एवज में 30 लाख यूरो रिश्वत दिए थे। रक्षा सौदों में भ्रष्टाचार भारत के लिए कोई नई बात नहीं है, लेकिन इस मामले में इटली की अदालत रिश्वत खिलानेवालों को जेल भेज चुकी है, जबकि भारतीय जाँचकर्ता अब भी रिश्वत खानेवालों के नाम बाहर लाने के मामले में अँधेरे में ही हैं। ऐसा पहले भी हो चुका है, जब बोफोर्स और दूसरे रक्षा सौदों में रिश्वत या कमीशन खानेवालों को कोई सजा नहीं हुई। अब जबकि इस तरह के मामले सामने आते ही जा रहे हैं तो हमें देखना चाहिए कि आधुनिक भारत में भ्रष्टाचार के तौर पर रिश्वत और कमीशन की गंगोतरी कैसे फूटी ? भ्रष्टाचार के इतिहास की गवाही देनेवाले कई ऐसे नामवर लोग हैं, जिन्होंने बताया है कि यह चलन कब और कैसे शुरू हुआ। इन गवाहों में पूर्व राष्ट्रपति आर. वेंकटरमन, पूर्व कैबिनेट सचिव बी.जी. देशमुख, पूर्व सी.बी.आई. निदेशक ए.पी. मुखर्जी, पूर्व राजदूत एवं नेहरू परिवार के सदस्य बी.के. नेहरू और जे.आर.डी. टाटा शामिल हैं।

भ्रष्टाचार के इस इतिहास के सबसे बड़े साक्षी वेंकटरमन हैं। उन्होंने अपनी आत्मकथा माई प्रेसिडेंशियल ईयर में ऐसी तमाम सूचनाएँ साझा की हैं, जो विदेशी सौदों में हुई रिश्वतखोरी को लेकर हैं। इस बाबत उन्होंने जे.आर.डी. टाटा के साथ अपनी अहम् बातचीत का भी हवाला दिया है। पूर्व प्रधानमंत्री राजीव गांधी के बारे में टिप्पणी करते हुए जे.आर.डी. टाटा ने कहा था कि बोफोर्स रक्षा सौदे में कमीशन खाने

से इनकार करना कांग्रेस पार्टी के लिए मुश्किल होगा, क्योंकि 1980 से राजनीतिक मदद के लिए उद्योगपतियों से संपर्क करने का सिलसिला खत्म हो गया था। इसका मतलब कहीं-न-कहीं उद्योगपतियों के बीच भी यह धारणा बढ़ने लगी कि पार्टी को सौदों में कमीशन के तौर पर पैसे दिए गए हैं। खुद वेंकटरमन इंदिरा गांधी सरकार में रक्षा मंत्रालय सँभाल चुके थे।

1986 से 1989 तक कैबिनेट सचिव रहे बी.जी. देशमुख ने तो और भी अहम राज खोले हैं। अपनी आत्मकथा—ए कैबिनेट सेक्रेटरी लुक्स बैक—में देशमुख ने बोफार्स मामले को इंदिरा गांधी की इस नीति से जोड़कर देखा है कि देश के भीतर पार्टी फंड के लिए पैसे न जुटाए जाएँ, यानी विदेशी सौदों में कमीशन को स्वीकृति दी गई। बात करें बोफोर्स की तो बता देना जरूरी है कि 1986 में इस रक्षा सौदे में स्वीडिश कंपनी से फील्ड गन्स की खरीद में भ्रष्टाचार की बात सामने आई थी। देशमुख इस बात को पुख्ता तरीके से रखते हैं कि बोफोर्स दलाली की नींव तो उसी समय पड़ गई थी, जब इंदिरा ने पार्टी के लिए फंड जुटाने का नायाब तरीका निकाला। देशमुख मानते हैं कि जब नेहरू प्रधानमंत्री थे तो पार्टी फंड जुटाने का काम ज्यादा पारदर्शी था। तब सामाजिक, आर्थिक और राजनीतिक ताने-बाने में भ्रष्टाचार की पैठ उतनी नहीं हुई थी, लेकिन जब इंदिरा गांधी प्रधानमंत्री बनीं तो उन्हें कहीं-न-कहीं यह लगने लगा है कि खुद को कांग्रेस की कद्दावर नेता के रूप में स्थापित करने के लिए उन्हें चुनाव में काफी पैसों की दरकार होगी।

एक बार जब इंदिरा ने खुद को स्थापित कर लिया तो उन्होंने तय किया कि फंड जुटाने का ज्यादा बेहतर रास्ता यही है कि विदेशी सौदों में कमीशन पर दावा ठोका जाए। इस तरह फंड जमा करने का यह रास्ता 1972 के बाद से शुरू हो गया। इस तरीके ने तब और ज्यादा परिष्कृत रूप ले लिया था, जब फिर से सरकार में आने के बाद उन्होंने रक्षा मंत्रालय और रक्षा मंत्रालय से जुड़े विभाग में अपने भरोसे के वरिष्ठ अधिकारी बैठा दिए। देशमुख बताते हैं कि एच.डी.डब्ल्यू. सबमरीन केस के दौरान उनसे कहा गया था कि जर्मनी के रक्षा मंत्रालय के रक्षा आपूर्तिकर्ता को यह बताना होगा कि सामान की बिक्री में कमीशन के लिए एक खास रकम तय करनी होगी। उन्हें यह भी जानकारी दी गई थी कि इस तरह के सौदों में दस फीसद और लातिन अमेरिकी देशों में इससे भी ज्यादा कमीशन मिलता है। देशमुख के खुलासे इस लिहाज से भी अहम हैं, क्योंकि बोफोर्स की तरह इस मामले ने भी खासा तूल पकड़ा था। तब एक विवादित टेलेक्स मैसेज का हवाला दिया गया था, जिसमें यह साफ तौर पर बताया गया था कि एच.डी.डब्ल्यू. को सौदा पक्का करने के लिए सात फीसद कमीशन देना होगा।

अपनी आत्मकथा में बी.के. नेहरू ने भी कुछ इसी तरह बताया है कि राजीव

गांधी ने उन्हें इस बात की जानकारी दी थी कि अस्सी के दशक में पार्टी फंड के लिए इस तरह करोड़ों रुपए जमा किए गए। इन्हीं तथ्यों की पुष्टि पूर्व सी.बी.आई. निदेशक ए.के. मुखर्जी अपनी किताब—'अननोन फेसेट्स ऑफ राजीव गांधी, ज्योति बसु ऐंड इंद्रजीत गुप्त' में करते हैं। वे बताते हैं कि बोफोर्स मामला जब चरम पर था तो राजीव गांधी ने उनसे एक दफा कहा था कि एक बड़ी राष्ट्रीय पार्टी को अपना प्रबंधन चलाने और चुनाव लड़ने के लिए काफी पैसों की दरकार होती है। मुखर्जी बताते हैं कि राजीव ने जब इस बाबत अपने सहयोगियों से चर्चा की तो उन्हें सलाह दी गई कि बिचौलियों को मिलनेवाले कमीशन पर तो बैन लगा दिया जाए, पर सामान्य प्रचलन के तहत रक्षा उत्पादों में मिलनेवाले कमीशन का लाभ कुछ ऐसे गैर सरकारी लोगों या संस्थाओं को मिले, जिनसे बाद में पार्टी की जरूरतें पूरी हो सकें। बाद के दिनों में जब वी.पी. सिंह सत्ता में आए तो उन्होंने स्वीडिश और ब्रिटिश सरकारों की मदद से बोफोर्स सौदे में दी गई दलाली के भुगतान की छानबीन की। जानकारी मिली कि बोफोर्स ने 73 लाख अमेरिकी डॉलर सोनिया और राजीव के नजदीकी मारिया और ओतावियो क्वात्रोची के स्विस बैंक के खाते में जमा कराए। इस तरह यह कहीं-न-कहीं सत्यापित तथ्य है कि अस्सी के दशक से विदेशी सौदों में कमीशनखोरी की रवायत शुरू हो गई थी।

□

शांत न होने वाला बोफोर्स जिन्न

चंद दिनों पहले अमरीकी खुफिया एजेंसी सी.आई.ए. के पुराने दस्तावेजों ने देश में हलचल पैदा की। इस एजेंसी के पश्चिमी यूरोपीय प्रभाग के गोपनीय आकलन के अनुसार बोफोर्स घोटाले में घूसखोरी और दलाली के पर्याप्त सबूत मौजूद थे। यह आकलन 1980 के दशक के अंत का है, जिसमें इन साक्ष्यों का उल्लेख है, मगर तब स्वीडिश सरकार ने तत्कालीन प्रधानमंत्री राजीव गांधी की छवि बचाने के लिए जाँच बंद कर दी थी। हाल में सी.आई.ए. के सार्वजनिक हुए 3 दस्तावेजों के अनुसार स्टॉकहोम इस खुलासे से मुश्किल में फँसे राजीव गांधी को बचाना चाहता था, ताकि उन्हें घूसखोरी के मामले का सामना न करना पड़े। इस मकसद को हासिल करने के लिए दोनों सरकारों ने भुगतान ब्योरे को गुप्त बनाए रखने की योजना बनाई। दस्तावेज खुलासा करते हैं कि भारत में इस सौदे को हासिल करने के लिए स्वीडन ने निश्चित रूप से रिश्वत का सहारा लिया। इसमें स्वीडिश नेशनल ऑडिट ब्यूरो के हवाले से उल्लेख है कि सौदे में बिचौलियों को चार करोड़ डॉलर की मोटी रकम दी गई। हालाँकि राजीव गांधी को बचाने के लिए स्वीडिश सरकार ने घोटाला सामने आने के दो साल बाद उसकी जाँच बंद कर दी। सी.आई.ए. दस्तावेज इसी बात पर मुहर लगाते हैं कि भारतीय अनुबंध हासिल करने के लिए बोफोर्स ने बड़े पैमाने पर कमीशन और रिश्वत का सहारा लिया। बोफोर्स घोटाले की सुगबुगाहट 1980 के दशक के शुरुआत में हुई थी, जब भारतीय सेना ने तोप खरीदने की कवायद शुरू की। हालाँकि शुरुआती आकलन में फ्रांस की सॉफमा काफी आगे थीं, लेकिन आखिर में सौदा बोफोर्स की झोली में आया। स्वीडन और स्विट्जरलैंड में सी.बी.आई. जाँच के बाद जिनेवा मे रह रहीं पत्रकार चित्रा सुब्रमण्यम की शानदार खोजी पत्रकारिता में यह बात स्पष्ट रूप से सामने आई कि बोफोर्स ने घूसखोरी की तिकड़म भिड़ाई।

सी.बी.आई. द्वारा पेश बैंक दस्तावेज भी पुष्ट करते हैं कि ओत्तावियो क्वात्रोची भी इससे फायदा उठानेवालों में से एक था। मीडिया और जाँच एजेंसियों की पड़ताल

से जो तथ्य सामने आए, वे दरशाते हैं कि कमीशन और घूसखोरी के तार नेहरू–गांधी परिवार की देहरी तक जाते थे। मिसाल के तौर पर बोफोर्स ने 1985 के अंत में एई सर्विसेज नाम की कंपनी के साथ करार किया। करार की शर्त यही मुकर्रर हुई कि अगर कंपनी 31 मार्च, 1986 से पहले उसके लिए यह सौदा करा देती है तो उसके एवज में उसे तीन प्रतिशत कमीशन दिया जाएगा। एई सर्विसेज को इस अवधि के दौरान ही सौदे को अंजाम देना था और बड़ी हैरानी की बात है कि राजीव गांधी सरकार ने इसकी मियाद खत्म होने से हफ्ता भर पहले 24 मार्च, 1986 को बोफोर्स के साथ अनुबंध पर हस्ताक्षर कर दिए। दो महीने बाद भारत ने अनुबंध राशि का 20 प्रतिशत भाग बोफोर्स को चुकाया। फिर बोफोर्स ने एई सर्विसेज के साथ किए अपने वादे को पूरा करते हुए इस रकम की तीन प्रतिशत राशि उसे चुकाई। इस तरह कंपनी के ज्यूरिख स्थित नॉर्डफियांज बैंक में 73.83 लाख डॉलर की रकम डाली गई!

सी.बी.आई. जाँच में भी यह सामने आया था कि एई सर्विसेज ने यह रकम कोलबार इन्वेस्टमेंट्स नाम की कंपनी के खाते में हस्तांतरित की। आखिर कोलबार इन्वेस्टमेंट्स के मालिकान कौन थे? इसके मालिक कोई और नहीं, बल्कि सोनिया और राजीव गांधी के अजीज मित्र मारिया और ओत्तावियो क्वात्रोची थे। आयकर अपीलीय पंचाट की दिल्ली शाखा ने भी लेन–देन के इस चक्र की पुष्टि की है। उसने कहा कि बोफोर्स ने एई सर्विसेज को कमीशन की पहली किस्त 3 सितंबर, 1986 को दी। उसी महीने यह रकम क्वात्रोची की कोलबार इन्वेस्टमेंट्स के यूनियन बैंक ऑफ स्विट्जरलैंड के खाते में भेजी गई। 25 जुलाई, 1988 को यह रकम इसी बैंक के वेटेलसन ओवरसीज, एसए के खाते में भेजी गई। 21 मई, 1990 को क्वात्रोची ने यह रकम चैनल आइलैंड स्थित गर्नसे भेजी। उसके बाद की कहानी यही थी कि अटल बिहारी वाजपेयी सरकार ने ब्रिटिश सरकार से इस खाते को फ्रीज करने की गुजारिश की, लेकिन प्रधानमंत्री मनमोहन सिंह ने उसी सरकार से क्वात्रोची के खातों पर लगी रोक हटवाई और सुनिश्चित किया कि वह इतालवी शख्स लूट का माल लेकर रफूचक्कर हो जाए।

बोफोर्स सौदे में दलाली का भंडाफोड़ अप्रैल 1987 में हुआ, जब स्वीडिश रेडियो ने ऐलान किया कि उसके पास ऐसे सबूत हैं, जो पुष्ट करते हैं कि बोफोर्स ने भारत में सौदा हासिल करने के लिए रिश्वत खिलाई। इस घोटाले ने राजीव गांधी की मिस्टर क्लीनवाली छवि को दागदार कर दिया और उससे मचे बवंडर में उन्हें अपने पैर जमाए रखना मुश्किल हो गया, लेकिन इस बीच एक और अजीबोगरीब घटनाक्रम घटित हुआ। एई सर्विसेज के अधिकारियों ने बोफोर्स से कहा कि उन्हें भारतीय सौदे में अब और कमीशन नहीं चाहिए। ऐसे में 1987 से हर भारतीय इस सवाल का जवाब

चाहता है कि आखिर एक इतालवी शख्स कंपनी द्वारा तय मियाद से पहले बोफोर्स के लिए सौदे को कैसे प्रभावित कर सका? वह एक असंभव से काम को संभव बनाने में कैसे सक्षम हुआ? जब भारत ने अपनी सेना के लिए हथियार खरीदे तो बोफोर्स ने एक इतालवी को कमीशन क्यों खिलाया? जैसा कि हम सभी जानते हैं कि इसके बाद विपक्ष राजीव गांधी के पीछे पड़ गया। उसका आरोप था कि इस रक्षा सौदे में उनके हाथ भी दलाली से रँगे हुए हैं। इसका नतीजा हुआ कि 1989 के आम चुनावों में कांग्रेस बुरी तरह हार गई। इस घोटाले में जिन लोगों के नाम सामने आए, उनमें से तमाम अब इस दुनिया को अलविदा कह चुके हैं। राजीव गांधी और क्वात्रोची के अलावा सौदे के समय बोफोर्स के अध्यक्ष रहे मार्टिन अर्दबो का भी निधन हो गया है, जिनकी डायरी प्रविष्टियाँ स्वीडिश पुलिस की जाँच के लिए बेहद अहम सुराग थीं। पूर्व रक्षा सचिव एस.के. भटनागर और भारत में कंपनी के एजेंट विन चड्ढा की भी मौत हो चुकी है। इनमें से हर एक शख्स की मौत के साथ यह अटकलें जोर पकड़ती रहीं कि अब बोफोर्स का राग बंद हो जाएगा, मगर ऐसा कुछ नहीं हुआ। कोई भी वित्तीय घोटाला या रिश्वत कांड तब तक जनता की स्मृति से विस्मृत नहीं होता, जब तक कि उसकी वजह से सरकारी खजाने को हुए नुकसान की भरपाई नहीं हो जाती। जनता इसे भूलती नहीं है और राष्ट्रीय सुरक्षा से जुड़े मामलों में तो यह और भी संवेदनशील हो जाता है। जब भारतीय सेना अपने रणबाँकुरों के लिए रक्षा का साजो-सामान खरीद रही हो और उसमें दलाली खा ली जाए तो यह देशद्रोह का अपराध बन जाता है, जिसमें माफी की कोई गुंजाइश नहीं होती। क्वात्रोची के खिलाफ तमाम सबूतों के बावजूद 2013 में उसकी मौत के बाद उसकी पत्नी मारिया ने दावा किया कि उसके पति को बेवजह ही बीस सालों से अधिक समय तक परेशान किया गया।

बोफोर्स का प्रेत नेहरू-गांधी परिवार को तब तक प्रताड़ित करता रहेगा, जब तक कि परिवार यह स्वीकार नहीं कर लेता कि इस मामले में उनके करीबियों को कमीशन मिला था। परिवार द्वारा ईमानदारी से की जानेवाली स्वीकारोक्ति ही इसका इकलौता प्रायश्चित्त है। अगर ऐसा नहीं होता है तो समय-समय पर सी.आई.ए. जैसे दस्तावेज सामने आकर बोफोर्स के जिन्न को बोतल से बाहर निकालते रहेंगे, जिसकी राजनैतिक कीमत चुकानी पड़ेगी।

□

खास आदमी पर मेहरबानी

[कांग्रेस उस बिचौलिए को बचाने के लिए अपनी विश्वसनीयता और सम्मान खो रही है, जिसने हमारी सेना के लिए तोपें खरीदने के दौरान कमीशन खाया।]

सी.बी.आई. जाँचकर्ताओं द्वारा कई साल पहले हासिल किए गए दस्तावेज निर्णायक रूप से यह साबित करते हैं कि जब सेना के लिए स्वीडन की हथियार निर्माता कंपनी बोफोर्स से तोपें खरीदी गई थी, उस समय सोनिया गांधी के मित्र ओटावियो क्वात्रोची को कंपनी की ओर से 70 लाख अमेरिकी डॉलर कमीशन के रूप में दिए गए थे, पर क्वात्रोची पर मुकदमा चलाने और उससे कमीशन वापस लेने की बजाय मनमोहन सिंह सरकार ने गत वर्ष लंदन स्थित एक बैंक से कहा कि वह उसके खाते पर लगा प्रतिबंध हटा दें, ताकि वह खाते में रखे 21 करोड़ रुपए आसानी से ले जा सके। अब इंटरपोल द्वारा जारी रेड कॉर्नर अलर्ट के चलते अर्जेंटीना के अधिकारियों द्वारा 6 फरवरी को क्वात्रोची को गिरफ्तार कर लिये जाने के बाद प्रफुल्लित होने के बजाय मनमोहन सरकार 17 दिनों तक आश्चर्यजनक रूप से मूक बनी रही।

क्वात्रोची को प्रत्यर्पण कर भारत लाने की अनिच्छा ने सं.प्र.ग. सरकार की साख को बुरी तरह नुकसान पहुँचाया है। खास बात यह है कि इसने एक मौलिक प्रश्न उठाया है कि सरकार को किसका खयाल रखना चाहिए—आम आदमी का, जिसने उसके लिए मतदान किया या गांधी परिवार के खास आदमी का? अर्जेंटीना में क्वात्रोची की गिरफ्तारी से कांग्रेस को शर्मिंदगी होना अनिवार्य था, क्योंकि पार्टी और उसकी अध्यक्ष सोनिया गांधी इस मामले के तथ्यों को लेकर लोगों को लगातार धोखा दे रही थीं। तोपें 1986 में खरीदी गईं, जब सोनिया के पति राजीव गांधी प्रधानमंत्री थे। बोफोर्स ने क्वात्रोची को यह कमीशन क्यों दिया? क्या क्वात्रोची को ही इससे लाभ हुआ या वह किसी अन्य के लिए मुखौटा था। बोफोर्स मामला लूटपाट कर सरपट भाग जाने की कहानी है और

जहाँ तक क्वात्रोची का सवाल है, मामले में उसके शामिल होने का क्रम इस प्रकार है—1980 की शुरुआत में सेना ने तोपें खरीदने के लिए दबाव डाला। 1984 में सरकार ने तोपें खरीदने का फैसला किया और निर्माताओं से बोली आमंत्रित की। कॉन्ट्रैक्ट के लिए फ्रांस की सोफ्मा, स्वीडन की एबी फोर्स व ऑस्ट्रिया की वोएस्ट एल्पाइन थीं। पूरी प्रक्रिया के दौरान सोफ्मा दूसरों से आगे थी, लेकिन कांट्रैक्ट उसके हाथ से निकल गया। अचानक बातचीत के अंतिम दौर में बोफोर्स आगे निकल गई। कैसे बोफोर्स ने अन्य कंपनियों को पीछे छोड़कर कॉन्ट्रैक्ट हासिल किया, जबकि वह कभी गिनती में नहीं थी? सी.बी.आई. द्वारा स्वीडन और स्विट्जरलैंड से इकट्ठा किए गए दस्तावेजों से साबित होता है कि बोफोर्स की सफलता में क्वात्रोची का हाथ था।

बोफोर्स एक कंपनी ए.ई. सर्विसेज के साथ कांट्रैक्ट में आई और उसने भारतीय कांट्रैक्ट 31 मार्च, 1986 से पहले हो जाने की स्थिति में ए.ई. सर्विसेज को तीन प्रतिशत कमीशन देने की बात कही। आश्चर्यजनक रूप से राजीव गांधी सरकार ने 24 मार्च, 1986 को ही बोफोर्स के साथ कांट्रैक्ट साइन कर दिया, जो कि समय-सीमा से एक हफ्ते पहले की तिथि थी। दो महीने बाद भारत ने बोफोर्स को कांट्रैक्ट राशि की 20 फीसदी रकम का भुगतान किया और समझौते के अनुसार, बोफोर्स ने 73.43 लाख अमेरिकी डॉलर ए.ई. सर्विसेज के ज्यूरिख स्थित नोर्डफिनाज बैंक में ट्रांसफर कर दिए। जाँचकर्ताओं ने पाया कि ए.ई. सर्विसेज ने आगे इस राशि को क्वात्रोची और उसकी पत्नी मारिया द्वारा चलाई जारही कंपनी कोलबार इंवेस्टमेंट्स में ट्रांसफर कर दिया। इतालवी क्वात्रोची इस बात की गारंटी कैसे दे सकता था कि भारत 31 मार्च, 1986 से पूर्व कांट्रैक्ट साइन कर देगा? सौदे में क्वात्रोची का शामिल होना छुप जाता, लेकिन स्वीडन रेडियो की जाँच में यह खुलासा हो गया। कांट्रैक्ट साइन होने के एक साल बाद स्वीडन रेडियो ने खुलासा किया कि बोफोर्स ने 1.3 अरब अमेरिकी डॉलर का कांट्रैक्ट हासिल करने के लिए घूस दी।

स्वीडन रेडियो की रिपोर्ट के बाद से ही कांग्रेस पार्टी और नेहरू-गांधी परिवार के सदस्य इस घोटाले को दबाने की कोशिश करते रहे। उन्होंने पहले परिवार के घनिष्ठ मित्रों को लेकर बनाई गई संसदीय समिति के जरिए इस घोटाले को छुपाने की कोशिश की। इस समिति के बनने के दौरान क्वात्रोची ने बोफोर्स से मिली राशि को कोलबार इंवेस्टमेंट के खाते से किसी अन्य बैंक खाते में ट्रांसफर कर दिया। इस बीच, राजीव गांधी सरकार ने शंकरानंद के नेतृत्ववाली संयुक्त संसदीय समिति (जे.पी.सी.) को जो निर्देश दिए, वे इतने अपर्याप्त थे कि समिति सुचारु रूप से जाँच नहीं कर सकती थी। निराश विपक्षी दलों ने जे.पी.सी. के बायकाट का फैसला किया। कांग्रेस ने आगे बढ़ते हुए इस समिति से एक रिपोर्ट हासिल की, जिसमें कहा गया था कि बोफोर्स ने कोई कमीशन या घूस नहीं दी। यह निष्कर्ष उस समय बकवास निकला, जब भारत ने स्विस

बैंक से दस्तावेज हासिल किए, जिनमें दरशाया गया था कि बोफोर्स ने क्वात्रोची समेत कई लोगों को कमीशन के तौर पर भारी धनराशि दी। तभी से पार्टी और नेहरू-गांधी परिवार बोफोर्स घोटाले को दबाने के लिए एक के बाद एक तरीके अपनाते रहे। उदाहरण के लिए इंटरपोल को रेड कॉर्नर नोटिस जारी करने से रोकने में क्वात्रोची के असफल होने के बाद परिवार ने 1993 में प्रधानमंत्री नहरसिंह राव पर दबाव डाला और क्वात्रोची के बच निकलने का रास्ता साफ किया। वह मलेशिया भाग गया। इसके बाद कांग्रेस के समर्थन पर चल रही देवगौड़ा और गुजराल की संयुक्त मोर्चा सरकारों के दौरान भी एक बार फिर जाँच रुकवाने की कोशिश की गई।

वाजपेयी के प्रधानमंत्री बनने के बाद भारत ने मलेशियाई अधिकारियों के जरिए क्वात्रोची को गिरफ्तार करने के प्रयास किए, लेकिन वह देश छोड़कर कहीं और भाग गया। जब कांग्रेस के नेतृत्ववाली सं.प्र.ग. सरकार सत्ता में आई तो वह क्वात्रोची को इस चक्कर से निकालने को लेकर लगातार दबाव में रही। गांधी परिवार की ओर से पड़े दबाव के चलते विगत् वर्ष मनमोहन सरकार ने लंदन के एक बैंक को क्वात्रोची के खाते से प्रतिबंध हटाने की अनुमति दे दी। इस पूरे मामले में हाल में घटी शर्मनाक बात सरकार द्वारा यह तथ्य छुपाना था कि अर्जेंटीना के अधिकारियों ने इंटरपोल नोटिस पर क्वात्रोची को गिरफ्तार कर लिया है। सरकार ने सुप्रीम कोर्ट को भी यह नहीं बताया कि क्वात्रोची को अर्जेंटीना में गिरफ्तार कर लिया गया है। मनमोहन सिंह ने पूरी गंभीरता के साथ कहा कि सरकार ने कुछ गलत नहीं किया है। उनका बयान छिछला दिखाई देता है, क्योंकि यह उनके कार्यों से मेल नहीं खाता। कांग्रेस में आज तक यह नैतिकता या शालीनता नहीं आई कि वह इस तथ्य को स्वीकार कर सके कि सोनिया गांधी के इतालवी मित्र ने सौदे में भारी कमीशन खाया। कांग्रेस को इस हालत में देखना दुःखद है, जिसने अंग्रेजों को देश से निकालने के लिए किए गए आंदोलन का नेतृत्व किया। पार्टी उस बिचौलिए को बचाने के लिए अपनी विश्वसनीयता और सम्मान खो रही है, जिसने हमारी सेना के लिए तोपें खरीदने के दौरान कमीशन खाया। क्या मनमोहन सिंह ऐसी ही मिट्टी के बने हुए हैं, क्या इतालवी आकर्षण में बँधी सरकार के पास भारत के आत्मसम्मान व स्वतंत्रता की रक्षा की इच्छा और सामर्थ्य है ?

□

सामंती सोच के संकेत

[लगता है कि नेहरू-गांधी परिवार असुरक्षा की ऐसी भावना से ग्रस्त है, जो उसे अन्य नेताओं के योगदान को स्वीकार करने से रोकती है।]

राहुल गांधी ने कुछ सप्ताह पहले यह जो टिप्पणी की कि यदि 1992 में गांधी-नेहरू परिवार का कोई सदस्य प्रधानमंत्री की कुरसी पर होता तो अयोध्या में विवादित ढाँचा नहीं गिरता, वह सीधे-सीधे देश के प्रधानमंत्रियों में से एक पी.वी. नरसिंह राव के प्रति उनके असम्मान को प्रदर्शित करता है। राहुल गांधी ने अपनी इस टिप्पणी में यद्यपि बाद में कुछ सुधार करने की कोशिश की, लेकिन इसने एक बार फिर नेहरू-गांधी परिवार की सामंती मानसिकता को तो उजागर कर ही दिया है। ऐसा लगता है कि यह परिवार एक प्रकार की असुरक्षा की भावना से ग्रस्त है, जो उसे परिवार के बाहर के नेताओं के योगदान को स्वीकार करने से रोकती है। ऐतिहासिक सच्चाइयों को तोड़ने-मरोड़ने के उनके लगातार प्रयास क्या इसी असुरक्षा की भावना का परिणाम हैं? चूँकि राहुल गांधी ने हमें यह संकेत देने की कोशिश की है कि दिसंबर 1992 में यदि उनके परिवार का कोई सदस्य सत्ता के शीर्ष पर होता तो क्या हो सकता था, इसलिए यह जानना जरूरी हो जाता है कि प्रधानमंत्री पद पर रहते हुए नेहरू-गांधी परिवार के सदस्यों का रिपोर्ट कार्ड क्या है?

लॉर्ड माउंटबेटन की सलाह पर काम करते हुए देश के पहले प्रधानमंत्री जवाहरलाल नेहरू ने सरदार पटेल की सभी 565 रियासतों के भारतीय संघ में विलय का दायित्व सौंपा। सरदार पटेल ने अपना कार्य सफलतापूर्वक कर लिया, लेकिन नेहरू ने कश्मीर का मामला गृह मंत्रालय से छीनकर विदेश मंत्रालय को सौंप दिया, जिसका प्रभार स्वयं उनके (नेहरू के) पास था। पटेल ने 564 रियासतों को भारतीय संघ से जोड़ने के अत्यंत दुष्कर कार्य को बेहद चतुरता और दक्षता से अंजाम देने में सफलता हासिल की। नेहरू ने मात्र एक राज्य (कश्मीर) को भारत से जोड़ने

की जिम्मेदारी ली और परिणाम हम सब जानते हैं। कश्मीर पर नेहरू की भयंकर भूलें यहीं समाप्त नहीं होतीं। अक्तूबर 1947 में पाकिस्तान ने कश्मीर को हड़पने के लिए हजारों हथियारबंद कबाइली भेजे। महाराजा हरि सिंह ने जब भारत के साथ विलय संबंधी दस्तावेज पर हस्ताक्षर कर दिए, तब भारतीय सेना कश्मीर पहुँची और उसने घुसपैठियों को पीछे खदेड़ा। जिस समय भारतीय सैनिक घुसपैठियों को बाहर निकालने के लिए अपनी जान की बाजी लगा रहे थे, नेहरू ने सरदार पटेल की सलाह के विपरीत सैन्य अभियान को रोकने का आदेश दे दिया और एक जनवरी 1948 को संयुक्त राष्ट्र सुरक्षा परिषद के समक्ष पाकिस्तान के खिलाफ शिकायत दर्ज कराने का दुर्भाग्यपूर्ण निर्णय लिया। इस अकेली काररवाई से नेहरू ने भारतीय सेना का मनोबल गिरा दिया, जो घुसपैठियों को पूरी तरह बाहर निकालने के लिए बस कुछ और दिन चाहती थी। नेहरू के इस निर्णय का ही परिणाम था कि पाकिस्तान को कश्मीर का तीस हजार वर्ग मील क्षेत्र अनधिकृत रूप से हड़पने का मौका मिल गया और बाद में उसने कश्मीर मामले का अंतरराष्ट्रीयकरण भी कर दिया। जाहिर है, सरदार पटेल ने जिस भगीरथ कार्य को सफलतापूर्वक अंजाम दिया, नेहरू उसका एक अंशमात्र भी पूरा नहीं कर सके। अब जरा नेहरू-गांधी परिवार के दूसरे प्रधानमंत्री अर्थात् इंदिरा गांधी का रिपोर्ट कार्ड देखिए। 1975 में इंदिरा गांधी ने देश में आंतरिक आपातकाल थोप दिया और एक जीवंत लोकतंत्र को तानाशाही में बदल दिया। उनकी सरकार ने एक के बाद एक मनमाने संशोधनों से संविधान को जमकर चोट पहुँचाई। राजनीतिक विरोधियों से निपटने का उनका तरीका था—उन्हें जेल में डाल देना। शहरों से गरीबों को हटाने के लिए बुलडोजर चलाए गए। क्या नेहरू-गांधी परिवार से इतर किसी व्यक्ति के प्रधानमंत्री पद पर होते हुए यह सब हुआ होता? इसके बाद 1980 से 94 तक इंदिरा गांधी की सरकार ने अकालियों से निपटने के लिए जरनैल सिंह भिंडरावाले को गुपचुप समर्थन दिया और उसे स्वर्ण मंदिर में खतरनाक हथियार जमा करने दिए। जब स्थितियाँ नियंत्रण से बाहर हो गईं तो इंदिरा गांधी ने सेना को स्वर्ण मंदिर में धावा बोलने का आदेश दिया, जिसमें न केवल अनेक लोग मारे गए, बल्कि सिखों की धार्मिक भावनाओं को भी गहरी चोट पहुँची। इसके बाद जब इंदिरा गांधी की उनके सिख अंगरक्षकों ने हत्या कर दी तो पूरे देश में सिख विरोधी दंगे भड़क उठे। अकेले दिल्ली में तीन हजार सिख मारे गए। राहुल गांधी से फिर वही सवाल कि क्या किसी गैर नेहरू-गांधी प्रधानमंत्री के समय भी ऐसा हुआ होता? प्रधानमंत्री पद पर बैठनेवाले नेहरू-गांधी परिवार के तीसरे सदस्य थे—राजीव गांधी। तमिल टाइगर्स (लिट्टे) के प्रति उनके दृष्टिकोण के चलते हमारे सैकड़ों साहसी और युवा सैनिकों को अपनी जान गँवानी पड़ी और स्वयं वे भी उसके शिकार हो गए। कई और ऐसे उदाहरण हैं,

जिनमें इस परिवार के सदस्यों द्वारा लिये गए निर्णयों ने देश में सामाजिक, आर्थिक और राजनीतिक विवाद उत्पन्न किए।

शाहबानो प्रकरण पर राजीव गांधी ने मुसलिम कट्टरपंथियों के आगे घुटने टेक दिए थे। उनके ही प्रधानमंत्रित्वकाल में अयोध्या में राममंदिर का ताला खोला गया तथा मंदिर का शिलान्यास भी हुआ। इसके बावजूद राहुल गांधी नरसिंह राव की निंदा कर रहे हैं और हमसे यह विश्वास करने की उम्मीद कर रहे हैं कि मंदिर का शिलान्यास करनेवाले परिवार का कोई सदस्य यदि 1992 में प्रधानमंत्री की कुरसी पर होता तो उसने ढाँचे को बचा लिया होता। जब राव देश के प्रधानमंत्री बने, तब देश विदेशी मुद्रा के अभाव में अपना सोना विदेश में गिरवी रखने के लिए विवश था। जिस समय उनका कार्यकाल समाप्त हुआ, वे भारत के आर्थिक महाशक्ति के रूप में उभरने की जमीन तैयार कर चुके थे। उन्होंने भारत को उम्मीद की किरण दिखाई, साथ ही भारतीयों के उस कौशल को भी जाग्रत् किया, जो नेहरू-गांधी परिवार के शासन के दौरान धूल की परतों के नीचे दब गया था।

□

हमारी न्यायपालिका

संवैधानिक आदर्शों का संकट

जाति, धर्म और क्षेत्र के आधार पर विभाजित राजनीति ने जिस तरह दलों की प्रचुरता, खंडित जनादेश और सिद्धांतहीन एवं अव्यावहारिक गठबंधनों को जन्म दिया है, उसे देखते हुए तनिक भी संदेह नहीं कि आरक्षण की राजनीति दिन-प्रतिदिन विकृत होती जानी है। पूर्व प्रधानमंत्री वी.पी. सिंह ने देश के सामाजिक ताने-बाने को वर्गीय आधार पर विभाजित करने के सिलसिले की शुरुआत तब की, जब उन्होंने 1990 में अन्य पिछड़ा वर्ग को आरक्षण प्रदान करने के लिए मंडल आयोग की रिपोर्ट को लागू करने की घोषणा की। आरक्षण की आग को हवा देने की ताजा कोशिश कांग्रेस की ओर से हुई है, जिसने वोट बैंक की राजनीति में एक नया अध्याय जोड़ते हुए मंडल कार्ड का फिर से इस्तेमाल करने का फैसला किया। कांग्रेस की यह पहल अन्य पिछड़ा वर्ग को उच्च शैक्षणिक संस्थानों में प्रवेश के लिए आरक्षण प्रदान करने की है। आसार यही हैं कि वोट बैंक की राजनीति का यह सिलसिला जारी रहेगा।

लोकतंत्र में वोट बैंक की तलाश एक सामान्य राजनीतिक गतिविधि है, लेकिन यह कवायद तब अवैधानिक हो जाती है, जब उससे संवैधानिक योजना और राष्ट्रीय विकास को क्षति पहुँचती हो। विडंबना यह है कि उच्चतर न्यायपालिका को छोड़कर ऐसा कोई नजर नहीं आता, जिससे हम संविधान के मूल तत्त्व की हिफाजत की अपेक्षा कर सकें, लेकिन सवाल यह है कि क्या न्यायपालिका राजनीतिक वर्ग द्वारा पहुँचाई जा रही इस क्षति का मुकाबला करने के लिए तत्पर है? इस प्रश्न के उत्तर के लिए कुछ बेशकीमती तथ्य उपलब्ध कराए हैं अरुण शौरी ने अपनी ताजा पुस्तक 'फालिंग ओवर बैकवड्र्स-ऐन एसे ऑन रिजर्वेशंस ऐंड ऑन जुडिशियल पापुलिज्म' में। इस पुस्तक में शौरी ने आरक्षण के संदर्भ में राजनीति, संवैधानिक कानून और सुप्रीम कोर्ट के दृष्टिकोण को एक-दूसरे के समक्ष रखते हुए अर्थपूर्ण विश्लेषण प्रस्तुत किया है। अपने विश्लेषण के जरिए शौरी पाठकों को पिछले 55 वर्षों की समयावधि में आरक्षण की राजनीति तथा न्यायिक निर्णयों की गाथा सुनाते हैं। इस सफर पर चलते-चलते यह स्पष्ट होता जाता है कि जब-जब

सुप्रीम कोर्ट ने मूल संवैधानिक सिद्धांतों की रक्षा हेतु हस्तक्षेप किया, राजनेता संवैधानिक संशोधनों के माध्यम से अदालत के निर्णय को पलटने के लिए एकजुट हो गए।

कुछ ऐसे भी अवसर थे, जब तथाकथित प्रगतिवादी व आधुनिक विचारों से प्रभावित न्यायपालिका ने सरकार को ऐसी नीतियाँ बनाने दीं, जिन्होंने मूल अधिकारों के प्रभाव को कम करने का काम किया। इसका प्रभावी परिणाम यह हुआ कि संविधान में अनुच्छेद 14, 15, 16 (1), 16 (2) और 29 (2) में उल्लिखित मूल अधिकारों का प्रभाव धीरे-धीरे नष्ट होने लगा। इससे भी अधिक कतिपय अदालती आदेश और संवैधानिक संशोधन अनुच्छेद 355 की मूल भावना को भी क्षतिग्रस्त करते नजर आते हैं, जो यह उद्घोषित करता है कि आरक्षण नीति से प्रशासन में कार्यदक्षता प्रभावित नहीं होनी चाहिए। मौलिक अधिकारों के मूल सिद्धांतों पर हमले की शुरुआत 1951 में सुप्रीम कोर्ट के एक निर्णय के बाद ही हो गई थी। शीर्षस्थ अदालत ने मद्रास राज्य बनाम चंपकम दुरईराजन मामले में यह निर्णय दिया कि अनुच्छेद 46 में निर्देशात्मक सिद्धांत अनुच्छेद 29 (2) में घोषित किए गए मूल अधिकारों का उल्लंघन नहीं कर सकते। इस निर्णय के बाद अनुच्छेद 15 में एक नया उपबंध जोड़कर राज्य को यह अधिकार दे दिया गया कि वह सामाजिक और शैक्षिक दृष्टि से पिछड़े समूहों तथा अनुसूचित जाति व अनुसूचित जन-जाति की उन्नति के लिए विशेष प्रावधान कर सकता है।

शौरी लिखते हैं, "अदालतों ने जब भी इस प्रवृत्ति को रोकने की कोशिश की, राजनेताओं ने उसे पलटने में समय नहीं लगाया। जैसे-जैसे राजनीतिक दल वर्ग-आधारित वोट बैंक पर निर्भर होते गए, वैसे-वैसे संविधान में संशोधन और नए-नए प्रावधान जोड़ने की संख्या भी बढ़ती गई।" उदाहरण के लिए सुप्रीम कोर्ट ने निरंतर यह घोषित किया है कि आरक्षण 50 प्रतिशत से अधिक नहीं होना चाहिए, लेकिन तमिलनाडु विधानसभा ने एक नया कानून बनाकर 69 प्रतिशत आरक्षण की व्यवस्था लागू कर दी। बाद में केंद्र सरकार ने संविधान संशोधन (76) पारित कर इस कानून को नौवीं अनुसूची में डाल दिया, ताकि यह न्यायिक समीक्षा के दायरे से बाहर रहे। इसके बाद पुनः इंदिरा साहनी बनाम भारत संघ मामले में सुप्रीम कोर्ट ने यह निर्णय दिया कि आरक्षण सिर्फ सेवा में प्रवेश के समय दिया जा सकता है।

इस निर्णय को पलटने का काम किया संविधान के 77वें संशोधन ने। फिर 81वाँ संशोधन किया गया, जो कोर्ट द्वारा तय 50 प्रतिशत की सीमा समाप्त करने के लिए था। 81वें संशोधन द्वारा उस अनुच्छेद 335 को निरर्थक ठहरा दिया गया, जो प्रशासन में कार्यकुशलता और दक्षता की वकालत करता था। इसके बाद से आरक्षण के संदर्भ में अदालती निर्णयों को निष्प्रयोज्य ठहराने के लिए दो और संविधान संशोधन किए गए हैं। शौरी मूल संवैधानिक सिद्धांतों के क्षरण की त्रासदी से भरी इस कथा का सार इन शब्दों

के साथ व्यक्त करते हैं—''सुप्रीम कोर्ट कानून, न्याय और उत्कृष्टता की आवभगत करता रहा तो राजनीतिक वर्ग ने यही काम वोट बैंक—अनुसूचित जाति, अनुसूचित जन-जाति, अन्य पिछड़ा वर्ग तथा अल्पसंख्यक मतों के लिए किया।'' अन्य पिछड़ा वर्ग को आरक्षण प्रदान करने का आधार बनी मंडल आयोग की रिपोर्ट के संदर्भ में शौरी का विश्लेषण कुछ अन्य चौंकानेवाले तथ्य उजागर करता है।

इस आयोग ने स्वयं यह कहा था कि शायद ही किसी राज्य ने उसके द्वारा पूछे गए प्रश्नों का उत्तर दिया हो और यह भी कि अन्य पिछड़ा वर्ग के संदर्भ में राज्यों द्वारा उपलब्ध कराई गई जनसांख्यिकीय सूचना 'बेहद अपर्याप्त' थी, यहाँ तक कि पिछड़ी जातियों का प्रतिशत जानने के लिए खुद द्वारा कराए गए सर्वेक्षण के संबंध में भी आयोग की टिप्पणी थी कि सर्वेक्षण को लेकर यह दावा नहीं किया जा सकता कि वह गहन अकादमिक शोध का हिस्सा है। आयोग ने यह घोषणा भी की कि सर्वेक्षण न तो तकनीकी रूप से परिष्कृत है और न ही सैद्धांतिक दृष्टि से संतोषप्रद। आयोग की इस स्वीकारोक्ति ने न्यायमूर्ति कुलदीप सिंह जैसे न्यायाधीशों को प्रतिकूल टिप्पणी के लिए विवश किया, जिन्होंने सर्वेक्षण को 'आँखों में धूल झोंकनेवाला' तथा 'एक कमरे में की गई जाँच पर आधारित लिपिकीय काररवाई' की संज्ञा दी। अरुण शौरी आरक्षण से संबंधित मामलों में शीर्षस्थ अदालत द्वारा अपनाई गई विरोधाभासी स्थिति की चर्चा जारी रखते हुए न्यायपालिका से आग्रह करते हैं, ''न्यायाधीशों को उस प्रोत्साहन पर विचार करना चाहिए, जो उन्होंने राजनीतिक वर्ग की सबसे घटिया प्रवृत्तियों को प्रदान किया है।''

न्यायाधीशों को अपने समक्ष आए मामले से कहीं व्यापक नजरिया अपनाना चाहिए और अपने निर्णयों के दूरगामी तथा वृहद् परिणामों पर विचार करना चाहिए। शौरी चेतावनी देते हैं, ''राजनीतिक वर्ग पूरी योजना को पलट देने के लिए हर छिद्र का इस्तेमाल करने में पीछे नहीं रहेगा, ताकि अपने लिए सुविधा जुटा सके।'' भारतीय राजनीति की जो सच्चाई है, उसे देखते हुए इसमें संदेह नहीं कि राजनीतिक वर्ग एक के बाद एक अलगाववादी माँग के समक्ष झुकता रहेगा। यह क्रम अंततः संवैधानिक सिद्धांतों के क्षय, शासन के पतन और राष्ट्र के दुर्बल होते जाने की चरम स्थिति उत्पन्न कर देगा। ऐसे में लोकतांत्रिक ताने-बाने के तहत न्यायपालिका वह एकमात्र संस्थान है, जो इस पतन का मुकाबला कर सकता है। उम्मीद है कि यदि न्यायपालिका को शौरी के तर्कों में गुण नजर आए तो वह हमारे संविधान में निहित मूल अधिकारों का और अधिक क्षरण होने से रोकेगी और अनुच्छेद 16 (1) तथा अनुच्छेद 355 जैसे प्रावधानों में नई जान फूँकेगी। यदि ऐसा नहीं हुआ तो शायद हमें भविष्य की ओर आशा भरी निगाहों से नहीं देखना चाहिए।

□

निगरानी से परे न्यायाधीश

[मुख्य न्यायाधीश को न्यायाधीशों की नियुक्ति तथा बर्खास्तगी से संबंधित मुद्दों की पूरी पोटली पर निगाह डालनी होगी।]

कुछ न्यायाधीशों पर लगे गंभीर आरोपों के बावजूद सुप्रीम कोर्ट के मुख्य न्यायाधीश के.जी. बालाकृष्णन एक त्वरित एवं पादर्शी प्रक्रिया की पहल कर उस क्षति को नियंत्रित करने में एक हद तक सफल रहे हैं, जो उच्चतर न्यायपालिका की छवि में आ रही है। मुख्य न्यायाधीश ने सरकार को कलकत्ता उच्च न्यायालय के न्यायाधीश सौमित्र सेन के खिलाफ महाभियोग की प्रक्रिया आरंभ करने की सलाह दी। सौमित्र सेन के खिलाफ आरोप है कि उन्होंने तब कोर्ट फंड का दुरुपयोग किया, जब वे एक वकील के रूप में कार्यरत थे। इसके बाद उन्होंने सी.बी.आई. को पंजाब और हरियाणा उच्च न्यायालय के दो न्यायाधीशों के खिलाफ भ्रष्टाचार के एक मामले में जाँच की अनुमति दी। मुख्य न्यायाधीश के दृष्टिकोण के अनुरूप ही सुप्रीम कोर्ट के तीन न्यायाधीशों की एक बेंच ने न्यायाधीशों से संबधित सबसे बड़े मामले, गाजियाबाद भविष्य निधि घोटाले की सी.बी.आई. जाँच के आदेश दिए। इस मामले में भ्रष्टाचार के आरोपोंवाली उँगली 34 न्यायाधीशों की ओर उठी है। इन सभी कदमों का स्वागत है, लेकिन यह तथ्य अपनी जगह है कि न्यायाधीशों के भ्रष्टाचार से निपटने की प्रक्रिया में जो व्यवस्थागत खामियाँ हैं, उन्हें तब तक नहीं दूर किया जा सकता, जब तक कि उन्हें पद से हटाने की एक सरल प्रक्रिया नहीं स्थापित की जाती। जजों के भ्रष्टाचार के संदर्भ में चल रही बहस पर जो ध्यान दे रहे हैं, वे इससे अच्छी तरह परिचित होंगे कि संविधान तथा जजेज (इनक्वायरी) ऐक्ट में न्यायाधीशों के खिलाफ जो महाभियोग प्रक्रिया तय की गई है, वह अत्यंत जटिल है। सबसे पहले लोकसभा के सौ अथवा राज्यसभा के पचास सदस्यों को न्यायाधीश की बरखास्तगी का नोटिस देना होता है। यदि नोटिस स्वीकार कर लिया जाता है तो तीन सदस्यीय एक न्यायिक समिति को आरोपों की जाँच करनी

होती है। यदि समिति संबंधित जज को दोषी पाती है तो महाभियोग का प्रस्ताव मतदान के लिए पेश किया जाता है। प्रस्ताव संसद के दोनों सदनों में दो-तिहाई बहुमत से ही पारित हो सकता है।

उक्त प्रक्रिया इतनी जटिल है कि हम संविधान के अस्तित्व में आने के बाद से एक भी जज पर महाभियोग नहीं चला सके हैं। केवल एक बार हम महाभियोग के जरिए किसी जज को हटाने के करीब पहुँचे थे, जब लोकसभा में जस्टिस रामास्वामी के खिलाफ महाभियोग का प्रस्ताव पेश किया गया था। जस्टिस रामास्वामी सुप्रीम कोर्ट के न्यायाधीश बनने से पूर्व पंजाब और हरियाणा उच्च न्यायालय के मुख्य न्यायाधीश थे। उनके खिलाफ महाभियोग के प्रस्ताव के नोटिस पर 108 सांसदों ने हस्ताक्षर किए थे, जिनमें मधु दंडवते, सोमनाथ चटर्जी, लालकृष्ण आडवाणी और वी.पी. सिंह जैसे संसद सदस्य शामिल थे। जस्टिस रामास्वामी के खिलाफ 11 आरोप लगाए गए थे। इनमें अपनी पसंद के डीलरों से मनमानी कीमत पर कारपेट और फर्नीचर खरीदना, सार्वजनिक धन का दुरुपयोग करना और फर्जी यात्रा भत्ते तथा कार के रख-रखाव के बिल लगाना शामिल था। प्रस्ताव को स्वीकार करते हुए स्पीकर रवि राय ने सुप्रीम कोर्ट के नयायाधीश जस्टिस पी.बी. सावंत, बांबे उच्च न्यायालय के मुख्य न्यायाधीश पी.डी. देसाई और सुप्रीम कोर्ट के सेवानिवृत्त न्यायाधीश जस्टिस ओ. चिनप्पा रेड्डी की तीन सदस्यीय जाँच समिति गठित की। समिति ने जस्टिस रामास्वामी को कई आरोपों में दोषी पाया, जिनमें मुख्य न्यायाधीश के रूप में अपनी शक्तियों का दुरुपयोग तथा वित्तीय अनुशासन के प्रति मनमाना असम्मान शामिल है। इस रिपोर्ट के बाद सदन को मई 1993 में प्रस्ताव पर मतदान करने के लिए कहा गया। 196 सदस्यों ने प्रस्ताव के पक्ष में मतदान किया, जबकि कांग्रेस तथा उसके सहयोगी दलों से संबंधित 205 सदस्य मतदान से अनुपस्थित रहे। स्पष्ट था कि कांग्रेस ने जस्टिस रामास्वामी को बच निकलने दिया।

जस्टिस रामास्वामी के मामले में जिस प्रकार संविधान की जटिलता तथा राजनीतिक छल-कपट का दृश्य देखने को मिला, उसके ठीक विपरीत इलाहाबाद उच्च न्यायालय के न्यायाधीश शिव प्रसाद सिन्हा को साफ-सुथरे तथा स्पष्ट तरीके से पद से हटा दिया गया। शिव प्रसाद सिन्हा आजादी के बाद से बरखास्त होनेवाले एकमात्र न्यायाधीश हैं। जस्टिस सिन्हा के खिलाफ मनमाने आचरण, पक्षपात तथा संभावित भ्रष्टाचार की शिकायतों के बाद गवर्नर जनरल सी. राजगोपालाचारी ने फेडरल कोर्ट से उनके आचरण की जाँच के लिए कहा। जस्टिस सिन्हा के कतिपय फैसलों के कारण उन पर संदेह उत्पन्न हो गया था। उदाहरण के लिए जनवरी 1946 में उन्होंने एक आपराधिक मामले में आरोपी व्यक्ति की जमानत खारिज कर उसे अपनी सजा भुगतने का निर्देश दिया। हालाँकि दो महीने बाद (जब उन्हें पता चला कि आरोपी ने उनके आदेश का पालन नहीं

किया) उन्होंने उसे जमानत पर बने रहने दिया। उस पर लगाए गए जुरमाने को बढ़ा दिया और कैद की पूरी अवधि माफ कर दी। जस्टिस सिन्हा को अदालत में अपने भाई शंभु प्रसाद के वकील के रूप में खड़े होने पर भी कोई आपत्ति नहीं थी। तब याचिका दायर करनेवालों को यह बात पता होती थी कि यदि उन्हें अदालत से राहत चाहिए तो वकील के रूप में शंभु प्रसाद की सेवाएँ लेनी चाहिए। अपने भाई के अलावा जस्टिस सिन्हा के चार अन्य चहेते वकील थे। इन सबने जस्टिस सिन्हा की अदालत में मुकदमे जीते। फेडरल कोर्ट ने फैसला किया कि यदि जस्टिस सिन्हा जज के रूप में कार्य करते रहते हैं तो यह न्यायिक प्रशासन के लिए ठीक नहीं होगा। इस रिपोर्ट के बाद गवर्नर जनरल ने जस्टिस सिन्हा को अप्रैल 1949 में पद से हटा दिया। 1950 के पहले तक अस्तित्व में रही यह प्रक्रिया आज के समय बेशक परीक्षण के योग्य है, जब न्यायाधीशों के खिलाफ गंभीर प्रकृति के आरोप लग रहे हैं। वाकई हमें न्यायपालिका की स्वतंत्रता की रक्षा के लिए एक ऐसी निष्पक्ष, उद्देश्यपूर्ण तथा सरल प्रक्रिया की जरूरत है, जिसे भ्रष्टाचार के आरोपी से घिरे न्यायाधीशों के खिलाफ लागू किया जा सके।

□

मौलिक कर्तव्यों पर मुहर

[मौलिक कर्तव्यों के संदर्भ में शीर्ष अदालत की टिप्पणी का स्वागत होना चाहिए, क्योंकि इससे यह उम्मीद मजबूत होती है कि अदालत संविधान के इस भाग को जीवंत बनाए रखेगी।]

हाल ही में सुप्रीम कोर्ट ने आदेश दिया कि देश के सभी सिनेमाघरों में फिल्म दिखाने से पूर्व राष्ट्रगान बजाया जाए। इसको लेकर न्यायविदों और राजनीतिक विश्लेषकों के बीच एक देशव्यापी बहस छिड़ गई है। उनमें से कई कह रहे हैं कि कोर्ट ने स्वयं अपनी सीमा लाँघ ली है और ऐसा रुख अपना लिया है, जो नागरिकों के मौलिक अधिकारों का उल्लंघन करता है। उनमें से कई तो यहाँ तक कह रहे हैं कि इस आदेश को लागू करना कठिन हो सकता है। आलोचकों का मत है कि राष्ट्रगान के प्रति सम्मान प्रकट करना एक बात है और देश के सभी सिनेमाघरों में इसे बजाने के लिए जोर देना बिल्कुल दूसरी बात।

हालाँकि इस तर्क में कुछ दम हो सकता है कि इस हद तक आगे बढ़कर कोर्ट को देश के हर सिनेमाघर में फिल्म दिखाए जाने से पहले राष्ट्रगान बजाने संबंधी आदेश देने की जरूरत नहीं थी, लेकिन अदालत के आदेश को हाल के वर्षों में सामने आए इस गहन राजनीतिक विमर्श के आईने में देखा जाना चाहिए, जिसके तहत नागरिकों का एक हिस्सा दावा करता है कि उनका धर्म भारत को मातृभूमि के रूप में स्वीकारने या राष्ट्रगान को गाने से रोकता है। बहरहाल यह आदेश इसलिए भी महत्त्वपूर्ण है, क्योंकि यह नागरिकों के मौलिक कर्तव्यों पर बल देता है।

सुप्रीम कोर्ट के आदेश में कहा गया है कि देश के सभी सिनेमाघर राष्ट्रगान बजाते समय परदे पर राष्ट्रीय ध्वज दिखाएँ। हॉल में मौजूद सभी लोग उस दौरान खड़े हों और राष्ट्रगान के प्रति सम्मान प्रकट करें। यह विचार राष्ट्रीय पहचान, राष्ट्रीय अखंडता और संवैधानिक देशभक्ति के मूल में निहित है। अदालत के अनुसार राष्ट्रगान और राष्ट्रीय

ध्वज के लिए सम्मान मातृभूमि के लिए प्रेम और आदर को दरशाता है और यह देशभक्ति और राष्ट्रवाद की भावना को मन में बैठाता है।

सर्वोच्च न्यायालय ने तो कुछ बातें राष्ट्रगान के प्रति सम्मान प्रकट करने के मुद्दे पर पूर्व में दिए गए अपने फैसलों से अलग हटकर भी कहीं। 1985 में जेहोवाह विटनेस नामक संप्रदाय से संबंधित तीन बच्चों को राष्ट्रगान गाने से इनकार करने के चलते केरल में एक स्कूल से निकाल दिया गया था। स्कूल परिसर में जब राष्ट्रगान गाया जा रहा था, तब दूसरे बच्चों के बीच वे तीनों छात्र सम्मानपूर्वक मौन मुद्रा में खड़े रहे, लेकिन राष्ट्रगान गाने से मना कर दिया, क्योंकि ऐसा करना उनकी धार्मिक आस्था के सिद्धांतों के खिलाफ था। जब उनकी अपील हाईकोर्ट से खारिज हो गई, तब वे सुप्रीम कोर्ट गए। इस केस (बिजोए एमानुएल तथा अन्य बनाम केरल राज्य तथा अन्य) में कोर्ट ने अनुच्छेद 19 (1) (क) और 25 (1) के तहत छात्रों के मौलिक अधिकारों के उल्लंघन को देखते हुए निष्कासन के आदेश को हटा लिया, क्योंकि उनकी धार्मिक आस्था उन्हें राष्ट्रगान में भाग लेने की अनुमति नहीं देती है।

कोर्ट ने कहा था कि जेहोवाह विटनेस द्वारा लिया गया रुख भारत के लिए अनूठा नहीं है। दूसरे देशों में इस संप्रदाय के सदस्य वोट देने, सार्वजनिक कार्यालयों में काम करने या सशस्त्र सेना में सेवा देने से भी इनकार करते हैं। वे राष्ट्रध्वज को नमन करने, राष्ट्रगान बज रहा हो तो खड़े होने या निष्ठा की शपथ लेने से मना करते हैं, क्योंकि उनकी धार्मिक आस्था उन्हें ऐसा करने से रोकती है। अदालत ने कहा कि एक सच्चे लोकतंत्र की असली परीक्षा यह है कि एक महत्त्वहीन अल्पसंख्यक भी देश के संविधान में अपनी पहचान सुनिश्चित कर सके। अनुच्छेद 25 की व्याख्या में इस बात को ध्यान में रखा जाना जरूरी है। कोर्ट ने राष्ट्रगान के सम्मान के लिए मौलिक कर्तव्य के पहलुओं को भी छुआ और कहा कि जब राष्ट्रगान गाया जाता है और जब एक व्यक्ति खड़ा होता है, तब वह उसके प्रति सम्मान व्यक्त करता है। यह कहना सही नहीं होगा कि राष्ट्रगान के गायन में भाग नहीं लेने से वह उसके प्रति अनादर व्यक्त करता है।

नागरिकों के मौलिक कर्तव्यों के संबंध में मौजूदा आदेश पारित करनेवाली बेंच का विचार एमानुएल मामले की सुनवाई करनेवाली बेंच के विचार से भिन्न था। हालिया आदेश में कोर्ट ने मौलिक कर्तव्यों की बात करनेवाले संविधान के अनुच्छेद 51 (अ) (क) का हवाला दिया, जिसके अनुसार भारत के प्रत्येक नागरिक का यह कर्तव्य होगा कि वह संविधान का पालन करे और इसके आदर्शों और संस्थाओं, राष्ट्रध्वज और राष्ट्रगान का आदर करे। बेंच ने कहा कि संविधान में निहित आदर्शों का पालन करना प्रत्येक नागरिक का पवित्र दायित्व है। एमानुएल मामले में कोर्ट ने इतनी सख्ती नहीं दिखाई थी। तब उसने कहा था कि जब राष्ट्रगान गाया जाता है और एक व्यक्ति खड़ा होता है,

तब यह राष्ट्रगान के प्रति उचित सम्मान होता है। यह कहना सही नहीं होगा कि गायन में भाग नहीं लेना राष्ट्रगान का अनादर है। यह तथ्य है कि भारत न केवल दुनिया का सबसे बड़ा लोकतंत्र है, बल्कि विश्व का सबसे विविध राष्ट्र भी है। एक बात दिमाग में रखनी होगी कि यहाँ राष्ट्रध्वज, राष्ट्रगान और देश का संविधान सभी नागरिकों के लिए सेक्युलरिज्म का एकमात्र आधार है। विविधता को बढ़ावा देने के लिए विभिन्न समूहों और समुदायों के लिए और भी दूसरे ध्वज, गान, किताबें और प्रवृत्ति हैं। कोई भी व्यक्ति या समूह, जो हमारे राष्ट्रगान के प्रति अनादर प्रकट करने या कम आदर प्रकट करने के लिए धर्म का हवाला देता है तो वह भारत की एकता और अखंडता की जड़ पर प्रहार करता है और उसे हतोत्साहित किया जाना चाहिए। यदि अभिव्यक्ति की आजादी और धर्म मानने की आजादी जैसी व्यक्तिगत आजादी को नागरिक के कर्तव्य से ज्यादा महत्त्व दिया जाएगा तो यह हमारी विविधता की भावना के लिए हानिकारक होगा।

कुछ विश्लेषक हमें यह भरोसा दिलाएँगे कि हमारे संविधान में मौलिक कर्तव्यों का भाग अप्रवर्तनीय या लागू होने योग्य नहीं है और इस प्रकार इसका कोई मूल्य नहीं है। भारत की विविधता, इसके आदर्शों और संस्थाओं पर बाहरी ताकतों के दबाव को देखते हुए इस तर्क को चुनौती देने की जरूरत है। विभिन्न धार्मिक और सामाजिक समूह हमारे उन संवैधानिक मूल्यों का दमन कर रहे हैं, जो हमें एकता के सूत्र में बाँधते हैं। इस परिदृश्य में धार्मिक और अभिव्यक्ति की आजादी के तर्क को नकारने की जरूरत है। अपने हालिया आदेश में मौलिक कर्तव्यों के संदर्भ में शीर्ष अदालत की टिप्पणी का स्वागत होना चाहिए, क्योंकि इससे यह उम्मीद मजबूत होती है कि अदालत संविधान के इस भाग को जीवंत बनाए रखेगी। मौलिक कर्तव्य सभी नागरिकों को समान राष्ट्रीय लक्ष्यों की ओर अग्रसर होने में सक्षम बनाते हैं और दुनिया के सबसे विविधतावाले राष्ट्र को एकता के सूत्र में बाँधे रखते हैं। शायद अब एमानुएल फैसले के दौरान की गई टिप्पणियों पर पुनर्विचार करने का समय आ गया है।

□

सत्ता के लिए सिद्धांतों की बलि

झारखंड में विधानसभा चुनाव के बाद राज्यपाल सिब्ते रजी ने अपने भेदभावपूर्ण आचरण से एक संवैधानिक संकट खड़ा कर दिया था। झारखंड में चुनाव पूर्व सबसे बड़े गठबंधन के नेता अर्जुन मुंडा को सरकार बनाने के लिए न बुलाकर रजी ने एक टकराव का माहौल बना दिया और यह स्थिति तभी समाप्त हुई, जब उच्चतम न्यायालय के हस्तक्षेप के बाद केंद्र सरकार ने रजी को अपना फैसला बदलने का निर्देश दिया। सिब्ते रजी ने यह क्षुब्ध करनेवाली स्थिति इसलिए उत्पन्न की, क्योंकि उन्होंने सामान्य समझ और सरकारिया आयोग की सिफारिशों, दोनों की अनदेखी की। सरकारिया आयोग ने स्पष्ट कहा था कि सरकार बनाने का सबसे पहला न्योता चुनाव पूर्व के सबसे बड़े गठबंधन को मिलना चाहिए। इतना ही नहीं, सिब्ते रजी ने सरकारिया आयोग की सिफारिशों का अनुमोदन करनेवाली अंतरराज्य परिषद के निर्णय की भी अवहेलना की।

अंतरराज्य परिषद, जिसमें सभी राज्यों के मुख्यमंत्री और केंद्रीय कैबिनेट के वरिष्ठ सदस्य शामिल होते हैं, का सबसे पहले गठन 1989 में वी.पी. सिंह सरकार ने किया था। यद्यपि संविधान में केंद्र-राज्य संबंधों के जटिल मामलों को हल करने के लिए इस तरह की परिषद की स्थापना का प्रावधान उपलब्ध था, लेकिन 1950 से 1989 के बीच तीन वर्ष को छोड़कर हर समय केंद्र की सत्ता पर काबिज रहनेवाली कांग्रेस ने इस प्रावधान को लागू करने की जरूरत नहीं समझी। गठन के बाद से परिषद की अनेक बैठकें हुईं और 2001 व 2003 में परिषद ने अपनी बैठकों के दौरान राज्यपालों की नियुक्ति और उनके आचरण के संबंध में कई महत्त्वपूर्ण फैसले लिये। ये बैठकें भा.ज.पा. नीत राष्ट्रीय जनतांत्रिक गठबंधन सरकार ने आहूत कीं, जिनमें राजनीतिक परिदृश्य के अधिकांश राजनीतिज्ञ विचार-विनिमय के दौर में शामिल हुए। परिषद ने न केवल सरकारिया आयोग की सिफारिशों से सहमति जाहिर की, बल्कि

इस बात पर भी जोर दिया कि इन सिफारिशों को लागू किया जाए। कई मौकों पर परिषद ने यह सुझाव भी दिया कि राज्यपालों की ओर से किए जानेवाले पक्षपातपूर्ण आचरण को न्यूनतम करने या समाप्त करने के लिए संविधान में संशोधन किया जाना चाहिए। परिषद ने कहा है कि राज्यपालों की नियुक्ति में मुख्यमंत्री से सलाह ली जानी चाहिए। इस तरह का विचार-विमर्श अनिवार्य बनाने के लिए संविधान में संशोधन हो। बहुमत किसके पास है, इसका फैसला विधानमंडल पर छोड़ दिया जाना चाहिए। जब स्पष्ट जनादेश न हो, तब राज्यपाल को सरकार बनाने के लिए सबसे बड़े चुनाव पूर्व गठबंधन को आमंत्रित करना चाहिए।

राष्ट्रपति शासन लागू होने के समय राज्य में तब तक अनुत्क्रमणीय काररवाई नहीं की जा सकती, जब तक कि उद्घोषणा को संसद द्वारा संस्तुति न प्रदान कर दी जाए। परिषद के स्वरूप को देखते हुए राज्यपालों की नियुक्ति और उनके आचरण पर इन फैसलों का अर्थ राष्ट्रीय आम सहमति ही है। मा.क.पा. उन राजनीतिक दलों में है, जिसने परिषद के निर्णयों की सराहना की है। मा.क.पा. के मुखपत्र 'प्यूपिल्स डेमोक्रेसी' में नवंबर 2001 में परिषद की बैठक में लिये गए निर्णयों पर प्रकाश कारत का विस्तृत विश्लेषण प्रकाशित किया गया है। कारत ने कहा है, "राज्यपालों का इस्तेमाल केंद्र के एजेंट के रूप में किया जाता रहा है और निरंतर राज्यपालों ने निर्वाचित राज्य सरकारों के विरुद्ध आचरण किया है। इससे लोकतांत्रिक मूल्यों को बहुत आघात लगा। अनुच्छेद 356 का इस्तेमाल केंद्र के प्रतिनिधि के रूप में राज्यपालों के अधिकारों के सबसे बड़े दुरुपयोग के रूप में सामने आया है।"

पार्टी ने इसके साथ ही मुख्यमंत्री नियुक्त करने के बारे में राज्यपालों के कार्यालय के दुरुपयोग को रोकने को लेकर सरकारिया आयोग की सिफारिश तथा परिषद के निर्णय से सहमति जताई। कारत लिखते हैं, "परिषद ने यह स्वीकार किया कि जब स्पष्ट बहुमत की स्थिति न हो, तब राज्यपाल की सबसे बड़ी पार्टी या सबसे बड़े गठबंधन को आमंत्रित करना चाहिए। निश्चित ही इन कदमों को विधिबद्ध करने की जरूरत है।" स्पष्ट है कि किसी दल या गठबंधन को बहुमत न मिलने की दशा में सरकार बनाने के लिए किसे बुलाया जाना चाहिए, इस बारे में मा.क.पा. के रुख में कोई अस्पष्टता नहीं है।

मा.क.पा. ने इस व्यवस्था को विधिबद्ध करने की वकालत की। इसके बावजूद पार्टी ने सरकारिया आयोग की सिफारिशें और अंतरराज्य परिषद के निर्णयों का उल्लंघन करनेवाले राज्यपाल रजी की आलोचना करने से परहेज किया। इसकी बजाय पार्टी ने इस मुद्दे को विधायिका और न्यायपालिका के बीच टकराव के रूप में देखा। यही

स्थिति द्रमुक की भी है। इस तरह के मामले पर द्रमुक की चुप्पी स्तब्ध करनेवाली है, क्योंकि कई वर्ष पहले इस पार्टी ने राज्यपालों के पक्षपातपूर्ण आचरण के खिलाफ अभियान चलाया था। अपने उस विश्लेषण में कारत लिखते हैं, ''कांग्रेस ने चुके हुए राजनीतिज्ञों को राज्यों में राज्यपाल नियुक्त करने की परंपरा बना दी। भा.ज.पा. भी बेहतर नहीं। वाजपेयी सरकार ने एक वरिष्ठ आर.एस.एस.—भा.ज.पा. नेता सुंदर सिंह भंडारी को बिहार का राज्यपाल नियुक्त किया, जिन्होंने वहाँ रा.ज.द. की सरकार गिराने का कार्य किया। ऐसा करते हुए राज्यपालों ने सरकारिया आयोग के इन सुझावों का उल्लंघन किया कि सत्ताधारी दल के राजनीतिज्ञों को उन राज्यों में राज्यपाल नहीं नियुक्त किया जाना चाहिए, जो विरोधी दलों द्वारा शासित हों।''

मा.क.पा. में अन्य लोगों ने भी इस नजरिए का समर्थन किया है। ज्योति बसु और बुद्धदेव भट्टाचार्य, दोनों ने ही यह विचार व्यक्त किया है कि राष्ट्रपति को मुख्यमंत्री द्वारा सुझाए गए तीन विशिष्ट लोगों के पैनल में से एक को राज्यपाल नियुक्त करना चाहिए। ये सभी विचार योग्य विचार हैं, लेकिन बेहतरी के लिए बदलाव की अपेक्षा, तब कैसे की जा सकती है, जब मा.क.पा. और द्रुमकों सरीखे दल केंद्र में अपनी स्थिति को देखते हुए वर्तमान हालात पर खामोशी ओढ़ लें। यह दुर्भाग्य की बात है कि मा.क.पा. और द्रमुक ने राजनीति को सिद्धांतों पर हावी हो जाने दिया। यही कारण है कि इन दलों ने गत वर्ष कांग्रेस पार्टी द्वारा अनेक चुके हुए राजनीतिज्ञों को राज्यपाल नियुक्त किए जाने पर आँखें बंद कर लीं। यदि सं.प्र.ग. के सदस्य या सहयोगी होने के नाते इन दलों ने अपनी आपत्ति जाहिर की होती तो सिब्ते रजी सरीखे व्यक्ति कभी राज्यपाल न बन पाते। केंद्र सरकार और राज्यों के बीच अधिक संघीय व्यवस्था के लिए अभियान 1960 के दशक के प्रारंभिक दौर से ही चल रहा है। इस संदर्भ में पहल करने का श्रेय द्रमुक को जाता है। तमिलनाडु में पहली द्रमुक सरकार ने केंद्र-राज्य संबंधों की समीक्षा के लिए राजामन्नार समिति की नियुक्ति की। बाद में कई अन्य दल इस मामले में द्रमुक के साथ हो गए, जो केंद्र में कांग्रेस के लंबे शासन और उसके गैरसंघीय रुख से पीड़ित थे। इनमें कम्युनिस्ट, भा.ज.पा., तेलुगुदेशम और कई अन्य दल शामिल हैं।

आम चुनाव में राजनीतिक दलों के प्रदर्शन के परीक्षण से यह प्रदर्शित होता है कि महत्त्व के लगभग हर राष्ट्रीय या क्षेत्रीय दल को पिछले एक दशक में केंद्र की सत्ता में रहने का मौका मिला। इन सभी दलों से यह अपेक्षा की जाती है कि वे सत्ता से बाहर होने के दौरान भी अपने सिद्धांतों पर डटे रहें। द्रमुक ने मजबूत राज्यों के लिए आंदोलन आरंभ किया। वामपंथी दलों ने पिछले दो दशकों से संघीय व्यवस्था

के लिए मुखर अभियान चलाया है। आज ये दल इस एजेंडे को लागू करने के प्रति अनिच्छुक हैं। इन दलों को झारखंड या गोवा में भा.ज.पा. की दुर्दशा से आनंदित होने के लालच को अपने उन सिद्धांतों पर तरजीह नहीं देनी चाहिए, जो वे वर्षों से व्यक्त करते रहे हैं। बदलाव की चाहत रखनेवाले दलों को तंत्र को दुरुस्त करना ही होगा। आखिर कौन जानता है कि जो नई दिल्ली से शासन करते हैं, उनकी कल राज्यों में अवनति हो जाए और जो आज राज्यों तक सीमित हैं, वे कल केंद्र के शासक बन जाएँ।

□

आपातकाल

कांग्रेस व इसके विमान अपहर्ता

20 दिसंबर को आजमगढ़ के हथियारों से लैस भोला पांडेय ने बलिया के अपने दोस्त देवेंद्र पांडेय के साथ मिलकर लखनऊ से दिल्ली जा रहे इंडियन एयरलाइंस के आईसी 410 को लखनऊ से उड़ान भरने के शीघ्र बाद अपहरण कर लिया। उस समय विमान में 132 यात्री सवार थे। अपहरणकर्ताओं ने कई माँगें रखीं और विमान को जबरदस्ती वाराणसी में उतरने को मजबूर किया। उन्होंने कहा कि वे युवा कांग्रेस के सदस्य हैं। वे इंदिरा गांधी की जेल से रिहाई चाहते हैं। इसके अलावा वे चाहते हैं कि संजय गांधी के साथ-साथ इंदिरा गांधी के खिलाफ सभी आपराधिक मामले वापस लिये जाएँ और केंद्र की जनता पार्टी सरकार इस्तीफा दे। वहीं वे यह भी चाहते थे कि प्राधिकारी वर्ग संजय गांधी को उनका अभिवादन दें और मुख्यमंत्री को बातचीत के लिए बुलाएँ। इस पर राज्य के मुख्यमंत्री, पुलिस महानिरीक्षक और मुख्य सचिव विशेष फ्लाइट से वाराणसी पहुँचे और उक्त हवाई अड्डे पर विमान के यात्रियों को अपहरणकर्ताओं से छुड़ाने दूसरे दिन रात के ठीक एक बजे के बाद पहुँच गए। अपहर्ताओं ने यह माँग भी रखी कि उन्हें एयरपोर्ट लाउंज पर ही प्रेस को संबोधित करने का मौका दिया जाए। प्रधानमंत्री के साथ-साथ ऑल इंडिया रेडियो को भी इस बारे में सूचित किया जाए।

मुख्यमंत्री के साथ राज्य के वरिष्ठ अधिकारियों से लंबे दौर की बातचीत के बाद दो विमान अपहर्ताओं ने विमान यात्रियों को छोड़ दिया। इसके बाद उन्होंने आत्मसमर्पण कर दिया।

उल्लेखनीय है कि कांग्रेस द्वारा लोकसभा के साथ-साथ उत्तर प्रदेश चुनावों में इन अपहर्ताओं द्वारा पार्टी को बार-बार टिकट देकर उन्हें पुरस्कृत किया गया।

21 दिसंबर को लोकसभा की कार्यवाही प्रारंभ हुई, प्रत्येक व्यक्ति के दिमाग में विमान अपहरण का मुददा सबसे ऊपर था। वहीं कई सदस्यों ने तत्काल चर्चा की माँग की। प्रधानमंत्री मोरारजी देसाई ने सभापति महोदय को बताया कि उन्हें इस मसले पर बहस कराने में कोई दिक्कत नहीं है, क्योंकि यह अति गंभीर मामला है। के.पी.

उन्नीकृष्णन ने बताया कि विमान अपहरण की घटना आज की राजनीति में धीरे-धीरे प्रवेश कर रही है। जैसे कि जानबूझकर देश में हिंसा का माहौल बनाया जा रहा है। इस पर तब जाकर यह सहमति बनी कि आज के सदन के पूरे दिन आज इसी मुददे पर चर्चा होगी। इसके बाद प्रभारी मंत्री ने विमान अपहरण और इसके बाद हुई घटना पर अपना वक्तव्य दिया।

तत्कालीन पर्यटन व नागर विमानन मंत्री पुरुषोत्तम कौशिक ने विमान के उड़ान भरने के ठीक बाद इसे अपहरण कर लिये जाने के घटनाक्रम की जानकारी दी। उस सप्ताह विशेषाधिकार मामले के उल्लंघन के मामले में इंदिरा गांधी की गिरफ्तारी और 19 दिसंबर को संसद् द्वारा उन्हें अयोग्य घोषित करने के विरोध में देश के कई राज्यों में बड़े पैमाने पर हिंसा की घटनाएँ हुईं। सदन की कार्यवाही जारी रहने तक उन्हें जेल में डाल दिया गया, यहाँ तक कि लोकसभा से उन्हें निकाल दिया गया था।

पांडेय मित्रों ने संसद् द्वारा इंदिरा गांधी को दंडित करने के निर्णय के विरोध में विमान का अपहरण किया था। वहीं लोकसभा में विशेषाधिकार समिति के चेयरमैन समर गुहा, जि.ाने इंदिरा गांधी को सजा सुनाई थी, के सरकारी आवास पर बम फेंके गए। कांग्रेसी गुंडे बंगलौर व हैदराबाद में भी हिंसक हो गए और सार्वजनिक संपत्ति को अपना निशाना बनाया। इन घटनाओं में कई लोग मारे भी गए। उक्त हिंसक घटनाओं पर लोकसभा में 23 दिसंबर, 1978 को काफी बहस हुई।

कौशिक ने लोकसभा में बताया कि 20 दिसंबर को विमान की उड़ान संख्या आईसी 410 ने 17.45 बजे लखनऊ से उड़ान भरी, पर उड़ान भरने के 5 मिनट बाद विमान के फ्लाइट कंट्रोल केंद्र को यह सूचना मिली कि विमान के कुछ यात्री कॉकपिट में जबरदस्ती घुसने की कोशिश कर रहे हैं। वहीं 18.18 बजे पर लखनऊ ने इस बात की सूचना दी कि विमान का अपहरण कर उसे पटना ले जाया जा रहा है। सूचना मिलने के तत्काल बाद वाराणसी ने सूचित किया कि विमान हवाई अड्डे पर उतर रहा है, न कि पटना में। इसके बाद विमान वाराणसी में 19.01 पर उतर गया। स्थानीय पुलिस ने हवाई अड्डे को चारों ओर से घेर लिया। सेना के डिफेंस विभाग से मानसिक रोग विभाग के एक चिकित्सक को बुलाया गया। उस समय विमान में कुल 132 यात्री थे। जैसे ही विमान अपहरण की सूचना मिली, दिल्ली स्थित केंद्रीय विमान अपहरण प्रतिरोध समिति के सदस्य दिल्ली स्थित कंट्रोल-रूम में यह निर्देश देने के लिए जमा हो गए कि विमान अपहर्ताओं से कैसे निबटा जाए।

विमान के अंदर यह सब चल ही रहा था कि एक यात्री श्री मोदी विमान परिचारिका की मदद से हवाई जहाज से बाहर आने में सक्षम हो गए और वाराणसी स्थित कंट्रोल टावर को सूचित किया कि दो लोग, जिनमें एक ने उजला कुरता, वहीं दूसरे ने धोती

व कुरता पहन रखा है, विमान में सवार हैं। उनके पास हिंदी व अंग्रेजी में छपा हुआ पैंफलेट थे, जिसमें वे लोग यह चाहते थे कि खुद मुख्यमंत्री रात के 1 बजकर 2 मिनट पर वाराणसी हवाई अड्डे पर उतरें, वहीं एयरपोर्ट ट्रैफिक कंट्रोल ने पायलट कैप्टन बाटलीवाला के जरिए विमान अपहर्ताओं से बातचीत जारी रखी। उनके साथ राज्य के मुख्य सचिव के अलावा राज्य पुलिस के प्रमुख भी थे। इन सबके साथ विमान अपहर्ताओं का एक रिश्तेदार भी था। अपहर्ताओं ने विमान में सवार महिलाओं व बच्चों को उतारने या यात्रियों को चाय आदि देने को भी मना कर दिया। वहीं अपहर्ताओं ने यह माँग रखी कि मुख्यमंत्री विमान में अकेले घुसें, जिसे अंततः स्वीकार नहीं किया गया। अंत में मुख्यमंत्री से बातचीत के लिए इंतजाम किए गए। उन्होंने माँग रखी कि इंदिरा गांधी को तत्काल रिहा किया जाए और उनके खिलाफ सभी मामलों को वापस लिया जाए। जनता पार्टी सरकार निश्चित तौर पर इस्तीफा दे। अंत में विमान को लखनऊ रवाना किया जाए। वहीं प्रेस से बातचीत के लिए अनुमति दी जाए। अपहर्ताओं ने यह भी माँग रखी कि विमान में एक बार और ईंधन भरा जाए।

प्रारंभ में तो अपहर्ताओं ने मुख्यमंत्री के ऑफर को ठुकरा दिया और बातचीत जारी रखने की माँग को भी ठुकरा दिया। कुछ देर बाद उन्होंने कुछ यात्रियों को छोड़ा और यह माँग रखी कि इंडियन एयरलांइस के विमान के साथ उत्तर प्रदेश राजकीय विमान को भी लाया जाए। अंत में उन्होंने सभी विमान यात्रियों को छोड़ दिया। अपहर्ता लखनऊ में 8 बजकर 3 मिनट पर उतरे, जहाँ वे बड़े पत्रकार सम्मेलन की आशा कर रहे थे। पर केवल दो रिपोर्टरों के साथ तीन कैमरामैन पहुँचे और वे इस बात से काफी निराश हुए।[1]

सदन में विमान अपहरण पर पूरा वाद-विवाद हुआ। इसके अलावा 23 दिसंबर को देश के कई भागों में हुए दंगों पर भी काफी चर्चा हुई।

चर्चा प्रारंभ करते हुए के.पी. उन्नीकृषणन ने सदन को बताया कि विमान अपहरण कांग्रेस पार्टी के कुछ लोगों द्वारा किया गया है। यह कुछ दिमागविहीन युवाओं द्वारा किया गया है। उन्होंने घटना की भर्त्सना करते हुए सभी सांसदों से कहा कि वे इस घटना का विरोध करें। उन्होंने कहा कि दोनों विमान अपहर्ता इंदिरा गांधी के एक विश्वस्त के साथ काम कर रहे थे। वे उत्तर प्रदेश के पूर्व मुख्यमंत्री एच.एन. बहुगुणा को सत्ता से बाहर करना चाहते थे। वे अमेठी के श्रद्धामन शिविर में काफी सक्रिय थे। इन सबके पीछे राजनीतिक कारण थे। उन्होंने कहा कि विमान अपहर्ता बगैर सुरक्षा जाँच विमान में घुस आए।[2]

दूसरे राजनीतिक दलों ने भी विमान अपहरण की घटना की निंदा की और कहा कि उक्त बातों से फासीवाद की बू आती है, जिसे कांग्रेस पार्टी ने इंदिरा गांधी द्वारा जून 1975 को लगाए गए 21 माह के खतरनाक आपातकाल के दौरान काफी हद तक दर्शाता।

श्री कंवरलाल गुप्ता ने इस बात पर आश्चर्य जताया कि क्या कांग्रेस पार्टी की मिली-भगत से हुई विमान अपहरण और इसके बाद देश में हुई हिंसक घटनाओं को देखते हुए प्रजातंत्र इस देश में जिंदा रह पाएगा। उन्होंने कहा कि यह 'प्रजातंत्र बनाम फासीवाद' का सवाल है, वहीं 'प्रजातंत्र बनाम निरकुंशवाद' का सवाल है।[3]

हालाँकि आर. वेंकटरामन, जो बाद में देश के राष्ट्रपति बने, और बसंत साठे सहित कांग्रेस पार्टी के वरिष्ठ नेताओं ने अपने दल के सदस्यों के व्यवहार को बुद्धिसंगत बताया। उन्होंने तो यहाँ तक बताया कि विमान अपहरण की घटना मजाक से ज्यादा कुछ नहीं थी।

दल के नेताओं ने इस परिचर्चा के दौरान भोला पांडेय और देवेंदर पांडेय का काफी हद तक बचाव किया गया, जिसने इस बात को उजागर किया कि कांग्रेस के प्रति लोगों के आदरभाव में कमी आई। इसने इस बात को भी उजागर किया कि कांग्रेस पार्टी, जिसे देश पर मनमाने ढंग से तानाशाही थोपने के एवज में मार्च 1977 के चुनाव में कांग्रेस की जबरदस्त हार हुई, पर कांग्रेस और इंदिरा गांधी ने कुछ नहीं सीखा। वाद-विवाद में कांग्रेस की मनोस्थिति का भी पता चला कि आखिर वह क्या सोचती है। इससे इसके फासीवाद के प्रति झुकाव के साथ-साथ कानून के नियमों के प्रति दल के आदरभाव को भी काफी हद तक उजागर किया।

कांग्रेस के प्रखर नेता आर. वेंकटरमन उन लोगों में थे, जिन्होंने कांग्रेस पार्टी द्वारा छेड़े गए हिंसक घटनाक्रम का बचाव किया। उन्होंने तो यहाँ तक कहा कि सभी लोगों को विरोध करने का अधिकार है। यह भी कहा कि पूरा देश यह सोचता है कि इंदिरा गांधी को जो दंड दिया गया, वह वाकई काफी हद तक कठोर था और इस कारण लोगों में काफी असंतोष था। इस असंतोष ने खुद को कई तरीकों से व्यक्त किया है। यह ऐसा पाठ था, जिसे गांधीजी ने दक्षिण अफ्रीका जाकर सीखा। उन्होंने भेदभाव करनेवाले नियमों का विरोध किया और खुद को गिरफ्तार करा लिया। उन्होंने लोगों को उस समय के कठोर 'नमक कानून' का विरोध करने के लिए भड़काया। उन्होंने ऐसा करके यह बताया कि ऐसा करना उनका अधिकार है।

इसीलिए देश के लोगों का मानना है कि इंदिरा गांधी को लोकसभा से निकाल देना और इसके ठीक बाद उनकी गिरफ्तारी असंगत थी। इसीलिए वे भी ऐसा कर सकते हैं। और वे वैसा कार्य कर सकते हैं, जिसमें उनके अपने विचार परिलक्षित हों।

देश भर में विमान अपहरण के साथ हिंसा को करीब-करीब उचित ठहराने की ओछी हरकत के बाद वेंकटरमण ने कहा कि घटना की भर्त्सना करते हुए कांग्रेस वर्किंग कमेटी ने एक प्रस्ताव पारित किया है। उन्होंने यह भी कहा कि हर प्रकार के लोग हर तरीका अख्तियार करते हैं, इसीलिए किसी दल को इसके लिए दोषी नहीं ठहराया जा

सकता। उन्होंने दावा किया कि सभी दलों में ऐसे लोग होते हैं, जो पार्टी के प्रधान तक की बात को नहीं मानते और विरोध करते हैं। ऐसे असंतुष्ट लोग प्रत्येक दल में मिलते हैं, ऐसे कुछ लोगों के लिए पूरी पार्टी को दोष नहीं दिया जा सकता।

यह तर्क हालाँकि खोखला साबित हुआ, क्योंकि कांग्रेस ने आदेश न माननेवाले और सिद्धांतवाले अतिवादी अपहरणकर्ताओं को लगातार चार बार लोकसभा और राज्य विधानसभा चुनावों के टिकट देकर पुरस्कृत किया। यह दरशाता है कि 1978 में जिन्होंने विमान का अपहरण किया, उन्हें नेहरू-गांधी परिवार में काफी प्यार-सम्मान मिला।

आर. वेंकटरमन ने विमान अपहरण की घटना को मजाक से बढ़कर कुछ नहीं बताया, क्योंकि उन्होंने बताया कि जब यह पता चला कि इसमें महज एक खिलौनेवाली पिस्तौल के अलावा क्रिकेट की गेंद का इस्तेमाल किया गया था तो महाशय, यह पूरे साल का सबसे बड़ा मजाक निकला। इस पर सभापति महोदय ने कहा कि सौभाग्य से आप उस विमान में नहीं थे।[4]

कांग्रेस के दूसरे बड़े सांसद बसंत साठे ने कहा कि प्रारंभ में ही मैं यह कहना चाहूँगा कि वे पांडेय लोगों के कार्य को उचित नहीं ठहराते हैं, पर वे इस बात को नहीं जानते हैं कि इसे कैसे बताया जाए। उन्होंने पूछा—क्या यह वाकई विमान अपहरण था या आकाश अपहरण था या फिर आसमान में किया कोई मजाक था।

उनका तो मानना था कि यह भटके हुए लोगों द्वारा किया गया एक मजाक था, क्योंकि उन्होंने क्या सोचकर क्रिकेट की गेंद व खिलौना बंदूक का इस्तेमाल किया था। जनार्दन पुजारी ने सत्ता पक्ष को इसके लिए जिम्मेदार बताया। उनका मानना था कि जनता पार्टी की नीतियों के कारण बड़े पैमाने पर हिंसा हुई। पूरे देश में इंदिरा गांधी के पक्ष में सहानुभूति फैल गई और लोग उनके नाम पर अपनी जान न्योछावर करने के साथ जान देने व संपत्ति त्यागने को तैयार हो गए।

लोकसभा का रिकॉर्ड यह दरशाता है कि के.पी. उन्नीकृष्णन ने सदन को दोनों पांडेयों के बारे में जानकारी दी। उन्होंने कहा कि वे इंदिरा गांधी के एक विश्वस्त के काफी नजदीकी हैं। साथ ही बहुगुणा को उत्तर प्रदेश के मुख्यमंत्री पद से बेदखल करने के लिए काफी सक्रिय हैं।[5]

यादवेंद्र दत्त ने कहा कि कैसे कांग्रेस के सदस्य यह बता रहे थे कि अगर इंदिराजी को जेल हो जाती है तो देश की नदियों में पानी न बहकर खून बहेगा। कांग्रेस के पास एकसूत्री कार्यक्रम है कि अगर वह रानी मधुमक्खी को नहीं छोड़ेंगे तो मधुमक्खी की मौत हो जाएगी। उन्होंने पूछा कि क्या चाटुकारिता अपने चरम पर नहीं पहुँच गई है।

दत्त ने तो कांग्रेस के हंगामेबाजों की तुलना बूट पहनकर तूफान में भी चलने वाले सैनिकों से कर दी, जिन्होंने म्यूनिख व हैम्बर्ग की सड़कों पर हिटलर के जमाने में पैदल

मार्च किया था। उन्होंने ऐसा यह बताने के लिए किया था कि प्रजातंत्र का कोई महत्त्व नहीं रह गया है और वह निरर्थक हो गया है। वे इसी बात को दरशाना चाहते थे कि इंदिरा गांधी कानून से भी ऊपर हैं और वे सभी चीजों से बड़ी हैं। दत्त ने कहा कि विमान में सशस्त्र गार्ड निश्चित तौर पर होंगे और विमान अपहर्ता बचकर नहीं जाना चाहिए था, उन्हें मार देना चाहिए था।[6]

इंदिरा गांधी द्वारा विशेषाधिकार हनन पर विशेषाधिकार समिति की रिपोर्ट पर जब सदन में चर्चा शुरू हुई तो डॉ. सारादीश रॉय ने कहा कि कांग्रेस ने बता दिया है कि अगर इंदिरा गांधी को सजा हुई तो 'सड़कों पर खून की नदियाँ बहेंगी।' उन्होंने श्रीमती गांधी पर संसद् के फैसले को सड़क की कार्यवाही से पलटने का आरोप लगाया। उन्होंने कहा कि श्रीमती गांधी ने 1972 के पश्चिम बंगाल चुनाव में धाँधली की और राज्य को क्रूर तथा 'अर्धफासीवादी' तरीके से चलाया। जिन लोगों ने उनका विरोध किया, वे मार दिए गए।[7]

डॉ. सुगाता रॉय ने कहा कि पूर्व सांसद धर्मवीर सिन्हा अपहृत विमान में थे। उन्होंने मुझे बताया कि अपहरणकर्ता खादी पजामा-कुरता में थे। उन्होंने कॉकपिट से बाहर निकलकर यात्रियों को संबोधित किया और विमान अपहरण की वजह बताई। उन्होंने कहा कि वे दुनिया का ध्यान श्रीमती गांधी की गिरफ्तारी की ओर दिलाना चाहते हैं। 'उन्हें भले ही कोई खास निर्देश न मिला हो, पर उन युवाओं के दिमाग में खास उद्देश्य था—श्रीमती गांधी को रिहा कराने की माँग।' उनका कहना था कि उन्होंने बनारस में सुना था कि कुछ कांग्रेसी समर्थकों ने बनारस एयरपोर्ट पर 'पांडेजी की जय' के नारे लगाए।[8]

इंदिरा गांधी को विशेषाधिकार हनन की दोषी ठहरानेवाले विशेषाधिकार समिति के एक सदस्य श्री पी.जी. मावलंकर ने कहा, "उनके अपराध के पर्याप्त सबूत हैं।" उन्होंने सीधी भाषा में कहा कि विशेषाधिकार समिति के अध्यक्ष श्री समर गुहा के घर पर बम से हमले की खबर सुनकर वे हैरान हैं। उन्होंने कहा कि सदन को एक स्वर में इसकी निंदा करनी चाहिए और इस तरह के व्यवहार के खिलाफ जनमत तैयार करना चाहिए। उन्होंने कहा कि श्री गुहा या समिति के अन्य सदस्य इस धमकी से नहीं डरेंगे। उन्होंने कहा कि ऐसा विरोध घोर आपत्तिजनक है, क्योंकि "यह अवरोध, अव्यवस्था और विध्वंस की ओर ले जाता है और हम इसे सहन नहीं कर सकते।" उन्होंने कहा कि राजनीति में लोक शिष्टाचार और नैतिकता का मानदंड होना चाहिए। श्री मावलंकर लोकतंत्र में विरोध के अधिकार पर श्री वेंकटरमण की बात से प्रसन्न थे, जबकि इंदिरा गांधी ने विरोध को कुचल दिया था और संसद् में उनके खिलाफ बोलनेवालों को जेल में डाल दिया था।[9]

प्रधानमंत्री मोरारजी देसाई ने विमान अपहरण को कमतर बताने के लिए वेंकटरमण और दूसरे कांग्रेसी सांसदों की आलोचना की। उन्होंने कहा कि यह सौभाग्य है कि कोई बड़ा हादसा नहीं हुआ। अगर पायलट घबरा गया होता तो कुछ भी हो सकता

था। यह अपहरण की गंभीरता थी। उन्होंने कहा कि मुझे "यह सुनकर तकलीफ हुई कि वेंकटरमण ने इस घटना को मजाक बताया। यह कैसा मजाक था। ऐसे मामलों का बचाव नहीं करना चाहिए, चाहे खिलौना पिस्तौल का इस्तेमाल हो या बम के रूप में गेंद का प्रयोग। पायलट के लिए यह कैसे संभव है कि वह जान सके कि पिस्तौल एक खिलौना है। वे जोखिम नहीं ले सकते थे। अगर कुछ हो जाता, मुझे नहीं मालूम, कितनी जानें चली जातीं।" उन्होंने विशेषाधिकार समिति के अध्यक्ष के घर बम से हमले और कांग्रेस द्वारा बड़े पैमाने पर देश भर में फैलाई हिंसा, कर्नाटक में हिंसा और ग्वालियर में एक सांसद शेजवाल्कर के घर हमला तथा दिल्ली में जनता पार्टी के कार्यालय को जलाने की कोशिश का भी जिक्र किया।

उन्होंने कहा कि विमान अपहरण केवल दो गैर-जिम्मेदार लोगों का काम नहीं था। "इसके पीछे कुछ और लोग जरूर होंगे, क्योंकि मुझे पता है कि उन दोनों के द्वारा संदेश भेजे गए।" प्रधानमंत्री ने कुछ और लोगों के शामिल होने का इशारा किया था, संभवतः पार्टी के कुछ बड़े पदाधिकारी।[10]

1979 में कांग्रेस ने संसद् में जनता पार्टी को तोड़ने की साजिश रची और चौधरी चरण सिंह तथा उनके समर्थकों को अलग करने में सफल भी हुई। कांग्रेस ने उन्हें प्रधानमंत्री पद का लालच दिया, अगर वे अपने समर्थक सांसदों के साथ अलग हो जाएँ। उसने सरकार बनाने में समर्थन की पेशकश की। यह चाल मोरारजी देसाई सरकार के पतन का कारण बनी। श्री चरण सिंह को राष्ट्रपति ने प्रधानमंत्री पद की शपथ दिला दी, लेकिन वे प्रधानमंत्री के रूप में संसद् का सामना नहीं कर पाए, क्योंकि अगला सत्र शुरू होने से पहले ही कांग्रेस ने समर्थन वापस ले लिया और देश पर चुनाव थोप दिया। इस बीच कांग्रेस के दबाव में चरण सिंह सरकार ने विमान अपहरणकर्ताओं के खिलाफ मामले वापस लेने की प्रक्रिया शुरू कर दी थी।

दोनों पांडे के खिलाफ मुकदमे रद्द कर दिए गए। उसके बाद कांग्रेस ने 1980 के उत्तर प्रदेश विधानसभा चुनाव में दोनों को टिकट देकर सम्मानित किया। दोनों चुनाव जीत गए। विधानसभा का चुनाव जीतने के अलावा देवेंद्र नाथ पांडे को उत्तर प्रदेश कांग्रेस समिति में महत्त्वपूर्ण पद भी मिला। तब से भोला पांडे नेहरू-गांधी परिवार के चहेते रहे हैं और उन्हें 1999, 2004 और 2009 के लोकसभा चुनावों में टिकट दिए गए। इन सभी चुनावों में उनकी हार हुई। बाद में भी भोला पांडे की कानून से कई बार मुठभेड़ हुई। मसलन, 1982 के अवैध वसूली के एक मामले में वह मार्च 2009 में गैर जमानती वारंट के बाद बलिया में गिरफ्तार हुआ और अदालत ने उसे जेल भेजा। जेल में रहते हुए उसे अदालत ने लोकसभा चुनाव के लिए नामांकन दाखिल करने की अनुमति दे दी।

नेहरू–गांधी परिवार से उसके संबंध इतने गहरे थे कि 2014 के लोकसभा चुनाव में फिर से उसे सलेमपुर से टिकट दिया गया। किसे मालूम, उनकी हठ से नेहरू–गांधी परिवार को 1978 में विमान अपहरण करने वाले को संसद् में लाने में कामयाबी मिल गई।

□

आपातकाल : कैसे तानाशाही की नींव रखी गई

प्रत्येक साल 25 जून को डरावने आपातकाल की बरसी मनाई जाती है, जो कि लोकतंत्र के पर कतरने और चुनाव प्रक्रिया में भ्रष्टाचार की दोषी पाए जाने के बाद सत्ता को जबरन हथियाने के लिए तत्कालीन प्रधानमंत्री इंदिरा गांधी द्वारा देश पर थोपा गया था। संविधान के अनुच्छेद 352 के तहत आंतरिक आपातकाल थोपने में उन्हें एक दीन-हीन और कमजोर राष्ट्रपति का भरपूर साथ मिला। तत्कालीन राष्ट्रपति ने बिना कोई सवाल किए आपातकाल संबंधी घोषणा पर हस्ताक्षर कर दिए और इस प्रकार एक जीवंत लोकतंत्र तानाशाही शासन प्रणाली में तब्दील हो गया। 21 माह तक रहा आपातकाल भारतीय लोकतंत्र के सबसे काले अध्याय के रूप में गिना जाता है।

उस दौरान संविधान को भरपूर तोड़ा-मरोड़ा गया, संसद् को रबर स्टैंप बना दिया गया और मीडिया का मुँह बंद कर दिया गया। यहाँ तक कि न्यायपालिका भी निरंकुश शासन के समक्ष धराशायी हो गई थी। परिणामस्वरूप देश की जनता के मौलिक अधिकार छीन लिये गए थे। लेकिन इन सबसे आजिज आकर अंततः जनता इस फासीवाद के खिलाफ उठ खड़ी हुई थी।

आपातकाल की घोषणा पर राष्ट्रपति के हस्ताक्षर के तुरंत बाद ही देश के बड़े नेता गिरफ्तार कर लिये गए थे। गिरफ्तार होने वालों में जयप्रकाश नारायण, अटल बिहारी वाजपेयी, चंद्रशेखर, चरण सिंह, लालकृष्ण आडवाणी, मधु दंडवते, रामकृष्ण हेगड़े, मोरारजी देसाई, बीजू पटनायक, नानाजी देशमुख और सिकंदर बख्त प्रमुख रूप से शामिल थे। आर.एस.एस. के तत्कालीन सरसंघचालक बालासाहेब देवरस सहित बड़ी संख्या में आर.एस.एस. और भारतीय जनसंघ (अब की भारतीय जनता पार्टी) के नेताओं को आपातकाल के दौरान जेल में डाल दिया गया था। सरकार के अनुसार 12 फरवरी, 1977 तक मीसा के तहत प्रतिबंधित संगठनों और राजनीतिक पार्टियों से जुड़े

6330 लोगों तथा आर.एस.एस. (3254) एवं जनसंघ (772) से जुड़े 4026 लोगों को गिरफ्तार कर लिया गया था। वर्तमान में आर.एस.एस. और केंद्र सरकार में महत्त्वपूर्ण पदों पर विराजमान भारतीय जनता पार्टी के अधिकांश नेताओं को आपातकाल के दौरान जेल में बंद कर दिया गया था। जैसे उपराष्ट्रपति वेंकैया नायडू, वित्त और कॉर्पोरेट अफेयर्स मंत्री अरुण जेटली, मानव संसाधन विकास मंत्री प्रकाश जावड़ेकर, कानून एवं न्याय और सूचना प्रौद्योगिकी मंत्री रविशंकर प्रसाद, रसायन व उर्वरक एवं संसदीय कार्यमंत्री अनंत कुमार, उपभोक्ता मामले, खाद्य और सार्वजनिक वितरण मंत्री रामविलास पासवान, वरिष्ठ आर.एस.एस. नेता दत्तात्रेय होसबले इसमें प्रमुख रूप से शामिल हैं। राज्यसभा सदस्य सुब्रमण्यम स्वामी आपातकाल के एक अन्य नायक हैं, जो पुलिस को चकमा देकर दो बार देश से बाहर जाने में कामयाब रहे थे। उन्होंने यूरोप तथा अमेरिका में इंदिरा गांधी की तानाशाही के खिलाफ सफल अभियान चलाए। इसके चलते सरकार ने उनके खिलाफ ढेरों केस दर्ज करा दिए और उन्हें उत्पीड़न का शिकार बनाया।

विपक्ष के भी आज के तमाम बड़े नेता, जैसे पूर्व प्रधानमंत्री एच.डी. देवगौड़ा, राष्ट्रीय जनता दल के नेता लालू प्रसाद यादव और बिहार के मुख्यमंत्री नीतीश कुमार भी गिरफ्तार होनेवाले लोगों में शामिल थे। प्रधानमंत्री नरेंद्र मोदी तब आर.एस.एस. के प्रचारक थे। उन्होंने आपातकाल के दौरान भूमिगत आंदोलन चलाया और इंदिरा गांधी सरकार द्वारा जेलों में कैद कर दिए गए लोगों के परिवारों तक मदद पहुँचाने में मुख्य भूमिका निभाई। उनके ऊपर विरोधी गुटों की गुप्त बैठक आयोजित कराने, परचे बाँटने और वरिष्ठ नेताओं की जरूरतों पर नजर रखने की जिम्मेदारी थी।

जयप्रकाश नारायण द्वारा भ्रष्टाचार के खिलाफ नवनिर्माण आंदोलन की शुरुआत गुजरात से ही की गई थी, लेकिन जब उन्हें गिरफ्तार कर जेल में डाल दिया गया, तब मोदी और आर.एस.एस. में उनके दूसरे सहयोगियों ने भ्रष्टाचार और आपातकाल के खिलाफ उस आंदोलन को रुकने नहीं दिया।

आपातकाल को लेकर 26 जून की सुबह की वे भयानक यादें आज भी मेरे जहन में ताजा हैं। तब बेंगलुरु स्थित इंडियन एक्सप्रेस दफ्तर के चीफ रिपोर्टर वी.एन. सुब्बाराव ने मुझे बताया था कि देश में आपातकाल लागू कर दिया गया है और अधिकांश राष्ट्रीय नेताओं को गिरफ्तार कर लिया गया है। उन्होंने घटनाक्रम की रिपोर्टिंग करने के लिए मुझे दफ्तर बुलाया। उसके तुरंत बाद हमने सुना कि सेंसरशिप भी लागू कर दी गई है और हमारे अखबार की सारी प्रतियाँ मुख्य सेंसर अधिकारी के पास भेज दी गई हैं। मीडिया की आवाज दबाने के लिए सरकार ने कर्नाटक के पुलिस महानिरीक्षक (आई. जी.पी.) के.सी.के. राजा को राज्य का मुख्य सेंसर अधिकारी बनाया था। राजा की टीम में पुलिस इंस्पेक्टर, सब इंस्पेक्टर और 'छोटे सेंसर' के रूप में काम कर रहे सूचना

विभाग के अधिकारी शामिल थे। इंडियन एक्सप्रेस के पास राज्य में समाचार-पत्र वितरण करने के लिए उस समय दो ही गाड़ियाँ थीं। तब उन गाड़ियों का उपयोग क्वींस रोड स्थित अखबार के दफ्तर से संवाददाताओं की कॉपियाँ, उस दिन के ओपिनियन और संपादकीय से संबंधित सामग्रियों को मुख्य सेंसर के कार्यालय पहुँचाने में होने लगा था। सेंसर उन सामग्रियों की जाँच-पड़ताल करता था। प्रधानमंत्री इंदिरा गांधी या केंद्र सरकार के विरोध में जो भी बातें उसे नजर आतीं, उन्हें कॉपी से हटा देता था और फिर सारी सामग्री को समाचार-पत्र को लौटा देता था। वरिष्ठ संपादकीय कर्मचारियों को सेंसर के निर्देशों को लागू करने के लिए सख्त आदेश दिए गए थे। इस प्रकार पूरे आपातकाल के दौरान पुलिस महानिरीक्षक मेरे संपादक की भूमिका में ही रहा था।

आपातकाल से जुड़ी मेरी दूसरी याद जॉर्ज फर्नांडिस के भाई लॉरेंस फर्नांडिस के साथ जुड़ी हुई है। मार्च 1977 में कर्नाटक के गुप्तचर अधिकारियों द्वारा उन्हें छोड़े जाने के बाद मेरी उनसे मुलाकात हुई थी। यह लोकसभा चुनाव कराने और आपातकाल हटाने संबंधी घोषणा के बाद की घटना है। उन्हें पुलिस हिरासत में बड़ी यातनाएँ दी गई थीं। अपने आवास पर देर रात मुझे दिए गए साक्षात्कार के दौरान अपने ऊपर पर ढाए गए जुल्मों को याद कर वे कई बार रोए थे। साक्षात्कार जब प्रकाशित हुआ, तब लोग स्तब्ध रह गए थे और सरकार से बेहद क्रोधित हो गए थे। उसने मेरे संपादक को अगले दिन सरकार के बयान को समाचार-पत्र के प्रथम पृष्ठ पर प्रकाशित करने का निर्देश दिया था। दरअसल इंदिरा गांधी सरकार मार्च 1977 में होनेवाले आम चुनाव में अपनी जीत को लेकर पूरी तरह आश्वस्त थी और राज्य के गृह सचिव ने भी यह कहकर इस भावना को बल दिया कि चुनाव के परिणाम आने के बाद सरकार इन सभी मुद्दों से एक-एक कर निपटेगी।

अगर हमें भविष्य में ऐसे उत्पीड़न को रोकना है तो हमें आपातकाल की घटना को याद रखना होगा। इसे बार-बार बताना होगा, ताकि लोकतंत्र के विचार की पीढ़ी-दर-पीढ़ी याद बनी रहे।

आपातकाल की भयावहता और उन 21 महीनों के दौरान जनता की मुश्किलों के वृत्तांत को एक साथ समेटने के लिए कई वॉल्यूम की जरूरत होगी। यह अध्याय केवल एक झलक प्रस्तुत करता है।

कैसे बना तानाशाही का ढाँचा

आपातकाल की वजह बने राजनीतिक संकट की शुरुआत 12 जून, 1975 को हुई थी, जब इलाहाबाद हाईकोर्ट के जस्टिस जगमोहन लाल सिन्हा ने 1971 के लोकसभा चुनाव में प्रधानमंत्री इंदिरा गांधी को भ्रष्ट तरीके अपनाने का दोषी ठहराया था। न्यायाधीश ने सांसद के रूप में उनके निर्वाचन को अमान्य घोषित कर दिया था और छह वर्ष के

लिए उन्हें चुनाव लड़ने के लिए प्रतिबंधित कर दिया था।

उसके बाद इंदिरा गांधी के वकील ने सुप्रीम कोर्ट में उनके निर्णय के खिलाफ अपील दायर की। मामला सुनवाई के लिए जस्टिस वी.आर. कृष्ण अय्यर की अदालत में पहुँचा। उधर कांग्रेस पार्टी ने अराजकता पैदा कर उन पर इंदिरा गांधी के पक्ष में फैसला देने के लिए दबाव बनाने के लिए उनके आवास के बाहर भाड़े की भीड़ बुलाकर शृंखलाबद्ध रैलियाँ कीं। इस कड़ी में सबसे बड़ी रैली 20 जून को आयोजित की गई थी। इसके लिए दिल्ली प्रशासन और दिल्ली पुलिस ने दिल्ली परिवहन निगम (डी.टी.सी.) और निजी ट्रांसपोर्ट कंपनियों की 1700 बसों को अधिगृहीत कर लिया था। रेलवे ने भी इसके लिए ढेरों स्पेशल ट्रेनें चलाई थीं। चूँकि रैली के लिए सारी बसें बलपूर्वक अधिगृहीत की गई थीं, ऐसे में उस दिन दिल्ली की जनता को सार्वजनिक परिवहन की भारी किल्लत का सामना करना पड़ा था।

कांग्रेस पार्टी के कार्यकर्ताओं के इस अराजक दबाव के आधार पर इंदिरा गांधी को सुप्रीम कोर्ट से राहत मिलने की उम्मीद थी, लेकिन ऐसा नहीं हो सका। जस्टिस अय्यर ने 24 जून को उनकी अपील पर फैसला सुना दिया। हालाँकि न्यायाधीश महोदय ने जस्टिस सिन्हा के फैसले पर 'सशर्त रोक' लगाई। उन्होंने इंदिरा गांधी के संसद् में वोट देने या चर्चा में भाग लेने पर रोक लगा दी और मामले को अदालत की बड़ी बेंच के हवाले कर दिया।

इस बीच इलाहाबाद हाईकोर्ट के फैसले के आधार पर इंदिरा गांधी पर इस्तीफे के लिए दबाव बनाने के लिए विपक्षी पार्टियाँ एकजुट हो गईं। उन्होंने कहा कि जस्टिस अय्यर के फैसले के बाद इंदिरा गांधी पद पर बने रहने के योग्य नहीं रह गई हैं, ऐसे में उन्हें तुरंत पद से इस्तीफा देना होगा।

सुप्रीम कोर्ट के फैसले के उपरांत उन्होंने प्रधानमंत्री आवास पर सभी मुख्यमंत्रियों को 'तलब' किया और उनके साथ मिलकर विपक्षी नेताओं की सूची तैयार की, जिन्हें उनकी नजरों में जेल भेजना जरूरी हो गया था। यही नहीं, उस बीच प्रधानमंत्री आवास पर ज्यादा-से-ज्यादा भाड़े की भीड़ जुटाने की कांग्रेसियों में होड़ मच गई थी। यह सब चल ही रहा था, तभी इंदिरा गांधी ने एक दिन सिद्धार्थ शंकर रे को अपने आवास पर बुलाया और कहा कि देश को 'शॉक ट्रीटमेंट' देने की जरूरत आ पड़ी है। रे ने उन्हें सुझाव दिया कि संविधान के अनुच्छेद 352 के तहत वे आंतरिक आपातकाल लागू कर ऐसा कर सकती हैं। उसके बाद रे को साथ लेकर इंदिरा गांधी राष्ट्रपति के पास गईं और अनुच्छेद 352 के तहत देश में 'आंतरिक आपातकाल' घोषित करने की बात कही। उनसे उन्होंने कहा कि इस प्रस्ताव पर चर्चा करने के लिए केंद्रीय कैबिनेट की बैठक बुलाने का उनके पास समय नहीं है। राष्ट्रपति भवन (राष्ट्रपति आवास) से लौटकर उन्होंने राष्ट्रपति

को आपातकाल की घोषणा के साथ-साथ एक पत्र भी भेजा। यह सब मिलते ही बिना ना-नुकुर किए राष्ट्रपति फखरुद्दीन अली ने उनके द्वारा चिह्नित स्थान पर हस्ताक्षर कर दिए। एक लोकतांत्रिक सरकार चलाने के लिए संविधान में जो नियम-कायदे बनाए गए हैं, उसके अनुसार ऐसे मामलों में प्रधानमंत्री एकपक्षीय फैसला नहीं ले सकती हैं। ऐसे मामलों को सबसे पहले कैबिनेट में लाकर चर्चा कर पास कराना अनिवार्य होता है, लेकिन राष्ट्रपति ने संविधान की रक्षा का अपना नैतिक दायित्व नहीं निभाया। उन्होंने बिना किसी विरोध के घुटने टेक दिए और आपातकाल की घोषणा पर हस्ताक्षर कर दिए। आपातकाल की घोषणा होते ही संजय गांधी और उनके साथियों ने लंबी-चौड़ी सूची निकाली और पूरे देश से विपक्षी पार्टियों के नेताओं को गिरफ्तार करने के लिए पुलिस को आदेश देने लगे। उसके अगली सुबह समाचार-पत्र प्रकाशित न हो सकें, इसके लिए संजय गांधी के आदेश पर नई दिल्ली की 'फ्लीट स्ट्रीट' बहादुरशाह जफर मार्ग की बिजली काट दी गई।

एक बार जब तानाशाही की नींव तैयार हो गई, फिर उसके बाद तो दमन, यातना और अत्याचार की भव्य इमारत खड़ी कर दी गई। अर्थात् 27 जून, 1975 को मौलिक अधिकारों को बाध्यकारी बनाने के लिए नागरिकों के अदालत जाने के अधिकार को निलंबित कर दिया गया। ऐसे में जिन-जिन लोगों को गिरफ्तार किया गया था, उन सभी को निर्लज्ज अधिकारियों द्वारा गढ़े गए तथ्यों के आधार पर क्रूर मीसा यानी मेंटनेंस ऑफ इंटरनल सिक्योरिटी ऐक्ट 1971 के तहत जेलों में बंद कर दिया गया। उस दौरान चाटुकारिता की संस्कृति शीर्ष पर पहुँच गई थी। हद तो तब हुई, जब कांग्रेस के तत्कालीन अध्यक्ष देवकांत बरुआ ने 'इंदिरा इज इंडिया, इंडिया इज इंदिरा' का नारा दिया।

आपातकाल का सबसे निंदनीय पहलू था—संजय गांधी के निर्देश पर नागरिकों की जबरन नसबंदी करना और शहरों की सफाई के अभियान में जबरदस्ती करना। तत्काल परिणाम की चाह में संजय गांधी ने सभी मुख्यमंत्रियों को नसबंदी का लक्ष्य सौंप दिया था। फिर उन्होंने उस लक्ष्य में और वृद्धि करते हुए उसे अपने-अपने राज्य के शिक्षकों और पुलिसकर्मियों सहित सभी सरकारी कर्मचारियों को हस्तांतरित कर दिया। पुलिस अपना लक्ष्य हासिल करने के लिए अपने सर्वज्ञात तरीके का इस्तेमाल करने लगी। वह सबसे पहले पूरे गाँव को चारों तरफ से घेर लेती और जिस तरह से नगर निगम के अधिकारी आवारा कुत्तों को पकड़ते हैं, ठीक उसी तरह गाँव के पुरुषों को दबोचकर नजदीक के प्राथमिक स्वस्थ्य केंद्र पर ले जाकर नसबंदी करा देती। जब कभी गाँववाले विरोध करते तो पुलिस गोली चलाने लगती, जिसमें कई लोगों की मौत हो जाती और ढेरों घायल हो जाते। इंदिरा गांधी की जीवनी लेखक कैथेरीन फ्रैंक ने उस भयानक नसबंदी अभियान और आम आदमी के अंदर उस समय समाए भय का अच्छी तरह से चित्रण किया है—''लोगों को नसबंदी के लिए प्रेरित करने या प्रोत्साहन राशि देने के बजाय

डराया-धमकाया जाता था। तब भी दिल्ली, कलकत्ता (अब कोलकाता), बंबई (अब मुंबई) और देश के अन्य शहरों में लाखों लोग सड़कों पर अपना जीवनयापन करते थे। इनके अलावा आपातकाल के दौरान आवारागर्दी के आरोप में अन्य हजारों लोगों को गिरफ्तार कर नसबंदी कैंप में लाया गया, जहाँ उनके पास नसबंदी कराने के अलावा कोई दूसरा रास्ता नहीं था।''

इसी तरह दिल्ली की सफाई के नाम पर भी लोगों पर जुल्म ढाए गए। एक बार तो दिल्ली नगर निगम के अधिकारी पुलिस की मदद से तुर्कमान गेट और दूसरे क्षेत्र के लोगों पर एकदम से टूट पड़े थे और सैकड़ों मकानों को ध्वस्त कर दिया गया। इसके चलते उस क्षेत्र में भड़के दंगे में दर्जनों लोगों को अपनी जान गँवानी पड़ी थी। वहीं नौकरशाही की हालत भी दयनीय हो गई थी। संजय गांधी के करीबी नौकरशाह भारतीय प्रशासनिक सेवा (आई.ए.एस.) के अधिकारियों को बात-बात पर मीसा के तहत गिरफ्तार करवा लेने की धमकी देते थे और कुछ सम्मानित अधिकारियों को छोड़कर अधिकांश ने तो उनके आगे हथियार भी डाल दिए थे। उन्होंने सारे गैर-कानूनी आदेशों का सर झुकाकर पालन किया; इस प्रकार वे देश की आम जनता के अनंत कष्टों का कारण बने।

संविधान पर संसद् का हमला

आपातकाल के दौरान किसी संस्था की सबसे दयनीय दशा हुई थी तो वह निश्चित रूप से संसद् ही थी। इंदिरा गांधी और उनके बेटे द्वारा कार्रवाई के डर से कांग्रेसी सांसदों ने संविधान के सबसे शर्मनाक संशोधन विधेयकों को संसद् के दोनों सदनों में पारित कराने के लिए होड़ मचा दी थी। उन विधेयकों का मकसद इंदिरा गांधी को चुनाव में भ्रष्टाचार के मामले से बच निकलने में मदद पहुँचाना था। कांग्रेस ऐसा करने में इसलिए भी सफल हो गई थी, क्योंकि इंदिरा गांधी की सरकार ने बड़ी संख्या में विपक्षी सांसदों को जेल में बंद करवा दिया था। साथ ही उसको भारतीय कम्युनिस्ट पार्टी (सी.पी.आई.) का भी भरपूर साथ मिला था। सी.पी.आई. ने इंदिरा गांधी के समूचे तानाशाही शासनकाल को महत्त्वपूर्ण समर्थन दिया था।

इस कड़ी में सबसे पहला 38वाँ संशोधन था, जिसके जरिए अदालत को आपातकाल की घोषणा की समीक्षा से वंचित किया गया। इसका मकसद इंदिरा गांधी के चुनाव संबंधी मामले की सुनवाई कर रहे सुप्रीम कोर्ट को रोकना था। इस असाधारण संशोधन ने प्रधानमंत्री, लोकसभा अध्यक्ष, राष्ट्रपति और उपराष्ट्रपति के खिलाफ चुनाव संबंधी याचिका पर सुनवाई से सुप्रीम कोर्ट को रोक भी दिया। उसमें कहा गया कि ऐसी याचिकाओं पर सुनवाई के लिए संसद् एक निकाय गठित करेगी। इसके अतिरिक्त न्यायिक समीक्षा से बचने के लिए चुनाव संबंधी सभी कानूनों को संविधान की नौवीं

अनुसूची में डाल दिया गया। साथ ही इस संशोधन के पारित होने के साथ ही ऐलान किया गया कि अब न्यायालय में चल रही चुनाव संबंधी सभी याचिकाएँ खत्म हो गई हैं। इसके बाद पाँच अगस्त को चुनाव संबंधी कानूनों को संशोधित किया गया। इसका मकसद सिर्फ इंदिरा गांधी के खिलाफ जस्टिस जगमोहन लाल सिन्हा द्वारा उठाए गए बिंदुओं को प्रभावहीन करना था।

जाहिर है, यह तो बस एक शुरुआत थी। आनेवाले दिनों में संसद् का सिर्फ एक ही काम रह गया था, वह था इंदिरा गांधी को बचाने के लिए किसी भी तरह के कानूनों का निर्माण करना। इसके लिए जहाँ तक संभव हो सका, वहाँ तक संविधान को तोड़ा-मरोड़ा गया। 39वें संशोधन के बाद किए गए 40वें संविधान संशोधन में न्यायिक समीक्षा से बचने के लिए एंटीमीडिया लॉ को भी नौवीं अनुसूची में डाल दिया गया। इसके बाद 41वाँ संविधान संशोधन बिल आया। जिसे सुप्रीम कोर्ट द्वारा इंदिरा गांधी के खिलाफ चुनाव संबंधी याचिका की सुनवाई से दो दिन पहले 9 अगस्त, 1975 को राज्यसभा में पेश किया गया। इसके जरिए अनुच्छेद 361 को संशोधित किया गया। उसमें लिखा गया कि राष्ट्रपति, प्रधानमंत्री या राज्यपाल के पद पर मौजूद या पूर्व में रह चुके किसी व्यक्ति द्वारा पद पर रहते हुए या उसके पहले किए गए किसी कृत्य के खिलाफ अदालत में आपराधिक या दीवानी मामले नहीं चलाए जा सकेंगे। यह असाधारण संशोधन उसी दिन राज्यसभा द्वारा पारित हो गया था।

क्या किसी भी लोकतांत्रिक देश के संविधान में इस तरह का प्रावधान रहना चाहिए, जो कुछ नागरिकों को कानून से ऊपर या परे रख दे?

निश्चित रूप से इस प्रावधान ने हमारे संविधान की जड़ों पर गहरा प्रहार किया था, क्योंकि कानून के समक्ष बराबरी और सभी कानूनों का समान क्षमता से प्रयोग हमारे लोकतांत्रिक संविधान की मूल भावना है। हालाँकि राज्यसभा ने वह संशोधन विधेयक बिना किसी बाधा के पारित कर दिया था, लेकिन सौभाग्यवश कुछ सोच-विचार करने के बाद उसको अपने पास रख लिया था।

दरअसल आपातकाल के दौरान जितने भी संविधान संशोधन किए गए थे, उसमें सबसे व्यापक 42वाँ संशोधन था। उसका मुख्य उद्देश्य न्यायपालिका के पर कतरना था। उसमें कहा गया था कि आज से किसी भी आधार पर किसी भी अदालत में संविधान के संशोधन पर प्रश्नचिह्न नहीं खड़ा किया जा सकता है। उसके जरिए मौलिक अधिकारों में सरकार द्वारा किए गए किसी संशोधन की समीक्षा करने से अदालत को रोक दिया गया था और संविधान का किसी भी हद तक संशोधन करने की शक्ति संसद् को दे दी गई थी। इसे आसान शब्दों में समझें तो संसद् को संविधान को सुरक्षित रखने या नष्ट करने की असीमित शक्ति मिल गई थी।

इसके अलावा भी उसमें कुछ खतरनाक प्रावधान जोड़े गए थे। जैसे उच्च न्यायालयों को केंद्रीय कानूनों को संविधान की कसौटी पर कसने से रोक दिया गया था। किसी जनोपयोगी परियोजना या कार्य के खिलाफ स्टे ऑर्डर जारी करने से भी उच्च न्यायालयों को रोक दिया गया था। राष्ट्रविरोधी गतिविधियों को रोकने के लिए अनुच्छेद 31 (डी) जोड़ा गया था और कहा गया था कि देश के अंदर अशांति फैलाने और सामाजिक सद्भाव को बाधित करना राष्ट्रविरोधी होगा। यह भी कहा गया था कि इस संबंध में बनाए गए कानून सिर्फ इसलिए ही गैर-संवैधानिक नहीं ठहराए जा सकेंगे, क्योंकि वे अनुच्छेद 14, 19 और 31 में दिए गए मौलिक आधिकारों के परस्पर विरोधी हैं। इसके अलावा किसी भी सांसद को चुनावों में धाँधली को लेकर अयोग्य होने से बचाने के लिए, खासकर इंदिरा गांधी के मामले में, 42वें संशोधन में कहा गया कि यदि चुनाव में धाँधली के चलते कोई सांसद दोषी घोषित होता है तो न्यायालय उसे अयोग्य नहीं ठहरा सकता है। इसके बजाय उसकी अयोग्यता पर राष्ट्रपति चुनाव आयोग से 'परामर्श' लेकर कोई उचित निर्णय लेंगे। तब देश की संघीय व्यवस्था को कमजोर करने के लिए भी संविधान में संशोधन वि. ा गया था। उसमें कहा गया था कि केंद्रीय बलों को जब किसी राज्य में कानून-व्यवस्था की सुरक्षा के लिए भेजा जाएगा तो उनकी बागडोर केंद्र के हाथों में होगी। इतना ही नहीं, 42वें संविधान संशोधन में संसद् और राज्य विधानसभाओं में कानून बनाने के लिए जरूरी न्यूनतम दस प्रतिशत जनप्रतिनिधियों की अनिवार्य मौजूदगी की व्यवस्था भी खत्म कर दी गई थी। इसका अर्थ था कि आगे कभी एकमात्र सांसद भी समूचे देश के लिए कानून बना सकता था। अंत में सबसे घातक प्रावधान यह किया गया था कि संविधान के इन प्रावधानों को एक कार्यकारी आदेश के जरिए संशोधित करने की ताकत दो सालों के लिए राष्ट्रपति के हाथों में दे दी गई थी। इस तरह संसद् ने संविधान संशोधन करने की विशिष्ट शक्ति कार्यपालिका के सुपुर्द कर दी थी।

ये कानून तो एडॉल्फ हिटलर के जर्मनी या बेनितो मुसोलिनी के इटली में भी नहीं बनाए गए थे। ये कानूनों के प्रवाह का हिस्सा थे, जो आपातकाल के उबाल पर बनाए गए थे और जिसका मकसद हर तरह के विरोध को दबाने के लिए इंदिरा गांधी की तानाशाही को मजबूती देना था। इनमें से ज्यादातर कानून और संवैधानिक संशोधन, जो हमारे राष्ट्र-निर्माताओं को स्वर्ग में भी बेचैन कर सकते थे, बेशर्म, चरित्रहीन और लोकतंत्र विरोधी नौकरशाहों के समूह द्वारा तैयार किए गए थे।

परिस्थिति का सार प्रस्तुत करते हुए वरिष्ठ नौकरशाह एस.एस. गिल ने संसद् की दुर्दशा पर कहा था—

आपातकाल लगाने के बाद इंदिरा गांधी की पहली चिंता थी, खुद को कानूनन अभेद्य बनाना। आपातकाल की घोषणा के तुरंत बाद उन्होंने अध्यादेश द्वारा कानून के

समक्ष समानता का संवैधानिक अधिकार (धारा 14), जीवन और स्वतंत्रता का अधिकार (धारा 21) और मनमानी गिरफ्तारी से रक्षा (धारा 22) के अधिकार को निलंबित कर दिया। दो दिन बाद आंतरिक सुरक्षा संरक्षण कानून (मीसा) को संशोधित करते हुए इसमें बिना कारण बताए किसी को दो साल तक हिरासत में रखने का प्रावधान किया गया। उसके बाद संसदीय कार्यवाही को सेंसर करते हुए प्रक्रियाओं के नियमों को निलंबित कर दिया गया। प्रश्नकाल और प्राइवेट मेंबर द्वारा प्रस्तावों को बंद कर दिया। जब 21 जुलाई को मानसून सत्र शुरू हुआ, ज्यादातर सांसद जेल में थे और दो दिन बाद बाकी ने भी बहिष्कार कर दिया। इस तरह, प्रधानमंत्री के पास एक कमजोर और अवशिष्ट संसद् रह गई, जिसने बिना किसी आपत्ति के नए विधायी प्रस्तावों को पास कर दिया।

न्यायपालिका पर दबाव

देश की न्यायपालिका अकसर कहा करती है कि कानून से ऊपर कोई नहीं है। एक लोकतांत्रिक देश में यही सबसे जरूरी चीज होती है, लेकिन क्या हमारे न्यायाधीश तत्कालीन इंदिरा गांधी सरकार से सामना करने के दौरान इस पर अटल रहे थे, जिसने संविधान को अपाहिज बनाकर रख दिया था? नौकरशाही और संसद् की तरह ही हमारी न्यायपालिका ने भी उनके सामने हथियार डाल दिए थे।

सुप्रीम कोर्ट ने इंदिरा गांधी की याचिका पर 11 अगस्त, 1975 से सुनवाई आरंभ की और कुछ ही महीने बाद सात नवंबर को अपना फैसला दिया। कोर्ट ने 39वें संविधान संशोधन और इंदिरा गांधी के चुनाव को पिछली तारीखों से वैध घोषित कर दिया। उसके बाद सुप्रीम कोर्ट के समक्ष बंदी प्रत्यक्षीकरण का मामला आया। मधु दंडवते और लालकृष्ण आडवाणी जैसे कई बंदियों ने हाईकोर्ट में राष्ट्रपति की उद्घोषणा को चुनौती दी और अपने मौलिक अधिकारों का दावा पेश किया।

इस कड़ी में सबसे महत्त्वपूर्ण मामला अपर जिला मजिस्ट्रेट (ए.डी.एम.) जबलपुर बनाम शिवाकांत शुक्ला का था। मध्य प्रदेश हाईकोर्ट ने 1 सितंबर, 1975 को आदेश जारी किया कि बंदी प्रत्यक्षीकरण मामले की सुनवाई के उसके अधिकार को निरस्त नहीं किया जा सकता। संघ सरकार ने उस फैसले के खिलाफ शीर्ष अदालत में अपील दायर की। सुप्रीम कोर्ट ने उसकी अपील स्वीकार ली और ऐसे सभी मामले, जो तब विभिन्न हाईकोर्ट में लंबित थे, उन्हें एक साथ सुनवाई का निर्णय लिया। यह मामला बंदी प्रत्यक्षीकरण केस के नाम से जाना जाता है। इसकी सुनवाई मुख्य न्यायाधीश ए.एन. रे, जस्टिस एच.आर. खन्ना, एम.एच. बेग, वाई.वी. चंद्रचूड़ और पी.एन. भगवती से मिलकर बनी पाँच जजों की बेंच ने की थी। सरकार ने तर्क दिया था कि ये सारी गिरफ्तारियाँ न्यायिक समीक्षा से परे हैं, लिहाजा इन पर सवाल नहीं उठाया जा सकता।

इस केस का फैसला 28 अप्रैल, 1976 को हुआ था। चार जजों—ए.एन. रे, एम.एच. बेग, वाई.वी. चंद्रचूड़ और पी.एन. भगवती ने कहा था कि 27 जून, 1975 के राष्ट्रपति के आदेश के बाद किसी भी नागरिक को बंदी प्रत्यक्षीकरण के खिलाफ याचिका दायर करने या गिरफ्तारियों को अवैध बता चुनौती देने का अधिकार नहीं है। उनमें से एक जज जस्टिस बेग ने तो सरकार के रवैये की खुलकर प्रशंसा की थी। उन्होंने कहा, 'हम समझते हैं कि प्रशासन ने बंदियों की एक माँ की तरह देखभाल की है। अर्थात् उनके खाने-पीने और स्वास्थ्य का पूरा खयाल रखा है। यहाँ तक कि माता-पिता भी अपने उन बच्चों के खिलाफ एहतियाती कार्रवाई करते हैं, जो अपने ही घर में आग लगा देने की धमकी देते हैं।'

उनमें सिर्फ जस्टिस एच.आर. खन्ना ही थे, जिन्होंने सरकार के रवैए पर असहमति जताई थी। उन्हें सरकार के केस में कोई दम नजर नहीं आया था।

जयप्रकाश नारायण ने जब सुप्रीम कोर्ट के फैसले के बारे में सुना तो अफसोस जताते हुए कहा, ''नागरिक की आजादी की अब अंतिम उम्मीद भी खत्म हो गई। इंदिरा गांधी की तानाशाही व्यक्तिगत और संस्थागत, दोनों रूपों में सफल हो गई।'' तथ्यों के अनुसार आपातकाल के दौरान मीसा और भारत की रक्षा कानून के तहत नजरबंद किए गए लोगों की संख्या 1,11,000 पर पहुँच गई थी।

25 जून, 1975 को हुई लोकतंत्र की हत्या के तुरंत बाद प्रकाशित हुए बॉम्बे समाचार-पत्र में एक डेमोक्रेट द्वारा बड़े ही अच्छे तरीके से दिए गए शोक संदेश के जरिए बेहद सटीक तरीके से समझाया गया था। उसमें लिखा गया संदेश कुछ इस प्रकार था, 'ओ क्रेसी डी.ई.एम., टी रुथ के प्रिय पति, एल.आई. बर्टी के प्यारे पिता, विश्वास, आशा, न्याय के भाई की 26 जून को मृत्यु हो गई।'

हालाँकि किस्मत से देश की जनता मार्च 1977 को ओ क्रेसी डी.ई.एम. को पुनर्जीवित करने में सफल रही। 25 जून, 1975 की रात को भारतीय लोकतंत्र की गला घोंटने की भरपूर कोशिश हुई थी, लेकिन देश की जनता को कोटि-कोटि नमन, कि उसने इंदिरा गांधी के उन प्रयासों को विफल कर दिया। चूँकि मीडिया का मुँह बंद कर दिया गया था, लिहाजा उनके पास जनता का मूड़ जानने का कोई विश्वसनीय स्रोत नहीं बचा था। अपने चापलूसों की चिकनी-चुपड़ी बातों में आकर इंदिरा गांधी ने मार्च 1977 में चुनाव कराने का आदेश दिया। उन्हें उम्मीद थी कि संसद् में उनकी वापसी संभव होगी और अपनी तानाशाही चिरकाल तक जारी रखेंगी, लेकिन वह अपने मंसूबों में कामयाब नहीं हो सकीं। जनता ने कांग्रेस को बाहर का रास्ता दिखा दिया और जेल में बने बेतरतीब गठबंधन के हाथों देश की बागडोर सौंप दी।

मीडिया पर हमला

आपातकाल के दौरान सरकार ने सबसे पहला काम मीडिया का मुँह बंद करने का किया था। इसके लिए उसने चीफ सेंसर को नियुक्त किया और ऐलान किया कि बिना उसकी अनुमति के समाचार-पत्रों में कोई भी सामग्री प्रकाशित नहीं होगी। सरकार ने भी अपने स्तर पर समाचार-पत्रों का अनुकूल, तटस्थ और प्रतिकूल की श्रेणी में वर्गीकरण किया और अंतिम श्रेणी के मीडिया प्रतिष्ठानों तथा पत्रकारों को निशाना बनाना आरंभ कर दिया था।

आपातकाल के दौरान बड़ी संख्या में पत्रकार गिरफ्तार किए गए थे। कई को यातनाएँ दी गई थीं और उनकी मान्यता रद्द कर दी गई थी। स्वतंत्र सोचवाले पत्रकारों के पीछे इंटेलिजेंस ब्यूरो (आई.बी.) को लगा दिया गया था। संविधान के अनुच्छेद 42 के संशोधन के जरिए अभिव्यक्ति एवं वाक् की स्वतंत्रता सहित मौलिक अधिकारों को प्रतिबंधित करने के अलावा भी मीडिया को धराशायी करने के लिए इंदिरा गांधी की सरकार ने कई अन्य विधायी हथकंडे अपनाए थे। इसमें संसदीय कार्यवाही (प्रकाशन से सुरक्षा) कानून 1977, प्रेस परिषद् अधिनियम 1978 को रद्द करने और आपत्तिजनक सामग्री प्रकाशन की रोकथाम कानून पारित करना शामिल था।

हिंदुस्तान टाइम्स के चीफ एडिटर बी.जी. वर्गीज, इंडियन एक्सप्रेस के एडिटर इन चीफ वी.के. नरसिम्हन, मेनस्ट्रीम के एडिटर निखिल चक्रवर्ती के खिलाफ चीफ सेंसर द्वारा उत्पीड़न की शिकायतें दर्ज कराई गई थीं। स्वतंत्र पत्रकारों और उनके परिवार के सदस्यों को रक्षा कानून (डीआईआर) या मीसा के तहत परेशान और गिरफ्तार किया गया। उनकी मान्यता वापस ले ली गई और उन्हें संस्थान से निकालने के लिए प्रबंधन पर दबाव डाला गया। जिन मीडिया संस्थानों ने ऐसा करने से मना कर दिया उनके सरकारी विज्ञापनों पर रोक लगा दी गई। आपातकाल के दौरान जिन 253 पत्रकारों को गिरफ्तार किया गया था, उनमें से 110 पर मीसा और 60 पर डीआइआर की धाराएँ लगाई गई थीं। इनमें कुलदीप नैयर, के.आर. मलकानी, वीरेंद्र कपूर और के.आर. सुंदरराजन आदि शामिल थे।

ज्यादातर समय सरकार खुद के बचाव के लिए हास्यास्पद स्तर तक चली गई। उदाहरण के लिए, सरकार ने उन अखबारों पर प्रतिबंध लगा दिया, जिन्होंने टैगोर, महात्मा गांधी और जवाहरलाल नेहरू के उद्धरण छापे। इस प्रतिबंध का उद्देश्य अखबारों और स्तंभकारों को राष्ट्रीय नेताओं के स्वतंत्रता, लोकतंत्र और मौलिक अधिकारों पर दिए भाषणों और लेखों को छापने से रोकना था।

सरकार ने सिनेमा पर भी सख्त कदम उठाया और 'किस्सा कुर्सी का', 'आँधी और आंदोलन' जैसी फिल्मों पर प्रतिबंध लगा दिया। अमेरिकी राष्ट्रपति निक्सन के खिलाफ

पत्रकारों की खोजी रिपोर्ट पर आधारित फिल्म 'ऑल द प्रेसिडेंट्स मैन' के प्रदर्शन को रोक दिया।

बाद में जनता पार्टी सरकार द्वारा गठित शाह आयोग ने अपनी रिपोर्ट में इमरजेंसी की भयावहता का वर्णन किया है।

आपातकाल के कुछ बड़े विलेन संजय गांधी की साजिश का हिस्सा थे। उनमें रक्षा मंत्री बंसीलाल, आई.ए.एस. अधिकारी नवीन चावला और पुलिस अफसर पी.एस. भिंडर तथा के.एस. बाजवा।

दिल्ली के उप-राज्यपाल कृष्ण चंद के सचिव नवीन चावला इंदिरा गांधी परिवार के करीबी होने की वजह से अपने आप में कानून बन बैठे थे। आपातकाल के दौरान हुए अत्याचार की जाँच करने वाले शाह आयोग ने इंदिरा गांधी की तानाशाही को बढ़ावा देने में चावला के योगदान को रेखांकित किया है।

नाजीवाद की छटा

अब आइए, चावला के खिलाफ सबसे घातक सुबूतों पर नजर डालते हैं। आपातकाल की घोषणा के बाद तिहाड़ जेल में राजनीतिक बंदियों की भीड़ बढ़ गई थी और जेल कर्मचारियों ने प्रत्येक बैरक में कैदियों की संख्या बढ़ाकर दोगुनी कर दी थी। जहाँ एक सेल की क्षमता 1273 कैदियों को रखने की थी अब वहाँ 3500 से 4200 तक रखे जाने लगे थे। जेल अधीक्षक बत्रा ने आयोग से कहा कि केंद्रीय जाँच ब्यूरो, इंटेलिजेंस ब्यूरो और दिल्ली पुलिस के अधिकारियों को जेल प्रशासन की अनुमति के बगैर जेल में निर्बाध रूप से आने-जाने और किसी भी बंदी से मिलने की इजाजत मिल गई थी और यह सब नवीन चावला के आदेश पर किया गया था।

आयोग ने अपनी जाँच में पाया कि यद्यपि नवीन चावला जेल प्रशासन के अंग नहीं थे, इसके बावजूद वह जेल के सभी मामलों में गैर-वैधानिक हस्तक्षेप कर रहे थे और आदेश-निर्देश दे रहे थे। जेल अधीक्षक ने आयोग को बताया कि कुछ लोगों को सबक सिखाने के लिए चावला ने एस्बेस्टस छतवाली सेल बनाने का सुझाव दिया था। इस पर काम भी तुरंत प्रभाव से शुरू हो गया था, लेकिन कुछ तकनीकी वजहों से इसे बीच में ही रोकना पड़ा था। इसके अलावा चावला ने एक बार परेशानी का सबब बने कुछ बंदियों को पागलों की सेल में रखे जाने की भी सलाह दी थी।

तत्कालीन उपराज्यपाल श्री कृष्ण चंद ने भी आयोग से कहा कि प्रधानमंत्री ने दिल्ली का सारा जिम्मा संजय गांधी को सौंप दिया था और चार-पाँच अधिकारी, जो उनके करीबी थे, वे उनसे सीधे आदेश लेते थे। उन्होंने यह भी कबूला कि जब कभी भी नवीन चावला उन्हें कोई 'निर्देश' देते, तब संजय गांधी का उल्लेख जरूर करते।

आपातकाल के दौरान दिल्ली के उपराज्यपाल रहे व्यक्ति की यह स्वीकारोक्ति असाधारण है। उन्होंने माना कि उन्हें अपने सचिव नवीन चावला से 'निर्देश' मिलते थे! क्या हमें इस नतीजे पर पहुँचने के लिए कि चावला ही दिल्ली के असली उपराज्यपाल थे, किसी और प्रमाण की जरूरत है?

आपातकाल के दौरान ज्यादा परेशान करने वाली बात नवीन चावला का राजनीतिक विरोधियों के साथ गेस्टापो-शैली व्यवहार था। शाह आयोग को दस्तावेज मिले हैं, जिससे पता चलता है कि जिन कुछ लोगों ने पहले की सियासी गलतियों के लिए माफी माँग ली थी, उनसे पूछताछ करने के लिए एक विशेष उप समीति का गठन किया गया था। इस उप समिति में एक मनोचिकित्सक को भी रखा गया था! आयोग के मुताबिक, जेल में होनेवाली पूछताछ का उद्देश्य उनके राजनीतिक बदलाव की असलियत का पता लगाना था। श्रीमती चंद्रा के अनुसार यह विशेष उप समीति नवीन चावला का विचार थी। आयोग ने आश्चर्य व्यक्त किया कि चूँकि इस तरह की उप समिति बनाने के लिए गवाहों ने कोई तर्कसंगत कारण नहीं बताए, इसलिए ये आपातकाल के दौरान विरोधियों के खिलाफ राजनीतिक दुर्भावना की कोशिश थी।

आयोग के इस निष्कर्ष से उस विचार को बल मिलता है कि तानाशाही को आगे बढ़ाने के लिए दिल्ली में गैर-कानूनी और असंवैधानिक फैसले लेने में नवीन चावला की महत्त्वपूर्ण भूमिका रही। दिल्ली के उपराज्यपाल कृष्ण चंद का कहना था कि उन्होंने गृह राज्य मंत्री और दिल्ली के प्रभारी ओम मेहता के निर्देश पर काम किया। 'हालाँकि कभी-कभी श्री चावला और श्री भिंडर प्रधानमंत्री के घर से सूचना लाते थे, जिन पर कार्रवाई होती थी। महत्त्वपूर्ण यह है कि उपराज्यपाल ने स्वीकार किया कि लोगों को जेल में डालने के मामले में उनके सचिव के पास काफी अधिकार थे!' आयोग ने नोट किया कि "गिरफ्तारी के मामले में नवीन चावला और के.एस. बाजवा को मिले अधिकारों के बारे में श्रीमती चंद्रा के बयान से कृष्ण चंद सहमत थे और कहा था कि हालाँकि उन अफसरों द्वारा कोई गिरफ्तारी आदेश जारी नहीं हुआ, जो कहा मान लिया गया।"

शाह आयोग की नजरों में चावला दोषी

नवीन चावला को दोषी ठहराते हुए शाह आयोग ने कहा कि सारे सूबूतों से यह साफ होता है कि श्री/श्रीमती पी.एस. भिंडर, के.एस. बाजवा और नवीन चावला ने आपातकाल के दौरान बेतहाशा शाक्तियों का प्रयोग किया था; क्योंकि प्रधानमंत्री आवास तक उनकी सीधी और आसान पहुँच थी। अपार ताकत मिलने के बाद इन्होंने नैतिकता या अनैतिकता, कानून या गैर-कानूनी सब बातों को ताक पर रख दिया। इन्होंने जैसे चाहा, इसका दुरुपयोग किया। आयोग इस नतीजे पर पहुँचता है कि यद्यपि आपातकाल लगाने

में इन अधिकारियों की भूमिका सीमित थी, लेकिन तब नागरिकों के प्रति इनका रवैया निरंकुश और कठोर था। इनकी चिंता सिर्फ उस सत्ता की चौकड़ी से अपनी निकटता को सुरक्षित और बरकरार रखने की थी। इसके लिए इन्होंने वह सब किया, जिससे कि इनकी खुद की तरक्की सुनिश्चित हो सके। मसलन इन्होंने अपने पद और ताकत का बड़े पैमाने पर दुरुपयोग किया और नागरिकों के कल्याण की उपेक्षा की। ताकत के नशे में इन्होंने सामान्य प्रशासनिक प्रक्रिया और नियमों की धज्जियाँ उड़ा दीं। इस पूरी प्रक्रिया में इन्होंने स्वयं को निष्पक्षता और सेवा भावना की दरकार वाले किसी भी विभाग में पद पाने के अयोग्य बना लिया।

आपातकाल के दौरान चावला और दूसरे अधिकारियों के आचरण पर अपनी अंतिम टिप्पणी में आयोग ने कहा है कि 'लोकतांत्रिक मूल्य का नाश करने के बाद सर्वप्रथम प्रभावी असहमति का गला घोंट दिया गया। निडरतापूर्वक क्रूर और निरंकुश कार्यवाही की गईं। शासन के हर स्तर पर तानाशाह रातोरात पैदा हो गए—ये सारे तानाशाह सत्ता से निकटता की देन थे।'

अपने मेमोरेंडम ऑफ एक्शन टेकेन में 15 मई, 1978 को केंद्र सरकार ने संसद् को सूचित था कि उसने आयोग की जाँच-पड़ताल, अवलोकनों और सिफारिशों को स्वीकार लिया है। यदि केंद्र सरकार ने आयोग की सिफारिशों को स्वीकार लिया था और इस संबंध में संसद् को भी अवगत करा दिया था, तब सवाल यह उभरता है कि एक ऐसे अफसर को चुनाव आयुक्त कैसे बना दिया गया, जो निरंकुश और निर्दयी था और निष्पक्षता की दरकार वाले किसी भी सरकारी विभाग में पद पाने के लिए अयोग्य ठहराया जा चुका था?

विलक्षण भूल

शाह आयोग द्वारा दोषी ठहराए जाने के लंबे अरसे बाद संयुक्त प्रगतिशील गठबंधन (सं.प्र.ग.) की सरकार ने नवीन चावला को चुनाव आयुक्त के रूप में नियुक्त कर दिया था। आश्चर्य नहीं कि उस समय भी इंदिरा गांधी की बहू सोनिया गांधी कांग्रेस की अध्यक्ष थीं और इस लिहाज से सरकार की असली मुखिया भी। चुनाव आयोग की जिम्मेदारी न सिर्फ चुनाव संपन्न कराने की होती है, बल्कि राजनीतिक बहुलतावाद को सुरक्षित, संरक्षित करने और लोकतंत्र की जड़ों को मजबूती प्रदान करने की भी होती है। इस प्रकार भारत में चुनाव के संचालन, निर्देशन और नियंत्रण की शक्ति से लैस एक व्यक्ति के अंदर लोकतंत्र और हमारे संविधान के मूल मूल्यों के प्रति गहरी और स्थायी प्रतिबद्धता का होना निहायत जरूरी होता है या कहें कि यही उसकी मौलिक योग्यता होती है। शाह आयोग की रिपोर्ट के मद्देनजर 2005 में चुनाव आयोग के कार्यालय में

चावला की नियुक्ति संविधान और लोकतांत्रिक मूल्यों की घोर अवहेलना के समान थी। सवाल है कि कांग्रेस पार्टी ने ऐसा क्यों किया?

जिन लोगों ने आपातकाल की काली रात का सामना किया था या शाह आयोग की जाँच रिपोर्ट को पढ़ा था, उन्होंने ही लोकतंत्र के एकदम विपरीत आचरण के लिए बदनाम नवीन चावला जैसे व्यक्ति की चुनाव आयुक्त के रूप में नियुक्ति देकर भयंकर भूल को अंजाम दिया।

आज यह पड़ताल करने की आवश्यकता है कि चावला को चुनाव आयुक्त बनाने का प्रस्ताव किसने रखा था? लोकतंत्र के विचार और संविधान के मूल मूल्यों के उत्थान के लिए यह कदम किस प्रकार से कारगर था? क्या जब तत्कालीन राष्ट्रपति ए.पी. जे. अब्दुल कलाम के समक्ष चावला की नियुक्ति की फाइल रखी गई थी, तब उन्हें उनके पूर्व के आचरण के बारे में सूचना दी गई थी? पक्षपात और गौर-लोकतांत्रिक पदलोलुपता को पुरस्कृत करने के लिए भारत के संवैधानिक कल्याण की बलि नहीं चढ़ाई जानी चाहिए थी? हालाँकि हमें आज तक चावला की नियुक्ति के संदर्भ में इन सवालों का जवाब नहीं मिल पाया है कि कांग्रेस ने ऐसा क्यों किया, लेकिन कुछ-कुछ संकेत जरूर मिले हैं, जिसके आधार पर इसका अनुमान लगाया जा सकता है। दरअसल सोनिया गांधी के पिता स्टेफनो मायनो बेनितो मुसोलिनी के अंध-समर्थक थे। द्वितीय विश्वयुद्ध के दौरान वे हिटलर की सेना की तरफ से लड़े थे और उन्होंने इटालियन फासिस्ट पार्टी का गठन किया था। 1970 के दशक के अंत में एक भारतीय पत्रकार को दिए गए साक्षात्कार में उन्होंने फासीवाद के प्रति अपनी प्रतिबद्धता दोहराई थी और इटली की लोकतांत्रिक पार्टी का उपहास किया था।

अब क्या इससे आगे भी कुछ कहने की जरूरत है?

□

काले अतीत का सबक

[वर्तमान पीढ़ी को यह बताना जरूरी है कि आपातकाल के दौर में संविधान को किस तरह तोड़ा-मरोड़ा गया था और किस तरह हर संस्था को घुटने टेकने पर मजबूर किया गया।]

संसदीय मामलों के केंद्रीय राज्यमंत्री मुख्तार अब्बास नकवी ने एक सुझाव दिया है कि स्कूली पाठ्यक्रमों में आपातकाल पर एक पाठ होना चाहिए। इस सुझाव का उन सभी लोगों द्वारा स्वागत किया जाना चाहिए, जिनकी हमारे संविधान और लोकतांत्रिक जीवन-पद्धति में आस्था है। दरअसल देश में आपातकाल की 41वीं बरसी पर लखनऊ में, जहाँ कई लोकतंत्र सेनानियों को सम्मानित किया गया, आयोजित कार्यक्रम से इतर नकवी ने कहा कि आनेवाली पीढ़ियों को लोकतंत्र पर ग्रहण लगानेवाले 19 महीने के त्रासद घटनाक्रम से अवगत कराया जाना चाहिए। उन्होंने यह भी कहा कि देश की 75 फीसद आबादी इससे परिचित नहीं है कि आपातकाल क्यों और कैसे लगाया गया था अथवा उस दौरान क्या हुआ था? स्कूली छात्र जिस तरह स्वतंत्रता आंदोलन और स्वतंत्रता सेनानियों के बारे में पढ़ते हैं, उसी तरह उनको आजाद भारत के काले इतिहास से भी परिचित होना चाहिए।

1971 में रायबरेली लोकसभा सीट के चुनाव में धाँधली के चलते इलाहाबाद हाईकोर्ट ने जून 1975 में तत्कालीन प्रधानमंत्री इंदिरा गांधी की जीत को अवैध करार दे दिया था। उसके बाद देश एक निरंकुश शासन के अधीन चला गया। इंदिरा गांधी ने शासन में बने रहने के लिए संविधान और लोकतांत्रिक पद्धतियों की घोर उपेक्षा की। इसके लिए उन्होंने देश में आंतरिक आपातकाल थोप दिया। इससे उन्हें देश में क्रूर कानून लागू करने, अपने राजनीतिक विरोधियों तथा आलोचकों को जेल भेजने और पूरे देश में दमनकारी शासन करने का अधिकार मिल गया। जब लोगों को यह आभास हो जाए कि आपातकाल ने हमारे संविधान और लोकतंत्र के सभी स्तंभों को किस हद तक नुकसान

पहुँचाया, तब उन्हें नकवी के इस सुझाव का महत्त्व भी पता चल जाएगा। इंदिरा गांधी के आपातकालवाले शासन ने संसद, न्यायपालिका, कार्यपालिका और मीडिया सहित सभी प्रमुख संस्थाओं को कुचलकर रख दिया। वर्तमान पीढ़ी को यह बताना जरूरी है कि संविधान को किस तरह तोड़ा-मरोड़ा गया था और किस तरह हर संस्था को घुटने टेकने पर मजबूर किया गया। इससे युवा भारतीयों को पता चल जाएगा कि वास्तव में असहिष्णुता क्या होती है?

देश के इतिहास के उस काले दौर में संसद रबर स्टैंप बन गई थी। उसने कुछ ऐसे संविधान संशोधन पारित किए, जिसने न्यायपालिका को शक्तिहीन कर दिया और उसे प्रधानमंत्री के खिलाफ किसी भी याचिका पर सुनवाई से रोक दिया। इसकी शुरुआत संविधान के 38वें संशोधन के साथ हुई, जिसने आपातकाल की घोषणा और राष्ट्रपति तथा राज्यपालों द्वारा जारी किए गए अध्यादेशों और मौलिक अधिकारों का उल्लंघन करनेवाले कानूनों की न्यायिक समीक्षा को प्रतिबंधित कर दिया। 39वाँ संविधान संशोधन तो और भी बुरा था। इलाहाबाद हाईकोर्ट द्वारा इंदिरा गांधी को चुनाव में धांधली करने का दोषी ठहराए जाने के बाद वे राहत के लिए सुप्रीम कोर्ट पहुँचीं। जस्टिस कृष्ण अय्यर ने हाईकोर्ट के फैसले पर आंशिक रोक लगाकर उन्हें कुछ राहत दी। उन्होंने कहा कि जब तक उनकी याचिका पर सुनवाई पूरी नहीं हो जाती, तब तक प्रधानमंत्री संसद जा सकेंगी, लेकिन वोट नहीं दे सकेंगी। इस टिप्पणी ने उनकी याचिका कमजोर कर दी, लेकिन उन्होंने त्यागपत्र नहीं दिया। बावजूद इसके उन्होंने आपातकाल की घोषणा की और संसद में अपने निरंकुश बहुमत के बल पर संविधान को उसके लोकतांत्रिक मूल्यों से दूर कर दिया। 39वें संविधान संशोधन का मुख्य मकसद था, सुप्रीम कोर्ट के पर कतरकर उसे उनकी याचिका पर सुनवाई से रोकना। इसके बाद संविधान का 41वाँ संशोधन सामने आया। उसमें कहा गया कि प्रधानमंत्री द्वारा पदभार ग्रहण करने के पूर्व और बाद में किए गए किसी भी कार्य के लिए उनके खिलाफ कोई भी फौजदारी या आपराधिक काररवाई की शुरुआत नहीं की जा सकेगी। दूसरे शब्दों में, इस संशोधन का मुख्य उद्देश्य प्रधानमंत्री को सुपर नागरिक बनाना था, जो कि कानून से ऊपर होगा। इसके उपरांत संविधान में 42वाँ संशोधन किया गया। यह शर्मनाक है कि उसमें अधिकांश प्रावधान सिर्फ इंदिरा गांधी की मरजी के ही थे। जैसे कि हर कोई इस बात से अवगत है कि तत्कालीन राष्ट्रपति फखरुद्दीन अली अहमद इंदिरा गांधी के रबर स्टैंप थे। इंदिरा गांधी ने जब आपातकाल थोपने संबंधी अधिसूचना उनके पास भेजी तो उन्होंने बिना किसी सवाल-जवाब के चुपचाप तय स्थान पर हस्ताक्षर कर दिए। उन्होंने इंदिरा गांधी से यह पूछना भी उचित नहीं समझा कि बिना अपनी कैबिनेट की स्वीकृति लिये उन्होंने इतना महत्त्वपूर्ण प्रस्ताव उनके पास कैसे भेज दिया? निश्चित ही यदि राष्ट्रपति ऐसा

कहते तो इंदिरा गांधी प्रस्ताव पास कराने के लिए संसद का रुख करतीं। जो बच्चे आज स्कूलों में पढ़ रहे हैं, उन्हें यह जानना ही चाहिए कि किस तरह संसद और राष्ट्रपति को रबर स्टैंप बना दिया गया था और न्यायपालिका और मीडिया को झुकने के लिए मजबूर कर दिया गया था। उस समय कई जजों ने दबाव में घुटने टेक दिए। शिवकांत शुक्ला बनाम ए.डी.एम., जबलपुर केस, जिसे बंदी प्रत्यक्षीकरण केस के नाम से भी जाना जाता है, इसका सबसे अच्छा उदाहरण है। उस केस में सुप्रीम कोर्ट के पाँच जजों की बेंच ने इंदिरा गांधी सरकार की इस दलील को स्वीकार कर लिया, जिसमें कहा गया था कि आपातकाल के दौरान किसी भी नागरिक को अपनी नजरबंदी को चुनौती देने या बंदी प्रत्यक्षीकरण संबंधी याचिका दाखिल करने का अधिकार नहीं होगा।

तत्कालीन अटार्नी जनरल ने कोर्ट में यहाँ तक कहा कि आपातकाल जब तक लागू रहेगा, तब तक कोई भी नागरिक कोर्ट से कानूनी राहत नहीं ले सकेगा। तब भी नहीं, जब कोई पुलिसवाला किसी नागरिक की गोली मारकर हत्या कर दे। पाँच जजों की बेंच में से सिर्फ एक जस्टिस एच.आर. खन्ना ने इस पर असहमति व्यक्त की। जस्टिस खन्ना भारत के मुख्य न्यायाधीश बनने की रेस में थे, लेकिन उन्हें इंदिरा गांधी ने अलग-थलग कर दिया। शेष सभी जज, जिन्होंने संविधान द्वारा प्रदत्त मौलिक अधिकारों से नागरिकों को वंचित करने का फैसला लिखा, बाद में मुख्य न्यायाधीश बने। युवा पीढ़ी को यह बताया जाना चाहिए कि आपातकाल के दौर में जस्टिस खन्ना जैसे असाधारण जज भी थे, जो अपने कॅरियर की चिंता छोड़कर नागरिकों के मौलिक अधिकार के पक्ष में खड़े हुए। युवा पीढ़ी को उन पत्रकारों, लेखकों, कलाकारों आदि के बारे में बताया जाना चाहिए, जो असीम कष्ट सहकर क्रूर शासन के खिलाफ खड़े हुए और जिनकी बदौलत लोकतंत्र की वापसी हुई। यदि बच्चों को इंदिरा गांधी की तानाशाही के खिलाफ संघर्ष करनेवाले लोगों की गाथाएँ पढ़ाई जाती हैं तो निश्चित रूप से वे उनसे प्रेरणा लेकर अपनी आजादी के हक में खड़े होंगे।

□

आतंकवाद का राक्षस

शांतिप्रेमियों का शिगूफा

[आज जिस चीज की जरूरत है, वह है उन लोगों के प्रति सहनशीलता का अंत, जो भारत को सीमा पार से फैलाए जानेवाले आतंकवाद का आसान निशाना बनने को मजबूर करते हैं।]

लाहौर क्लब यानी पाकिस्तान समर्थक ऐसे लोगों का समूह, जो पाकिस्तान प्रायोजित प्रत्येक आतंकवादी घटना के बाद भारत को संयम बरतने की सलाह देता है, के सदस्यों की संख्या यद्यपि घटती जा रही है, लेकिन कुछ अभी भी अपना राग अलाप रहे हैं। 26/11 हमले के तुरंत बाद जब लोग गुस्से से उबल रहे थे, तब कुछ समय शांत रहने के बाद ये स्वयंभू शांति प्रेमी फिर से भारत सरकार और राजनेताओं को बिन माँगी सलाह देने के लिए मचलने लगे हैं। ये कह रहे हैं कि ऐसे वक्तव्य और काररवाई से बचना जरूरी है, जिससे 'शांति प्रक्रिया' बाधित हो। चूँकि भारत के लोग लोकतांत्रिक मूल्यों में यकीन रखते हैं और उनकी सहनशीलता का स्तर काफी ऊँचा है, इसलिए कुछ नागरिकों और उनके विदेशी मित्रों को आतंकी हमलों के बाद शांतिपूर्ण सह-अस्तित्व के नाम पर भारत को भाषण पिलाने की आदत पड़ गई है। ये लोग पाकिस्तान के समर्थन में अनेक दलीलें देते हैं, जैसे भारत को बड़प्पन दिखाते हुए लोकतांत्रिक शक्तियों को मजबूती प्रदान करनी चाहिए, अगर भारत टकराव का रास्ता अपनाता है तो पाकिस्तान सेना को इसका लाभ मिलेगा, युद्ध अर्थव्यवस्था को ध्वस्त कर देगा, पाकिस्तान के खिलाफ युद्ध में जीतने जैसी कोई बात नहीं होगी, क्योंकि यह परमाणु हथियार संपन्न राष्ट्र है, आदि-आदि।

जो लोग पाकिस्तान के साथ किसी भी कीमत पर शांति बनाए रखने की बात करते हैं, उनका भारतीय सत्ता प्रतिष्ठान में इतना गहरा असर है कि वे 1965 और 1971 में युद्ध की स्थिति से भारत को लाभ उठाने और सीमाओं की सुरक्षा के प्रभावशाली उपाय करने से रोकने में भी कामयाब रहे। उनका नया शिगूफा यह है कि लोगों का आपसी संपर्क

और नागरिक समाजों के बीच जुड़ाव की कड़ी कमजोर नहीं पड़नी चाहिए। कहने की जरूरत नहीं है कि उनके अनुसार युद्ध कोई विकल्प नहीं है। हम इन लच्छेदार बातों से भली-भाँति परिचित हो चुके हैं, क्योंकि आजादी के बाद से ही ऐसी आवाजें सुनाई दे रही हैं। अक्तूबर 1947 में पाकिस्तान की कश्मीर पर चढ़ाई के बाद उसी साल दिसंबर में दोनों देशों के प्रधानमंत्रियों की मुलाकात हुई। प्रधानमंत्री जवाहरलाल नेहरू ने अपने पाकिस्तानी समकक्ष लियाकत अली खाँ से गुजारिश की कि वे घुसपैठियों से कश्मीर छोड़ने के लिए कहें। लियाकत अली खाँ ने ऐसा करने में अपनी असमर्थता जाहिर करते हुए कहा कि वे उदारवादी सरकार चला रहे हैं। उन्होंने आगे कहा कि इस बात का पूरा अंदेशा है अगर वे इस तरह की कोई अपील करते हैं तो चरमपंथी उनकी सरकार गिरा सकते हैं। तत्कालीन 'लाहौर क्लब' के सदस्यों के झाँसे में आकर भारतीय नेतृत्व इस बात से सहमति जताने लगा कि उनके लिए ऐसा करना सही नहीं होगा, जबकि यह जगजाहिर है कि लियाकत अली खाँ के प्रयोजन से घुसपैठिए कश्मीर में घुसे थे। तत्पश्चात् हम पाकिस्तान की आक्रामकता और भारत की कायरता के दर्जनों उदाहरण देख चुके हैं। जैसे ही हम हमले के लिए तैयार होते हैं, ये तथाकथित बुद्धिजीवी अचानक सामने आ जाते हैं और हमें पीछे हटने की नसीहत देने लगते हैं। ये मानते हैं कि यही शांति का रास्ता है और ऐसा करने पर ही पाकिस्तान में उग्रवादियों को सत्ता पर काबिज होने से रोका जा सकता है।

हमें अब इनके झाँसे में नहीं आना चाहिए। हमें पाकिस्तान के अपराध और युद्धोन्माद के सामने झुकने की अपनी दारुण आदत को बदल देना चाहिए, किंतु हम तब तक ऐसा नहीं कर सकते, जब तक कि इन छद्म देशभक्तों से निपटा न जाए। अगर हम 26/11 के बाद भी ऐसा करने में विफल रहते हैं तो हम अपनी सीमाओं, लोकतंत्र और जीवन-पद्धति की रक्षा करने की क्षमता हमेशा के लिए खो बैठेंगे, साथ ही हम अगली पीढ़ी के हाथ में सुरक्षित भारत छोड़ने की अपनी जिम्मेदारी भी नहीं निभा पाएँगे। इसलिए सबसे पहली जिम्मेदारी तो लाहौर क्लब के सदस्यों से टकराना है। हमें उनसे कहना है कि अपनी खुराफात किसी अन्य उपयुक्त स्थान पर करें। उदाहरण के लिए, वे अपना काम इस्लामाबाद में कर सकते हैं और अपनी बिन माँगी सलाह ऐसे देश के नागरिकों को दे सकते हैं, जिन्हें बुनियादी राजनीतिक शिक्षा की बेहद जरूरत है। अगर ये पेशेवर सलाहकार शांति और आधुनिक संवैधानिक दायित्वों के प्रति वास्तव में इतने ही समर्पित हैं, जितना कि दिखावा करते हैं तो उन्हें पाकिस्तान का संविधान या फिर जिसे संविधान के रूप में पारित किया गया है, उसे पढ़ना चाहिए और सीमा पार के नागरिकों को कहना चाहिए कि उस मूल दस्तावेज में से 'इसलामिक जनतंत्र' जैसी शब्दावली हटा लेनी चाहिए, साथ-ही-साथ उन्हें यह भी सुझाना चाहिए कि राष्ट्रपति, प्रधानमंत्री,

मंत्रियों और अन्य संवैधानिक पदों के लिए पवित्र कुरान के निर्देशानुसार कार्य करने के प्रावधान भी हटाए जाएँ। जब ये शांति के पुजारी यह लक्ष्य हासिल कर लें, तब भारत को शांति का पाठ पढ़ाने का हक हासिल कर पाएँगे।

जब पाकिस्तान में पंथनिरपेक्षता की स्थापना हो जाएगी तो सीमा पार के हमारे तथाकथित दोस्त उस अमानवीय आधार को दूर कर पाने में सफल होंगे, जिस पर पाकिस्तान 1947 में अपनी स्थापना के बाद से चल रहा है। लाहौर क्लब के सदस्यों में से अनेक कम्युनस्टि विचारधारा के प्रति झुकाव रखते हैं। इन्होंने नेपाल में हिंदू राष्ट्र नष्ट करने का स्वागत किया था। अब हमें यह देखना होगा कि क्या वे पाकिस्तान के इसलामिक चरित्र को समाप्त करने की माँग करेंगे? पाकिस्तान में पंथनिरपेक्षता की स्थापना के साथ-साथ लाहौर क्लब के सदस्य और भी बहुत कुछ कर सकते हैं। वे पाकिस्तान में स्कूलों की पाठ्यपुस्तकों को विषमुक्त करने के काम में भी जुट सकते हैं। इन पाठ्यपुस्तकों में हिंदुओं और हिंदू धर्म के प्रति अपशब्दों की भरमार है। पंथिक झुकाववाले इन लोगों के लिए पाकिस्तान की पाठ्यपुस्तकों से विषैले तत्त्वों को अलग करना एक पुनीत कार्य होगा। पाकिस्तान सरकार नौजवानों के दिमाग में जिहादी हिंसा के बीज रोपना शुरू कर देती है। 2007 से तीसरी कक्षा से 12वीं कक्षा तक एक नई इसलामिक विद्या पाठ्यपुस्तकों में शामिल कर दी गई है। छात्रों को जिहाद के तमाम पहलुओं से परिचित कराया जाता है। यहीं से हिंदुओं, हिंदू धर्म और भारत के प्रति नफरत की भावना भर दी जाती है। जब पाठ्यपुस्तकों में 80 करोड़ हिंदुओं के प्रति ऐसी दुर्भावना होगी तो दोनों देशों के लोगों के बीच संपर्क कैसे कायम हो सकता है?

हमें इस पर गौर करने की जरूरत है कि हमारे यहाँ वे लोग कौन हैं, जो सीमा पार के कट्टर तत्त्वों के साथ शर्मनाक तरीके से जुड़े हुए हैं। जब अमेरिकी अथवा ब्रिटिश लोग भारत और पाकिस्तान को एक ही पाले में रख देते हैं तो हम आक्रोश से भर जाते हैं, फिर हम अपने यहाँ के ऐसे तत्त्वों को क्यों बरदाश्त कर रहे हैं, जो आधुनिक, पंथनिरपेक्ष, उदार और लोकतांत्रिक भारत को मध्ययुगीन, इसलामिक व तानाशाह पाकिस्तान के साथ बराबरी पर रखने की कोशिश कर रहे हैं? हममें से जो लोग अपनी स्वतंत्रता, सुरक्षा और अगली पीढ़ी की भलाई चाहते हैं, उन्हें लाहौर क्लब के इन सदस्यों पर अंकुश लगाना चाहिए। आज जिस चीज की आवश्यकता है, वह है उन लोगों के प्रति सहनशीलता का अंत, जो भारत की ताकत को कमजोर करना चाहते हैं और उसे सीमा पार से फैलाए जानेवाले आतंकवाद का आसान निशाना बनने को मजबूर करते हैं। पाकिस्तान से हम बाद में निपट लेंगे।

□

पाकिस्तान का पाखंड

[जो जिहादी भारत में घुसपैठ कर रहे हैं, उन्हें किसी भी दृष्टि में अराष्ट्रीय तत्त्व नहीं माना जा सकता, भले ही उनका आई.एस.आई. या पाकिस्तानी सेना से कोई सीधा संबंध न हो।]

मुंबई आतंकी हमले के संदर्भ में गिरफ्तार किए गए आतंकी अजमल आमिर कसाब के पाकिस्तानी नागरिक होने के अकाट्य सबूतों के बावजूद पाकिस्तान का सत्ता प्रतिष्ठान अभी भी इनकार की मुद्रा में है और यह दावा करने में लगा है कि जिन लोगों ने इस दुस्साहसिक हमले को अंजाम दिया, वे अराष्ट्रीय तत्त्व हैं। हैरानी की बात यह है कि पाकिस्तानी सरकार ऐसा अड़ियल रवैया तब भी दिखा रही है, जब खुद उसके देश के मीडिया ने अजमल आमिर के पाकिस्तानी नागरिक होने के सबूत पेश किए हैं। वह भारतीय सुरक्षा एजेंसियों द्वारा एकत्र किए गए उन सबूतों को भी स्वीकार करने के लिए तैयार नहीं, जो आतंकियों के सेटेलाइट फोन और मोबाइल फोन से मिले हैं। इससे भी अधिक, जरदारी शासन अजमल आमिर के अपराध की स्वीकारोक्ति संबंधी उस बयान से भी पल्ला झाड़ने में लगा हुआ है, जिसमें उसने लश्करे तैयबा की साजिश का सिलसिलेवार ब्योरा दिया है।

यह वाकई दुःखद है कि एक ऐसा देश, सच को स्वीकार करने तथा अपनी जिम्मेदारी महसूस करने का साहस नहीं दिखा पा रहा, जिसके पास विशाल सेना तो है ही, नागरिकों में भी एक बड़ा वर्ग युद्ध के लिए उत्सुक नजर आता है। जिन लोगों ने 14 अगस्त 1947 को पाकिस्तान के जन्म के बाद से इस उपमहाद्वीप की घटनाओं को करीब से देखा-जाना है, वे निश्चित ही यह कहेंगे कि पाकिस्तान अपनी इस कुख्याति के अनुरूप ही आचरण कर रहा है कि वह न केवल भारत के खिलाफ हिंसा भड़काता है, बल्कि जब रँगे हाथों पकड़ा जाता है तो सारा दोष अराष्ट्रीय शक्तियों के मत्थे मढ़ देता है। जरदारी शासन द्वारा बताए जा रहे तथाकथित अराष्ट्रीय तत्त्वों से पहली बार

हमारा पाला अक्तूबर 1947 में पड़ा था। तब अपने जन्म के मुश्किल से दो महीने बाद पाकिस्तान ने अपने सैनिकों की कबाइली लोगों के वेश में जम्मू-कश्मीर में घुसपैठ करा दी थी। जब भारत ने घुसपैठ की शिकायत की तो पाकिस्तान ने दावा किया कि इन घुसपैठियों का उसके सत्ता प्रतिष्ठान से कोई संबंध नहीं है। इसी तरह 1965 का भारत-पाकिस्तान युद्ध भी ऐसे ही तथाकथित अराष्ट्रीय तत्त्वों ने भड़काया था। इस युद्ध की शुरुआत तब हुई, जब उस वर्ष अगस्त में पाकिस्तानी सेना ने सशस्त्र घुसपैठियों को भारतीय सीमा में प्रवेश करा दिया। हमेशा की तरह इस बार भी पाकिस्तान ने इस घुसपैठ से अपना पल्ला झाड़ लिया। भारत के तत्कालीन गृह मंत्री वाई.वी. चह्वाण की टिप्पणी थी, ''पाकिस्तान ने इन घटनाओं के संदर्भ में निर्दोष होने की पाखंडपूर्ण मुद्रा अपना ली है।'' इस घुसपैठ ने एक युद्ध को जन्म दे दिया, जो संयुक्त राष्ट्र सुरक्षा परिषद के युद्ध विराम संबंधी प्रस्ताव के बाद ही समाप्त हुआ, लेकिन तब तक भी पाकिस्तान ने इसके प्रति अपनी जिम्मेदारी को स्वीकार करना उचित नहीं समझा। इस युद्ध में पाकिस्तान की करारी शिकस्त हुई, लेकिन दुर्भाग्य से भारत ने बातचीत की मेज पर लाभ उठाने की सारी स्थिति गँवा दी, क्योंकि उसने पाकिस्तान के इस खोखले आश्वासन पर भरोसा कर लिया कि वह सभी विवादों को शांतिपूर्ण समाधान में सहयोग करेगा। पाकिस्तान के रिकॉर्ड को देखते हुए भारत में बहुत से लोग उसके इस आश्वासन के प्रति संशकित थे। ऐसे ही लोगों में जाने-माने सांसद नाथ पाई भी थे। उन्होंने भारत सरकार को चेतावनी दी थी कि पाकिस्तान जो वायदे कर रहा है, वे खोखले हैं। नाथ पाई के शब्द थे, ''अंततः फिर वे (पाकिस्तान) अपने घुसपैठिए भारतीय सीमा में भेजेंगे और जब इससे पल्ला झाड़ने की नौबत आएगी तो यह कहने में जरा भी नहीं हिचकिचाएँगे कि हमने इन्हें नहीं भेजा।''

समय ने नाथ पाई को सही सिद्ध किया। कारगिल में 1999 में पाकिस्तानी सेना ने फिर यही कार्य किया, लेकिन हमेशा की तरह इस बार भी उसमें यह साहस नहीं था कि इसकी जिम्मेदारी अपने सिर पर ले सके। कारगिल के पूरे संघर्ष के दौरान पाकिस्तान यह दावा करता रहा कि घुसपैठिए अराष्ट्रीय तत्त्व हैं। अपने इस दावे को सही साबित करने के लिए उसने इस युद्ध में मारे गए सैनिकों के शव लेने से भी इनकार कर दिया। यही सिलसिला 13 दिसंबर, 2001 को भारतीय संसद पर फिदायीन हमले में भी कायम रहा। एक बार फिर इस्लामाबाद ने यह मानने से इनकार कर दिया कि इस हमले को अंजाम देनेवाले पाकिस्तानी नागरिक थे। लश्करे तैयबा के एक प्रवक्ता ने तो तब ढीठता की हद ही पार कर दी, जब उसने कहा कि अपनी संसद पर हमले को खुद भारत ने प्रयोजित किया। इसके सुर-में-सुर मिलाते हुए पाकिस्तानी सरकार के एक प्रवक्ता ने कहा कि भारत पाकिस्तान को दोष देकर तनाव पैदा करने की कोशिश कर रहा है।

ताजा घटनाक्रम मुंबई में 26 नवंबर को हुए हमले का है। इसमें भी पाकिस्तान

ने वही पुरानी कहानी दोहराई। इस हमले को अंजाम देनेवालों में एकमात्र जीवित बचे आतंकी अजमल आमिर ने पूरी साजिश को सामने ला दिया है, उसके पिता ने भी पाकिस्तानी मीडिया से बातचीत में यह स्वीकार किया कि अजमल उसका ही बेटा है और आतंकवादियों द्वारा इस्तेमाल किए गए सेटेलाइट फोन व मोबाइल फोन के विवरण भी उपलब्ध हैं, लेकिन इसके बावजूद पाकिस्तान उन्हें विश्वसनीय सबूत नहीं मानता। पाकिस्तान की पहली प्रतिक्रिया इस हमले में शामिल आतंकियों के पाकिस्तानी नागरिक होने से इनकार करने की थी। इसके बाद जब भारतीय सुरक्षा एजेंसियों ने अकाट्य सबूत पेश किए तो पाकिस्तान सरकार ने अराष्ट्रीय शक्तियों के सिर दोष मढ़ दिया। वह यह सिद्ध करने में लगा है कि मुंबई में आतंकी हमले करनेवालों से न तो पाकिस्तान की सेना का कोई संबंध है और न ही आई.एस.आई. का। संसद में चर्चा के दौरान विदेश मंत्री प्रणव मुखर्जी ने बिल्कुल सही सवाल उठाया कि क्या ये अराष्ट्रीय शक्तियाँ आसमान से आई हैं ?

अब हमें इस भ्रम से खुद को निकाल लेना चाहिए कि एक दिन पाकिस्तान अपनी गलती महसूस करेगा और शांति के पथ पर चलेगा। आतंकवाद पाकिस्तान का सबसे बड़ा निर्यात रहा है और अभी भी है। यह वह देश है, जिसकी नीति हमें हजार घाव देने की है। हमें एक उदार, पंथनिरपेक्ष एवं लोकतांत्रिक देश (भारत) और इस्लामी गणराज्य (पाकिस्तान) के मूलभूत अंतर को समझना होगा। उदार लोकतंत्र के रूप में हम पाकिस्तान से पूरी तरह अलग हैं, लिहाजा हमें उन लोगों को सिरे से खारिज कर देना चाहिए, जो भारत और पाकिस्तान का नाम एक ही साँस में लेते हैं। हम दुनिया का ध्यान इस ओर दिला सकते हैं कि भारत अथवा अमेरिका जैसे लोकतंत्रों तथा पाकिस्तान जैसे इसलामिक गणराज्यों में शब्द 'राष्ट्र-राज्य' के मायने कितने अलग हैं ? भारत और अमेरिका में राष्ट्र-राज्य का अर्थ लोकतांत्रिक प्रतिष्ठानों से है, जहाँ संसद, कार्यपालिका और न्यायपालिका है। इन संस्थाओं के संचालन में मजहब का कोई स्थान नहीं। इसके ठीक विपरीत पाकिस्तान सरीखे इसलामिक गणराज्यों में सरकार मजहब की मरजी के अनुसार चलती है। इसमें धर्मगुरुओं की महत्ता होती है, जो कथित तौर पर मजहब की रक्षा के लिए अपने सैनिक तैयार करते हैं। लिहाजा जो जिहादी भारत में लगातार घुसपैठ कर रहे हैं और आतंकी घटनाओं को अंजाम दे रहे हैं, उन्हें किसी भी दृष्टि में अराष्ट्रीय शक्तियाँ नहीं माना जा सकता, भले ही उनका आई.एस.आई. अथवा पाकिस्तानी सेना से कोई सीधा संबंध नहीं है।

□

न्याय पर बेजा सवाल

[यह दुःखद ही है कि इस मामले में न्याय सुनिश्चित करने में असाधारण स्तर की न्यायिक कारररवाई के बावजूद न्यायपालिका पर सवाल उठाने और हमले करने का क्रम जारी है।]

यह सचमुच विडंबना ही है कि प्रिंट और इलेक्ट्रॉनिक मीडिया के एक वर्ग ने जुलाई के अंतिम सप्ताह में 27 जुलाई को भारत रत्न ए.पी.जे. अब्दुल कलाम के निधन की तुलना में याकूब मेमन की फाँसी को अधिक तरजीह दी, जबकि याकूब 1993 में मुंबई बम धमाके की साजिश रचने, योजना बनाने और उसे क्रियान्वित करने में शामिल एक आतंकवादी था। इस बम धमाके में 257 लोग मारे गए, जबकि 700 से अधिक लोग घायल हुए थे। यह भी कम दुःखद नहीं कि सामूहिक नरसंहार के मामले में दोषी करार दिए गए याकूब मेमन के नागरिक अधिकारों के लिए कुछ मानवाधिकारवादी अधिक चिंतित दिखे और सर्वोच्च न्यायालय की कई पीठें सिर्फ इसलिए बिठाई गईं कि न्याय उसके लिए होता दिखे। जुलाई के अंतिम सप्ताह में उच्चतम न्यायालय का ध्यान खींचने और याकूब मेमन की फाँसी को किसी तरह टलवाने की आपाधापी से आम लोगों के बीच न्यायिक प्रक्रिया को लेकर कोई बहुत अच्छा संदेश नहीं गया। इससे सुप्रीम कोर्ट के प्रति आम लोगों का विश्वास बढ़ा हो, ऐसा भी नहीं है। एक आतंकवादी को बचाने के लिए कुछ लोगों ने जिस तरीके से न्यायिक प्रक्रिया का उपयोग और दुरुपयोग किया और पीड़ितों को न्याय दिलाने के लिए जिस तरह से 22 साल तक जटिल न्यायिक प्रक्रिया चली, उसने भारतीय शासन के समक्ष अपने नागरिकों की रक्षा और आतंकवादियों को सजा देने की क्षमता को लेकर कई सवाल खड़े किए हैं।

यह दुःखद ही है कि इस मामले में न्याय सुनिश्चित करने में असाधारण स्तर की न्यायिक कारररवाई के बावजूद न्यायपालिका पर सवाल उठाने और हमले करने का क्रम जारी है। याकूब को मृत्युदंड देने की आलोचना करनेवाले लोग इस बात को भूल गए

लगते हैं कि इस मामले में निचली अदालतों से मृत्युदंड पाए 10 अन्य लोगों की सजा को सुप्रीम कोर्ट ने आजीवन कारावास में तब्दील कर दिया, लेकिन एक निर्णय पर पुनर्विचार करने के लिए खुद याकूब और उसके तमाम वकीलों की पैरवी और उनके द्वारा किए गए अभूतपूर्व प्रयासों के बावजूद उसकी प्रार्थना पर विचार करने से इनकार कर दिया। न्यायालय ने अपने फैसले में साफ किया कि याकूब के मामले में अदालत ने उसकी सजा को कम किए जाने के संदर्भ में कोई भी तथ्य अथवा साक्ष्य नहीं पाया है। 21 मार्च, 2013 को टाडा कोर्ट और सुप्रीम कोर्ट ने मृत्युदंड के खिलाफ याकूब मेनन की अपील का निबटारा करते हुए यही पाया कि मुंबई के अत्यधिक भीड़भाड़वाले इलाकों में सीरियल बम धमाके करने और बड़े पैमाने पर हत्या तथा विध्वंस की खतरनाक साजिश रचने और उसे अंजाम देने के पीछे याकूब मेमन एक मुख्य मास्टरमाइंड, कर्ताधर्ता और संचालक था। अपने फैसले में न्यायालय ने कहा कि याकूब ने आतंकवादी हमलों की योजना बनाने और उसे अमल में लाने में प्रमुख भूमिका निभाई थी।

अदालत ने सह-अभियुक्तों द्वारा की गई स्वीकारोक्ति वाले बयानों में पाया कि याकूब मेमन अपील करनेवाले दस अन्य आरोपियों की तुलना में प्रमुख स्थिति में था। अपने बयानों में सह-अभियुक्तों ने कहा कि टाइगर मेमन ने आगे के निर्देशों के लिए याकूब के साथ संपर्क बनाए रखने का उन लोगों को निर्देश दिया था, जिसका मतलब था कि टाइगर मेमन की भारत में अनुपस्थिति में उसकी भूमिका याकूब ने सँभाली थी। याकूब मेमन की भूमिका विस्फोटकों से भरे 56 बैगों को सँभालने और उन्हें सुरक्षित ढंग से रखने को सुनिश्चित करने की थी। मुंबई बम धमाकों को अंजाम देने के लिए हवाला कारोबार में याकूब सक्रिय रूप से शामिल था। इतना ही नहीं; इस आतंकवादी वारदात को अंजाम देने के लिए जरूरी प्रशिक्षण देने हेतु संबंधित लोगों को दुबई और पाकिस्तान भेजने लाने के लिए जहाजों के टिकट का इंतजाम याकूब मेमन ने किया था। यही कारण था कि अदालत ने माना कि याकूब की कारगुजारी को अलग श्रेणी में नहीं रखा जा सकता। अदालत ने साफ कहा कि जो लोग विस्फोटों के सूत्रधार थे, उनमें याकूब की प्रमुख भूमिका थी। विस्फोटकों को लाने और उसे रखने से लेकर योजना को अमलीजामा पहनाने में उसका प्रभावी नियंत्रण था, जो प्रमुख षड्यंत्रकारियों की इच्छा से किए गए थे। वैसे इस वारदात में शामिल अन्य लोग महज आज्ञापालक थे, जिनकी जानकारी और जान-पहचान सीमित हो सकती थी।

इन सबके अलावा आतंकवाद के मामलों में न्याय के लिए लंबे समय से प्रतीक्षा कर रहे लोगों के लिए जो बात चिंतित करनेवाली है, वह है मुकदमे की ढीली-ढाली काररवाई और सजायाफ्ता आतंकवादियों को व्यवस्था से खेलने की अनुमति दिया जाना। सीरियल बम धमाके 12 मार्च, 1993 को हुए, आरंभिक चार्जशीट नवंबर 1993

में दायर की गई, सुनवाई अप्रैल 1995 में शुरू हुई और अभियोजन के 684 गवाहों की जाँच अक्तूबर 2000 में खत्म हुई। मुंबई में आतंकवादी हमलों के साढ़े दस साल बाद अक्तूबर 2003 में सुनवाई समाप्त हुई और न्यायाधीश ने आखिरकार तीन साल बाद सितंबर 2006 में अंतिम फैसला सुनाया। टाडा कोर्ट के फैसले के खिलाफ पाँच साल बाद सुप्रीम कोर्ट ने सुनवाई आरंभ की और 21 मार्च, 2013 को याकूब को दिए गए मृत्युदंड को वैध ठहराया और अन्य दस दोषियों की फाँसी की सजा को उम्रकैद में तब्दील कर दिया। इसके एक साल बाद मई 2014 में राष्ट्रपति ने याकूब की दया याचिका को ठुकरा दिया, लेकिन सुप्रीम कोर्ट ने याकूब मेमन की इस अपील पर फाँसी पर रोक लगा दी कि पुनर्विचार याचिकाओं की सुनवाई चेंबर की जगह खुली अदालत में होनी चाहिए। मार्च 2013 में सुप्रीम कोर्ट के फैसले पर याकूब की पुनर्विचार याचिका को कोर्ट ने अप्रैल 2015 में रद्द कर दिया। इसके बाद क्यूरेटिव याचिका दायर की गई, जिसे 21 जुलाई, 2015 को रद्द कर दिया गया, परंतु मामला यहाँ भी खत्म नहीं हुआ। डेथ वारंट के खिलाफ उच्चतम न्यायालय में एक और याचिका दायर की गई। इसके साथ ही महाराष्ट्र के राज्यपाल और राष्ट्रपति के पास भी फिर से दया-याचिका की गुहार लगाई गई। इन सबको ठुकरा दिया गया। आखिरकार भारत के मुख्य न्यायाधीश के आवास के बाहर मध्यरात्रि में एक घटनाक्रम हुआ, जिसके परिणामस्वरूप सुप्रीम कोर्ट ने 30 जुलाई को तड़के सुबह तक सुनवाई की।

याकूब की फाँसी को न्याय की निष्फलता के रूप में देखनेवाले मीडिया और सिविल सोसाइटी का उस न्यायिक प्रक्रिया के बारे में क्या कहना है, जिसने पीड़ितों को न्याय दिलाने के लिए 22 साल इंतजार कराया? क्या हमें वकीलों और एक्टिविस्टों की एक छोटी सी जमात को सरकार और न्यायिक व्यवस्था को भयभीत करने और बाधाएँ डालने के लिए सिर्फ इसलिए अनुमति देनी चाहिए कि एक नरसंहार का दोषी संतुष्ट हो जाए कि देश की व्यवस्था सही और निष्पक्ष है? अगर आतंकी घटनाओं के पीड़ितों को न्याय दिलाने में दो दशक या उससे भी अधिक वक्त लगता है और आतंकवादियों को इसी तरह से प्रक्रिया का उपयोग और दुरुपयोग करने की अनुमति दी जाती है तो हम आतंकवाद का मुकाबला किस तरह कर पाएँगे?

□

जम्मू के जज्बे को सलाम

[हैरानी की बात यह है कि घाटी से हिंदुत्व की विशिष्ट संस्कृति के सफाए पर कोई भी अलगाववादी नेता शर्मिंदगी महसूस नहीं करता।]

कुछ समय पहले तीखे तेवरवाले सज्जाद लोन जैसे कश्मीरी अलगाववादी नेता अपने आंदोलन के दौरान बार-बार घोषणा कर रहे थे कि वे अमरनाथ यात्रा पर जानेवाले तीर्थयात्रियों को सुविधाएँ उपलब्ध कराने के लिए अमरनाथ श्राइन बोर्ड को एक इंच जमीन भी नहीं देंगे। भारत के उन अनेक नौजवानों को कश्मीर के अलगाववादियों के इस चुनौतीपूर्ण अंदाज से जबरदस्त धक्का लगा है, जो अब तक उनसे अपरिचित रहे हैं। उन्हें नहीं पता था कि हुर्रियत कॉन्फ्रेंस और ऐसे ही अन्य संगठनों के नेताओं के मन में भारत के स्वतंत्र, पंथनिरपेक्ष और लोकतांत्रिक ढाँचे के प्रति नफरत भरी है। लोग उस स्तब्धकारी भेदभाव से भी पहली बार परिचित हो रहे हैं, जो राष्ट्रवादी बहुल जम्मू क्षेत्र और अलगाववादी एवं सांप्रदायिक कश्मीर क्षेत्र में दिखाई पड़ रहा है। जम्मू के हिंदू, सिख और मुसलिम प्रदर्शनकारी तिरंगा हाथ में लेकर प्रदर्शन करते हैं और भारत माता की जय जैसे नारे लगाते हैं, जबकि कश्मीर के प्रदर्शनकारी हुर्रियत या पाकिस्तान का हरा झंडा लेकर भारत विरोधी नारे लगाते हुए प्रदर्शन में भी भाग लेते हैं। पिछले साठ साल से भारतीय गणतंत्र का अंग होने के बावजूद कश्मीरी मुसलमानों का बड़ा वर्ग पंथनिरपेक्ष लोकतंत्र के दायरे से बाहर है। मीडिया में सामने आई विरोध प्रदर्शन की तसवीरों से यह साफ हो जाता है कि घाटी के अधिकांश मुसलमानों पर भारतीय पंथनिरपेक्षता का रंग नहीं चढ़ा है। दूसरी तरफ वहाँ छह सौ साल पहले का वही माहौल नजर आता है, जिसमें सुलतान सिकंदर ने हिंदुओं पर कुठाराघात करते हुए उन्हें कश्मीर छोड़ने या मुसलमान बनने को मजबूर कर दिया था। हिंदू समुदाय पर दूसरा बड़ा कुठाराघात 1989-90 में मुसलिम आतंकवादियों ने किया, जिन्हें स्थानीय मुसलमानों का समर्थन हासिल था। उन्होंने हिंदुओं की हत्याएँ शुरू कर दीं। इस नरसंहार के कारण तीन लाख

कश्मीरी पंडितों ने पलायन कर जम्मू और दिल्ली के शरणार्थी शिविरों में शरण ली।

हाल के वर्षों में आतंकवादियों ने अमरनाथ यात्रियों को निशाना बनाया और अस्थायी शिविरों में निवास करनेवाले यात्रियों को मौत के घाट उतारा। इसके बावजूद सज्जाद लोन कहते हैं कि अमरनाथ श्राइन बोर्ड की जरूरत ही नहीं है, क्योंकि मुसलमान हिंदू तीर्थयात्रियों का 'ध्यान' रख रहे हैं। इससे भी हास्यास्पद बयान हुर्रियत कॉन्फ्रेंस के अध्यक्ष मीर वाइज फारुख का है। उनका दावा है कि वे पंथनिरपेक्षता में यकीन रखते हैं। सांप्रदायिक तो हिंदू हैं, जो श्राइन बोर्ड की जमीन के लिए प्रदर्शन कर रहे हैं। हैरानी की बात यह है कि घाटी से हिंदुत्व की विशिष्ट संस्कृति के सफाए पर कोई भी अलगाववादी नेता शर्मिंदगी महसूस नहीं करता। यह इस क्षेत्र में किसी भी पंथिक अल्पसंख्यक समुदाय पर सबसे बड़ा हमला है। हालिया वर्षों में टी.वी. शो में अनेक कश्मीरी अलगाववादी नेता हाजिर हुए हैं। ये विद्रोही, अड़ियल, सांप्रदायिक और भारत विरोधी थे, फिर भी कुछ अंग्रेजी समाचार चैनलों ने उन्हें पर्याप्त समय दिया। भारतीय मीडिया का एक वर्ग यह मानता है कि अलगाववाद की भाषा बोलनेवाले कश्मीरी मुसलमानों से संजीदगी और पंथनिरपेक्षता की उम्मीद ही नहीं करनी चाहिए। सज्जाद लोन, बिलाल लोन और मीर वाइज फारुख जैसे लोगों के जहर उगलनेवाले बयान और उनके दावों में बेईमानी के निशान इन मीडिया संगठनों के लचर रवैये से साफ झलकते हैं। ये उन्मत्त कश्मीरी मुसलिम सांप्रदायिकता के प्रति रुझान रखते हैं। इनमें कश्मीरी मुसलिम दृष्टिकोण की तरफदारी की इच्छा इतनी तीव्र है कि साफ-साफ सांप्रदायिक नारेबाजी और प्रदर्शनों के बावजूद वे इसे सांप्रदायिक बताने से गुरेज करते हैं। मूर्खतावश अलगाववादियों को मंच प्रदान करके कुछ मीडिया संगठन भारत की एकता व अखंडता तथा संवैधानिक मूल्यों को छिन्न-भिन्न करने के खतरनाक अंजाम के करीब पहुँच गए हैं। यह निःसंदेह हमारे लिए गंभीर चिंता का विषय होना चाहिए।

सज्जाद लोन कहते हैं कि 'हम' हिंदुओं को एक इंच जमीन भी नहीं देंगे। एक चैनल पर एक कश्मीरी पंडित ने लोन से पूछा कि 'हम' से क्या मतलब है ? क्या इसमें कश्मीरी पंडित शामिल नहीं हैं, जो कश्मीर के मूल निवासी हैं ? इस सवाल पर लोन और वहाँ मौजूद अन्य लोगों की बोलती बंद हो गई। जाहिर है कि लोन ने जिस 'हम' का उल्लेख किया था, उसमें केवल मुसलिम समुदाय शामिल है। लोन को बताना चाहिए कि कश्मीर भारत का अभिन्न अंग है और हमेशा रहेगा और अगर सीमा पार के आकाओं से आपका इतना ही लगाव है तो मुजफ्फराबाद पुल पार करके वहाँ जाओ और वहीं जाकर बस जाओ। कश्मीर नाम के भौगोलिक टुकड़े से हम भावनात्मक बंधन में बँधे हैं और यह बंधन हमेशा कायम रहेगा। लोन के पूर्ववर्ती भी नियंत्रण रेखा के पार ऐसा ही झुकाव रखते थे। कश्मीरी मुसलमानों की सांप्रदायिकता सबसे पहले 1947 में खुलकर

सामने आई थी। तब कश्मीर सेना में तैनात मुसलमान सैनिकों ने फौजी अफसरों को हुक्मअदूली करते हुए बगावत कर दी थी और हमलावर पाकिस्तान सेना में शामिल हो गए थे। उन्होंने अपने अधिकारी लेफ्टिनेंट कर्नल नारायण सिंह, ब्रिगेडियर राजिंदर सिंह और अन्य अधिकारियों को मौत के घाट उतारने के बाद श्रीनगर की तरफ कूच किया।

इस धोखे की गूँज आज जम्मू-कश्मीर राज्य में सुनाई पड़ रही है। कश्मीरी मुसलिम समुदाय सीमा पार से पड़े प्रभाव के कारण घाटी में हिंदुओं के अधिकारों को रौंदना अपना अधिकार समझ बैठा है। अगर हम जम्मू-कश्मीर को भारत के अभिन्न अंग के रूप में कायम रखना चाहते हैं तो देश की एकता, अखंडता, आजादी, पंथनिरपेक्षता और लोकतांत्रिक मूल्यों के प्रति प्रतिबद्ध भारत के प्रत्येक नागरिक को ब्रिगेडियर राजिंदर सिंह और लेफ्टिनेंट कर्नल नारायण सिंह जैसे बलिदान के लिए तैयार रहना चाहिए। जम्मू की जुझारू जनता हमारे सामने उदाहरण पेश कर रही है। आइए हम सब उन्हें सलाम करें।

□

पाकिस्तान के प्रति लचर रवैया

कुछ कश्मीरी आंदोलनकारियों की गिरफ्तारी और पाक उच्चायुक्त समेत पाकिस्तान उच्चायोग के अधिकारियों द्वारा आतंकी संगठनों को धन मुहैया करानेवाला हालिया घटनाक्रम कोई नया नहीं है। सच तो यह है कि भारत में पाक कूटनीतिज्ञों की कभी खत्म न होनेवाली संदिग्ध गतिविधियों की यह एक कड़ी मात्र है। दिल्ली पुलिस के मुताबिक उच्चायोग के अधिकारी जम्मू-कश्मीर में आतंकी गतिविधियों को संचालित करने के लिए ऑल पार्टी हुर्रियत कॉन्फ्रेंस को धन मुहैया कराते थे। हुर्रियत के दो कार्यकर्ताओं की गिरफ्तारी और उनके द्वारा उग्रवादी संगठनों के लिए उच्चायुक्त जलील अब्बास जिलानी से तीन लाख रुपए लेने की स्वीकारोक्ति के बाद ही जिलानी के खिलाफ प्राथमिकी दर्ज की गई।

13 दिसंबर, 2001 को भारतीय संसद पर हुए पाक-प्रायोजित आतंकी हमले के 13 माह बाद सरकार द्वारा उठाए गए कदमों से यह सफलता मिली है। वैसे संसद पर हमले के तुरंत बाद ही सरकार ने पाकिस्तान पर अपने कूटनीतिक हमले तेज कर दिए थे। इनके तहत भारत सरकार ने न सिर्फ पाकिस्तान में भारतीय उच्चायुक्त विजय नाम्बियार को वापस बुला लिया था, बल्कि दोनों ही देशों ने उच्चायोग के कर्मचारियों की संख्या आधी कर दी थी। इसके अलावा भारतीय आकाश से पाकिस्तानी विमानों के उड़ान भरने पर प्रतिबंध लगाने के साथ-साथ दोनों देशों के बीच विमान व बस सेवा भी तत्काल बंद कर दी थी। यही नहीं, केंद्र सरकार ने पाकिस्तान उच्चायोग के कर्मचारियों की गतिविधियाँ भी सीमित कर दी थीं। ये निर्णय इसलिए किए गए, क्योंकि सरकार को लग रहा था कि पाकिस्तान सीमा पार से प्रायोजित आतंकवाद पर लगाम कसने की कोई कोशिश नहीं कर रहा है। इसके साथ ही इस बात के भी कोई संकेत नहीं थे कि पाक जैश ए मोहम्मद और लश्करे तोइबा सरीखे संगठनों के शिविर बंद करा रहा है। यद्यपि पाक उच्चायोग के कर्मचारियों की संख्या 110 से घटाकर 55 कर उनकी गतिविधियाँ सीमित कर दी गई थीं, इसके बावजूद पाक उच्चायोग से जुड़े अधिकारी व कर्मचारी

भारत के अंदरूनी मामलों में हस्तक्षेप करने से बाज नहीं आए। इसे देख केंद्र सरकार ने पाक उच्चायोग के कुछ और अधिकारियों से देश छोड़कर जाने को कहा। विदेश विभाग का यह रवैया दो कारणों से समझ से परे है। सर्वप्रथम तो यह कि जिस तरह के अपराध किए गए, उनकी तुलना में यह कदम बहुत हलका है, दूसरे, आतंकी गतिविधियों के पीछे पाकिस्तान की संलिप्तता पर भारतीय नेतृत्व द्वारा उठाई गई आवाजों के क्रम में भी ये कदम अपर्याप्त से प्रतीत होते हैं। 13 दिसंबर के आतंकी हमले के बाद तमाम रोषपूर्ण आवाजें उठ रही थीं।

ऐसा लग रहा था कि गुलाम कश्मीर में स्थित आतंकी शिविरों पर अब हमला होकर रहेगा। इस अपेक्षा को सरकार ने यह कहकर और बढ़ा दिया कि इस बार सरकार समस्या के हिल के लिए निर्णायक कदम उठाकर ही रहेगी। यह अलग बात है कि ऐसा कुछ भी नहीं हुआ। कारण, सामरिक विशेषज्ञों का मानना था कि शिविरों पर हमला कर उन्हें नेस्तनाबूद करने से सीमापार से प्रायोजित आतंकवाद रुकनेवाला नहीं। अब वर्ष भर बाद भारत के शीर्ष नेता एक आर फिर आतंकी समूहों को पाक के समर्थन मुद्दे पर अंतरराष्ट्रीय बिरादरी का ध्यान आकर्षित करना चाहते हैं। उप प्रधानमंत्री लालकृष्ण आडवाणी लगातार सीमापार प्रायोजित आतंकवाद को पाकिस्तान की शह का आरोप लगा रहे हैं। हाल में प्रधानमंत्री भी एक से अधिक मौकों पर इस मुद्दे पर जोर देते नजर आए। पिछले सप्ताह उन्होंने एक युवा सम्मेलन में आतंकवाद के प्रति अंतरराष्ट्रीय बिरादरी को दोहरी मानसिकता अपनाए जाने पर चेताया। सीमा पार आतंकवाद में खोई 60,000 जानों का उल्लेख करते हुए उन्होंने दोहराया कि सरकार हर प्रकार के आतंकवाद के पूर्ण सफाए के लिए कृतसंकल्प है।

विदेश नीति के लिहाज से किसी पड़ोसी देश के लिए यह बयान काफी तीखा और कड़ा है, लेकिन प्रश्न उठता है कि अगर देश की विदेश नीति में यह परिलक्षित नहीं होता है तो फिर इन शब्दों का औचित्य ही क्या रह जाता है? 1998 में, जब से राष्ट्रीय जनतांत्रिक गठबंधन सत्ता में आया है, उसकी विदेश नीति कांग्रेस के जमाने; खासकर नेहरू-गांधी परिवार की बरसों पुरानी नीति के ही सुर में सुर मिलाती रही और देश के इन नए हुक्मरानों की अभी तक इस पर कोई पकड़ नहीं बनी है। भा.ज.पा. 1998 से सत्ता में है और पिछले पाँच वर्षों में तमाम नाटकीय घटनाक्रम सामने आए हैं। सत्ता में आने के कुछ ही माह बाद भारत परमाणु शक्ति संपन्न राष्ट्र बन गया। इसके बाद भारत-अमेरिकी संबंधों समेत यूरोपीय संगठन से परस्पर सहयोग मजबूत करने के लिए सरकार ने मैराथन प्रयास शुरू किए। आज भारत-अमेरिका संबंधों को नया मुकाम हासिल है।

इस क्रम में आश्चर्य होता है कि बात जब पाकिस्तान की आती है तो भारत को विदेश नीति स्पष्टता और उद्देश्य के लिहाज से रिक्त नजर आती है। परमाणु शक्ति

के मसले पर जब हम स्पष्ट निर्णय कर सकते हैं और अमेरिका से संबंधों पर जब हम सोच सकते हैं तो साउथ ब्लॉक में बैठे नीति नियंता पाकिस्तान के मुद्दे पर बेहद सतर्क और प्रयोगधर्मी क्यों नजर आते हैं? हमारे प्रधानमंत्री कहते हैं कि आतंकवाद पाकिस्तान के लिए एक राष्ट्रीय नीति की तरह है। वाजपेयीजी की बात पर अविश्वास करने लायक एक भी कारण किसी भारतीय के पास नहीं है। इसके बावजूद प्रधानमंत्री के निष्कर्ष का रत्ती भर भी असर सैनिक या कूटनीतिक स्तर पर दिखाई नहीं पड़ता। आखिर क्या वजह है, जो हम आतंकवाद को राष्ट्रीय नीति की तरह इस्तेमाल में लानेवाले देश से 'कूटनीतिक संबंध' बनाए हुए हैं? पंथनिरपेक्ष भारत को समस्यारूपी पाकिस्तान से अधिक-से-अधिक स्पष्टता के साथ निपटना ही होगा। हमारे आंतरिक मामलों में हस्तक्षेप करनेवाले पाकिस्तान की कूटनीतिक दुकान हम बंद ही क्यों नहीं कर देते हैं?

स्वतंत्रता प्राप्ति के बाद से दिल्ली में 'लाहौर क्लब' अस्तित्व में है, जो पाकिस्तान के प्रति भावनात्मक रूप से संवेदनशील ही प्रतीत होता है। उँगलियों पर गिने जानेवाले सदस्यों के बावजूद इसकी राजनीतिक पहुँच असाधारण है। राजनीतिक और विदेश नीति के मंच पर इसकी पहुँच का अंदाजा इससे लगाया जा सकता है कि इसके कारण ही पाकिस्तान के खिलाफ हम कोई कड़ा कदम नहीं उठा पाते। आश्चर्य तो यह है कि क्लब के सदस्य इस बात को नजरअंदाज कर रहे हैं कि भारत, जिसकी नींव पंथनिरपेक्ष ढाँचा है, के विपरीत पाकिस्तान एक इसलामिक राष्ट्र है। इस लिहाज से जरूरी हो जाता है कि हमारी विदेश नीति में अब प्रधानमंत्री और उपप्रधानमंत्री के दृष्टिकोण को समाहित किया जाए। पाकिस्तान एक लंपट देश है और हमें उसे दुष्ट कहने में कतई संकोच नहीं करना चाहिए, साथ ही उसके साथ कूटनीतिक संबंध तोड़ने में क्षण भर की देर भी नहीं करनी चाहिए।

□

हिंदू मन-मस्तिष्क की हिचक

मुंबई में लोकल ट्रेनों में किए गए आतंकी हमले ने 200 से अधिक लोगों की जानें ले लीं और सात सौ से अधिक लोग जख्मी हो गए। यह घटना हमले के शिकार लोगों और उनके परिजनों के लिए एक भयानक त्रासदी है, लेकिन यदि इसके ईमानदार विश्लेषण से बचा गया और देश के बहुलवाद व लोकतांत्रिक तौर–तरीकों की हिफाजत के लिए ठोस काररवाई करने की दिशा में कदम नहीं उठाए गए तो हमें इससे भी बड़ी त्रासदी का सामना करने के लिए तैयार रहना चाहिए। खुद हमें यह तय करना होगा कि क्या यह एक सहिष्णु, उदार और लोकतांत्रिक समाज की रचना के हमारे सपने के अंत की शुरुआत है या फिर जेहाद के नाम पर निर्दोष लोगों का रक्त बहाने के घृणित कृत्यों को समाप्त करने का प्रारंभ? जवाब इस आतंकी हमले के बाद हमारी प्रतिक्रिया में निहित है। आतंकवादियों ने हमारे समक्ष जो ताजा चुनौती पेश की है, उसके जवाब में हम जो राह चुनेंगे, वही इस सवाल का उत्तर होगा।

हम उन कदमों पर विचार करें, जो इस चुनौती का मुकाबला करने के लिए उठाए जाने चाहिए, हमें उन रुझानों पर भी गौर करना होगा, जिनका संबंध इस जेहादी आतंकवाद से है। कुछ वर्ष पहले तक सभी जेहादी पाकिस्तान द्वारा नियुक्त विदेशी थे, जिन्हें सीमा पार से जम्मू–कश्मीर में मौत का खेल खेलने के लिए भेजा जाता था। इसके विपरीत पिछले दो–एक वर्षों में नए रुझान उभरे हैं। प्रथम यह कि खून–खराबे के इस खेल में बांग्लादेशी नागरिकों की भी लिप्तता सामने आई है। इसके चलते हमें दो इसलामिक देशों में प्रशिक्षित आतंकवादियों के हमलों का सामना करना पड़ा है, जिसमें एक भारत के पूर्व और दूसरा पश्चिम में स्थित है। दूसरा तथ्य यह है कि आतंक का प्रसार करने के लिए भाड़े के इन टट्टुओं के संगठनों में भारतीय मुसलिमों की सफलतापूर्वक नियुक्ति की गई है। तीसरा महत्त्वपूर्ण तथ्य है कि आतंकवाद अब केवल कश्मीर तक सीमित नहीं, बल्कि इसने भारत के अधिकांश क्षेत्रों को अपनी चपेट में ले लिया है। पाकिस्तान और बांग्लादेश में स्थित आतंकवादी संगठनों द्वारा नियुक्त स्वदेशी जेहादियों

ने अब अपने संकीर्ण हितों की पूर्ति के लिए अपने ही देशवासियों को मारना आरंभ कर दिया है। भारत सरकार को इस परिदृश्य का मुकाबला उसी निर्णायक तरीके से करना होगा, जैसा पंजाब के आतंकवाद को कुचलने में सामने आया था।

भारत को बुरी तरह झकझोर देनेवाले 7/11 हादसे के बाद भी देश के सत्ता प्रतिष्ठान, राजनीतिक तंत्र और बौद्धिक समुदाय की ओर से उत्साहजनक संकेत नहीं उभरे। इस हादसे के संदर्भ में प्रधानमंत्री मनमोहन सिंह ने जो प्रतिक्रिया व्यक्त की, उसके आधार पर मुझे लगता है कि हमें चिंतित होने की जरूरत है। दुनिया के आठ प्रमुख देशों के संगठन जी-8 की बैठक में शिरकत करने के लिए सेंटपीटर्सबर्ग जाते हुए मनमोहन सिंह ने कहा कि देश में पोटा कानून की वापसी की जरूरत नहीं है। प्रधानमंत्री का यह बयान विस्मयकारी है। ऐसी खबरें हैं कि उन्होंने जी-8 के सम्मेलन में विश्व नेताओं को मुंबई में आतंकवादी हमले की घटना से अवगत कराया और यह उल्लेख किया कि पाकिस्तान ने अपने देश में आतंकवादी संगठनों की गतिविधियों को समर्थन व संरक्षण देना समाप्त नहीं किया है। 7/11 की घटना के संदर्भ में प्रधानमंत्री की प्रतिक्रिया नाकाफी है।

अमेरिकी राष्ट्रपति जॉर्ज बुश और रूसी राष्ट्रपति ब्लादिमीर पुतिन ने अपने-अपने देश में आतंकवादी संगठनों का जिस सख्ती के साथ सामना किया है, उससे वे यह अपेक्षा करेंगे कि विश्व के सबसे बड़े लोकतंत्र में सरकार का नेतृत्व करनेवाला व्यक्ति इस विषम स्थिति का सामना साहस और स्पष्टता से करेगा। दूसरे शब्दों में वे मनमोहन सिंह से यह सुनना चाहेंगे कि वह पाकिस्तान व बांग्लादेश जैसे पड़ोसियों से कैसे निपटना चाहते हैं और आतंकवादियों को फंदे में कसने के लिए कौन से कदम उठाएँगे? 7 जुलाई के आतंकी हमले के बाद दुनिया एक ऐसे भारतीय प्रधानमंत्री को सलाम नहीं करेगी, जो आँसू बहाने के लिए औरों के कंधे तलाश करे। सेंटपीटर्सबर्ग में प्रधानमंत्री के रुख से तो यही संकेत मिला। इतना ही नहीं 7/11 के बाद भी सरकार पोटा कानून को वापस लाने की इच्छुक नहीं है, क्योंकि उसका मत है कि इस कानून के जरिए एक समुदाय विशेष को निशाना बनाया गया।

इससे बड़ी विडंबना कोई और नहीं कि वोट बैंक की राजनीति में देश की आंतरिक सुरक्षा की बलि दी जा रही है। मुंबई की घटना के बाद भी यदि केंद्र सरकार पाकिस्तान के साथ छलयुक्त 'शांति प्रक्रिया' पर डटी रहती है तो हमें यही निष्कर्ष निकाल लेना चाहिए कि उसको देश के बहुसंख्यक समुदाय के हितों की परवाह नहीं है। इस आतंकी वारदात पर कतिपय राजनीतिक दलों और नेताओं की प्रतिक्रिया के संदर्भ में जितना कम कहा जाए, उतना ही अच्छा है। एक खास दल के नेताओं ने जैसा रवैया प्रदर्शित किया और स्टूडेंट्स इसलामिक मूवमेंट ऑफ इंडिया (सिमी.) जैसे संगठनों का खुलकर बचाव किया, वह शर्मनाक है। ऐसे नेताओं के साथ हमारा लोकतंत्र निस्संदेह खतरे में

है। लोकतंत्र को बचाने के लिए इन नेताओं को सींखचों के पीछे डाल देना चाहिए। जहाँ तक देश के सुशिक्षित अर्थात् बौद्धिक समाज का प्रश्न है तो उसकी भी प्रतिक्रिया लचर और दिशाहीन है।

चूँकि भारत एक हिंदू बहुल देश है या यूँ कहें कि देश के अभिकांश नागरिक हिंदू जीवन-दर्शन से प्रभावित हैं, इसलिए यहाँ के लोग आमतौर पर अपने विरोधियों से हिसाब बराबर करने के लिए आर.डी.एक्स. के इस्तेमाल का मार्ग नहीं अपनाते। इस तरह उनकी तुलना अमेरिका में श्वेत-एंग्लो सैक्शन प्रोटेस्टेंट्स (डब्ल्यू.ए.एस.पी.) या ब्रिटेन में एंग्लीकन चर्च के श्वेत अनुयायियों से की जा सकती है, किंतु यह समानता यहीं पर समाप्त हो जाती है। डब्ल्यू.ए.एस.पी. समुदाय के लोग कानून को अपने हाथों में नहीं लेते और 11 सितंबर के आतंकी हमले के बाद हमें उनका यह प्रशंसनीय रवैया देखने को मिला, लेकिन उन्होंने अमेरिकी शासन व्यवस्था से यह अपेक्षा अवश्य की कि हिंसा को बढ़ावा देनेवालों के खिलाफ बेहद कड़ा रवैया अपनाया जाए। इसके फलस्वरूप अमेरिका का रूपांतरण एक ऐसे सख्त राष्ट्र के रूप में हो गया है, जो किसी भी कीमत पर धार्मिक कट्टरवादियों को अपनी स्वतंत्रता का दुरुपयोग कर उदार व लोकतांत्रिक व्यवस्था के अपहरण की इजाजत नहीं देगा। दूसरी ओर भ्रम के बोझ तले दबे हिंदू मन-मस्तिष्क में न तो खतरों का दृढतापूर्वक मुकाबला करने की क्षमता है और न ही उसमें अपनी ओर से काररवाई करने के लिए भारतीय शासन को विवश करने की आकांक्षा है।

यह क्षोभ की बात है कि हम अपनी संस्कृति, आस्था-स्थलों, लोकतांत्रिक संस्थानों पर हमले होते देख रहे हैं। तथ्य यह है कि इसलामिक जेहादी हिंदू पूजा-स्थलों और देश के लोकतंत्र, आधुनिकता तथा आर्थिक शक्ति के प्रतीक संस्थानों को निशाना बना रहे हैं। पिछले कुछ वर्षों में यहाँ-वहाँ, जो भी आतंकी हमले हुए हैं, उन्हें इस्लामी जेहादियों द्वारा ही अंजाम दिया गया और विशेषकर हिंदू समुदाय को भयाक्रांत करने की कोशिश की गई। इसके बावजूद मुंबई बम ब्लास्ट के बाद टी.वी. चैनलों और अन्य मंचों पर की गई बहस में यही रेखांकित करने की चेष्टा की गई कि बम हिंदू और मुसलमानों में भेद नहीं करते। यह सत्य पर परदा डालने का प्रयास है। सच यह है कि इसलाम के नाम पर ही आतंकी हमले हो रहे हैं, लेकिन हम हमलावरों को दुनिया के सामने उनके असली रूप में लाने से बच रहे हैं। आखिर यह हिचकिचाहट क्यों, हिंदू मन-मस्तिष्क कब तक सत्य का सामना करने से इनकार करेगा ? राष्ट्रीय बीमारी बन गई यह हिचकिचाहट हमसे भारी कीमत वसूल करेगी।

□□□